Die Mondtrilogie

Das Mondmädchen

Die Mondmänner

Der rote Falke

Edgar Rice Burroughs

Verlag Heliakon

Verlag heliakon

Originaltitel: The Moon Trilogy
Übersetzung aus dem Englischen
Übersetzer: Osmar Henry Syring

Druck und Vertrieb: BoD - Books on Demand, Norderstedt

ISBN: 978-3-943208-75-7

Titelbild: Pixabay (Kellepics)

Umschlaggestaltung: Verlag Heliakon

www.verlag-heliakon.de
info@verlag-heliakon.de

Die Deutsche Nationalbibliothek verzeichnet diese Publikation in der Deutschen Nationalbibliografie; detaillierte bibliografische Daten sind im Internet über dnb.de abrufbar.

Inhaltsverzeichnis

Das Mondmädchen

Vorwort

Ich traf ihn im Blauen Raum des transozeanischen Linienschiffs Harding in der marsianischen Nacht des 10. Juni 1967. Vor dem Abflug des Fliegers war ich mehrere Stunden durch die Stadt gewandert, hatte die Feierlichkeiten beobachtet und an verschiedenen Orten vorbeigeschaut, um möglichst viele Szenen zu sehen, die zweifellos einzigartig waren – eine Welt, die vor Freude verrückt geworden ist.

Im Blauen Raum war nur ein Stuhl frei, und zwar an einem kleinen Tisch, an dem er bereits allein saß. Ich bat ihn um Erlaubnis und er lud mich gnädig ein, mich ihm anzuschließen. Dabei erhob er sich und ein Lächeln erhellte sein Gesicht, mit dem er von Anfang an meine Sympathie gewann. Ich hatte gedacht, dass der Tag des Sieges, den wir zwei Monate zuvor gefeiert hatten, niemals durch wahnsinnige nationale Begeisterung übertroffen werden könnte, aber die Ankündigung, die an diesem Tag gemacht worden war, schien einen noch größeren Einfluss auf den Verstand und die Vorstellungskraft der Menschen gehabt zu haben.

Der mehr als ein halbes Jahrhundert währende Krieg, der seit 1914 fast ununterbrochen angedauert hatte, endete schließlich in der absoluten Vorherrschaft der angelsächsischen Rasse über alle anderen Rassen der Welt, und praktisch zum ersten Mal, seit die Handlungen der menschlichen Rasse für die Nachwelt in irgendeiner dauerhaften Form bewahrt wurden, hielt keine zivilisierte oder auch nur halb zivilisierte Nation eine Kampflinie auf irgendeinem Teil des Erdballs aufrecht. Der Krieg war zu Ende – endgültig und für immer. Waffen und Munition wurden in den fünf Weltmeeren versenkt; die riesigen Armadas der Lüfte wurden verschrottet oder zu Transportern für Friedens- und Handelszwecke umgebaut.

+Die Völker aller Nationen hatten gefeiert – Sieger und Besiegte gleichermaßen – denn sie waren des Krieges müde. Zumindest dachten sie, sie seien des Krieges müde. Aber waren sie es? Was kannten sie noch außer Krieg? Nur die Ältesten konnten sich noch vage an einen Weltfrieden erinnern, die anderen kannten nichts als Krieg. Männer waren geboren, lebten ihr Leben und starben, umgeben von ihren Enkelkindern – alle mit den Alarmsignalen des Krieges, die ständig in ihren Ohren klangen.

Möglicherweise wurde das kleine Gebiet, in dem sie lebten, nie wirklich von den Grausamkeiten des Krieges heimgesucht; aber irgendwo herrschte immer Krieg, der wie die Flut zurückging, um dann wieder zurückzukehren; bis 1959 die große Flutwelle menschlichen Wahnsinns aufkam, die acht blutige Jahre lang die ganze Welt überspülte und als sie sich zurückzog, eine ausgebrannte und verwüstete Welt hinterließ.

Zwei Monate waren vergangen – zwei Monate, in denen die Welt stillzustehen schien, den Atem anhielt und auf der Stelle trat. Was nun? Wir haben Frieden, aber was sollen wir damit anfangen? Die Führer waren nur für eine Anforderung ausgebildet – Denken und Handeln im Krieg. Nach der Freude kam die Niedergeschlagenheit – unsere Nerven, an den ständigen Reiz der Aufregung gewöhnt, schrien angesichts der Eintönigkeit des Friedens, und doch wollte niemand mehr Krieg. Wir wussten nicht, was wir wollten.

Und dann kam die Ankündigung, die, wie ich glaube, die Welt vor dem Wahnsinn bewahrte, denn sie lenkte unsere Gedanken in eine neue Richtung – eine Tatsache, die weitaus fesselnder war als prosaische Kriege und ebenso anregend für die Fantasie und die Nerven – endlich war eine verständliche Kommunikation mit dem Mars hergestellt worden!

Generationen von Kriegen hatten die wissenschaftliche Forschung vorangetrieben, mit dem Ziel, uns schneller gegenseitig umzubringen, unsere Jugend schneller in fremden Böden ins Grab zu befördern, unsere Befehle, zur Tötung unserer Mitmenschen, heimlicher und mit größerer Schnelligkeit zu übermitteln. Und immer, Generation um Generation, hatte es jene wenigen gegeben, die sich von der Idee eines Massakers lösen und sich auf eine glücklichere Zeit freuen konnten. Sie konzentrierten ihre Talente und Energien auf die Nutzung wissenschaftlicher Errungenschaften zum Wohle der Menschheit und zum Wiederaufbau der Zivilisation.

Darunter befand sich auch jene viel belächelte, aber hingebungsvolle Gruppe, die hartnäckig an der Idee festgehalten hatten, dass eine Kommunikation mit dem Mars ermöglicht werden könnte. Sie hatten diese Hoffnung, die seit hundert Jahren gewachsen war, nie sterben lassen, sondern mit immer größerer Begeisterung von Lehrer zu Schüler weitergegeben, während die Menschen sie verspotteten, so wie sie hundert Jahre zuvor diejenigen verspottet hatten, die mit Flugapparaten, wie sie sie nannten, experimentiert hatten.

Um 1940 war die erste Belohnung für lange Jahre der Mühen und Hoffnungen gekommen, durch die Vollendung eines Instruments, das in der Lage war, die Richtung und Entfernung jeder Funkaktivität, auf die es eingestellt war, genau anzuzeigen. Mehrere Jahre zuvor hatten alle hochempfindlichen Empfangsgeräte eine Serie von drei Punkten und drei Strichen aufgezeichnet, die in präzisen Intervallen von vierundzwanzig Stunden und siebenunddreißig Minuten gesendet wurde und etwa fünfzehn Minuten lang andauerte.

Das neue Instrument zeigte eindeutig an, dass diese Signale, wenn es tatsächlich Signale waren, immer in der gleichen Entfernung von der Erde und an einem konstanten Punkt im Universum, der vom Planeten Mars besetzt ist, entstanden waren.

Erst fünf Jahre später wurde ein Sendegerät entwickelt, das seine Wellen von der Erde zum Mars übertragen konnte. Zuerst wurde deren eigene Botschaft wiederholt - drei Punkte und drei Striche. Obwohl die übliche Zeitspanne nicht verstrichen war, nach der wir ihr tägliches Signal erhielten, wurde unseres sofort beantwortet.

Dann schickten wir eine Botschaft, die alternativ aus fünf Punkten und zwei Strichen bestand. Sofort antworteten sie mit fünf Punkten und zwei Strichen, und wir wussten zweifelsfrei, dass wir mit dem Roten Planeten in Verbindung standen. Aber es bedurfte zweiundzwanzig Jahre unermüdlicher Anstrengungen, in denen sich die brillantesten Intellekte zweier Welten darauf konzentrierten, ein intelligentes System der wechselseitigen Kommunikation zwischen den beiden Planeten zu entwickeln und zu vervollkommnen.

Heute, an diesem zehnten Juni 1967, wurde die erste Botschaft vom Mars veröffentlicht und in die Welt ausgestrahlt. Sie stammte von Helium, Barsoom und übermittelte einer Schwesterwelt Grüße und wünschte uns alles Gute. Aber es war ein Anfang.

Der blaue Raum von Harding war vermutlich ein typischer Versammlungsort in der zivilisierten Welt. Männer und Frauen aßen, tranken, lachten, sangen und redeten. Das Schiff raste in einer Höhe von etwas mehr als tausend Fuß durch die Luft. Seine Motoren, die drahtlos von Kraftwerken gespeist wurden, die Tausende von Kilometern entfernten waren, trieben es geräuschlos und schnell während seiner nächtlichen Fahrt zwischen Chicago und Paris an.

Natürlich hatte ich diese Reise viele Male gemacht, aber dieser Fall war einzigartig wegen des epochalen Ereignisses, das die Passagiere feierten, und so saß ich länger als gewöhnlich am Tisch und beobachtete meine Tischgenossen, mit einem, wie ich mir vorstelle, leicht nachsichtigen Lächeln auf den Lippen, denn – ich erwähne das nicht aus Egoismus – es war ein hohes Privileg für mich gewesen, an der Vollendung von hundert Jahren Arbeit mitzuwirken, die an diesem Tag Früchte getragen hatte. Ich betrachtete die anderen Gäste und wandte mich dann wieder meinen Tischnachbarn zu.

Er war ein gut aussehender Bursche, schlank und braun gebrannt – man hätte nicht die Dienstuniform des Air Corps in Übersee, die Sterne und Anker des Admirals oder die Abzeichen für Kriegsverletzungen bemerken müssen, um zu erraten, dass er ein Kämpfer war; er sah so aus, jeder Inch von ihm, und es waren ganze zweiundsiebzig Inches.

Wir unterhielten uns ein wenig – natürlich über den großen Sieg und die Botschaft vom Mars, und obwohl er oft lächelte, bemerkte ich einen gelegentlichen Schatten der Traurigkeit in seinen Augen, und einmal, nach einem besonders überschwenglichen Ausbruch seitens der Feiernden, schüttelte er den Kopf und bemerkte:

»Arme Teufel!« und dann: »Es ist besser so – sollen sie das Leben genießen, solange sie können. Ich beneide sie um ihre Unwissenheit.«

»Wie meinen sie das?« fragte ich.

Er errötete ein wenig und lächelte dann. »Habe ich laut gesprochen?«, fragte er.

Ich wiederholte, was er gesagt hatte, und er sah mich eine lange Minute lang an, bevor er wieder sprach. »Ach, was bringt das!«, rief er fast gereizt aus, »das würden sie nicht verstehen und natürlich auch nicht glauben. Ich verstehe es selbst nicht; aber ich muss es glauben, weil ich es weiß – ich weiß es aus eigener Beobachtung. Mein Gott, wenn sie gesehen hätten, was ich gesehen habe.«

»Erzählen sie es mir«, bat ich, aber er schüttelte zweifelnd den Kopf.

»Ist ihnen klar, dass es so etwas wie Zeit nicht gibt,« fragte er plötzlich, »dass der Mensch die Zeit erfunden hat, um den Begrenzungen seines begrenzten Verstandes gerecht zu werden, so wie er auch anderen Dingen Namen gegeben hat, die er weder erklären noch verstehen kann, wie den Weltraum?«

»Ich habe von einer solchen Theorie gehört«, antwortete ich; »aber ich glaube weder daran noch leugne ich sie – ich weiß es einfach nicht.« Ich dachte, ich hätte ihm einen Anstoß gegeben, und so wartete ich, da ich in Romanen gelesen hatte, dies sei es der Weg, einem Erzähler seine Geschichte zu entlocken. Er blickte an mir vorbei, und ich stellte mir vor, dass der Ausdruck seiner Augen darauf hindeutete, dass er wieder Zeuge der aufregenden Szenen der Vergangenheit war. Aber ich muss mich geirrt haben – ich war mir sogar ziemlich sicher, als er das nächste Mal sprach.

»Wenn das Mädchen nicht aufpasst«, sagte er, »wird das Ding kippen und sie wird böse stürzen – sie ist viel zu nah an der Kante.«

Ich drehte mich um und sah eine reich gekleidete und sehr zerzauste junge Dame, die eifrig auf einer Tischplatte tanzte, während ihre Freunde und die umstehenden Gäste ihr zujubelten.

Mein Begleiter erhob sich. »Ich habe ihre Gesellschaft sehr genossen«, sagte er, »und ich hoffe, sie wiederzusehen. Ich werde mich jetzt nach einem Schlafplatz umsehen, sie konnten mir keine Kabine geben. Ich scheine nicht genug Schlaf zu bekommen, seit sie mich zurückgeschickt haben.« Er lächelte.

»Sie vermissen wohl die Gasgranaten und Funkbomben«, bemerkte ich.

»Ja«, antwortete er, »so wie ein Rekonvaleszent die Pocken vermisst.«

»Ich habe ein Zimmer mit zwei Betten«, sagte ich. »In letzter Minute wurde meine Sekretärin krank. Ich würde mich freuen, wenn sie das Zimmer mit mir teilen.«

Er dankte mir und nahm meine Gastfreundschaft für die Nacht an – am nächsten Morgen würden wir in Paris sein. Als wir uns zwischen den Tischen voller lachender und fröhlicher Gäste durchschlängelten, hielt mein Begleiter neben dem Tisch inne, an dem die junge Frau saß, die zuvor seine Aufmerksamkeit erregt hatte. Ihre Blicke trafen sich, und in ihren Augen zeigte sich ein Ausdruck von Verwirrung und flüchtiger Wiedererkennung. Er lächelte ihr freundlich zu, nickte und ging weiter.

»Sie kennen sie also?« fragte ich.

»Das werde ich – in zweihundert Jahren«, war seine rätselhafte Antwort.

Wir fanden mein Zimmer, und dort genehmigten wir uns eine Flasche Wein, etwas Gebäck, eine entspannende Zigarette und lernten uns besser kennen. Er war es, der als Erster auf das Thema unseres Gesprächs im blauen Raum zurückkam.

»Ich werde ihnen erzählen«, sagte er, »was ich noch nie einem anderen erzählt habe; aber unter der Bedingung, dass sie, wenn sie es weiter erzählen, meinen Namen nicht erwähnen. Ich habe noch einige Jahre dieses Lebens vor mir, und ich habe überhaupt keine Lust, als Verrückter bezeichnet zu werden. Lassen sie mich zunächst sagen, dass ich nicht versuche, irgendetwas zu erklären, außer dass ich Vorhersehung nicht für die richtige Erklärung halte. Ich habe die Erlebnisse, von denen ich ihnen berichten werde, tatsächlich erlebt, und das Mädchen, das wir heute Abend auf dem Tisch tanzen sahen, hat sie mit mir erlebt; aber sie weiß es nicht. Wenn sie wollen, können sie die Theorie im Hinterkopf behalten, dass es so etwas wie Zeit nicht gibt – behalten sie das im Kopf – sie können sie nicht verstehen, oder zumindest kann ich sie nicht verstehen. Lassen sie uns beginnen.«

I. Ein Abenteuer im Weltraum

Ich hatte die Absicht, ihnen meine Geschichte aus den Tagen des zweiundzwanzigsten Jahrhunderts zu erzählen, aber um sie zu verstehen, ist es wohl am besten, wenn ich zuerst die Geschichte meines Ururgroßvaters erzähle, der im Jahr 2000 geboren wurde.

Ich muss ihn komisch angesehen haben, denn er lächelte und schüttelte den Kopf wie jemand, der bemüht ist, eine Erklärung zu finden, die der mentalen Fähigkeit seines Zuhörers entspricht.

Mein Ururgroßvater war in Wirklichkeit der Ururenkel meiner vorherigen Inkarnation, die 1896 begann. Ich heiratete 1916, im Alter von zwanzig Jahren. Mein Sohn Julian wurde 1917 geboren. Ich habe ihn nie gesehen. Ich wurde 1918 in Frankreich getötet – am Tag des Waffenstillstands.

1937 wurde ich als Sohn meines Sohnes wiedergeboren. Ich bin dreißig Jahre alt. Mein Sohn wurde 1970 geboren – das ist der Sohn meiner Inkarnation von 1937 – und sein Sohn, Julian V., in dem ich wieder auf die Erde zurückkehrte, im Jahr 2000. Ich sehe, dass sie verwirrt sind, aber bitte erinnern sie sich an meine Aufforderung, dass sie versuchen sollen, die Theorie im Gedächtnis zu behalten, dass es so etwas wie Zeit nicht gibt. Wir schreiben jetzt das Jahr 1967, und doch erinnere ich mich deutlich an jedes Ereignis meines Lebens, das sich in vier Inkarnationen ereignete – die letzte, an die ich mich erinnere, ist die, die im Jahr 2100 begann. Ob ich damals tatsächlich drei Generationen übersprungen habe, oder ob ich mich aus einer Laune des Schicksals heraus nicht an eine Inkarnation dazwischen erinnern kann, weiß ich nicht.

Meine Theorie zu diesem Thema ist, dass ich mich von meinen Mitmenschen nur darin unterscheide, dass ich mich an die Ereignisse erinnern kann, die sich in vielen Inkarnationen ereignet haben, während sie sich nur an einige wichtige Episoden dieses Lebens erinnern, das sie gerade erleben; aber vielleicht irre ich mich. Das spielt keine Rolle. Ich werde ihnen die Geschichte von Julian V. erzählen, der im Jahr 2000 geboren wurde, und dann, wenn wir Zeit haben und sie noch interessiert sind, werde ich ihnen von den Qualen der schrecklichen Tage des zweiundzwanzigsten Jahrhunderts erzählen, nach der Geburt von Julian IX., im Jahr 2100.

Ich werde versuchen, die Geschichte mit seinen eigenen Worten zu erzählen, soweit ich mich an sie erinnern kann, aber aus verschiedenen Gründen, nicht zuletzt, weil ich faul bin, werde ich überflüssige Details weglassen – das heißt, mit ihrer Erlaubnis natürlich.

Mein Name ist Julian. Ich werde Julian V. genannt. Ich stamme aus einer illustren Familie – mein Ururgroßvater, Julian I., Major mit zweiundzwanzig Jahren, wurde zu Beginn des Ersten Weltkriegs in Frankreich getötet. Mein Urgroßvater, Julian II., wurde 1938 im Kampf in der Türkei getötet. Mein Großvater, Julian III., kämpfte seit seinem sechzehnten Lebensjahr ununterbrochen, bis in seinem dreißigsten Lebensjahr der Frieden erklärt wurde. Er starb 1992 und war in den letzten fünfundzwanzig Jahren seines Lebens Admiral der Lüfte und wurde bei Kriegsende zum Kommando der Internationalen Friedensflotte versetzt, deren Aufgabe es war, in der Welt zu patrouillieren und sich um den Frieden zu kümmern. Auch er wurde in Ausübung seiner Pflicht getötet, ebenso wie mein Vater, der ihm im Dienst nachfolgte.

Mit sechzehn Jahren machte ich meinen Abschluss an der Flugschule und wurde der Internationalen Friedensflotte zugeteilt, wo ich als fünfte Generation meiner Familie die Uniform meines Landes trug. Das war im Jahr 2016, und ich erinnere mich, dass es mich mit Stolz erfüllte, dass damit ein volles Jahrhundert vergangen war, seit Julian I. seinen Abschluss in West Point gemacht hatte, und dass während dieser hundert Jahre kein erwachsener Mann meiner Linie jemals Zivilkleidung besessen oder getragen hat.

Natürlich gab es keine Kriege mehr, aber es wurde immer noch gekämpft. Wir hatten es mit den Luftpiraten zu tun, und gelegentlich erforderten einige der unzivilisierten Stämme Russlands, Afrikas und Zentralasiens die Durchführung einer Strafexpedition. Das Leben erschien uns fade und eintönig, wenn wir von den Heldentaten unserer Vorfahren von 1914 bis 1967 lasen, dennoch wollte keiner von uns Krieg. Wir waren gut instruiert worden, nicht an einen Krieg zu denken, und die Internationale Friedensflotte hat alle Kriegsvorbereitungen so effektiv verhindert, dass wir sicher waren, dass es nie wieder einen Krieg geben würde.

Es gab keine anderen Feuerwaffen auf der Welt als die, mit denen wir bewaffnet waren, und einige wenige veraltete, die als Erbstücke oder in Museen aufbewahrt wurden oder wilden Stämmen gehörten, die keine Munition dafür beschaffen konnten, da wir nicht erlaubten, welche herzustellen. Es gab weder eine Gasgranate noch eine Funkbombe, noch eine Maschine, um sie abzufeuern; und es gab auf dem ganzen Planeten keine einzige großkalibrige Kanone.

Überall hieß es, dass tausend Mann, ausgerüstet mit all den Waffen, die bei Kriegsende 1967 ihre höchste Effizienz erreicht hatten, die Welt hätten erobern können; aber es gab keine tausend so bewaffnete Männer – es würde niemals mehr tausend so ausgerüstete Männer irgendwo auf der Erde geben. Die Internationale Friedensflotte war ausgerüstet und bemannt, um eine solche Katastrophe zu verhindern.

Aber es scheint, dass die Vorsehung nie beabsichtigt hat, dass es in der Welt keine Katastrophen mehr geben sollte. Auch wenn der Mensch die inneren Bedrohungen verhinderte, so blieben immer noch ungeahnte externe Quellen, über die er keine Kontrolle hatte. Es war eine davon, die unser Verderben werden sollte.

Der Samen dafür wurde dreiunddreißig Jahre vor meiner Geburt gesät, an jenem historischen Tag, dem 10. Juni 1967, an dem die Erde ihre erste Botschaft vom Mars erhielt. Seitdem stehen die beiden Planeten in ständiger freundschaftlicher Verbindung und betreiben einen Austausch der gegenseitigen Erkenntnisse.

In einigen Zweigen der Künste und Wissenschaften waren uns die Marsmenschen, oder Barsoomianer, wie sie sich selbst nennen, weit voraus, während wir uns in anderen Zweigen schneller entwickelt hatten als sie. So wurde Wissen zum Vorteil beider Welten frei ausgetauscht. Wir erfuhren von ihrer Geschichte und ihren Bräuchen und sie von unseren, obwohl sie schon seit Ewigkeiten viel mehr von uns wussten als wir von ihnen. Die Nachrichten vom Mars nahmen von Anfang an einen prominenten Platz in unseren Tageszeitungen ein.

Am meisten halfen sie uns vielleicht in der Medizin und in der Luftfahrt, indem sie uns zum einen die wunderbaren Heilmittel von Barsoom und zum anderen das Wissen um den Achten Strahl vermittelten, der auf der Erde allgemein als Barsoom-Strahl bekannt ist und der heute in den Auftriebstanks aller Flugzeuge gespeichert ist und die alten Flugzeugtypen, die auf Auftriebskraft angewiesen waren, um sie in der Luft zu halten, überflüssig machte.

Dass wir überhaupt in der Lage waren, verständlich mit ihnen zu kommunizieren, verdanken wir der Anwesenheit des unsterblichen Virginiers John Carter auf dem Mars, dessen wundersamer Transport zum Mars am 4. März 1866 stattfand, wie jedes Schulkind des 21. Jahrhunderts weiß. Hätte sich nicht die kleine Schar von Marswissenschaftlern, die mit der Erde kommunizieren wollten, irrtümlich aus politischen Zwecken zu einer Geheimorganisation zusammengeschlossen, wären Nachrichten zwischen den beiden Planeten fast ein halbes Jahrhundert zuvor ausgetauscht worden, und erst als sie sich schließlich an John Carter wandten, wurde der gegenwärtige interplanetarische Code entwickelt.

Fast vom ersten Moment an war das Thema, das uns alle am meisten beschäftigte, die Möglichkeit eines tatsächlichen gegenseitigen Besuchs von Erdenmenschen und Barsoomianern. Jeder Planet hoffte, dies als erster zu erreichen, trotzdem hielt keiner von beiden Informationen zurück, die dem anderen bei der Verwirklichung des großen Durchbruchs helfen könnten. Es war eine großzügige und freundschaftliche Rivalität, die zum Zeitpunkt meines Abschlusses an der Flugschule zumindest theoretisch fast reif für einen Erfolg durch den einen oder anderen zu sein schien. Wir hatten den Achten Strahl, die Triebwerke, die Elemente zur Sauerstoffversorgung und das Wissen, um isolierte Umgebungen zu schaffen ... alles Notwendige, um eine sichere und bequeme Reise zum Mars an Bord eines zu diesem Zweck entworfenen Raumschiffs zu unternehmen, als wäre der Mars die einzige andere bewohnte Welt im Sonnensystem. Aber so war es nicht, und es waren die anderen Planeten und die Sonne, die wir fürchteten.

Im Jahr 2015 hatte der Mars ein Schiff mit einer fünfköpfigen Besatzung zur Erde entsandt, das für zehn Jahre ausgestattet war. Man hoffte, dass die Reise mit viel Glück in weniger als fünf Jahren gemacht werden könnte, da das Schiff eine tatsächliche Geschwindigkeit von tausend Meilen pro Stunde erreicht hatte. Zum Zeitpunkt meines Abschlusses war das Schiff bereits fast eine Million Meilen von seinem Kurs abgekommen und galt allgemein als verloren. Seine Besatzung, die in ständiger Funkverbindung mit der Erde und dem Mars stand, hoffte immer noch auf eine Lösung, aber die am besten Informierten beider Welten hatten sie aufgegeben.

Wir hatten zu der Zeit ein Schiff, das fast bereit war für die Reise zum Mars, aber die Regierung in Washington hatte das Unternehmen verboten, als sich herausstellte, dass das Barsoomian-Schiff dem Untergang geweiht war – eine weise Entscheidung, da unser Schiff nicht besser ausgerüstet war als ihres. Es dauerte fast zehn Jahre, bis weitere Fortschritte in Richtung eines größeren Erfolgs für ein weiteres interplanetares Abenteuer im Weltraum erzielt wurden, und dies war direkt auf die Entdeckung eines ehemaligen Klassenkameraden von mir, Leutnant Commander Orthis, zurückzuführen, einem der brillantesten Männer, die ich je gekannt habe, und gleichzeitig einem der skrupellosesten und, zumindest für mich, unausstehlichsten.

Wir waren gemeinsam in die Flugschule eingetreten – er aus New York und ich aus Illinois – und fast vom ersten Tag an schien es eine gegenseitige Feindseligkeit zu geben, die, zumindest von seiner Seite, durch zahlreiche unglückliche Ereignisse während unserer vier Jahre unter demselben Dach erheblich verstärkt worden sein muss. Zunächst einmal war er weder bei den Kadetten noch bei den Ausbildern noch bei den Offizieren der Schule beliebt, während ich in dieser Hinsicht sehr viel Glück hatte. In den verschiedenen Bereichen des Sports, in denen er sich als besonders talentiert betrachtete, war es leider immer ich, der ihn übertraf und verhinderte, dass er großen Ehrungen erreichte. Im Klassenzimmer stellte er uns alle in den Schatten – sogar die Ausbilder waren erstaunt über die Brillanz seines Intellekts – und doch habe ich ihn in den Abschlussprüfungen oft übertroffen. Als wir Kadetten waren, war ich immer sein Vorgesetzter, und nach dem Abschluss nahm ich unter den neuen Fähnrichen einen höheren Rang ein als er – einen Rang, der viele Jahre zuvor abgeschafft, aber kürzlich wieder eingeführt worden war.

Von da an sah ich ihn nur noch selten, sein Dienst beschränkte ihn hauptsächlich auf die Erde, während meiner mich fast ständig in der Luft hielt und in alle Teile der Welt schickte. Gelegentlich hörte ich von ihm – normalerweise etwas Fragwürdiges; er hatte ein nettes Mädchen geheiratet und sie verlassen – es war von einer Untersuchung seiner Konten die Rede gewesen – und zuletzt gab es das Gerücht, dass er einer geheimen Gruppe angehörte, der die Regierung stürzen wollte. Manches mag ich von Orthis glauben, aber das nicht.

Und während dieser neun Jahre seit dem Abschluss des Studiums hatten wir uns in unseren Interessen auseinandergelebt und durch ständig wachsende Rangunterschiede war die Kluft zwischen uns noch größer geworden. Er war Lieutenant Commander und ich Captain, als er 2024 die Entdeckung und Isolierung des Achten Strahls der Sonne und innerhalb von zwei Monaten den des Mondes, Merkurs, der Venus und des Jupiters bekannt gab. Die acht barsoomianischen und die acht irdischen Strahlen waren bereits isoliert worden, und auf der Erde wurde der letztere fälschlicherweise mit dem Namen des ersteren bezeichnet.

Die Entdeckungen von Orthis wurden auf den zwei Planeten als Schlüssel für eine tatsächliche Reisemöglichkeit zwischen der Erde und Barsoom gefeiert, da durch diese Strahlen die Anziehungskraft der Sonne und der Planeten, mit Ausnahme von Saturn, Uranus und Neptun, definitiv überwunden werden konnte und ein Schiff einen direkten und ungehinderten Kurs durch den Weltraum zum Mars ansteuern konnte. Die Auswirkung der Anziehungskraft der drei weiter entfernten Planeten wurde aufgrund ihrer großen Entfernung sowohl vom Mars als auch von der Erde als vernachlässigbar angesehen.

Orthis wollte ein Schiff ausrüsten und sofort losfliegen, aber wieder griff die Regierung ein und verbot, was sie für ein unnötiges Risiko hielt. Stattdessen wurde Orthis beauftragt, ein kleines funkgesteuertes Schiff zu entwerfen, das unbemannt sein sollte und von dem man glaubte, dass es automatisch mindestens bis über die Hälfte der Entfernung zwischen den beiden Planeten gesteuert werden könnte. Nachdem seine Entwürfe fertiggestellt waren, können sie sich seinen und auch meinen Unmut vorstellen, als ich den Auftrag erhielt, den Bau des Schiffes zu überwachen. Dennoch möchte ich sagen, dass Orthis seine Emotionen gut verbarg und so die perfekte Zusammenarbeit ermöglichte, zu der wir gezwungen waren und die für mich ebenso unangenehm war wie für ihn. Ich meinerseits habe es ihm so einfach wie möglich gemacht, indem ich mit ihm und nicht über ihm gearbeitet habe.

Es dauerte nur eine kurze Zeit, um das experimentelle Schiff fertigzustellen, und während dieser Zeit hatte ich die Gelegenheit, einen noch besseren Einblick in die unglaublichen intellektuellen Fähigkeiten von Orthis zu bekommen, obwohl ich nie Zugang zu seinem Verstand oder Herz hatte.

Ende 2024 wurde das Schiff auf seine seltsame Reise geschickt, und fast sofort wurde auf meine Empfehlung hin mit der Arbeit an der Perfektionierung des größeren Schiffes begonnen, das man 2015 zu bauen begonnen hatte, zu einem Zeitpunkt, als der Verlust des Marsschiffes unsere Regierung davon abgehalten hatte, weitere Versuche zu unternehmen, bis die damals unüberwindbar scheinenden Hindernisse überwunden waren. Orthis war wieder mein Assistent, und mit den uns zur Verfügung stehenden Mitteln dauerte es weniger als acht Monate, bis die Barsoom, wie sie getauft wurde, vollständig überholt und für die interplanetarische Reise ausgerüstet war. Die verschiedenen acht Strahlen, die uns helfen sollten, die Anziehungskraft von

Sonne, Merkur, Venus, Erde, Mars und Jupiter zu überwinden, wurden in sorgfältig konstruierten und gut geschützten Tanks innerhalb des Rumpfes aufbewahrt, und am Bug befand sich ein kleinerer Tank, der den achten Mondstrahl enthielt und es uns ermöglichte, uns sicher innerhalb der Einflusszone des Mondes zu bewegen, ohne Gefahr zu laufen, von seiner unfruchtbaren Oberfläche angezogen zu werden.

Fast fünf Jahre nachdem es den Mars verlassen hatte, wurden Nachrichten des ursprünglichen Marsschiffes von Zeit zu Zeit und mit abnehmender Stärke empfangen. Seinem Kommandanten war es in seinem heroischen Kampf gegen die Anziehungskraft der Sonne gelungen, in das Gravitationsfeld des Jupiter zu gelangen, und er befand sich, als man zuletzt von ihm hörte, weit draußen in der großen Leere zwischen diesem Planeten und dem Mars. In den vergangenen vier Jahren konnte man über das Schicksal des Schiffes nur Vermutungen anstellen – sicher war nur, dass seine unglückliche Besatzung nie wieder nach Barsoom zurückkehren würde.

Unser eigenes Versuchsschiff war nun seit acht Monaten auf seinem einsamen Weg unterwegs, und die wissenschaftlichen Schlussfolgerungen von Orthis waren so genau, dass das empfindlichste Instrument nicht die geringste Abweichung von seinem vorgeschriebenen Kurs feststellen konnte.

Damals begann Orthis, die Regierung zu bedrängen, ihm zu erlauben, mit dem neuen, nun fertiggestellten Schiff aufzubrechen. Die Behörden hielten jedoch bis in die zweite Hälfte des Jahres 2025 durch, als das Versuchsschiff ein Jahr unterwegs war und immer noch keine Abweichung vom Kurs zeigte, so dass sie sich einigermaßen sicher fühlten, dass der Erfolg des Unterfangens gewährleistet war und kein unnötiges Risiko für Menschenleben bestand.

Die Barsoom erforderte fünf Männer, um sie richtig zu navigieren, und wie es seit vielen Jahrhunderten üblich war, wenn ein Unterfangen mit mehr als dem üblichen Risiko begonnen werden sollte, wurden Freiwillige gesucht, mit dem Ergebnis, dass die Hälfte des Personals der Internationalen Friedensflotte darum bettelte, die fünfköpfige Besatzung bilden zu dürfen.

Die Regierung wählte schließlich ihre Männer aus der großen Zahl von Freiwilligen aus, mit dem Ergebnis, dass ich wieder einmal der unschuldige Grund für Enttäuschung und Ärger bei Orthis war, als mir das Kommando übertragen wurde, wobei Orthis, zwei Leutnants und ein Fähnrich die Mannschaft vervollständigten. Die Barsoom war größer als das von den Marsmenschen entsandte Schiff, so dass wir Vorräte für fünfzehn Jahre transportieren konnten.

Wir waren mit leistungsstärkeren Motoren ausgestattet, die es uns ermöglichen würden, eine Durchschnittsgeschwindigkeit von mehr als zwölfhundert Meilen pro Stunde beizubehalten, und wir hatten zusätzlich einen kürzlich von Orthis entwickelten Motor dabei, der aus Licht genügend Energie erzeugte, um das Schiff mit halber Geschwindigkeit anzutreiben, falls unser anderer Motor ausfallen sollte. Keiner von uns war verheiratet und die Frau die Orthis verlassen hatte, war vor Kurzem gestorben. Unser Besitz wurde von der Regierung unter Treuhänderschaft genommen. Unser Abschied fand am 24. Dezember 2025 auf einem exklusiven Ball im Weißen Haus statt, und am Weihnachtstag starteten wir von der Landungsbrücke, an der die Barsoom festgemacht hatte; und unter dem Lärm von Bands und dem Geschrei Tausender Landsleute erhoben wir uns majestätisch ins Blaue.

Ich werde sie nicht mit trockenen, technischen Beschreibungen unserer Motoren und Ausrüstungen langweilen. Es genügt zu sagen, dass erstere aus drei Typen bestanden – jene, die das Schiff durch die Luft und jene, die es durch den Äther antrieben, der letzte Antrieb stellte natürlich unsere wichtigste Ausrüstung dar und bestand aus leistungsstarken Separatoren mit mehreren Auslässen, die den wahren barsoomianischen achten Strahl in großen Mengen isolierten und, indem sie ihn schnell erdwärts ausstießen, das Schiff zum Mars trieben. Diese Separatoren waren so konstruiert, dass sie bei gleicher Ausstattung den irdischen achten Strahl isolieren konnten, der für unsere Rückreise notwendig wäre. Der Zusatzmotor, den ich vorhin erwähnte und der die jüngste Erfindung von Orthis war, konnte leicht so eingestellt werden, dass er den achten Strahl eines beliebigen Planeten oder Satelliten oder der Sonne selbst isolierte und uns so die Antriebskraft in jedem Teil des Universums sicherte, indem er einfach den achten Strahl des nächstgelegenen Himmelskörpers erzeugte und ausstieß. Ein vierter Generatortyp gewann Sauerstoff aus dem Äther, während ein anderer isolierende Strahlen erzeugte, die uns jederzeit eine gleichmäßige Temperatur und einen gleichmäßigen Außendruck sicherten, wobei ihre Wirkung der der Erde umgebenden Atmosphäre entsprach. Die Wissenschaft hatte uns also ermöglicht, eine kleine Welt zu konstruieren, die sich nach Belieben durch den Raum bewegte – eine kleine Welt, die von fünf Seelen bewohnt wurde.

Wäre Orthis nicht gewesen, hätte ich mich auf eine einigermaßen angenehme Reise freuen können, denn West und Jay waren äußerst sympathische Gesellen und reif genug, um gute Kameraden zu sein, während der junge Norton, der Fähnrich, obwohl er erst siebzehn Jahre alt war, sich von Anfang an durch seine angenehmen Manieren, seine Rücksichtnahme und seine Bereitschaft bei der Ausübung seiner Pflichten bei uns allen beliebt machte. Es gab drei Kabinen an Bord der Barsoom, von denen ich eine allein belegte, während West und Orthis die zweite und Jay und Norton die dritte bewohnten. West und Jay waren Lieutenants und Klassenkameraden an der Flugschule gewesen. Sie hätten es natürlich vorgezogen, eine Kabine zu teilen, aber das wäre nur möglich gewesen, wenn ich es befohlen oder Orthis darum gebeten hätte. Da ich Orthis keinen Grund bieten wollte, sich beleidigt zu fühlen, zögerte ich, die Änderung vorzunehmen, während man von Orthis, der in seinem Leben nie einen rücksichtsvollen Gedanken gedacht oder eine rücksichtsvolle Tat getan hatte, natürlich nicht erwarten konnte, dass er dies vorschlagen würde. Wir aßen alle zusammen und West, Jay und Norton wechselten sich bei der Zubereitung der Mahlzeiten ab. Nur bei der Steuerung des Schiffes wurde die Rangfolge streng eingehalten. Ansonsten behandelten wir uns als Gleichberechtigte, und eine andere Regelung wäre bei einem solchen Unterfangen, bei dem wir fünf zusammen auf einem kleinen Schiff für einen Zeitraum von nicht weniger als fünf Jahren inhaftiert waren, auch nicht haltbar gewesen. Wir hatten Bücher, Schreibmaterial und Spiele, und wir standen natürlich in ständiger Funkkommunikation, sowohl mit der Erde als auch mit dem Mars, und erhielten ständig die neuesten Nachrichten von beiden Planeten. Wir lauschten den Klängen von Opern und Oratorien und hörten die Musik zweier Welten, sodass es uns nicht an Unterhaltung mangelte. Von Orthis Seite gab es immer eine gewisse Befangenheit mir gegenüber, aber ich muss ihm zugutehalten, dass er sich nach außen hin bewundernswert verhielt. Im

Gegensatz zu den anderen tauschten wir nie Höflichkeiten aus, und ich konnte es auch nicht, da ich wusste, dass Orthis mich hasste, und ich ihn wegen seines Charakters verachtete. Intellektuell hatte er meine höchste Bewunderung, und wenn es um Angelegenheiten dieser Art ging, kommunizierten wir vorbehaltlos und ohne Spannung, und es gab viele gewinnbringende Diskussionen, die wir in den ersten Tagen dieser, wie sich herausstellen sollte, sehr kurzen Reise führten.

Es war am zweiten Tag, als ich mit einiger Überraschung feststellte, dass Orthis ein freundliches Interesse an Norton zeigte. Es war nie Orthis Art gewesen, Freundschaften zu schließen, aber ich sah, dass er und Norton viel zusammen waren und dass jeder viel Freude an der Gesellschaft des anderen zu haben schien. Orthis war ein guter Redner. Er kannte sich in seinem Fachgebiet sehr gut aus und war ein Erfinder und Wissenschaftler von hohem Rang. Norton, obwohl noch sehr jung, war selbst ein scharfsinniger Geist. Er war der Erste in seiner Abschlussklasse gewesen und führte die Liste der Fähnriche für dieses Jahr an, und ich konnte nicht umhin zu bemerken, dass er jedes Wort der wissenschaftlichen Erklärungen aufsog, die Orthis an ihn richtete.

Wir waren etwa sechs Tage unterwegs, als Orthis zu mir kam und vorschlug, dass es West und Jay als Klassenkameraden und Kumpels gestattet werden sollte, zusammenzuwohnen, und dass er mit Norton gesprochen hatte, der mit dem Wechsel einverstanden wäre und Wests Koje in Orthis Kabine übernehmen würde. Ich war sehr froh darüber, denn das bedeutete, dass meine Untergebenen auf die günstigste Weise zusammengeführt würden, und wenn sie zufrieden waren, würde die Reise zumindest von diesem Standpunkt aus angenehmer sein. Es tat mir natürlich ein wenig leid, einen guten Jungen wie Norton unter dem Einfluss von Orthis zu sehen, aber ich hatte das Gefühl, dass die geringe Gefahr, die daraus entstehen könnte, durch den Einfluss von West, Jay und mir ausgeglichen würde oder durch die liberale Ausbildung kompensiert würde, die ein Mann, der fünf Jahre lang unter Orthis Einfluss war, erhalten würde, wenn Orthis die Themen, die er beherrschte, mit ihm diskutieren würde.

Wir fingen an, den Einfluss des Mondes ziemlich stark zu spüren. Bei der Geschwindigkeit, mit der wir reisten, würden wir ihm am zwölften Tag, also etwa am 6. Januar 2026, am nächsten kommen.

Unser Kurs würde uns in eine Entfernung von etwa zwanzigtausend Meilen zum Mond bringen, und als wir uns ihm näherten, glaubte ich, dass sein Anblick das Beeindruckendste war, das ein menschliches Auge je zuvor gesehen hatte. Mit bloßem Auge gesehen, stand er groß und prächtig am Himmel und erschien mehr als zehnmal so groß, wie er irdischen Beobachtern erscheint, aber unsere starken Instrumente brachten seine seltsame Oberfläche so erschreckend nah, dass man das Gefühl hatte, die zerrissenen Felsen seiner zerklüfteten Berge berühren zu können.

Diese nähere Betrachtung ermöglichte es uns, die Wahrheit oder Unwahrheit der Theorie zu überprüfen, die seit Langem von einigen Wissenschaftlern vertreten wurde, die behaupten, es gäbe eine Art Vegetation auf der Mondoberfläche. Unsere Augen wurden zunächst von dem angezogen, was sich auf der Oberfläche einiger Täler und in den tieferen Schluchten der Berge zu bewegen schien. Norton rief, dass sich dort Kreaturen bewegten, aber bei näherer Beobachtung stellte sich heraus, dass es eine seltsame pilzartige Vegetation gab, die so schnell wuchs, dass wir dieses Phänomen deutlich sehen konnten.

Nach den mehrtägigen Beobachtungen, die wir aus nächster Nähe machten, kamen wir zu dem Schluss, dass die gesamte Lebensdauer dieser Vegetation einen einzigen siderischen Monat betrug. Aus der Spore entwickelte sich in der kurzen Zeitspanne von siebenundzwanzig Tagen eine mächtige Pflanze, die manchmal Hunderte von Metern hoch wurde. Die Zweige waren kantig und grotesk, die Blätter breit und dick, und bei den Pflanzen, die wir gut erkennen konnten, waren die sieben Grundfarben deutlich zu sehen. Immer wenn ein Teil des Mondes langsam im Schatten verschwand, ließ die Vegetation zuerst nach, dann verwelkte sie, fiel zu Boden und löste sich scheinbar sofort in ein feines, staubartiges Pulver auf – und dann, zumindest soweit unsere Instrumente es enthüllten, verschwand sie ganz und gar. Die Bewegung, die wir wahrnahmen, war nur die des raschen Wachstums, da es auf der Mondoberfläche keinen Wind gibt. Sowohl Jay als auch Orthis waren sich sicher, dass sie irgendeine Form tierischen Lebens entdeckt hätten, entweder Insekten oder Reptilien. Diese hatte ich selbst nicht gesehen, aber ich hatte viele der breiten, flachen Blätter entdeckt, die anscheinend teilweise angefressen waren, was sicherlich die Theorie bestärkte, dass es auf unserem Satelliten noch anderes als pflanzliches Leben gibt.

Ich nehme an, dass eines der größten Erlebnisse dieses Abenteuers, das sich als wahre Büchse der Pandora erwies, der Moment war, als wir anfingen, am Mond vorbeizuschleichen, und unsere Augen zum ersten Mal das erblickten, worauf kein menschliches Auge je geruht hatte – jene zwei Fünftel der Mondoberfläche, die von der Erde aus unsichtbar sind.

Wir blickten mit Ehrfurcht auf Mare Crisium und Lacus Somniorum, Sinius Roris, Oceanus Procellarum und die vier großen Bergketten. Wir hatten die Vulkane Opollonius, Secchi, Borda, Tycho und ihre Gefährten aus nächster Nähe betrachtet, aber all dies versank in der Bedeutungslosigkeit, als sich vor uns das Panorama des riesigen Unbekannten eröffnete.

Ich kann nicht sagen, dass es sich physisch von dem Teil des Mondes unterschied, der für uns sichtbar ist – es war lediglich der Glanz des Mysteriums, der es seit Anbeginn der Zeit umgab, der den Reiz für uns ausmachte. Wir beobachteten hier weitere große Gebirgsketten und weite hügelige Ebenen, hoch aufragende Vulkane und mächtige Krater und die gleiche Vegetation, die wir schon kennengelernt hatten.

Zwei Tage, nachdem wir am Mond vorbeigekommen waren, stellten sich die ersten Schwierigkeiten ein. Unter unseren Vorräten befanden sich einhundertzwanzig Liter Spirituosen pro Mann, genug, um jedem von uns über einen Zeitraum von fünf Jahren zwei Unzen pro Tag zu erlauben. Jeden Abend, vor dem Abendessen, hatten wir auf den Präsidenten einen Cocktail getrunken, der eine einzige Unze Alkohol enthielt, um unseren Vorrat zu schonen, falls sich unsere Reise übermäßig in die Länge ziehen sollte, und um genug davon zu haben, falls wir einen bestimmten Anlass gebührend feiern wollten.

Ungefähr bei der dritten Mahlzeit des dreizehnten Reisetages betrat Orthis merklich unter Alkoholeinfluss die Messe.

Die Geschichte erzählt, dass unter dem Regime der Prohibition Trunkenheit üblich war und dass sie ein solches Ausmaß annahm, dass sie zu einer nationalen Bedrohung wurde, aber mit der Aufhebung des Prohibitionsgesetzes vor fast hundert Jahren nahm die Gewohnheit des exzessiven Trinkens ab, sodass es für einen Mann zu einer Schande wurde, sich zu betrinken, und im Dienst galt es als ebenso verwerflich wie Feigheit im Krieg. Daher gab es für mich nur eine Sache zu tun. Ich befahl Orthis in sein Quartier. Er war betrunkener, als ich gedacht hatte, und ging auf mich los wie ein Tiger.

»Du verdammter Schuft«, schrie er. »Mein ganzes Leben lang hast du mir alles gestohlen; die Früchte all meiner Bemühungen hast du durch Schikanen und Tricks gestohlen, und selbst jetzt, wenn wir den Mars erreichen sollten, wärst du es, der als Held gepriesen würde – nicht ich, dessen Arbeit und Intellekt diese Leistung ermöglicht haben. Aber bei Gott wir werden den Mars nicht erreichen. Du wirst nicht noch einmal von meinen Bemühungen profitieren. Diesmal bist du zu weit gegangen, und jetzt wagst du es, mich wie einen Hund und einen Untergebenen herumzukommandieren – ich, dessen Verstand dich zu dem gemacht hat, was du bist.«

Ich hielt mich zurück, denn ich sah, dass der Mann für seine Worte nicht verantwortlich war. »Geh in dein Quartier, Orthis«, wiederholte ich meinen Befehl. »Ich werde morgen früh noch einmal mit dir sprechen.«

West, Jay und Norton waren anwesend. Sie schienen durch den Zustand des Mannes und seinen groben Ungehorsam wie gelähmt zu sein. Norton war jedoch der erste, der sich erholte. Er sprang schnell an Orthis Seite und legte seine Hand auf dessen Arm. »Kommen sie, Sir«, sagte er, und zu meiner Überraschung begleitete Orthis ihn ruhig zu ihrer Kabine.

Während unserer ganzen Reise hielten wir bewusst an der Täuschung von Tag und Nacht fest und maßen die Zeit mithilfe unserer Chronometer, da wir uns immer durch völlige Dunkelheit bewegten und nur von einem winzigen Lichtnebel umgeben waren, der von den Sonnenstrahlen erzeugt wurde, die auf die Strahlung unseres Isolierfeldgenerators trafen. Noch vor dem Frühstück ließ ich also am nächsten Morgen Orthis in meine Kabine kommen. Er trat mit einer aufsässigen Prahlerei ein, und seine ersten Worte deuteten darauf hin, dass er, auch wenn er nicht weiter getrunken hatte, seinen ungerechtfertigten Angriff vom Vorabend auch nicht bedauerte.

»Nun«, sagte er, »was zum Teufel willst du dagegen tun?«

»Ich kann deine Haltung nicht verstehen, Orthis«, sagte ich ihm. »Ich habe dich nie absichtlich verletzt. Als die Befehle der Regierung uns zusammengebracht haben, war ich genauso verärgert wie du. Die Zusammenarbeit ist für mich genauso unangenehm wie für dich. Ich habe nur getan, was du getan hast – Befehle befolgt. Ich habe nicht den Wunsch, dir etwas wegzunehmen, aber das ist jetzt nicht die Frage. Du hast dich des groben Ungehorsams und der Trunkenheit schuldig gemacht. Ich kann eine Wiederholung des Letzteren verhindern, indem ich deinen Schnaps konfisziere und ihn dir während der restlichen Reise vorenthalte, und eine Entschuldigung deinerseits wird Ersteres wiedergutmachen. Ich gebe dir vierundzwanzig Stunden Zeit, um eine Entscheidung zu treffen. Wenn du es nicht für angebracht hältst, von meiner Gnade Gebrauch zu machen, Orthis, wirst du in Ketten zum Mars und wieder zurückreisen. Deine Entscheidung jetzt und dein Verhalten während der restlichen Reise wird über dein Schicksal bei unserer Rückkehr zur Erde entscheiden. Und ich sage dir, Orthis, dass ich, wenn es mir möglich ist, meine Autorität nutzen werde, und die Aufzeichnung deiner Übertretungen von gestern Abend und heute Morgen aus dem Logbuch streichen werde. Geh jetzt in dein Quartier; deine Mahlzeiten werden dir dort vierundzwanzig Stunden lang serviert, und am Ende dieser Zeit werde ich deine Entscheidung erhalten. In der Zwischenzeit wird dir dein Schnaps weggenommen.«

Er warf mir einen bösen Blick zu, drehte sich auf der Ferse um und verließ meine Kabine.

Norton hatte in dieser Nacht Wache. Wir hatten den Mond vor zwei Tagen passiert. West, Jay und ich schliefen in unseren Kabinen, als Norton plötzlich in meine kam und mich heftig an der Schulter schüttelte.

»Mein Gott, Captain«, rief er, »kommen Sie schnell. Kommandant Orthis zerstört die Maschinen.«

Ich sprang auf, folgte Norton mittschiffs in den Maschinenraum und rief nach West und Jay, als ich an ihrer Kabine vorbeikam. Durch das Bullauge der Maschinenraumtür, die er verschlossen hatte, sahen wir, dass Orthis sich an dem Hilfsgenerator zu schaffen machte, der im Notfall unsere Rettung hätte sein sollen, da wir damit die Anziehungskraft jedes Planeten überwinden konnten, in dessen Einflussbereich wir geraten könnten. Ich atmete erleichtert auf, als ich feststellte, dass die Haupttriebwerke einwandfrei funktionierten, da wir in der Tat nicht erwartet hatten, uns überhaupt auf den Hilfsgenerator verlassen zu müssen, weil wir genügend Mengen des achten Strahls der verschiedenen Himmelskörper gespeichert hatten, in deren Einfluss wir geraten könnten. West und Jay waren zu diesem Zeitpunkt bereits zu uns gestoßen, und ich sprach Orthis an und befahl ihm, die Tür zu öffnen.

Er machte noch etwas am Generator und erhob sich dann, durchquerte den Maschinenraum, kam direkt zur Tür, schloss sie auf und öffnete sie. Sein Haar war zerzaust, sein Gesicht abgehärmt, seine Augen leuchteten in einem eigentümlichen Licht, aber gleichzeitig zeigte er einen Ausdruck von berauschter Euphorie, die ich damals nicht verstand.

»Was hast du hier gemacht, Orthis?« fragte ich. »Du stehst unter Arrest und solltest in deinem Quartier sein.«

»Du wirst sehen, was ich getan habe«, antwortete er widerspenstig, »und es ist getan – es ist getan – es kann niemals rückgängig gemacht werden. Dafür habe ich gesorgt.«

Ich packte ihn grob an der Schulter. »Was meinst du? Sag mir, was du getan hast, oder, bei Gott, ich werde dich mit meinen eigenen Händen töten«, denn ich erkannte nicht nur an seinen Worten, sondern auch an seinem Ausdruck, dass er etwas getan hatte, das er für sehr schrecklich hielt. Der Mann war jedoch ein Feigling und schreckte vor meinen Drohungen zurück. »Du würdest es nicht wagen, mich zu töten«, rief er, »und es macht außerdem keinen Unterschied, denn in ein paar Stunden werden wir alle tot sein. Geh und schau auf deinen verdammten Kompass.«

II. Das Geheimnis des Mondes

Norton, der gerade Wache hatte, war bereits zur Brücke geeilt, wo sich die Steuerung und die verschiedenen Instrumente befanden. Dieser Raum, der sich unmittelbar vor dem Maschinenraum befand, war in Wirklichkeit ein runder Kommandoturm, der etwa zwölf Zoll über den Schiffskörper hinausragte. Der gesamte Umfang dieses zwölf Zoll großen Aufbaus war mit kleinen Öffnungen aus dickem Kristallglas versehen.

Während ich mich umdrehte, um Norton zu folgen, sprach ich mit West. »Mr. West«, sagte ich, »sie und Mr. Jay werden Lieutenant Commander Orthis sofort in Eisen legen. Wenn er sich widersetzt, töten sie ihn.«

Als ich Norton nacheilte, hörte ich von Orthis eine Reihe von Flüchen und einen Ausbruch von fast wahnsinnigem Gelächter. Als ich die Brücke erreichte, stellte ich fest, dass Norton sehr konzentriert an den Steuerungen arbeitete. Es gab nichts Hysterisches in seinen Bewegungen, aber sein Gesicht war aschfahl.

»Was ist los, Mr. Norton?« fragte ich. Aber als ich gleichzeitig auf den Kompass schaute, las ich dort meine Antwort, bevor er sprach. Wir bewegten uns im rechten Winkel zu unserem richtigen Kurs.

»Wir fallen auf den Mond, Sir«, sagte er, »und das Schiff reagiert nicht auf die Steuerung.«

»Schalten sie die Triebwerke ab«, befahl ich, »sie beschleunigen nur unseren Fall.«

»Aye, aye, Sir«, antwortete er.

»Der Tank für den Achten Strahl des Mondes hat eine ausreichende Kapazität, um uns vom Mond fernzuhalten«, sagte ich. »Wenn er nicht manipuliert wurde, sollten wir nicht Gefahr laufen, auf die Mondoberfläche zu fallen.«

»Wenn er nicht manipuliert wurde, Sir; ja, genau das habe ich gedacht.«

»Aber das Messgerät hier zeigt, dass es voll ist«, erinnerte ich ihn.

»Ich weiß, Sir«, antwortete er, »aber wenn er mit voller Leistung arbeiten würde, sollten wir nicht so schnell fallen.«

Sofort begann ich, das Messgerät zu untersuchen, und stellte fest, dass es manipuliert worden war und die Nadel so eingestellt war, dass sie permanent eine maximale Ladung anzeigte. Ich wandte mich an meinen Begleiter.

»Mr. Norton«, sagte ich, »bitte gehen sie los und untersuchen sie den Tank des achten Mondstrahls und erstatten sie mir sofort Bericht.«

Der junge Mann salutierte und ging. Um den Tank zu erreichen, musste er durch eine sehr enge Stelle unter dem Deck kriechen.

Nach etwa fünf Minuten kehrte Norton zurück. Er war nicht so blass wie zuvor, aber er sah sehr erschöpft aus.

»Nun?« fragte ich, als er vor mir stand.

»Das äußere Einlassventil wurde geöffnet, Sir«, sagte er, »die Strahlen entwichen in den Weltraum. Ich habe es geschlossen, Sir.«

Das Ventil, auf das er sich bezog, wurde nur verwendet, wenn sich das Schiff im Trockendock befand, um den Auftriebstank wieder aufzufüllen, und weil es so selten verwendet wurde und als weitere Vorsichtsmaßnahme gegen Unfälle, war das Ventil an einer unzugänglichen Stelle des Schiffskörpers angebracht, wo es absolut unwahrscheinlich war, dass es versehentlich geöffnet werden könnte.

Norton warf einen Blick auf das Instrument. »Wir fallen jetzt nicht mehr ganz so schnell«, sagte er.

»Ja«, antwortete ich, »das habe ich bemerkt und ich konnte auch das Messgerät für den Achten Mondstrahl anpassen – es zeigt, dass wir etwa die Hälfte des ursprünglichen Drucks haben.«

»Nicht genug, um uns vor dem Absturz zu bewahren«, kommentierte er.

»Nein, nicht hier, wo es keine Atmosphäre gibt. Wenn der Mond eine Atmosphäre hätte, könnten wir uns zumindest von der Oberfläche fernhalten, wenn wir wollen. So wie es aussieht, kann ich mir vorstellen, dass wir sicher landen können, aber das wird uns natürlich nicht viel helfen. Ich nehme an, sie verstehen, Mr. Norton, dass dies praktisch das Ende ist.«

Er nickte. »Es wird ein trauriger Schlag für die Bewohner beider Welten sein«, bemerkte er, wobei seine Selbstlosigkeit seinen edlen Charakters erkennen ließ.

»Es ist ein trauriger Bericht, den wir nun senden müssen«, bemerkte ich, »aber es muss getan werden, und zwar sofort. Bitte senden sie die folgende Botschaft an den Friedenssekretär:

U.S.S. Barsoom, 6. Januar 2026, etwa zwanzigtausend Meilen vom Mond entfernt. Lieutenant Commander Orthis hat, während er unter dem Einfluss von Alkohol stand, den Hilfsmotor zerstört und das äußere Einlassventil des Auftriebstanks des Achten Strahls des Mondes geöffnet. Das Schiff sinkt schnell. Wir werden sie ...«

Norton, der sich an das Funkgerät gesetzt hatte, sprang plötzlich auf die Füße und drehte sich zu mir um. »Mein Gott, Sir«, rief er, »er hat auch die Funkanlage zerstört. Wir können weder senden noch empfangen.«

Eine sorgfältige Untersuchung ergab, dass Orthis die Instrumente so raffiniert und vollständig zerstört hatte, dass keine Hoffnung bestand, sie zu reparieren. Ich wandte mich an Norton.

»Wir sind nicht nur tot, Norton, sondern wir sind auch begraben.«

Ich lächelte, als ich sprach, und er antwortete mir mit einem Lächeln, das seine völlige Furchtlosigkeit vor dem Tod verriet.

»Ich bedauere nur eines, Sir«, sagte er, »und das ist, dass die Welt nie erfahren wird, dass unser Versagen nicht auf eine Schwäche unserer Maschinen, unseres Schiffes oder der Ausrüstung zurückzuführen ist.«

»Das ist in der Tat schade«, antwortete ich, »denn es wird den Transport zwischen den beiden Welten möglicherweise um hundert Jahre – vielleicht für immer – verzögern.«

Ich rief West und Jay, die inzwischen Orthis in Eisen gelegt und ihn in seiner Kabine eingesperrt hatten. Als sie kamen, erzählte ich ihnen, was passiert war, und sie nahmen es ebenso kühl auf wie Norton. Ich war nicht überrascht, denn es waren feine Typen, die aus den Besten ausgewählt worden waren, die diese großartige Organisation, die Internationale Friedensflotte, zu bieten hatte.

Gemeinsam unternahmen wir sofort eine sorgfältige Inspektion des Schiffes, bei der keine weiteren Schäden als die bereits entdeckten festgestellt wurden, die aber, wie wir wussten, ausreichten, um jede Möglichkeit auszuschließen, dem Sog des Mondes zu entkommen.

»Sie, meine Herren, sind sich unserer Lage so gut bewusst wie ich«, sagte ich zu ihnen. »Wenn wir den Hilfsgenerator reparieren könnten, könnten wir den Achten Mondstrahl isolieren, unseren Tank wieder auffüllen und unsere Reise wieder aufnehmen. Aber die teuflische Schlauheit, mit der Lieutenant Commander Orthis die Maschine zerstört hat, macht dies unmöglich. Wir könnten uns anstrengen und uns für eine beträchtliche Zeit von der Oberfläche des Mondes fernhalten, aber am Ende würde uns das nichts nützen. Es ist daher mein Plan zu landen. Was die tatsächlichen Verhältnisse auf dem Mond anbelangt, so sind wir nur mit einer Menge von Theorien konfrontiert, von denen viele widersprüchlich sind. Es wird daher von höchstem Interesse für uns sein, auf dieser toten Welt zu landen, wo wir sie aus der Nähe untersuchen können, aber es besteht auch die Möglichkeit, eine geringe, gebe ich zu, Bedingungen zu entdecken, die unsere Lage in gewisser Weise mildern könnten. Zumindest kann es nicht schlechter werden. Fünfzehn Jahre lang in der Hülle dieses toten Schiffes eingesperrt zu leben, ist undenkbar. Ich spreche vielleicht nur für mich selbst, aber ich würde es vorziehen, sofort zu sterben, als so weiterzuleben, im Wissen, dass es keine Hoffnung auf Rettung gibt. Hätte Orthis die Funkausrüstung nicht zerstört, hätten wir mit der Erde kommunizieren können, und innerhalb eines Jahres wäre ein anderes Schiff ausgerüstet und zu unserer Rettung geschickt worden. Aber jetzt können wir ihnen das nicht mitteilen, und sie werden nie von unserem Schicksal erfahren. Die aktuelle Notlage hat den Stand der Dinge jedoch so verändert, dass ich die folgende Entscheidung nicht ohne Rücksprache mit ihnen treffen möchte, meine Herren. Es geht jetzt vor allem um unsere Lebensperspektive. Ich kann die Mission, zu der ich entsandt wurde, nicht fortsetzen, und ich kann auch nicht zur Erde zurückkehren. Ich wünsche daher, dass sie sich frei zu dem von mir skizzierten Plan äußern.«

+West, der Ranghöchste unter ihnen, war natürlich derjenige, der zuerst antwortete. Er versicherte mir, dass er bereit sei, mir zu folgen, wohin auch immer ich ihn führen würde und Jay und Norton waren gleichermaßen geneigt, jede Entscheidung, die ich treffen würde, zu akzeptieren. Sie versicherten mir auch, dass sie genauso interessiert daran wären, die Mondoberfläche aus nächster Nähe zu erkunden wie ich, und dass sie sich keine bessere Art und Weise vorstellen könnten, den Rest ihres Lebens zu verbringen, als neue Erfahrungen zu sammeln und neue Orte zu erforschen.

»Sehr gut, Mr. Norton«, sagte ich, »setzen sie Kurs direkt auf den Mond.«

Unterstützt durch die Schwerkraft des Mondes ging unser Abstieg rasch vonstatten.

Als wir mit unglaublicher Geschwindigkeit durch den Weltraum rasten, schien der Satellit uns wahnsinnig schnell entgegenzukommen, und nach fünfzehn Stunden gab ich den Befehl die Geschwindigkeit zu reduzieren und wir brachten das Schiff etwa neuntausend Fuß über den höheren Gipfeln des Mondes fast zum Stillstand. Nie zuvor hatte ich eine Landschaft gesehen, die so atemberaubend war wie die, die diese grandiosen Gipfel boten, die sich fünf Meilen über die riesigen Täler zu ihren Füßen erhoben. Steile Klippen von drei- und viertausend Fuß Höhe waren nichts Ungewöhnliches, und alles wirkte durch die bunten Farben der Felsen und die seltsamen prismatischen Farbtöne der schnell wachsenden Vegetation in den Tälern seltsam schön. Von unserer luftigen Höhe über den Gipfeln konnten wir viele Krater unterschiedlicher Dimensionen sehen, von denen einige riesige Abgründe mit einem Durchmesser von drei und vier Meilen waren. Während wir langsam abstiegen, trieben wir direkt über einem dieser Abgründe, dessen unglaubliche Tiefen wir mit unserem Augenlicht zu durchdringen versuchten. Einige von uns glaubten, ein schwaches Leuchten weit unten zu erkennen, aber wir waren uns nicht sicher. Jay dachte, es könnte das reflektierte Licht aus dem geschmolzenen Inneren sein. Ich war überzeugt, dass es in diesem Fall zu einem beträchtlichen Temperaturanstieg gekommen wäre, als wir im Tiefflug über den Kratermund fuhren.

In dieser Höhe machten wir eine interessante Entdeckung. Es existiert eine Atmosphäre, die den Mond umgibt. Sie ist extrem schwach, aber dennoch wurde sie von unserem Barometer in einer Höhe von etwa fünfzehnhundert Fuß über dem höchsten Gipfel, den wir überquert haben, aufgezeichnet. In den Tälern und tiefen Schluchten, wo die Vegetation gedieh, war sie zweifellos dichter, aber das wusste ich nicht, da wir bisher nie auf der Mondoberfläche gelandet sind. Als das Schiff weiterflog, stellten wir fest, dass es einen kreisförmigen Kurs parallel zum Rand des riesigen Vulkankraters nahm, über dem wir abstiegen. Ich gab sofort den Befehl, unseren Kurs zu ändern, denn da wir ständig sanken, würden wir uns bald unterhalb des Kraterrandes befinden und, da wir nicht aufsteigen konnten, hoffnungslos in seinem riesigen Schlund gefangen sein.

Es war mein Plan, beim Abstieg langsam über eines der größeren Täler zu treiben und inmitten der Vegetation zu landen, die unter uns in unbändiger Fülle und Geschwindigkeit zu wachsen schien. Doch als West, der jetzt am Steuer war, versuchte, den Kurs des Schiffes zu ändern, stellte er fest, dass es nicht reagierte. Stattdessen bewegte es sich weiterhin langsam in einem großen Kreis am inneren Rand des Kraters entlang. Zum Zeitpunkt dieser Entdeckung befanden wir uns nicht viel mehr als fünfhundert Meter über dem Gipfel des Vulkans, und wir sanken ständig, wenn auch langsam, ab. West schaute zu uns auf, lächelte und schüttelte den Kopf.

»Es hat keinen Zweck, Sir«, sagte er zu mir. »Es ist so gut wie vorbei, Sir, und es wird nicht einmal Salutschüsse geben. Wir scheinen in einem, wie man es nennen könnte, lunaren Wirbel gefangen zu sein, denn sie werden bemerkt haben, Sir, dass unsere Kreise immer kleiner werden.«

»Unsere Geschwindigkeit scheint sich nicht zu erhöhen«, bemerkte ich, »was der Fall wäre, wenn wir uns dem Strudel eines wahren Wirbelsturm nähern würden.«

»Ich glaube, ich kann das erklären, Sir«, sagte Norton. »Es ist auf die Wirkung des Achten Mondstrahles zurückzuführen, der immer noch im vorderen Auftriebstank übrig ist. Seine natürliche Tendenz besteht darin, sich vom Mond zu entfernen, der für uns durch den Rand dieses riesigen Kraters repräsentiert wird. Da jeder Teil der Oberfläche uns abstößt, werden wir sanft in einem enger werdenden Kreis weitergeschoben, denn je näher wir dem Gipfel kommen, desto größer ist die Reaktion des Achten Mondstrahls. Wenn ich mich in meiner Theorie nicht irre, wird sich unser Kreis nicht mehr verengen, nachdem wir unter den Kraterrand gefallen sind.«

»Ich denke, sie haben Recht, Norton«, sagte ich. »Zumindest ist es eine weitaus haltbarere Theorie als die, dass wir in den Strudel eines riesigen Wirbelsturms gesogen werden. Dafür gibt es kaum genug Atmosphäre, wie mir scheint.«

Als wir langsam unter den Rand des Kraters fielen, wurde die Richtigkeit von Nortons Theorie immer offensichtlicher, denn obwohl unsere Geschwindigkeit leicht zunahm, blieb der Durchmesser unseres kreisförmigen Kurses konstant, und in größerer Tiefe auch unsere Geschwindigkeit. Wir befanden uns nun mit einer Geschwindigkeit von etwas mehr als zehn Meilen pro Stunde im Sinkflug, wobei das Barometer einen ständig steigenden atmosphärischen Druck registrierte, der jedoch nicht annähernd dem entsprach, der für die Erhaltung des Lebens auf der Erde notwendig ist. Die Temperatur stieg leicht an, aber nicht alarmierend. Von etwa fünfundzwanzig oder dreißig unter Null nachdem wir in den Schatten des Kraterinneren eingetreten waren stieg sie allmählich bis auf Null an, als wir einen Punkt von etwa hundertfünfundzwanzig Meilen unter dem Gipfel des riesigen erloschenen Vulkans erreicht hatten, der uns verschlungen hatte.

Während der nächsten zehn Meilen nahm unsere Geschwindigkeit schnell ab, bis wir plötzlich merkten, dass wir nicht mehr fielen, sondern dass unsere Bewegung umgekehrt wurde und wir aufstiegen. Wir stiegen etwa acht Meilen, als wir plötzlich wieder zu fallen begannen. Wieder fielen wir, aber diesmal nur für sechs Meilen, bis sich unsere Bewegung wieder umkehrte und wir wieder eine Strecke von etwa vier Meilen aufstiegen. Dieses Auf und Ab wurde fortgesetzt, bis wir schließlich etwa in einer Entfernung von schätzungsweise einhundertdreißig Meilen unter dem Gipfel des Kraters zur Ruhe kamen. Es war ziemlich dunkel, und wir hatten nur unsere Instrumente, um zu erfahren, was mit dem Schiff geschah, dessen Inneres natürlich hell beleuchtet und angenehm warm war. Einmal unter uns, und einmal über uns, hatten wir ein Leuchten bemerkt, das Norton zum ersten Mal beobachtet hatte, als wir über der Kratermündung waren, denn das Schiff hatte sich bei jedem Richtungswechsel vollständig überschlagen. Jeder von uns dachte darüber nach, und endlich konnte sich der junge Norton nicht mehr zurückhalten.

»Ich bitte um Verzeihung, Sir«, sagte er ehrerbietig, »aber wollen sie uns nicht sagen, was sie davon halten; was ihre Theorie darüber ist, wo wir sind und warum wir hier in der Luft hängen und warum sich das Schiff jedes Mal überschlug, wenn wir diesen Punkt passierten?«

»Ich kann es nur erklären«, antwortete ich, »mit einer einfachen und ziemlich absurden Hypothese, die besagt, dass der Mond eine Hohlkugel ist, mit einer soliden Kruste von etwa zweihundertfünfzig Meilen Dicke. Die Schwerkraft hindert uns daran, über den Punkt zu steigen, an dem wir uns jetzt befinden, während die Zentrifugalkraft uns am Fallen hindert.«

Die anderen nickten. Auch sie waren gezwungen, die gleiche scheinbar lächerliche Theorie zu akzeptieren, da es keine andere gab, die unsere missliche Lage erklären konnte. Norton war durch den Raum gelaufen, um das Barometer abzulesen, das er vernachlässigt hatte, während das Schiff weit unter der Mondoberfläche seine exzentrischen Possen trieb. Ich sah, wie sich seine Augenbrauen zusammenzogen, als er es betrachtete, wie er es sorgfältig studierte, als wolle er sich vergewissern, dass er beim Ablesen keinen Fehler gemacht hatte. Dann drehte er sich zu uns um.

»Mit diesem Instrument muss etwas nicht in Ordnung sein, Sir«, sagte er. »Es registriert einen Druck, der dem an der Erdoberfläche entspricht.«

Ich ging hinüber und schaute mir das Instrument an. Es registrierte tatsächlich den Druck, den Norton abgelesen hatte, und es schien auch alles mit dem Instrument in Ordnung zu sein.

»Es gibt einen Weg, das herauszufinden«, sagte ich. »Wir können den Isoliergenerator abschalten und kurzzeitig ein Luftventil öffnen. Es wird keine fünf Sekunden dauern, um festzustellen, ob das Barometer korrekt funktioniert oder nicht.« Es war natürlich in mancher Hinsicht ein riskantes Vorgehen, aber mit West am Generator, Jay am Luftventil und Norton an der Pumpe wusste ich, dass wir einigermaßen sicher sein würden, auch wenn sich herausstellte, dass es draußen keine Atmosphäre gab. Das einzige unkalkulierte Risiko bestand in der Möglichkeit, dass wir eine Art Giftgas einleiten würden, das die gleiche Dichte wie die Erdatmosphäre hätte, aber da wir unter diesen Umständen nicht besonders bestrebt waren, am Leben zu bleiben, waren wir alle der Meinung, dass es keinen Unterschied machte, welche Entscheidung wir trafen, da nichts das Endergebnis unserer Expedition ändern würde.

Ich kann ihnen sagen, dass es ein sehr angespannter Moment war, als die drei Männer ihre Posten einnahmen, um auf mein Kommando zu warten. Wenn wir tatsächlich eine echte Atmosphäre unter der Oberfläche des Mondes entdeckt hätten, was könnten wir dann noch alles entdecken? Wenn es eine Atmosphäre gäbe, könnten wir das Schiff darin antreiben, und wir könnten wenigstens an Deck gehen, um frische Luft zu atmen. Es wurde vereinbart, dass West auf mein Kommando hin den Generator abschalten sollte. Jay sollte das Luftventil öffnen und Norton die Pumpe starten. Wenn durch das Rohr keine frische Luft eindringen sollte, sollte Jay ein Signal geben, woraufhin Norton die Pumpe umkehren, West den Generator starten und Jay das Luftventil sofort wieder schließen würde.

Da Jay der einzige Mann war, der ein größeres Risiko eingehen musste als die anderen, ging ich zu ihm hinüber und stellte mich neben ihn, wobei ich meine Nasenlöcher so nah an das Luftventil brachte wie er seine. Dann gab ich das Kommando. Alles funktionierte perfekt, und einen Augenblick später strömte frische, kalte Luft in den Rumpf der Barsoom. West und Norton hatten unsere Reaktionen genau beobachtet, so dass sie fast sofort wussten, dass das Ergebnis unseres Tests zufriedenstellend war. Wir lächelten alle, aber warum wir so glücklich waren, hätte sicher keiner von uns sagen können. Möglicherweise lag es einfach daran, dass wir Bedingungen gefunden hatten, die den irdischen entsprachen und obwohl wir unsere Welt vielleicht nie wieder sehen würden, konnten wir zumindest Luft atmen, die der ihren ähnlich war. Ich ließ sie dann die Motoren wieder starten, und wir bewegten uns in einer großen Spirale aufwärts in das Innere des Mondes. Wir kamen nur sehr langsam voran, aber mit dem Aufstieg stieg auch die Temperatur langsam an, während das Barometer einen leicht abnehmenden Luftdruck anzeigte. Die Helligkeit, die nun über uns war, nahm beim Aufstieg zu, bis schließlich die Seiten des großen Schachtes, durch den wir hindurchflogen, leicht beleuchtet wurden.

Die ganze Zeit blieb Orthis in Ketten gelegt in seiner Kabine. Ich hatte Anweisungen gegeben, ihm Essen und Wasser zu geben, aber niemand sollte mit ihm sprechen, und ich hatte Norton in meine Kabine mitgenommen. Da ich wusste, dass Orthis ein Trinker, ein Verräter und ein potenzieller Mörder war, hatte ich keinerlei Sympathie für ihn. Ich hatte mich entschlossen, ihn vor ein Kriegsgericht zu stellen, und nicht die Absicht, die wenigen verbleibenden Stunden oder Jahre meines Lebens mit ihm auf einem kleinen Schiff eingesperrt zu verbringen, und ich wusste, dass das Urteil jedes Gerichts, ob es nun aus der verbleibenden Besatzung der Barsoom bestand oder vom Generalstaatsanwalt der Marine ernannt wurde, nur eines zur Folge haben konnte, und das war der Tod für Orthis. Ich hatte die Angelegenheit jedoch so lange ruhen lassen, bis wir nicht mehr mit anderen, wichtigeren Dingen beschäftigt waren, und so lebte er weiter, obwohl er weder unsere Ängste, noch unsere Hoffnungen, noch unsere Freuden teilte.

Ungefähr sechsundzwanzig Stunden nach unserem Eintritt in die Mündung des Kraters an der Oberfläche des Mondes kamen wir plötzlich am anderen Ende wieder heraus und fanden eine Szene vor, die im Vergleich mit der Landschaft auf der Mondoberfläche ebenso wunderbar und seltsam war wie diese im Vergleich mit unserer Erde. Ein weiches, diffuses Licht enthüllte nacheinander Berge, Täler und ein Meer, deren Einzelheiten unser Verstand nur langsam begriff. Die Berge waren so schroff wie die auf der Oberfläche des Satelliten und wirkten ebenso hoch. Sie waren jedoch fast bis zu ihren Gipfeln mit Vegetation bedeckt, zumindest die wenigen, die in unserer Sichtweite lagen. Und es gab auch Wälder – seltsame Wälder, mit seltsamen Bäumen, die so unirdisch waren, dass sie wie seltsame Trugbilder eines Traums wirkten.

Wir stiegen nicht viel weiter als fünfhundert Fuß aus der Öffnung des Schachtes, durch den wir aus dem Weltraum gekommen waren, als ich einen ausgezeichneten Landeplatz ausfindig machte und mich zum Abstieg entschloss. Dies war leicht zu bewerkstelligen, und wir landeten sicher in der Nähe eines großen Waldes und am Ufer eines kleinen Baches. Dann öffneten wir die vordere Luke und traten auf das Deck der Barsoom; die ersten Erdenmenschen, die die Luft von Luna atmeten. Es war laut Erdzeit elf Uhr morgens am 8. Januar 2026.

Ich denke, das Erste, das unser Interesse und unsere Aufmerksamkeit erregte, war die seltsame und für uns unerklärliche Leuchtkraft, die im Inneren des Mondes herrschte. Über uns befanden sich Gruppen von Schäfchenwolken, die von unten beleuchtet zu sein schienen, während wir durch die Lücken zwischen den Wolken ein leuchtendes Firmament wahrnehmen konnten, obwohl nirgendwo die Andeutung eines zentralen leuchtenden Himmelskörpers zu sehen war, der Licht und Wärme ausstrahlte wie unsere Sonne. Die Wolken selbst warfen keine Schatten auf den Boden, und tatsächlich gab es auch direkt unter dem Rumpf des Schiffes oder um die Waldbäume herum, die in der Nähe wuchsen, keine klar definierten Schatten. Die Schatten waren vage und nebulös und lösten sich an den Rändern auf. Wir selbst warfen nicht mehr Schatten auf das Deck der Barsoom, als es an einem bewölkten Tag auf der Erde der Fall gewesen wäre. Doch die allgemeine Beleuchtung, die uns umgab, entsprach in etwa der eines leicht dunstigen Erdentages. Dieses eigentümliche Mondlicht interessierte uns außerordentlich, aber es dauerte einige Zeit, bis wir die wahre Erklärung für seinen Ursprung entdeckten. Es handelte sich um zwei Arten, die aus sehr unterschiedlichen Quellen stammten und deren wichtigste der beträchtliche Radiumgehalt des inneren Mondbodens und hauptsächlich des Gesteins war, das die höheren Gebirgsketten bildete, wobei das Radium so zusammengesetzt war, dass es ein sanftes, immerwährendes Licht verbreitete, das das gesamte Innere des Mondes durchdrang. Die zweite Quelle war das Sonnenlicht, das durch die Hunderttausende von riesigen Kratern, die die Mondkruste durchdrangen, ins Innere des Mondes schien. Es war dieses Sonnenlicht, das die Wärme ins Innere dieser Welt brachte und eine konstante Temperatur von etwa achtzig Grad Fahrenheit aufrechterhielt.

Die Zentrifugalkraft in Verbindung mit der Schwerkraft der Mondkruste beschränkte die innere Mondatmosphäre auf eine Schicht, deren Dicke wir auf etwa 50 Meilen über der Oberfläche dieser inneren Welt schätzten. Diese Atmosphäre wurde rasch dünner, wenn man die höheren Gipfel bestieg, mit dem Ergebnis, dass diese ständig mit Schnee und Eis bedeckt waren und große Gletscher durch mächtige Schluchten in Richtung der zentralen Meere hinunter flossen. Es war dieser Umstand, der während der unvorstellbar lange Zeitalter, in denen dieser Zustand bestanden haben muss, wahrscheinlich verhindert hat, dass sich die Atmosphäre in einer fast geschlossenen Kugel überhitzt hat. Die Jahreszeiten der Erde spiegeln sich nur geringfügig auf dem Mond wider, wobei zwischen Sommer und Winter nur wenige Grade Unterschied bestehen. Es gibt jedoch periodische Windstürme, die mehr oder weniger regelmäßig einmal in jedem siderischen Monat wiederkehren, was, so vermute ich, auf die ungleiche Verteilung der Krateröffnungen in der Mondkruste zurückzuführen ist, eine Tatsache, die zu verschiedenen Zeiten und an bestimmten Orten eine ungleiche Absorption von Wärme erzeugen muss. Die natürliche Zirkulation der Mondatmosphäre, die durch die sich ständig ändernde Intensität und Richtung der Sonnenstrahlen sowie die großen Temperaturunterschiede zwischen den Tälern und den eisbedeckten Berggipfeln beeinflusst wird, führt zu häufigen mehr oder weniger starken Stürmen. Die starken Winde werden von heftigen Regenfällen in den unteren Ebenen und blendenden Schneestürmen in den kargen Höhen über der Vegetationslinie begleitet. Die Niederschläge, die aus tief hängenden Wolken fallen, sind warm und angenehm; solche, die aus hohen Wolken kommen, sind kalt und unangenehm, doch wie heftig oder lang der Sturm auch sein mag, die Beleuchtung bleibt praktisch konstant – es gibt weder dunkle Tage innerhalb des Mondes, noch gibt es eine Nacht.

III. Tiere oder Menschen?

Natürlich sind wir nicht in wenigen Augenblicken zu all diesen Schlussfolgerungen gelangt, aber ich habe sie hier als Ergebnis unserer Erkenntnisse nach einer langen Erfahrung auf dem Mond zusammengefasst. Einige Meilen vom Schiff entfernt erhob sich ein Vorgebirge, das sich malerisch vor den wolkigen Höhen der dahinter liegenden Berge erhob, und als wir in die Richtung dieser letzteren blickten und den Wald dahinter sehen konnten, wurde uns eine Merkwürdigkeit bewusst, die wir zunächst nicht erklären konnten, die aber, wie wir später entdeckten, darauf zurückzuführen war, dass es keinen Horizont gab und die Entfernung, die man wahrnehmen konnte, allein von der Sehkraft abhängig war. Der allgemeine Eindruck war, dass wir sich auf dem Boden einer riesigen Schüssel befanden, deren Seiten so hoch waren, dass wir die Oberseite nicht sehen konnten.

Der Boden um uns herum war mit einer üppigen Vegetation in blassen Farbtönen bedeckt – wobei lila, violett, rosa und gelb dominierten. Rosa Gräser, die mit der Reife eine Fleischfarbe bekamen, wuchsen im Überfluss, und die Stängel der meisten blühenden Pflanzen hatten dieselbe eigentümliche Färbung. Die Blüten selbst waren oft von sehr komplexer Form, von blasser und zarter Schattierung, von beachtlicher Größe und seltener Schönheit. Es gab niedrige Sträucher, die beerenartige Früchte trugen, und viele der Bäume des Waldes trugen Früchte von beträchtlicher Größe und in einer Vielfalt von Formen und Farben. Norton und Jay diskutierten über die mögliche Genießbarkeit einiger dieser Sorten, aber ich gab die Anweisung, dass niemand sie probieren sollte, bis wir Gelegenheit hatten, durch Analyse oder auf andere Weise zu erfahren, welche Sorten ungiftig waren.

An Bord der Barsoom befand sich ein kleines Labor, das speziell für die Analyse der Pflanzen und Mineralien des Mars nach irdischen Maßstäben ausgestattet war, sowie andere Mittel zur Durchführung von Forschungsarbeiten auf unserem Schwesterplaneten. Da wir für einen Zeitraum von fünfzehn Jahren genügend Nahrung an Bord hatten, gab es keine unmittelbare Notwendigkeit, von den Mondfrüchten zu essen, aber ich war bestrebt, die chemischen Eigenschaften des Wassers zu ermitteln, da die Herstellung dieses Elements langsam, mühsam und teuer war. Deshalb wies ich West an, eine Probe aus dem Strom zu nehmen und sie Untersuchungen im Labor zu unterziehen, und die anderen schickte ich nach unten zum Schlafen.

Sie waren eher erpicht darauf, auf eine Erkundungstour zu gehen, was ich ihnen nicht verübeln konnte, aber da keiner von uns seit 48 Stunden wirklich geschlafen hatte, hielt ich es für wichtig, unsere Lebenskräfte zurückzugewinnen, um allen Eventualitäten, mit denen wir in dieser unbekannten Welt konfrontiert werden konnten, gewachsen zu sein.

Hier gab es Luft, Wasser und Vegetation – die drei Grundvoraussetzungen für tierisches Leben – und so hielt ich es nur für wahrscheinlich, dass tierisches Leben innerhalb des Mondes existierte. Wenn es so wäre, könnte es in einer höchst räuberischen Form existierten, die sie unsere Ressourcen bis zum Äußersten strapaziert könnten, wenn wir uns verteidigen müssten. Deshalb bestand ich darauf, dass jeder von uns sein volles Pensum an Schlaf erhielt, bevor wir uns aus der Sicherheit der Barsoom wagten.

Wir hatten bereits Anzeichen von Leben niederer Ordnung gesehen, sowohl Reptilien als auch Insekten, oder vielleicht wäre es besser, letztere als fliegende Reptilien zu beschreiben, denn es waren, wie sich später herausstellte, krötenähnliche Wesen mit Fledermausflügeln, die zwischen den fleischigen Ästen des Waldes umherflatterten und klagende Schreie ausstießen. Auf dem Boden in der Nähe des Schiffes hatten wir bisher nur eine einzige Kreatur gesehen, obwohl die schwankenden Gräser uns zeigten, dass es dort noch viele andere gab. Das Ding, das wir gesehen hatten, war für uns alle deutlich sichtbar gewesen und lässt sich am besten als eine fünf Fuß große Schlange mit vier froschartigen Beinen und einem flachen Kopf mit einem einzigen Auge in der Mitte der Stirn beschreiben. Seine Beine waren sehr kurz, und als es sich auf dem Boden fortbewegte, schlängelte es sich wie eine echte Schlange und krabbelte mit seinen vier kurzen Beinen. Wir beobachteten es bis zum Rand des Flusses und sahen, wie es eintauchte und verschwand.

»Komisch aussehender Bursche«, bemerkte Jay, »und teuflisch unirdisch.«

»Da bin ich mir nicht sicher«, erwiderte ich. »wir haben nichts gesehen, was wir bei Erdgeschöpfen nicht schon gesehen hätten. Möglicherweise wurde er nach einem etwas anderen Plan als ein irdisches Geschöpf zusammengebaut; aber abgesehen davon ist er uns vertraut, sogar seine amphibischen Gewohnheiten. Und auch diese fliegenden Kröten; was ist damit? Ich sehe an ihnen nichts besonders Bemerkenswertes. Wir haben genauso seltsame Kreaturen auf der Erde, wenn auch nicht genau solche. Auch auf dem Mars gibt es Formen tierischen und pflanzlichen Lebens, die charakteristisch für ihn sind, aber nichts, dessen Existenz auf der Erde unmöglich wäre, und es gibt dort auch menschliches Leben, das fast identisch mit unserem ist. Sehen sie, was ich damit sagen will?«

»Ja, Sir«, antwortete Jay, »dass es innerhalb des Mondes menschliches Leben ähnlich dem unseren geben kann.«

»Es würde mich nicht überraschen, wenn wir hier Menschen entdecken würden«, sagte ich, »und ich wäre auch nicht erstaunt, wenn ich ein denkendes Wesen vorfinden würde, dessen Gestalt stark von der unserer abweicht. Ich wäre eher überrascht, wenn wir keine Form finden würden, die der menschlichen Rasse der Erde entspricht.«

»Das heißt, eine dominante Rasse mit gut entwickelten intellektuellen Fähigkeiten?«, fragte Norton.

»Ja, und gerade wegen dieser Möglichkeit müssen wir schlafen und uns fit halten, denn wir kennen weder die Gesinnung dieser Geschöpfe, sofern es sie gibt, noch den Empfang, den sie uns bereiten könnten. Und deshalb, Mr. Norton, wenn sie ein Gefäß besorgen und etwas Wasser aus dem Fluss holen, lassen wir Mr. West auf Wache, damit er seine Analyse machen kann, und der Rest von uns wird sich hinlegen.«

Norton ging hinunter und kehrte mit einem Glasgefäß zurück, in dem er das Wasser tragen konnte und der Rest von uns stand für den Notfall mit unseren Revolvern an der Reling, als er zum Ufer ging. Keiner von uns war seit der Landung mehr als ein paar Schritte an Deck gelaufen. Ich hatte ein etwas eigentümliches Gefühl der Leichtigkeit bemerkt, aber angesichts der zahlreichen anderen Ablenkungen hatte ich nicht darauf geachtet. Als Norton das Ende der Leiter erreichte und den Fuß auf Mondboden setzte, rief ich ihn zur Eile an. Direkt vor ihm lag ein niedriger Busch, und dahinter lag der Fluss, etwa dreißig Fuß entfernt. Auf meinen Befehl hin machte er einen leichten Sprung über den Busch und zu unserem Erstaunen und zu seiner Bestürzung erhob er sich acht Fuß hoch in die Luft, durchquerte einen Raum von fünfunddreißig Fuß und fiel in den Fluss.

»Kommen sie!« sagte ich zu den anderen und wollte, dass sie mir folgten, um Norton zu helfen; ich sprang über die Reling, aber ich war zu ungestüm. Ich berührte das Geländer nicht, sondern sprang viele Fuß hoch, segelte über den dazwischen liegenden Landstreifen und verschwand im eisigen Wasser des Mondflusses. Wie tief es war, weiß ich nicht; aber zumindest reichte es mir über den Kopf.

Ich befand mich in einer trägen, aber starken Strömung und das Wasser schien sich zu bewegen, wie schweres Öl sich in der Schwerkraft der Erde bewegt. Als ich an die Oberfläche kam, sah ich, wie Norton mit kräftigen Bewegungen zum Ufer schwamm, und eine Sekunde später tauchte Jay nicht weit von mir entfernt auf. Ich sah mich schnell nach West um, der sich, wie ich bemerkte, immer noch auf Deck der Barsoom befand, wo es natürlich seine Pflicht war, zu bleiben, da er Wache hatte.

In dem Moment, als mir klar wurde, dass meine Begleiter alle in Sicherheit waren, konnte ich mir ein Lächeln nicht verkneifen, und dann fingen Norton und Jay an zu lachen, und wir lachten immer noch, als wir uns ein kurzes Stück unterhalb des Schiffes aus dem Strom zogen.

»Haben sie ihre Probe, Norton?« fragte ich.

»Ich habe den Behälter noch, Sir«, antwortete er, und tatsächlich hatte er ihn während seines überraschenden Abenteuers festgehalten, so wie Jay und ich glücklicherweise unsere Revolver festgehalten hatten. Norton öffnete die Flasche und tauchte sie in den Strom. Dann schaute er zu mir auf und lächelte.

»Ich glaube, wir sind Mr. West zuvorgekommen, Sir«, sagte er. »Das Wasser scheint sehr gut zu sein, Sir, und als ich eintauchte, war ich so überrascht, dass ich mindestens eine Gallone geschluckt haben muss.«

»Ich habe selbst ein wenig davon getestet«, antwortete ich. »Was uns drei betrifft, wird uns Mr. Wests Analyse nicht mehr interessieren, falls er herausfindet, dass Mondwasser giftige Stoffe enthält, aber zu seinem eigenen Schutz werden wir ihn mit der Untersuchung fortfahren lassen.«

»Es ist seltsam, Sir«, bemerkte Jay, »dass niemand von uns an die natürlichen Auswirkungen der geringeren Schwerkraft des Mondes gedacht hat. Wie sie sich erinnern werden, haben wir die Angelegenheit bei vielen Gelegenheiten diskutiert, doch als wir mit den tatsächlichen Gegebenheiten konfrontiert waren, haben wir es überhaupt nicht in Betracht gezogen.«

»Ich bin froh«, bemerkte Norton, »dass ich nicht versucht habe, über den Fluss zu springen – ich wäre immer noch unterwegs. Wahrscheinlich wäre ich auf dem Gipfel irgendeines Berges gelandet.«

Als wir uns dem Schiff näherten, sah ich, dass West uns mit einer sehr ernsten und würdevollen Miene erwartete; aber als er sah, dass wir alle lachten, schloss er sich uns an und erzählte, nachdem wir das Deck erreicht hatten, dass er noch nie in seinem Leben einen überraschenderen oder seltsameren Anblick erlebt hatte.

Wir gingen dann nach unten, und nachdem wir die Luke geschlossen und gesichert hatten, begaben wir drei uns zu unseren Kojen, während West mit der Probe des Mondwassers ins Labor ging. Ich war sehr müde und muss etwa zehn Stunden lang fest geschlafen haben, denn es war die Mitte von Nortons Wache, als ich aufwachte.

Der einzige wichtige Eintrag im Logbuch, seit ich mich zurückgezogen hatte, war Wests Bericht über die Ergebnisse seiner Analyse des Wassers, aus dem hervorging, dass es nicht nur vollkommen trinkbar war, sondern auch ungewöhnlich rein, mit einem extrem niedrigen Salzgehalt.

Ich war etwa vor einer halben Stunde aufgestanden, als West zu mir kam und sagte, dass Orthis um Erlaubnis bat, mit mir sprechen zu dürfen. Vierundzwanzig Stunden zuvor war ich ziemlich fest entschlossen gewesen, Orthis vor Gericht zu stellen und ihn sofort hinzurichten, aber das war, als ich das Gefühl hatte, dass wir alle seinetwegen hoffnungslos zum Tode verurteilt waren. Jetzt jedoch, mit einer bewohnbaren Welt unter unseren Füßen, umgeben von Bedingungen, die fast identisch mit denen auf der Erde waren, sah unsere Zukunft weniger dunkel aus, und deshalb befand ich mich im Zwiespalt, was Orthis Bestrafung anbelangte. Dass er den Tod verdiente, stand außer Frage, aber wenn Menschen dem Tod so nahe gekommen und ihm zumindest vorübergehend entkommen sind, dann glaube ich, dass sie das Leben als eine höchst heilige Sache betrachten und weniger geneigt sind, anderen das Leben zu verweigern. Wie dem auch sei, Tatsache bleibt, dass ich, nachdem ich Orthis auf sein Ersuchen hin holen ließ, ihn in einer weniger strengen und kompromisslosen Stimmung empfing, als dies vierundzwanzig Stunden zuvor der Fall gewesen wäre. Als er in meine Kabine gebracht worden war und vor mir stand, fragte ich ihn, was er mir sagen wolle. Er war jetzt völlig nüchtern und zeigte eine gewisse Würde, die nicht ohne Bescheidenheit war.

»Ich weiß nicht, was geschehen ist, seit ich in Ketten gelegt wurde, da sie die anderen angewiesen haben, nicht mit mir zu sprechen oder meine Fragen zu beantworten. Ich weiß aber natürlich, dass das Schiff ruht und reine Luft zirkuliert, und ich habe gehört, wie sich die Luke öffnete und Schritte auf dem Oberdeck gemacht wurden. Seit der Zeit meiner Verhaftung, weiß ich, dass der einzige Planet, auf dem wir landen konnten, der Mond ist, und so kann ich vermuten, dass wir uns auf der Oberfläche des Mondes befinden. Ich hatte reichlich Zeit, über mein Handeln nachzudenken. Dass ich betrunken war, ist natürlich keine gültige Entschuldigung, und doch ist es die einzige, die ich anzubieten habe. Ich bitte sie, Sir, die Zusicherung meines aufrichtigen Bedauerns über die unverzeihlichen Dinge, die ich getan habe, anzunehmen und mir zu erlauben, zu leben und für meine Missetaten zu büßen, denn wenn wir tatsächlich auf der Mondoberfläche sind, kann es sein, dass wir kein einziges Mitglied unserer kleinen Gruppe entbehren können. Ich unterwerfe mich ganz ihrer Gnade, Sir, aber ich bitte sie, mir noch eine Chance zu geben.«

Da ich mir meiner natürlichen Abneigung gegen den Mann bewusst war und ich deshalb nicht wollte, dass mein Urteilsvermögen durch meine Gefühle beeinflusst wurde, ließ ich mich gegen mein besseres Wissen von seinem Plädoyer beeinflussen, mit dem Ergebnis, dass ich ihm versprach, die Angelegenheit sorgfältig zu prüfen, sie mit den anderen zu besprechen und mich weitgehend von ihrer Entscheidung beeinflussen zu lassen. Ich ließ ihn dann in seine Kabine zurückkehren und die anderen Mitglieder der Mannschaft holen. So genau mein Gedächtnis es zuließ, wiederholte ich ihnen gegenüber in Orthis eigenen Worten seine Bitte um Gnade.

»Und nun, meine Herren«, sagte ich, »hätte ich gerne ihre Meinung in dieser Angelegenheit. Es ist für sie genauso wichtig wie für mich, und unter den besonderen Umständen, in denen wir uns befinden, bin ich bereit, mich der Entscheidung der Mehrheit zu unterwerfen, soweit ich kann. Wie auch immer, die letzte Entscheidung liegt bei mir. Ich versuche nicht, Verantwortung zu teilen, und es mag sein, dass ich in einigen Angelegenheiten entgegen den Wünschen der Mehrheit handeln werde, aber in diesem Fall möchte ich wirklich ihren Meinungen entsprechen, da seit meiner Kindheit eine persönliche Feindschaft zwischen Lieutenant Commander Orthis und mir besteht.«

Ich wusste, dass keiner dieser Männer Orthis mochte, aber ich wusste auch, dass sie die Angelegenheit mit einem ausgeprägten Sinn für Gerechtigkeit und mit Barmherzigkeit angehen würden, und so war ich nicht im Geringsten überrascht, als sie mir nacheinander versicherten, dass sie sich freuen würden, wenn ich dem Mann eine weitere Chance geben würde.

Wieder schickte ich nach Orthis, und erklärte ihm, dass ich ihn, da er mir sein Wort gegeben hatte, in Zukunft keine unloyalen Handlungen zu begehen, auf Bewährung setzen würde, wobei sein weiteres Schicksal ganz von seinem eigenen Verhalten abhängen würde; dann ließ ich ihm die Eisen abnehmen und sagte ihm, dass er wieder in den Dienst zurückkehren solle. Er schien sehr dankbar und versicherte uns, dass wir unsere Entscheidung nie bereuen würden. Ich wünschte bei Gott, ich hätte, anstatt ihn zu befreien, meinen Revolver gezogen und ihm durchs Herz geschossen!

Wir waren zu diesem Zeitpunkt alle gut ausgeruht, und ich begann, ein wenig die Umgebung des Schiffes zu erkunden, indem ich jeden Tag ein paar Stunden mit einem Begleiter hinausging und die anderen drei auf dem Schiff zurückließ. Am Anfang bin ich nie weit weggegangen und habe mich auf ein Gebiet von etwa fünf Meilen Durchmesser zwischen Krater und Fluss beschränkt. Zu beiden Seiten des Flusses, unterhalb der Stelle, an der das Schiff gelandet war, befand sich ein beträchtliches Waldgebiet. Ich wagte mich bei mehreren

Gelegenheiten hinein, und einmal, als es gerade Zeit war, zum Schiff zurückzukehren, stieß ich auf einen gut erkennbaren Weg, in dessen Staub die Abdrücke dreizehiger Füße zu sehen waren. Jeden Tag setzte ich eine Zeitgrenze für meine Abwesenheit vom Schiff mit der Anweisung, dass zwei der an Bord Verbliebenen sich auf die Suche nach mir und meinem Begleiter begeben sollten, falls wir über die festgelegte Stundenzahl hinweg abwesend sein sollten. Daher war es mir an dem Tag, an dem ich die Spur entdeckte, nicht möglich, ihr zu folgen, da wir kaum genug Zeit für eine kurze Untersuchung der Spuren hatten, wenn wir das Schiff innerhalb der von mir erlaubten zeitlichen Grenzen erreichen wollten.

Zufällig war Norton an diesem Tag bei mir und in seiner ruhigen Art war er sehr aufgeregt über unsere Entdeckung. Wir waren uns beide sicher, dass die Spuren von einem vierfüßigen Tier stammten, das zwischen zweihundertfünfzig und dreihundert Pfund wog. Wann sie entstanden waren, konnten wir schwer abschätzen, aber der Weg selbst schien sehr alt zu sein.

Ich bedauerte, dass wir keine Zeit hatten, das Tier zu verfolgen, das die Spuren gemacht hatte, beschloss aber, dass ich dies am nächsten Tag tun würde. Wir erreichten das Schiff und erzählten den anderen, was wir entdeckt hatten. Sie waren sehr interessiert, und die Mutmaßungen über die Natur der Tiere, deren Spuren wir gesehen hatten, waren zahlreich und vielfältig.

Nachdem Orthis aus der Haft entlassen worden war, hatte Norton um Erlaubnis gebeten, in seine ursprüngliche Kabine zurückkehren zu dürfen. Ich hatte seiner Bitte entsprochen, und seitdem waren die beiden sehr oft zusammen. Ich konnte Nortons offensichtliche Freundschaft für diesen Mann nicht verstehen, und das ließ mich fast an dem jungen Fähnrich zweifeln. Eines Tages sollte ich das Geheimnis dieser Vertrautheit kennenlernen, aber ich muss gestehen, dass es mich damals sehr verwirrte und ziemlich störte, denn ich mochte Norton sehr und wollte ihn nicht gern in der Gesellschaft eines Mannes mit Orthis Charakter sehen.

Jeder der Männer hatte mich nun auf meinen kurzen Erkundungsausflügen begleitet, mit Ausnahme von Orthis. Da er durch seine Bewährung zumindest theoretisch wieder vollständig integriert war, konnte ich ihn nicht gut diskriminieren und ihn als einzigen an Bord des Schiffes lassen, während ich meine Untersuchungen im umliegenden Land fortsetzte.

Am Tag nach unserer Entdeckung der Spur lud ich ihn deshalb ein, mich zu begleiten, und wir machten uns früh auf den Weg, jeder mit einem Revolver und einem Gewehr bewaffnet. Ich wies West, der während meiner Abwesenheit automatisch das Kommando über das Schiff übernahm, darauf hin, dass wir erheblich länger als gewöhnlich weg sein könnten und dass er nicht besorgt sein und keine Hilfsmannschaft aussenden sollte, es sei denn, wir würden volle vierundzwanzig Stunden weg sein, da ich den entdeckten Spuren nachgehen und erfahren wollte, wohin sie führten, und einen Blick auf das Tier werfen wollte, das sie hinteerlassen hatte.

Wir gingen direkt zu der Stelle, an der wir den Pfad gefunden hatten, etwa vier Meilen flussabwärts vom Schiff und anscheinend im Herzen des dichten Waldes.

Die fliegenden Kröten huschten um uns herum von Baum zu Baum und gaben ihre seltsamen klagenden Schreie von sich. Wir sahen auch, wie schon in der Vergangenheit, mehrmals vierbeinige Schlangen, wie die, die wir am Tag unserer Landung gesehen hatten. Weder die Kröten noch die Schlangen störten uns, sie schienen uns nur ausweichen zu wollen.

Kurz bevor wir auf den Pfad kamen, meinten sowohl Orthis als auch ich, das Geräusch von Schritten vor uns zu hören – wie die eines galoppierenden Tieres – und als wir einen Moment später auf den Pfad kamen, sahen wir, dass Staub in der Luft hing und sich langsam auf der Vegetation in der Nähe absetzte. Etwas war also auf dem Weg gelaufen, aber ein oder zwei Minuten vor unserer Ankunft. Eine kurze Untersuchung der Spur ergab, dass sie von einem dreizehigen Tier gemacht worden war, dessen Bewegungsrichtung nach rechts und in Richtung des Flusses verlief, zu diesem Zeitpunkt etwa eine halbe Meile von uns entfernt.

Ich konnte nicht anders, als mich innerlich sehr aufgeregt zu fühlen, und es tat mir leid, dass nicht einer der anderen bei mir war, denn in Orthis Gesellschaft fühlte ich mich nie ganz wohl. Ich hatte in verschiedenen Teilen der Welt, in denen es noch immer Wild gab, sehr oft gejagt, aber noch nie hatte ich eine solche Aufregung erlebt wie in diesem Moment, als ich begann, den Spuren dieses unbekannten Tieres auf einem unbekannten Weg in einer ebenso unbekannten Welt zu folgen. Wohin der Weg mich führen und was ich dort finden würde, wusste ich von einem Schritt zum anderen nie, und der Reiz, der dadurch entstand, war gewaltig. Die Tatsache, dass es fast neun Millionen Quadratmeilen dieser Welt für mich zu erforschen gab und dass kein Erdenmensch jemals zuvor einen Fuß auf einen Zoll davon gesetzt hatte, half mir sehr dabei, die Gewissheit zu kompensieren, dass ich niemals nach Hause zurückkehren würde.

Der Weg führte zum Rand des Flusses, der an dieser Stelle sehr breit und flach war. Ich konnte sehen, dass der Weg am gegenüberliegenden Ufer weiterführte, und wusste daher, dass dies eine Furt war. Ohne zu zögern, ging ich in den Fluss hinein, und schaute dabei nach links, wo sich vor mir eine riesige Wasserfläche erstreckte, so weit das Auge reichte. Ich hatte hier also die Mündung des Flusses und dahinter ein Mondmeer entdeckt. Das Land auf der gegenüberliegenden Seite des Flusses war hügelig und grasbedeckt, aber, soweit ich sehen konnte, fast baumlos. Als ich meinen Blick vom Meer zurück auf das gegenüberliegende Ufer richtete, sah ich etwas, was mich dazu veranlasste, anzuhalten, mein Gewehr zu spannen und Orthis ein vorsichtiges Zeichen zu geben, ruhig zu sein, denn dort vor uns auf einer Anhöhe stand ein kleines pferdeähnliches Tier. Es wäre ein weiter Schuss gewesen, vielleicht fünfhundert Yards, und ich hätte es vorgezogen, näher heranzukommen, aber dazu bestand jetzt keine Chance, denn wir befanden uns in der Mitte des Flusses in freier Sicht auf das Tier, das dort stand und uns aufmerksam beobachtete. Ich hatte mein Gewehr kaum angehoben, da machte es kehrt und verschwand über den Rand der Kuppe, auf der es gestanden hatte.

»Wie sah das für dich aus, Orthis?«, fragte ich meinen Begleiter.

»Es war ein gutes Stück entfernt«, antwortete er, »und ich hatte gerade erst mein Fernglas darauf gerichtet, als es verschwand, aber ich hätte schwören können, dass es eine Art Harnisch trug. Es war ungefähr so groß wie ein kleines Pony, würde ich sagen, aber es hatte nicht den Kopf eines Ponys.«

»Ich glaube, es hatte keinen Schwanz«, bemerkte ich.

»Ich habe auch keinen Schwanz gesehen«, sagte Orthis, »auch keine Ohren oder Hörner. Es war ein verdammt komisch aussehendes Ding. Ich verstehe das nicht. Es hatte etwas an sich …« er hielt inne. »Mein Gott, da war etwas, das menschlich aussah.«

»Den gleichen Eindruck hatte ich auch, Orthis, und ich bezweifle, dass ich geschossen hätte, denn in dem Moment, als ich das Gewehr hob, hatte ich den gleichen seltsamen Eindruck wie du. Das Ding hatte etwas Menschliches an sich.«

Während wir uns unterhielten, hatten wir die Furt überquert, die sich als ausgezeichnet herausstellte, da uns das Wasser zu keinem Zeitpunkt bis zur Hüfte reichte und die Strömung kaum spürbar war. Schließlich traten wir auf das gegenüberliegende Ufer hinaus, und einen Augenblick später erhaschten wir weiter links einen weiteren Blick auf die Kreatur, die wir zuvor gesehen hatten. Sie stand auf einem fernen Hügel und beobachtete uns offensichtlich.

Orthis und ich hoben fast gleichzeitig das Fernglas an unsere Augen, und eine ganze Minute lang betrachteten wir das Ding, wie es da stand; keiner von uns sprach, und dann ließen wir die Ferngläser sinken und sahen uns gegenseitig an.

»Was hältst du davon?«, fragte er.

Ich schüttelte den Kopf. »Ich weiß nicht, was ich davon halten soll, Orthis«, antwortete ich; »aber ich könnte schwören, dass ich direkt in ein menschliches Gesicht geblickt habe, und doch war der Körper der eines Vierbeiners.«

»Daran kann kein Zweifel bestehen«, antwortete er, »und dieses Mal konnte man den Harnisch und die Kleidung ganz deutlich sehen. An seiner linken Seite schien eine Art Waffe zu hängen. Hast du das bemerkt?«

»Ja, ich habe es bemerkt, aber ich verstehe es nicht.«

Noch eine Weile standen wir da und beobachteten die Kreatur, bis sie sich umdrehte und davon galoppierte und hinter der Kuppe verschwand, auf der sie gestanden hatte. Wir beschlossen, dem Weg zu folgen, der in südliche Richtung führte, und waren ziemlich sicher, dass wir auf dem Weg eine bessere Chance hätten, mit der Kreatur oder anderen ähnlichen Wesen in Kontakt kommen würden als abseits des Weges. Wir waren nicht sehr weit gekommen, als der Weg wieder in Richtung des Flusses führte, was mich in diesem Moment überraschte, da wir uns scheinbar vom Fluss entfernten, seit wir die Furt verlassen hatten. Aber nach etwa anderthalb Meilen stießen wir auf die Erklärung, als wir an einer anderen Furt landeten, von wo aus wir beobachten konnten, wie der Fluss ins Meer strömte, und uns klar wurde, dass wir eine Insel in der Flussmündung überquert hatten.

Ich zögerte, ob wir den Fluss überqueren und den Weg weitergehen sollten oder ob wir zurückgehen und die Insel nach dem seltsamen Wesen absuchen sollten, das wir entdeckt hatten. Ich hatte gehofft, es zu fangen, aber als ich sein menschliches Gesicht entdeckt hatte, hatte ich jede Absicht aufgegeben, es zu erschießen, es sei denn, es wäre zu meiner Selbstverteidigung notwendig. Während ich ziemlich unentschlossen dastand, wurde unsere Aufmerksamkeit durch ein leises Geräusch wieder auf die Insel gelenkt, und als wir in diese Richtung blickten, sahen wir fünf der Kreaturen, die uns aus einer Viertelmeile Entfernung vom Festland aus beobachteten. Als sie sahen, dass wir sie entdeckt hatten, galoppierten sie kühn auf uns zu. Sie waren nur wenig näher gekommen, als sie auf einem hohen Hügel wieder anhielten, und einer von ihnen sein Gesicht zum Himmel hob und eine Reihe durchdringender Heultöne ausstieß. Dann kamen sie wieder auf uns zu und hielten nicht inne, bis sie sich etwa fünfzig Fuß von uns befanden, wo sie plötzlich stehen blieben.

IV. Gefangen

Unser erster Blick auf die Kreaturen bewies zweifelsfrei, dass es sich tatsächlich um menschliche Vierbeiner handelte. Die Gesichter waren sehr breit, viel breiter als alle menschlichen Gesichter, die ich je gesehen habe, aber ihre Profile glichen in einzigartiger Weise denen der alten nordamerikanischen Indianer. Ihre Körper waren mit einem Gewand mit kurzen Beinen bedeckt, das oberhalb der Knie endete und das am Kragen und auch am Ende jedes Beines mit einem ziemlich fantasievollen geometrischen Muster verziert war. Um den Körper eines jeden war ein Gurt, der durch einen Rückengurt mit etwas verbunden war, das einem Hintergeschirr für irdische Pferde entsprach. Dort, wo sich die Verschlussriemen auf beiden Seiten kreuzten, befand sich ein kleines, kreisförmiges Ornament, und von dort führte ein Riemen nach vorn zum Kragen, unter einem ziemlich großen, kreisförmigen Ornament hindurch, das von der Schnürung getragen zu werden schien. An schmaleren Riemen, die an diesen beiden Ornamenten auf der linken Seite befestigt waren, hing eine Scheide, in der scheinbar eine Art Messer getragen wurde. Von der rechten Seite hing ein Köcher mit einem Speer, der auch an diesen Ornamenten befestigt war, wie die Gehäuse der Karabiner unserer alten Kavallerie. Der etwa sechs Fuß lange Speer war von eigenartigem Design und hatte eine schlanke, wohlgeformte Spitze, von deren Basis an einer Seite eine halbmondförmige Klinge nach hinten gebogen war, während sich auf der gegenüberliegenden Seite eine kurze, scharfe Spitze im rechten Winkel zur Längsachse der Waffe befand.

Einen Moment lang standen wir da und beäugten uns gegenseitig, und aus ihrem Verhalten schloss ich, dass sie an uns genauso interessiert waren wie wir an ihnen. Ich bemerkte, dass sie immer wieder über uns hinwegblickten, über den Fluss in Richtung des Festlandes. Da drehte ich mich um, um einen Blick in dieselbe Richtung zu werfen, und weit entfernt hinter einem kleinen Wald sah ich eine Staubwolke, die sich rasch auf uns zu zubewegen schien. Ich machte Orthis darauf aufmerksam.

»Verstärkung«, sagte ich. »Das ist es, wonach der Kerl rief, als er schrie. Ich denke, wir sollten zuerst besser versuchen, eine Lösung mit diesen Fünf zu finden, bevor weitere ankommen. Wir werden zuerst versuchen, Freundschaft zu schließen, aber wenn wir keinen Erfolg haben, müssen wir uns sofort zum Schiff zurückkämpfen.«

Dementsprechend trat ich mit einem Lächeln auf den Lippen und der ausgestreckten Hand auf die Fünf zu. Ich kannte keine andere Möglichkeit, ihnen unsere Freundlichkeit zuzusichern. Gleichzeitig sprach ich ein paar Worte auf Englisch in einem angenehmen und beschwichtigenden Tonfall. Obwohl ich wusste, dass meine Worte für sie bedeutungslos sein würden, hoffte ich, dass sie durch meinen Tonfall die Absicht verstehen würden.

Unmittelbar nach meinem Vorrücken drehte sich eines der Geschöpfe um und sprach zu einem anderen und zeigte uns zum ersten Mal, dass sie eine gesprochene Sprache besaßen. Dann drehte er sich um und wandte sich in einer Sprache an mich, die für mich natürlich völlig bedeutungslos war; aber auch wenn er meine Handlung falsch interpretiert hatte, konnte ich das, was seine Worte begleitete, nicht missverstehen, denn er bäumte sich auf und zog gleichzeitig seinen Speer und ein gefährlich aussehendes, kurzes Schwert oder einen Dolch; seine Gefährten folgten seinem Beispiel, bis ich mich mit einer Reihe von Waffen konfrontiert sah, hinter denen finstere, bösartige Gesichter lauerten. Ihr Führer sprach ein einziges Wort, das ich als Halt interpretierte, und so hielt ich an. Ich zeigte auf Orthis und auf mich selbst, und dann auf den Weg, auf dem wir gekommen waren, und dann in Richtung des Schiffes. Ich versuchte, ihnen zu sagen, dass wir dorthin zurückkehren wollten, wo wir hergekommen waren. Dann wandte ich mich an Orthis.

»Zieh deinen Revolver«, sagte ich, »und folge mir. Wenn sie sich einmischen, müssen wir sie erschießen. Wir müssen hier weg, bevor die anderen kommen.« Als wir uns umdrehten, um auf dem Weg zurückzugehen, ließen sich die Fünf auf alle Viere fallen, und galoppierten mit ihren Waffen in den Vorderpfoten schnell zu einer Stelle, die uns den Weg versperrte.

»Weg da«, schrie ich und feuerte meine Pistole über ihren Köpfen ab. Aus ihrer Reaktion schloss ich, dass sie noch nie zuvor den Knall einer Schusswaffe gehört hatten, denn sie standen einen Augenblick lang sichtlich überrascht da und galoppierten dann etwa hundert Yards weiter, wo sie sich umdrehten, wieder anhielten und uns beobachteten. Sie versperrten immer noch unseren Weg, und Orthis und ich gingen entschlossen auf sie zu. Sie sprachen miteinander und beobachteten uns gleichzeitig genau.

Als wir ein paar Yards von ihnen entfernt waren, bedrohte ich sie erneut mit meiner Pistole, aber sie blieben standhaft, offensichtlich beruhigt durch die Tatsache, dass das Ding, das ich in der Hand hielt, zwar ein lautes Geräusch machte, aber keine Verletzung verursachte. Ich wollte keinen von ihnen erschießen, wenn ich es vermeiden konnte, also ging ich weiter auf sie zu, in der Hoffnung, dass sie uns Platz machen würden; aber stattdessen erhoben sie sich wieder auf ihre Hinterbeine und bedrohten uns mit ihren Waffen.

Natürlich konnte ich damals nicht beurteilen, wie gefährlich ihre Waffen waren, aber ich stellte mir vor, dass diese Speere, wenn es gut ausgebildete Krieger waren, beeindruckende Waffen sein mussten. Ich war jetzt nur noch wenige Fuß von ihnen entfernt, und ihre Haltung war kriegerischer denn je, was mich davon überzeugte, dass sie nicht die Absicht hatten, uns friedlich passieren zu lassen.

Ihre Züge, die ich jetzt deutlich sehen konnte, waren hart, wild und in höchstem Maße grausam. Ihr Führer schien mich anzusprechen, aber natürlich konnte ich ihn nicht verstehen; aber als er schließlich auf seinen Hinterfüßen stand, und zwar offensichtlich mit der gleichen Leichtigkeit, mit der ich auf meinen beiden Beinen stand, und seinen Speer in einer besonders bedrohlichen Bewegung erhob, wurde mir klar, dass ich handeln musste, und zwar schnell.

Ich glaube, der Kerl war kurz davor, seinen Speer auf mich zu werfen, als ich schoss. Die Kugel traf ihn genau zwischen die Augen, und er fiel um wie ein Baumstamm, ohne einen Laut von sich zu geben. Sofort machten sich die anderen kehrt und galoppierten davon, diesmal mit einer fast erschreckenden Geschwindigkeit, wobei sie mit einem einzigen Satz bis zu 30 Fuß überwanden, obwohl sie durch die Waffen, die sie in ihren Vorderpfoten hielten, behindert waren.

Ein Blick nach hinten zeigte eine Staubwolke, die sich auf dem Festland schnell dem Fluss näherte, und ich rief Orthis, mir zu folgen und lief schnell den Weg entlang, der zurück in Richtung des Schiffes führte.

Die vier Mondkreaturen zogen sich etwa eine halbe Meile zurück, blieben dann stehen und beobachten uns. Sie befanden sich immer noch direkt in unserer Rückzugslinie, und da standen sie einen Moment lang und diskutierten offensichtlich ihre Pläne. Wir näherten uns ihnen rasch, denn wir hatten entdeckt, dass auch wir eine bemerkenswerte Geschwindigkeit erreichen konnten, da wir nur durch ein Sechstel der Schwerkraft auf der Erde behindert wurden. Vierzig Fuß mit einem Sprung zurückzulegen, war leicht, unsere größte Schwierigkeit bestand darin, dass wir dazu neigten, zu hoch zu springen, was zu einer Verringerung der zurückgelegten horizontalen Distanz führte. Als wir uns den Vier, die auf dem Gipfel einer Anhöhe Stellung bezogen hatten, näherten, hörte ich Geräusche im Fluss hinter uns, drehte mich um und sah, dass ihre Verstärkungen die Furt überquerten und uns bald erreichen würden. Es schienen über hundert zu sein, und unsere Lage sah in der Tat hoffnungslos aus, es sei denn, es würde uns gelingen, die vier Kreaturen vor uns zu überholen und die relative Sicherheit des Waldes jenseits der ersten Furt zu erreichen.

»Fang an zu schießen, Orthis«, sagte ich. »Schieße, um zu töten. Ziele auf die beiden linken, und ich werde auf die beiden rechten schießen. Wir sollten besser anhalten und sorgfältig zielen, da wir es uns nicht leisten können, Munition zu verschwenden.«

Wir hielten etwa fünfundzwanzig Yards vor der vordersten Kreatur an, was für eine Pistole ein weiter Schuss ist; aber sie standen still auf dem Kamm einer Anhöhe, deutlich gegen den Himmel abgegrenzt, und waren so groß, dass sie ein hervorragendes Ziel darstellten. Unsere Schüsse ertönten gleichzeitig. Das linke Geschöpf, auf das Orthis gezielt hatte, sprang hoch in die Luft und fiel zu Boden, wo es krampfhaft zuckend lag. Der auf der rechten Seite stieß einen durchdringenden Schrei aus, fasste sich an die Brust und fiel tot um. Dann nahmen Orthis und ich die verbleibenden zwei ins Visier, während wir hinter uns seltsame Schreie und das Stampfen galoppierender Füße hörten. Diesmal zogen sich die beiden vor uns nicht zurück, sondern kamen uns entgegen, und wieder hielten wir inne und schossen. Diesmal waren sie so nah, dass wir sie nicht verfehlen konnten, und der letzte unserer Mondfeinde lag tot vor uns.

Dann rannten wir, rannten, wie keiner es für möglich gehalten hätte, dass Menschen rennen könnten. Ich weiß, dass ich mit vielen Sprüngen über fünfzig Fuß zurückgelegt hatte, aber im Vergleich mit der Geschwindigkeit der Kreaturen hinter uns hätten wir auch stehen bleiben können. Sie flogen förmlich über die lavendelfarbene Wiese, was bedeutete, dass diejenigen, die wir zuerst gesehen hatten, sich zu keinem Zeitpunkt bemüht hatten, uns zu entkommen. Ich wage zu behaupten, dass einige von ihnen in einem Sprung volle dreihundert Fuß weit sprangen, und jetzt stießen sie bei jedem Satz wilde und schreckliche Schreie aus, die ich für ihren Kriegsschrei hielt, der uns einschüchtern sollte.

»Es hat keinen Zweck, Orthis«, sagte ich zu meinem Begleiter. »Wir können genauso gut hier Stellung beziehen und es ausfechten. Wir können die Furt nicht erreichen. Sie sind zu schnell für uns.«

Als sie sahen, dass wir uns zur Wehr setzen wollten, umkreisten sie uns und blieben etwa hundert Yards entfernt stehen und umstellten uns. Wir hatten fünf ihrer Kameraden getötet, und ich wusste, dass wir nicht auf Gnade hoffen konnten. Wir standen offensichtlich einer Rasse wilder und kriegerischer Geschöpfe gegenüber, deren Erscheinungsbild keinen Hinweis auf edlere Eigenschaften gab, die von den Menschen auf der Erde so sehr verehrt werden. Nachdem ich mir einen von ihnen genau angesehen hatte, konnte ich mir nicht vorstellen, dass die Kreatur auch nur die geringste Vorstellung von dem Wort Barmherzigkeit hatte, und ich wusste, dass wir uns, wenn wir jemals aus diesem wilden Kordon entkommen wollten, durchkämpfen müssten.

»Komm«, sagte ich zu Orthis, »geradeaus zur Furt«, und als ich mich wieder in diese Richtung drehte, begann ich mit meiner Pistole zu schießen, während ich langsam den Weg entlangging. Orthis war an meiner Seite, und auch er schoss genauso schnell wie ich. Jedes Mal, wenn unsere Waffen sprachen, fiel ein Mondmann. Und nun begannen sie, uns laufend zu umkreisen, so wie die wilden Indianer der westlichen Prärie die geparkten Wagenzüge unserer längst vergangenen Vorfahren in Nordamerika umkreist hatten. Sie schleuderten Speere auf uns, aber ich denke, dass der Klang unserer Revolver und die Wirkung der Schüsse sie bis zu einem gewissen Grad verunsichert hatten, denn sie zielten schlecht, und wir waren zu keinem Zeitpunkt ernsthaft bedroht.

Während wir langsam vorrückten und schossen, erzielten wir viele Treffer, aber ich war entsetzt zu sehen, dass jedes Mal, wenn eine der Kreaturen fiel, der nächste seiner Gefährten auf ihn sprang und ihm die Kehle von Ohr zu Ohr durchschnitt. Einige von ihnen mussten nur hinfallen, um von ihren Kameraden getötet zu werden. Eine Kugel aus Orthis Waffe zerschmetterte das Hinterbein von einem von ihnen und er fiel zu Boden. Es war natürlich keine tödliche Wunde, aber die Kreatur war kaum zu Boden gegangen, da sprang der ihm Nächste nach vorne und erledigte ihn. Und so gingen wir langsam auf die Furt zu, und ich fing an, Hoffnung zu schöpfen, dass wir sie erreichen und entkommen könnten. Wären unsere Gegner weniger furchtlos gewesen, wäre ich mir dessen sicher gewesen, aber sie schienen fast gleichgültig gegenüber der Gefahr zu sein und zählten offensichtlich darauf, dass ihre Schnelligkeit ihnen Immunität gegen unsere Kugeln verleihen würde. Ich kann ihnen versichern, dass sie außerordentlich schwierige Ziele waren, denn sie bewegten sich in großen Sprüngen und Sätzen. Es war wahrscheinlich mehr ihre Anzahl als unsere Genauigkeit, die uns die Treffer ermöglichte.

Wir waren fast an der Furt, als der Kreis plötzlich aufbrach und sie eine gerade Linie parallel zu uns bildeten, wobei der Führer seinen Speer um den Kopf schwang, indem er den Griff an seinem äußersten Ende packte. Die Waffe bewegte sich mit großer Geschwindigkeit in einer fast horizontalen Ebene. Ich wunderte mich über den Zweck seiner Aktion, als ich sah, dass drei oder vier von denen, die sich direkt hinter ihm befanden, begonnen hatten, ihre Speere auf ähnliche Weise zu schwingen. Es war etwas seltsam Bedrohliches, das mich alarmierte. Ich schoss auf den Anführer und verfehlte ihn, und beim Knall meiner Pistole ließen ein halbes Dutzend von ihnen ihre schnell wirbelnden Speere los, und einen Augenblick später erkannte ich den Zweck ihres seltsamen Manövers; denn die schweren Waffen flogen blitzschnell mit dem hinteren Ende voran auf uns zu; die halbmondförmigen Haken erwischten uns am Bein, Arm und am Hals, schleuderten uns rückwärts zu Boden, und jedes Mal, wenn wir versuchten, uns zu erheben, wurden wir erneut getroffen, bis wir schließlich dort lagen, zerschrammt und halb betäubt und völlig der Gnade unserer Gegner ausgeliefert, die schnell heran galoppierten und uns die Waffen abnahmen. Diejenigen, die ihre Speere auf uns geschleudert hatten, holten sie wieder zurück, und dann versammelten sie sich alle, untersuchten uns und plapperten miteinander.

Kurz danach sprach mich der Führer an und stieß mich mit der scharfen Spitze seines Speeres. Ich ging davon aus, dass er wollte, dass ich mich erhebe, und ich versuchte es auch, aber ich war so erschöpft, dass ich jedes Mal zurückfiel, wenn ich versuchte, zu gehorchen. Da sprach er mit zwei seiner Anhänger, die mich hochhoben und auf den Rücken eines Dritten legten. Dort wurde ich in einer höchst unbequemen Position mit Lederriemen befestigt, die von verschiedenen Teilen der Harnische mehrerer der Geschöpfe genommen wurden. Orthis wurde in ähnlicher Weise an einem anderen festgezurrt, woraufhin sie sich langsam in die Richtung zurückbewegten, aus der sie gekommen waren. Auf dem Weg hielten sie an, um die Körper ihrer Toten einzusammeln und sie auf dem Rücken anderer Begleiter anzuschnallen. Der Bursche, auf dem ich ritt, hatte mehrere gut definierte

Gangarten, von denen eine, der Trab, für mich der Gipfel der Folter war, da ich geprellt und verletzt war und mit dem Gesicht nach unten gelegt worden war, auf den Bauch; aber da diese Gangart auch für ihn anstrengend sein musste mit so einer Last, benutzte er sie nur wenig, wofür ich sehr dankbar war. Wenn er in den Schritt wechselte, was zum Glück oft geschah, war das für mich weniger unangenehm.

Als wir die Furt in Richtung Festland überquerten, wäre ich beinahe ertrunken, da mein Kopf über eine beträchtliche Strecke im Wasser hing und ich war sehr erleichtert, als wir wieder an Land kamen. Was schwer zu ertragen war, war die ständige Rücksichtslosigkeit, mit der er mich gegen andere und gegen die Körper der Erschlagenen stieß, die auf den Rücken seiner Kameraden geschnallt waren.

Er war anscheinend ziemlich unermüdlich, wie die anderen auch, und wir bewegten uns oft viele Meilen in schnellem Tempo. Natürlich entsprach mein Mondgewicht nur etwa dreißig Pfund auf der Erde, während unsere Entführer so kräftig bemuskelt schienen wie ein kleines irdisches Pferd und, wie wir später erfuhren, in der Lage waren, schwere Lasten zu tragen.

Wie lange wir unterwegs waren, weiß ich nicht, denn wo es immer Tageslicht ist und es weder die Sonne noch andere Möglichkeiten gibt, die Zeit zu messen, kann man die Dauer nur raten, wobei das Ergebnis erheblich von den geistigen und körperlichen Empfindungen beeinflusst wird.

Diesen Überlegungen nach zu urteilen, müssten wir also viele Stunden unterwegs sein, denn ich fühlte mich nicht nur körperlich, sondern auch geistig sehr schlecht. Wie dem auch sei, ich weiß nur, dass es eine schreckliche Reise war; dass wir nach der Ankunft auf dem Festland noch zweimal Flüsse überquerten und schließlich unser Ziel erreichten, inmitten niedriger Hügel, wo es einen ebenen, parkähnlichen Platz gab, auf dem seltsame Bäume wuchsen. Hier lösten sie die Gurte, und wir wurden auf den Boden geworfen, mehr tot als lebendig, und waren sofort von einer großen Zahl von Kreaturen umgeben, identisch mit denen, die uns gefangen genommen hatten.

Als ich endlich in der Lage war, mich aufzusetzen und umzusehen, sah ich, dass wir am Rand eines Lagers oder Dorfes waren, das aus einer Reihe rechteckiger Hütten bestand, mit hoch aufragenden Dächern, strohgedeckt oder besser gesagt schindelbedeckt, mit den breiten, runden Blättern der Bäume, die um uns herum wuchsen.

Wir sahen nun zum ersten Mal die weiblichen Kreaturen und die Jungen. Erstere ähnelten den männlichen, nur dass sie leichter gebaut waren, und sie waren zahlreicher. Sie hatten Euter mit vier bis sechs Zitzen, und viele hatten zahlreiche Kinder, ich sah einige mit bis zu sechs Jungen in einem Wurf. Die Jungen waren nackt, aber die Frauen trugen ein Kleidungsstück, das dem der Männer ähnelte, nur dass es weniger kunstvoll verziert war als deren Harnisch. So wie die Frauen und Kinder auf uns zustürmten, als wir im Lager abgeladen wurden, hatte ich das Gefühl, dass sie uns in Stücke reißen würden, und ich glaube wirklich, dass sie es getan hätten, wenn unsere Entführer das nicht verhindert hätten. Offensichtlich wurde befohlen, dass wir nicht verletzt werden sollten, denn nach dem ersten Ansturm begnügten sie sich damit, uns zu untersuchen und uns oder unsere Kleidung zu befühlen, während sie über uns diskutierten, aber mit den Leichen der Erschlagenen war es anders, denn als sie entdeckten, wo diese auf dem Boden abgeladen worden waren, fielen sie über sie her und begannen, sie zu verschlingen und die Krieger schlossen sich diesem grauenhaften und schrecklichen Festmahl an. Orthis und ich begriffen jetzt, dass sie in Erwartung des bevorstehenden Mahles ihren Kameraden die Kehle durchgeschnitten hatten, um sie ausbluten lassen.

Als wir sie und die Bedingungen, unter denen sie lebten, besser verstanden, begannen sich viele Fragen zu klären. Zum Beispiel sind mindestens zwei Drittel der neugeborenen Jugendlichen männlich, und dennoch gibt es nur etwa ein Sechstel so viele erwachsene Männer, wie Frauen. Sie sind von Natur aus Fleischfresser, aber mit Ausnahme einer anderen Kreatur, auf die sie Jagd machen, gibt es in dem Teil der inneren Mondwelt, den ich kenne, kein Tier, dessen Fleisch essbar war. Die fliegende Kröte und die laufende Schlange und die anderen Reptilien sind giftig, und sie wagen es nicht, sie zu fressen. Es gab jedoch eine Zeit, wie ich später erfuhr, in der viele andere Tiere die Oberfläche des inneren Mondes durchstreiften. Aber vor vielen Zeitaltern waren alle ausgestorben, außer unseren Entführern und einer anderen Kreatur, von der wir zum Zeitpunkt unserer Gefangennahme nichts wussten, und diese beiden Rassen jagten sich gegenseitig. Die Spezies allerdings, in deren Hände wir gefallen waren, überfiel die

Stämme und Dörfer ihrer eigenen Art, um Nahrung zu finden, und fraß ihre eigenen Toten, wie wir bereits gesehen hatten. Da es die Weibchen waren, die für die Produktion der tierischen Nahrung verantwortlich waren, wurden sie in dieser Spezies nicht getötet und sie aßen ihre Körper nie. Feindliche Frauen ihrer Art, die sie gefangen nahmen, brachten sie in ihre Dörfer, wobei jeder Krieger die von ihm gefangenen Individuen seiner Herde hinzufügte. Da nur die Männer Krieger sind und niemand das Fleisch einer Frau essen, ist die Sterblichkeit unter den Männern entsprechend extrem hoch und erklärt die weitaus größere Zahl erwachsener Frauen. Letztere werden sehr gut behandelt, da die Stellung eines Mannes in einer Gemeinschaft weitgehend von der Größe seiner Herde abhängt.

Die hauptsächliche Sterblichkeit unter den Frauen ist auf drei Ursachen zurückzuführen: Überfälle der anderen fleischfressenden Spezies, die die innere Mondwelt bewohnen, Streitigkeiten, die aus Eifersucht untereinander entstehen, und Tod bei der Geburt ihrer Jungen, vor allem während der mageren Jahreszeiten, wenn ihre Krieger im Kampf besiegt worden waren und nicht in der Lage waren, sie mit Fleisch zu versorgen.

Diese Kreaturen essen außer Fleisch auch Obst, Kräuter und Nüsse, aber sie entwickeln sich nicht gut ausschließlich von diesen Dingen. Ihre Existenz hängt daher von der Tapferkeit und Wildheit ihrer Männer ab, die ihr Leben damit verbringen, Raubzüge und Beutezüge gegen benachbarte Stämme zu unternehmen und ihre eigenen Dörfer gegen Eindringlinge zu verteidigen.

Als Orthis und ich der widerlichen Orgie des Kannibalismus um uns herum zusahen, kam der Führer der Gruppe, die uns gefangen genommen hatte, aus der Mitte des Dorfes auf uns zu, und mit einem einzigen Wort, das, wie ich später erfuhr, „komm“ bedeutete, stieß er uns mit seiner Speerspitze an, bis wir schließlich auf unsere Füße taumelten. Er wiederholte das Wort und machte sich auf den Weg zurück ins Dorf.

»Ich schätze, er will, dass wir ihm folgen, Orthis«, sagte ich. Und so folgten wir der Kreatur, was offensichtlich das war, was sie wünschte, denn sie nickte mit dem Kopf und ging weiter in die Richtung, die sie eingeschlagen hatte und die zu einer sehr großen Hütte führte – bei Weitem die größte im Dorf.

In der Hütte, der wir uns näherten, schien es nur eine einzige Öffnung zu geben, eine große, mit schweren Behängen bedeckte Tür, die unser Führer beiseiteschob, als wir mit ihm das Innere betraten. Wir befanden uns in einem großen Raum, ohne eine andere Öffnung, außer der Tür, durch die wir eingetreten waren und über die wieder die Behänge gezogen worden waren, doch das Innere war recht hell, wenn auch nicht so hell wie draußen, aber es war keine künstliche Beleuchtung erkennbar. Die Wände waren mit Waffen und mit Schädeln und anderen Knochen von Kreaturen bedeckt, die unseren Fängern ähnlich waren, obwohl Orthis und ich einige Schädel bemerkten, die viel schmaler waren als die anderen und die ihrem Aussehen nach die Schädel von Erdenmenschen gewesen sein könnten, doch bei späteren Diskussionen kamen wir zu dem Schluss, dass es die Schädel der Frauen und Jungen der Spezies waren, deren Gesichter nicht so breit sind wie die der erwachsenen Männer.

Auf einem Bett aus Gräsern auf der gegenüberliegenden Seite des Raumes lag ein großer Mann, dessen Haut von viel intensiverer Lavendelfarbe war als die der anderen, die wir gesehen hatten, sie erinnerte fast an ein Violett. Das Gesicht, obwohl durch Narben stark entstellt und sehr grimmig und wild, war ein intelligentes Gesicht, und in dem Moment, als ich in diese Augen sah, wusste ich, dass wir einem Anführer gegenüberstanden. Ich hatte auch nicht unrecht, denn dies war der Häuptling oder König des Stammes, in dessen Fänge das Schicksal uns geworfen hatte.

Ein paar Worte wurden zwischen den beiden gewechselt, dann erhob sich der Anführer und kam auf uns zu. Er untersuchte uns sehr kritisch, unsere Kleidung schien ihn außerordentlich zu interessieren. Er versuchte, mit uns zu reden, stellte uns offensichtlich Fragen und schien sehr verärgert, als ihm klar wurde, dass wir weder ihn verstanden noch er uns verstehen konnte, denn Orthis und ich sprachen mehrmals miteinander und ein- oder zweimal hatten wir uns an ihn gewandt. Er gab dem Burschen, der uns gebracht hatte, einige Anweisungen, und wir wurden wieder hinausgebracht, und zu einer anderen Hütte, zu der man gerade einen Teil des Kadavers einer der Kreaturen brachte, die wir getötet hatten, bevor wir gefangen genommen wurden. Ich konnte jedoch nichts davon essen, und Orthis auch nicht; und nach einer Weile gaben wir ihnen durch Zeichen und Gesten zu verstehen, dass wir eine andere Art von Nahrung wünschten, mit dem Ergebnis, dass sie uns wenig später Obst und Gemüse brachten, was schmackhaft und, wie wir später entdecken sollten, ausreichend nahrhaft war, um uns zu ernähren und unsere Kräfte zu erhalten.

Ich war durstig geworden, und indem ich Trinken simulierte, gelang es mir schließlich, ihnen meinen Wunsch diesbezüglich deutlich zu machen, und sie uns zu einem kleinen Bach führten, der durch das Dorf floss, und dort löschten wir unseren Durst.

Wir waren immer noch sehr schwach und wund von der Misshandlung, die wir erfahren hatten, aber wir waren beide froh zu entdecken, dass wir nicht ernsthaft verletzt waren und dass keiner unserer Knochen gebrochen war.

V. Ruhe nach dem Sturm

Kurz nachdem wir im Dorf angekommen waren, nahmen sie uns die Uhren, Taschenmesser und alles Ähnliche, was wir besaßen und was sie als Kuriositäten betrachteten, weg. Der Häuptling trug Orthis Armbanduhr an einer Vorderpfote und meine an der anderen, aber da er nicht wusste, wie er sie aufziehen sollte und für welchen Zweck sie bestimmt waren, nutzen sie weder ihm noch uns.

Das Ergebnis war jedoch, dass es uns nun völlig unmöglich war, die Zeit in irgendeiner Weise zu messen, und ich weiß bis heute nicht, wie lange wir uns in diesem seltsamen Dorf befanden. Wir aßen, wenn wir hungrig waren, und schliefen, wenn wir müde waren. Es herrschte immer Tageslicht; und es schien, dass es immer Überfallkommandos gab, die loszogen oder zurückkehrten, so dass Fleisch im Überfluss vorhanden war, und wir waren beruhigt, was die unmittelbare Gefahr, gefressen zu werden, betraf; aber warum sie uns am Leben ließen, wo wir doch so viele ihrer Kameraden getötet hatten, konnte ich nicht verstehen.

Unmittelbar nach unserer Ankunft versuchten sie, uns ihre Sprache beizubringen. Zwei Frauen waren für diese Aufgabe vorgesehen. Wir genossen völlige Freiheit innerhalb gewisser Grenzen, die durch mehrere Wachen, die uns von den Gipfeln der die Stadt umgebenden Hügel aus beobachteten, gut abgesteckt war.

Diese Grenzen konnten wir nicht überschreiten, und ich weiß auch nicht, ob wir den Wunsch dazu hatten, denn wir waren uns nur zu gut bewusst, dass unsere Chancen, das Schiff wieder zu erreichen, wenn wir aus dem Dorf entkommen könnten, gering sein würden, da wir keine Ahnung hatten, in welcher Richtung es lag. Unsere einzige Hoffnung bestand darin, ihre Sprache zu lernen und dann unser Wissen zu nutzen, um konkrete Informationen über das umliegende Land und die Lage der Barsoom zu erhalten.

Ich hatte nicht den Eindruck, dass es lange gedauert hatte, ihre Sprache zu lernen, obwohl ich mir bewusst bin, dass es tatsächlich Monate gewesen sein müssen. Ehe wir uns versahen, unterhielten wir uns fließend mit unseren Entführern. Wenn ich flüssig sage, ist es möglich, dass ich ein wenig übertreibe, denn obwohl wir sie recht gut verstehen konnten, war es schwierig für uns, uns verständlich zu machen, doch wir haben es irgendwie geschafft, obwohl die Eigenheiten der bemerkenswertesten Sprache, die ich kenne, es uns schwer machten.

Diese Sprache ist sehr schwierig zu sprechen, und sie zu schreiben, wäre praktisch unmöglich. Da ist zum Beispiel ihr Wort gu-e-ho, für das Orthis und ich siebenundzwanzig verschiedene und unterschiedliche Bedeutungen entdeckt haben, und ich habe keinen Zweifel, dass es noch andere gibt. Ihre Sprache könnte man treffender als Lied beschreiben, wobei die Bedeutung jeder Silbe von der Note bestimmt wird, in der sie gesungen wird. Sie sprechen in fünf Noten, die wir als A, B, C, D und E beschreiben können. Ein in A gesungenes Gu bedeutet etwas vollkommen anderes als ein in E gesungenes Gu, und wiederum, wenn Gu in A gesungen wird, gefolgt von einem e in C, bedeutet es etwas anderes, als wenn Gu in D gesungen worden wäre, gefolgt von einem e in A.

Glücklicherweise gibt es keine Wörter mit mehr als drei Silben, und die meisten bestehen nur aus einer oder zwei, ansonsten wären wir vollkommen verloren gewesen. Die daraus resultierende Sprache ist jedoch sehr schön, und Orthis pflegte zu sagen, wenn er die Augen schließe, könne er sich vorstellen, ständig in einer großen Oper zu leben. Der Name des Häuptlings war, wie wir erfuhren, Ga-va-go; der Name des Stammes oder Dorfes war No-van, während die Rasse, der sie angehörten, als Va-gas bekannt war.

Als ich das Gefühl hatte, die Sprache genügend zu beherrschen, dass ich mich zumindest teilweise verständlich machen konnte, bat ich darum, mit Ga-va-go sprechen zu dürfen, und kurz darauf wurde ich zu ihm gebracht.

»Du hast unsere Sprache gelernt?«, fragte er.

Ich nickte zustimmend. »Das habe ich«, sagte ich, »und ich bin gekommen, um zu fragen, warum wir gefangen gehalten werden und was du mit uns vorhast. Wir sind nicht gekommen, um Streit mit euch zu suchen. Wir wollen nur Freunde sein und in Frieden unseres Weges ziehen dürfen.«

»Was für ein Art Geschöpfe seid ihr«, fragte er, »und woher kommt ihr?«

Ich fragte ihn, ob er jemals von der Sonne oder den Sternen oder den anderen Planeten oder Welten außerhalb seiner eigenen gehört habe, und er antwortete, dass er das nicht gehört habe und dass es solche Dinge nicht gebe.

»Aber es gibt sie, Ga-va-go«, sagte ich, »und ich und mein Gefährte kommen aus einer anderen Welt, weit, weit außerhalb deiner eigenen. Ein Unfall brachte uns hierher. Gib uns unsere Waffen zurück und lass uns gehen.«

Er schüttelte verneinend den Kopf.

»Wo ihr herkommt, esst ihr euch da gegenseitig?« fragte er.

»Nein«, antwortete ich, »das tun wir nicht.«

»Warum?«, fragte er, und mit zusammengekniffenen Augen wartete er auf meine Antwort.

Vieleicht war es Telepathie oder einfach nur Glück, das mir die richtige Antwort in den Mund legte, denn ich schien intuitiv zu erfassen, was im Verstand der Kreatur vorging.

»Unser Fleisch ist giftig«, sagte ich, »wer es isst, stirbt.«

Er sah mich damals lange Zeit an, mit einem Gesichtsausdruck, den ich nicht deuten konnte. Es kann sein, dass er an meinem Wort zweifelte, oder dass meine Antwort seinen Verdacht bestätigte, ich weiß es nicht; aber nun stellte er mir eine andere Frage.

»Gibt es viele wie ihr in dem Land, in dem ihr lebt?«

»Millionen und Abermillionen«, antwortete ich.

»Und was essen sie?«

»Sie essen Obst und Gemüse und das Fleisch von Tieren«, antwortete ich.

»Was für Tiere?«, fragte er.

»Ich habe hier keine solchen Tiere gesehen«, antwortete ich, »aber es gibt viele Arten, die anders sind als wir, so dass wir kein Fleisch unserer eigenen Rasse essen müssen.«

»Dann habt ihr soviel Fleisch, wie ihr wollt?«

»Soviel wir essen können«, antwortete ich. »Wir züchten diese Tiere wegen ihres Fleisches.«

»Wo ist euer Land?«, wollte er wissen. »Bring mich dorthin.«

Ich lächelte. »Ich kann dich nicht dorthin bringen«, sagte ich. »Es liegt in einer anderen Welt.« Es war ganz offensichtlich, dass er mir nicht glaubte, denn er schaute mich grimmig an.

»Willst du sterben?«, fragte er.

Ich sagte ihm, dass ich keine solche Sehnsucht hätte.

»Dann wirst du mich in dein Land führen«, sagte er, »wo es reichlich Fleisch für alle gibt. Du kannst darüber nachdenken, bis ich dich wieder rufe. Geh!« Und so entließ er mich. Dann schickte er nach Orthis, aber was Orthis ihm sagte, erfuhr ich nie genau, denn er wollte es mir nicht sagen, und da unsere Beziehung selbst in der Gefangenschaft alles andere als freundschaftlich war, drängte ich ihn nicht zu irgendwelchen Vertraulichkeiten. Ich bemerkte jedoch, dass Ga-va-go von da an eine deutliche Vorliebe für Orthis zeigte, und dieser oft in seine Hütte gerufen wurde.

Ich erwartete jeden Moment zu Ga-va-go gerufen zu werden und mein Schicksal zu erfahren, wenn er entdeckte, dass ich ihn nicht in mein Land führen k0nnte, wo es so viel Fleisch gab. Aber ungefähr zu dieser Zeit brachen wir das Lager ab, und in dem Durcheinander versäumte er es offensichtlich, in meinem Fall weitere Maßnahmen zu ergreifen, so dachte ich zumindest, bis ich später Grund zu der Annahme hatte, dass er das Gefühl hatte, er müsse sich nicht mehr auf mich verlassen, um in dieses Schlaraffenland geführt zu werden.

Die Va-gas sind ein Nomadenvolk, das umherzieht, entweder, weil sie von Feinden bedrängt werden oder weil sie die anderen

Stämme aus ihrer Umgebung vertrieben haben, wobei sie in beiden Fällen auf der Suche nach neuem Territorium weiter wandern. Der Umzug, den wir jetzt machten, war notwendig, weil alle anderen Stämme in der Nähe vor der Grausamkeit der No-Vans geflohen waren, deren wiederholte und erfolgreiche Raubzüge die Dörfer ihrer Nachbarn dezimiert und mit Schrecken erfüllt hatten.

Der Lagerabbruch war eine wunderbar einfache Angelegenheit. All ihre wenigen Habseligkeiten, bestehend aus zusätzlicher Kleidung, Insignien, Waffen und ihren wertvollen Schädeln und Knochen der Opfer, wurden den Frauen auf den Rücken geschnallt. Orthis und ich bestiegen jeweils einen von Ga-va-go für den Transport eingeteilten Krieger, und wir verließen das Dorf und ließen die Hütten zurück.

Ga-va-go galoppierte mit einem halben Dutzend Krieger weit voraus. Dann kam eine große Truppe von Kriegern, hinter ihnen die Frauen und eine weitere Truppe von Kriegern folgte den Frauen und Kindern, während andere an beiden Flanken ritten. Etwa eine Meile dahinter ritten drei Krieger, und zwei oder drei weitere an jeder Flanke. So bewegten wir uns voran, gut geschützt gegen Überraschungen, und passten unsere Geschwindigkeit der Gruppe an, mit der Ga-va-go reiste.

Wegen der Frauen und Kinder bewegten wir uns langsamer voran als die Krieger, wenn sie allein marschierten, da diese selten, wenn überhaupt, langsamer als im Trab unterwegs waren, und normalerweise im schnellen Galopp. Wir bewegten uns auf einem ausgetretenen Pfad, vorbei an mehreren verlassenen Dörfern, aus denen die Beute der No-vans geflohen war. Wir überquerten viele Flüsse, denn die Mondwelt ist gut bewässert. Wir kamen an mehreren Seen vorbei, und an einem hoch gelegenen Punkt sah ich, weit links von uns, das Wasser eines scheinbar großen Ozeans.

Es gab nie eine Zeit, in der Orthis und ich nicht reichlich mit Lebensmitteln versorgt waren, denn es gab einen Überfluss davon in dem ganzen Gebiet, das wir durchquerten, aber die No-vans waren seit mehreren Tagen ohne Fleisch und infolgedessen verrückt vor Hunger, da das Obst und Gemüse, das sie aßen, sie überhaupt nicht zu sättigen schien.

Wir bewegten uns in zügigem Trab, als wir ohne Vorwarnung von einem plötzlichen Windstoß getroffen wurden, der kalt und erfrischend von einer eisigen Bergkette herabfegte. Die Wirkung auf die No-vans war erschreckend. Ich hätte ihre Sprache nicht verstehen müssen, um zu erkennen, dass sie Angst hatten. Sie blickten ängstlich umher und erhöhten ihre Geschwindigkeit, als ob sie versuchten, Ga-va-go zu überholen, der nun mit seiner Gruppe weit vorne lag. Einen Augenblick später traf uns ein Regenschauer, und dann war sich jeder selbst der Nächste, als eine wilde Stampede ausbrach, weil alle versuchten, in die Nähe ihres Anführers zu kommen. Ihre hysterische Flucht war wie eine panische Flucht von Wildrindern. Sie drängten und stießen sich gegenseitig, stolperten, fielen und wurden niedergetrampelt, in ihrer Eile zu entkommen.

Der alte Ga-va-go hatte mit seiner Gruppe angehalten und wartete auf uns. Diejenigen, die ihn begleiteten, schienen ebenso verängstigt zu sein wie die anderen, aber offensichtlich wagten sie nicht zu fliehen, bevor Ga-va-go den Befehl gab. Ich glaube jedoch, dass sie sich alle sicherer fühlten, als sie in seiner Nähe waren, denn sie hatten großes Vertrauen in ihn; aber dennoch hatten sie immer noch große Angst, und es hätte nicht viel gefehlt, sie wieder in der Flucht zu schlagen. Ga-va-go wartete, bis der letzte der Nachhut aufgeschlossen hatte, und steuerte dann direkt auf die Berge zu, wobei sich der gesamte Stamm wie eine kompakte Masse bewegte, obwohl sie so einem Hinterhalt oder einem plötzlichen Angriff leicht zum Opfer hätten fallen können. Sie wussten jedoch, was ich nur halb ahnte – da ihre Feinde ebenso viel Angst vor dem Sturm hatten, wie sie selbst, bestand kaum Gefahr, dass sie angegriffen würden – eigentlich gar keine.

Endlich kamen wir zu einem mit großen Bäumen bewachsenen Hang, der einen gewissen Schutz sowohl vor Wind als auch vor Regen bot, da der Sturm nun das Ausmaß eines Hurrikans angenommen hatte.

Als wir anhielten, rutschte ich dem Krieger, der mich getragen hatte, vom Rücken und fand mich neben einer der Frauen wieder, die Orthis und mir die Sprache der Va-gas beigebracht hatten.

»Warum sind alle so verängstigt?« fragte ich sie.

»Es ist Zo-al«, flüsterte sie ängstlich. »Er ist wütend.«

»Wer ist Zo-al?« fragte ich.

Sie sah mich mit großen Augen erstaunt an. »Wer ist Zo-al!«, wiederholte sie. »Man sagte mir, dass ihr behauptet, aus einer anderen

Welt zu kommen, und ich glaube das wirklich, wenn ihr fragt wer Zo-al ist?«

»Nun, wer ist er?« beharrte ich.

»Er ist eine große Bestie«, flüsterte sie. »Er ist überall. Er lebt in all den großen Löchern im Boden, und wenn er wütend ist, kommt er heraus und lässt das Wasser fallen und die Luft davon laufen. Wir wissen, dass es dort oben kein Wasser gibt«, und sie zeigte zum Himmel. »Aber wenn Zo-al wütend ist, lässt er Wasser fallen, von dort, wo kein Wasser ist, so mächtig ist Zo-al, und er lässt die Luft so schnell laufen, dass die Bäume umfallen, wenn sie vorbeirauscht, und Hütten werden plattgedrückt oder hoch über den Boden getragen. Und dann, o Schrecken des Schreckens, macht er einen großen Lärm, vor dem mächtige Krieger auf den Boden fallen und sich die Ohren zuhalten. Wir haben Zo-al erzürnt, und er bestraft uns, und ich wage nicht, ihn zu bitten, den großen Lärm nicht zu senden.«

In diesem Augenblick dröhnte in meinen Ohren die schrecklichste Detonation, die ich je gehört hatte. Es war so schrecklich, dass ich dachte, mein Trommelfell sei geplatzt, und gleichzeitig schien ein großer Feuerball von den Berghöhen auf uns zuzurollen.

Die Frau hielt sich die Ohren zu, zitterte, und als sie den Feuerball sah, stieß sie einen durchdringenden Schrei aus.

»Das Licht, das verschlingt!«, schrie sie. »Wenn auch das kommt, ist es das Ende, denn dann ist Zo-al wahnsinnig vor Wut.«

Der Boden bebte unter dem schrecklichen Lärm, und obwohl der Feuerball uns nicht nahekam, konnte ich die Hitze des Feuers spüren, und er hinterließ eine Spur von verkohlter und rauchender Vegetation. Wo es Flammen gab, löschte der sintflutartige Regen sie fast sofort. Der Feuerball muss etwa zehn Meilen in Richtung Meer über sanfte Hügel und ebene Täler gerollt sein, als er plötzlich platzte und der Explosion ein Knall folgte, der unendlich lauter war als der, den ich zuerst gehört hatte. Ein Erdbeben hätte den Boden kaum schrecklicher erschüttern können als dieses lunare Donnern.

Ich war Zeuge meines ersten elektrischen Mondsturms geworden, und ich wunderte mich nicht, dass die Bewohner dieser fremden Welt entsetzt waren. Sie führen diese Stürme, wie alle ihre Probleme, auf Zo-al zurück, eine große Bestie, die in der Tiefe der Mondkrater wohnt, deren untere Enden sich in die innere Mondwelt öffnen. Als wir dort zwischen den Bäumen kauerten, fragte ich mich, ob sie nicht Angst hätten, dass der Wind den Wald umwehen und sie zerquetschen könnte, und ich fragte die Frau, die neben mir stand.

»Ja«, sagte sie, »das kommt oft vor, aber noch öfter kommt es vor, dass, wenn man auf einer Lichtung überrascht wird, die Luft, die läuft, jemanden aufhebt und mitreißt, um ihn dann aus großer Höhe auf den harten Boden fallen zu lassen. Die Bäume biegen sich, bevor sie brechen, und diejenigen, die es beobachten, werden gewarnt, und entgehen der Zerstörung, wenn sie schnell sind. Wenn der Wind, der läuft, einen ergreift, gibt es kein Entrinnen.«

»Es scheint mir«, sagte ich, »dass es sicherer gewesen wäre, wenn Ga-va-go uns in eine dieser geschützten Schluchten geführt hätte«, und ich deutete auf eine Schlucht im Hang zu unserer Rechten.

»Nein«, sagte sie, »Ga-va-go ist weise. Er führte uns an den sichersten Ort. Wir sind geschützt vor der Luft, die läuft, und vielleicht auch ein wenig vor dem Licht, das verschlingt, und auch die Wasser, die ertränken, können uns hier nicht erreichen, denn sie werden bald diese Schlucht füllen.«

Sie lag nicht falsch. Vom Hang herabstürzend ergoss sich das Wasser in Bächen in die Schlucht, und nun, obwohl sie zwanzig oder dreißig Fuß tief sein musste, war sie fast bis zum Überlaufen gefüllt. Wer dort Zuflucht gesucht hätte, wäre ertrunken und in den großen Ozean weit unten gespült worden. Es war klar, dass Ga-va-go nicht blind vor Schreck gehandelt hatte, obwohl ich mir bewusst war, dass auch er Angst gehabt haben musste, denn diese schrecklichen Gewitterstürme waren in der Lage, dieses wilde und rücksichtslose Volk eine tiefe Angst zu stürzen.

Der Sturm muss eine geraume Zeit angedauert haben; wie lange, weiß ich natürlich nicht, aber eine Vorstellung von seiner Dauer kann dadurch gewonnen werden, dass ich Hunger bekam und mindestens sechsmal von den Früchten der Bäume aß, die uns Schutz boten, und zweimal schlief. Wir waren bis auf die Haut durchnässt und durchfroren, denn der Regen kam offensichtlich aus großer Höhe. Während des gesamten Sturms bewegten sich die No-vans kaum von ihren Positionen unter den Bäumen, mit dem Rücken zum Sturm standen sie mit gesenkten Köpfen wie Vieh. Wir erlebten zwölf Detonationen des Donners, der den Boden erzittern ließ, und wurden Zeugen von sechs Manifestationen des Lichtes, das die Bäume verschlingt. Überall um uns herum waren Bäume umgestürzt, und soweit wir sehen konnten, lagen die Gräser flach und verwüstet auf dem Boden. Sie sagten mir, dass Stürme dieser Stärke selten seien, obwohl Regen und Wind, begleitet von elektrischen Manifestationen, zu jeder Jahreszeit möglich seien – ich benutze diesen Ausdruck aus Gewohnheit, denn man kann kaum sagen, dass es gut unterscheidbare jahreszeitliche Veränderungen innerhalb des Mondes gibt, die auf entsprechende Zeiteinteilungen wie auf der Erde hinweisen könnten. Nach dem, was ich durch Beobachtung und Befragung der Va-gas herausfinden konnte, reproduziert sich die Mondvegetation völlig unabhängig von jeglichen jahreszeitlichen Beschränkungen, wobei die Häufigkeit und Temperatur der Regenfälle anscheinend den größten Einfluss in dieser Angelegenheit hat.

Eine Periode von Trockenheit und kalten Regenfällen verlangsamt Wachstum und Keimung, während häufige warme Regenfälle einen gegenteiligen Effekt haben. Das Ergebnis ist, dass man Vegetation der gleichen Sorte in allen Entwicklungsstadien nebeneinander findet – Blüten an einem Baum, Früchte an einem anderen und die trockenen Samenkapseln an einem dritten. Nicht einmal am Wachstum der Pflanzen könnte man also die Zeit innerhalb des Mondes messen, und die Trächtigkeitsperiode bei den Va-gas ist ähnlich unregelmäßig, da sie sowohl von der körperlichen Verfassung der Frau als auch von den klimatischen Bedingungen beeinflusst wird, nehme ich an. Wenn der Stamm gut ernährt ist und das Wetter warm, die Krieger siegreich und der Geist der Frauen in Frieden ist, bringen sie ihre Jungen in einer unglaublich kurzen Zeit zur Welt. Auf der anderen Seite führt eine Periode der Kälte oder des Hungers und lange Märsche nach einer Niederlage zu einem entgegengesetzten Ergebnis. Es scheint mir, dass die Frauen ihre Jungen nur eine sehr kurze Zeit lang säugen, denn sie wachsen schnell, und sobald sie ihre Backenzähne haben und anfangen können, Fleisch zu essen, werden sie entwöhnt. Es waren böse kleine Kreaturen, deren jugendlicher Überschwang in teuflischen Grausamkeiten seinen Ausdruck fand.

Da sie nicht stark genug waren, um Erwachsene zu quälen, folterten sie sich gegenseitig, mit dem Ergebnis, dass die Schwächeren oft getötet wurden, nachdem sie entwöhnt worden waren und den Schutz ihrer wilden Mütter verlassen hatten. Natürlich haben sie versucht, Orthis und mir einige ihrer teuflischen Streiche zu spielen, aber nachdem wir ein paar von ihnen niedergeschlagen hatten, ließen sie uns in Ruhe.

Während des Sturms kauerten sie, zitternd und frierend, nahe bei den Erwachsenen. Möglicherweise sollte ich mich schämen, es zu sagen, aber ich hatte kein Mitleid mit ihnen und betete vielmehr, dass sie alle erfrieren würden, so hasserfüllt und mutwillig grausam waren sie. Wenn sie erwachsen werden, sind sie weniger mutwillig in ihren Gräueltaten, wenn auch nicht weniger grausam; aber ihre Energien konzentrieren sich auf ihre beiden lebenswichtigen Interessen – die Beschaffung von Fleisch und Frauen.

Kurz nachdem der Regen aufgehört hatte, begann auch der Wind nachzulassen, und da ich fror und ich mich eingezwängt und unbehaglich fühlte, ging ich ins Freie, um mich zu bewegen, meinen Kreislauf anzuregen und mich wieder zu erwärmen. Während ich zügig hin und her ging und mich nach den Spuren des Sturms umschaute, blickte ich zufällig in Richtung Himmel, und dort sah ich etwas, das zunächst wie ein riesiger Vogel aussah, ein paar hundert Fuß über dem Wald, in dem wir Schutz gesucht hatten. Er schlug schwach mit seinen großen Flügeln und schien am Rande der Erschöpfung zu sein, und obwohl ich sehen konnte, dass er versuchte, in Richtung der Berge zurückzufliegen, trug ihn die Kraft des Windes ständig in Richtung Flachland und Meer. Bald würde er direkt über mir sein, und als er näherkam, hob ich verwirrt meine Augenbrauen, denn bis auf seine Flügel und den großen Buckel auf seinem Rücken hatte er eine verblüffende Ähnlichkeit mit einem Menschen.

Einige der No-vans bemerkten offensichtlich, dass ich so interessiert und neugierig nach oben blickte, und schlossen sich mir an. Als sie die Kreatur schwach über uns hinwegfliegen sahen, machten sie großen Lärm, bis der ganze Stamm ins Freie gelaufen kam und auf das Ding über uns schaute.

Der Wind ließ schnell nach, aber er war immer noch stark genug, um das Geschöpf zu uns zu tragen, und nun erkannte ich, dass es, was immer es auch war, langsam zu Boden fiel, oder besser gesagt, langsam sank.

»Was ist das?« fragte ich den Krieger, der neben mir stand.

»Es ist ein U-ga«, antwortete er. »Nun werden wir essen.«

Ich hatte in der Mondwelt keine Vögel gesehen, und da ich wusste, dass sie die fliegenden Reptilien nicht fressen würden, vermutete ich, dass es sich um eine Vogelart handeln musste, aber als es näherkam, war ich immer mehr davon überzeugt, dass es ein geflügelter Mensch oder zumindest ein geflügeltes Wesen in Menschengestalt war.

Als es zu Boden flatterte, rannten die No-vans darauf zu und warteten, bis es in Reichweite kam. Ga-va-go befahl ihnen jedoch, ihm das Geschöpf lebend und unverletzt zu bringen.

Ich war etwa hundert Meter von der Stelle entfernt, als das arme Ding schließlich in ihre Fänge geriet. Sie zogen es grob zu Boden, und einen Augenblick später sah ich mit Schrecken, wie sie ihm die Flügel und den Buckel vom Rücken rissen. Es gab viel Gemurre über Ga-va-gos Befehl, denn nach dem Sturm und ihrem langen Fasten war der Stamm ausgehungert.

»Fleisch, Fleisch!« knurrten sie. »Wir sind hungrig. Gebt uns Fleisch!« Aber Ga-va-go schenkte ihnen keine Beachtung, er stand neben einem Baum und warteten auf den Gefangenen, den sie zu ihm brachten.

VI. Das Mondmädchen

Orthis, der zum fast ständigen Begleiter des Häuptlings geworden war, stand neben diesem, während ich fünfundzwanzig oder dreißig Yards entfernt war, und direkt zwischen Ga-va-go und den Kriegern stand, die sich mit dem gefangenen Wesen näherten und dicht an mir vorbeigehen mussten.

Ich blieb also dort, wo ich war, um einen genaueren Blick auf das Wesen zu werfen, was ziemlich schwierig war, da es fast komplett von No-vans umgeben war. Als sie mir jedoch entgegenkamen, gab es für einen Moment eine kleine Lüke in den Reihen, und ich hatte, wenn auch nur kurz, zum ersten Mal Gelegenheit es näher zu betrachten; und ich war erschüttert über das, was meine Augen mir offenbarten, denn vor mir stand eine so perfekt geformte menschliche Frau, wie ich sie noch nie gesehen hatte.

Nach irdischen Maßstäben erschien sie wie ein Mädchen von etwa achtzehn Jahren, mit schwarz glänzenden Haaren, die mehr an die Flügel eines Raben erinnerten als an irgendetwas anderes, und mit marmorweißer Haut, die leicht cremefarben getönt war. Von irdischen Frauen unterschied sie sich nur durch die Farbe ihrer Haut und darin, dass sie viel schöner war als diese. Eine solche physische Vollkommenheit war fast unglaublich. Hätte ich sie das erste Mal bewegungslos dastehen sehen, hätte ich geschworen, dass sie aus Marmor gemeißelt wäre, doch es war nichts Kaltes an ihrer Erscheinung. Sie strahlte viel Leben und Gefühl aus. War mein erster Eindruck Verblüffung, so war das nichts, im Vergleich mit dem Augenblick, als sie ihre Augen direkt auf mich richtete. Ihre schwarzen Augenbrauen waren zwei dünne, wie mit einem Stift gezeichnete Bögen, unter denen sich zwei dunkle Brunnen befanden, die in der Schwärze mit ihrem Raben-Haar wetteiferten. Die beiden Wangen tönte nur ein leichter Hauch von Farbe. Und sich vorzustellen, dass diese abscheulichen Kreaturen in dieser göttlichen Form nur Fleisch sahen, von dem sie sich ernähren konnten!

Mich schauderte bei dem Gedanken, und dann trafen meine Augen auf ihre, und ich sah einen Ausdruck der Ungläubigkeit und Überraschung in ihren Augen. Sie drehte ihren Kopf halb, als sie vorbeigeschleift wurde, damit sie noch einen Blick auf mich werfen konnte, denn zweifellos war sie ebenso überrascht, ein Geschöpf wie mich zu sehen, wie umgekehrt.

Unwillkürlich machte ich einen Schritt nach vorne. Ob in diesen Augen ein Ruf nach Hilfe zu sehen war, weiß ich nicht, aber zumindest erzeugten sie in mir augenblicklich jenen natürlichen Instinkt eines menschlichen Mannes, die Schwachen zu beschützen. Und so kam es, dass ich ein wenig hinter ihr und rechts von ihr stand, als sie vor Ga-va-go gestellt wurde.

Der Häuptling der wilden Va-gas blickte sie kalt an, während von allen Seiten die Schreie erklangen „Gebt uns Fleisch! Gebt uns Fleisch! Wir sind hungrig!“, denen Ga-va-go nicht die geringste Aufmerksamkeit schenkte.

„Woher kommst du, U-ga?“, wollte er wissen.

Ihr Kopf war erhoben, und sie blickte ihn mit kalter Würde an, als sie antwortete: „Von Laythe“.

Der No-van hob die Augenbrauen. „Ah“, meinte er, „von Laythe“. Das Fleisch der Frauen von Laythe ist gut“, und er leckte seine dünnen Lippen.

Das Mädchen verengte die Augen und hob das Kinn noch etwas höher. „Rympth!“ sagte sie angewidert.

Da „Rympth“ der Name der vierbeinigen Schlange von Va-nah, der inneren Mondwelt, ist und als das niedrigste und ekelhafteste aller geschaffenen Dinge gilt, hätte sie dem No-van-Häuptling wohl kaum einen abscheulicheren Namen geben können; aber wenn es ihre Absicht gewesen war, ihn zu beleidigen, gab sein Ausdruck keinen Hinweis darauf, dass ihr dies gelungen war.

»Dein Name?“, fragte er.

»Nah-ee-lah“, antwortete sie.

»Nah-ee-lah«, wiederholte er, »Ah, du bist die Tochter von Sagroth, Jemadar von Laythe.«

Sie nickte mit gleichgültiger Zustimmung, als ob ihr alles, was er sagen könnte, vollkommen gleichgültig wäre.

“Was glaubst du, was wir mit dir machen?“ fragte Ga-va-go, eine Frage, die ihn wie eine Katze wirken ließ, die mit einer Maus spielt, bevor sie sie vernichtet.

„Was könnte ich von den Va-gas erwarten, außer dass sie mich töten und fressen werden“, antwortete sie.

Ein Gebrüll wilder Zustimmung erhob sich von den umgebenden Kreaturen. Ga-va-go warf seinem Volk einen kurzen Blick der Wut und des Missfallens zu.

“Sei dir dessen nicht zu sicher“, fuhr er sie an. „Das ist kaum mehr als eine Mahlzeit für Ga-va-go allein. Es würde nur den Appetit des Stammes anregen.“

“Es gibt noch zwei weitere“, schlug ein kühner Krieger vor, der dicht neben mir stand und auf mich und Orthis zeigte.

“Schweig!“ brüllte Ga-va-go. „Seit wann bist du Häuptling der No-vans?“

“Wir können ohne Häuptling verhungern“, murmelte der Krieger, der gesprochen hatte, und von zwei oder drei anderen um ihn herum erhob sich zustimmendes Gemurmel.

Schnell bäumte sich Ga-va-go auf seine Hinterbeine auf, und in der gleichen Bewegung zog und schleuderte er seinen Speer, dessen scharfe Spitze Brust und Herz des Unzufriedenen durchbohrte. Als die Kreatur fiel, schlitzte ihr der Krieger, der ihr am nächsten stand, die Kehle auf, während ein anderer den Speer von Ga-va-go aus dem Leichnam zog und ihn dem Häuptling zurückgab.

"Teilt den Leichnam unter euch auf", befahl der Häuptling, „und wer meint, es sei nicht genug da, der spreche wie derjenige, der gesprochen hat, und es wird mehr Fleisch zu essen geben".

So sorgte Ga-va-go, Häuptling der No-vans, für Gehorsam unter seinen wilden Stammesangehörigen. Danach gab es kein Gemurmel mehr, aber ich sah mehrere, die hungrige Augen auf mich warfen – hungrige, wütende Augen, die nichts Gutes verhießen.

In unglaublich kurzer Zeit war der Kadaver des erschlagenen Kriegers geteilt und verschlungen, und wieder einmal machten wir uns auf den Marsch, auf der Suche nach neuen Gebieten, die es zu erobern galt, und nach frischem Fleisch zum Essen.

Nun sandte Ga-va-go Kundschafter weit voraus, denn wir betraten ein Gebiet, in das er schon lange nicht mehr eingedrungen war, eine Tatsache, die sich darin zeigte, dass es außer Ga-va-go nur etwa zwanzig Krieger gab, die mit dem Gebiet vertraut waren. Von Natur aus streitsüchtig und unfreundlich, waren die No-Vans alles andere als angenehme Begleiter auf diesem denkwürdigen Marsch, da sie sich von den Schrecken und Unannehmlichkeiten des Sturms noch nicht erholt hatten und darüber hinaus noch sehr hungrig waren.

Ich kann mir nicht vorstellen, dass ein anderer als Ga-va-go sie hätte im Zaum halten können. Worin der Zweck bestand, die drei Gefangenen am Leben zu erhalten, die für den Stamm eine so ausgezeichnete Nahrung gewesen wären, wusste ich nicht. Wir wurden jedoch nicht getötet, obwohl ich den Burschen, der mich trug, verdächtigte, mich essen zu wollen, und um seine Boshaftigkeit an mir auszulassen, trabte er, so oft er konnte, und ich kann ihnen versichern, dass er den teuflischsten und schrecklichsten Trab hatte, den ich je erlebt habe. Ich hatte das Gefühl, dass er mich zermürben wollte, denn er hatte eigentlich einen leichten Gang, was es für uns beide viel bequemer gemacht hätte. Da ich wusste, dass ich sicher war, solange ich unter dem Schutz von Ga-va-go stand, beschloss ich, dem Burschen eine Lektion zu erteilen; das tat ich schließlich, auch wenn es für mich fast genauso unangenehm war wie für ihn, denn ich bemühte mich nicht, mich auf seinem Rücken zu entspannen, so dass ich bei jedem Schritt hochgehoben wurde und hart auf ihn herunterfiel, außerdem saß ich soweit hinten wie möglich, um seine Nieren schmerzhaft zu traktieren. Das machte ihn sehr wütend und er drohte mir mit allen möglichen Dingen, wenn ich nicht aufhörte, aber ich antwortete nur mit dem Vorschlag, eine ruhigere Gangart einzuschlagen, wozu er schließlich gezwungen wurde.

Orthis ritt mit Ga-va-go voran, der wie üblich die Gruppe anführte, während die neue Gefangene auf einem No-van Krieger ritt, wie ich.

Bei einer Gelegenheit, als die Krieger, auf denen wir ritten, Seite an Seite gingen, bemerkte ich, wie das Mädchen mich fragend ansah. Sie schien sich sehr für die Überreste meiner Uniform zu interessieren, die sich von allen Kleidungsstücken, die sie in ihrer eigenen Welt gesehen hatte, stark unterscheiden musste. Es schien, dass sie die gleiche Sprache sprach und verstand wie Ga-va-go, und so traute ich mich schließlich, sie anzusprechen.

"Es ist bedauerlich", sagte ich, „dass du in die Hände dieser Kreaturen gefallen bist. Ich wünschte, ich könnte dir behilflich sein, aber ich bin auch ein Gefangener."

Sie reagierte auf meine Ansprache mit einer leichten Neigung ihres Kopfes, und zuerst dachte ich, dass sie nicht antworten würde, aber schließlich sah sie mir direkt ins Gesicht und fragte: „Was bist du?

"Ich bin einer der Bewohner des Planeten Erde."

"Wo ist das, und was bedeutet *Planet*", fragte sie, denn ich hatte das irdische Wort verwenden müssen, da es in der Sprache der Va-gas kein Wort mit ähnlicher Bedeutung gibt.

„Du weißt wahrscheinlich", sagte ich, „dass der Raum außerhalb von Va-nah mit anderen Welten gefüllt ist. Am nächsten an Va-nah liegt die Erde, die viele, viele Male größer ist als eure Welt. Von dieser Erde komme ich."

Sie schüttelte den Kopf. „Ich verstehe nicht", sagte sie. Sie schloss die Augen und machte mit den Händen eine Geste, die das Universum einschließen könnte. „Alles, alles ist Fels", sagte sie, „außer hier in der

Mitte von allem, in diesem Raum, den wir Va-nah nennen. Alles andere ist Fels."

Ich unterdrückte ein Lächeln über den enormen Egoismus der Bewohner von Va-nah, aber wie wenig unterscheiden sie sich von vielen Erdlingen, die sich vorstellen, dass der gesamte Kosmos nur für die Bewohner der Erde existiert. Ich kenne sogar Menschen in unserem eigenen aufgeklärten einundzwanzigsten Jahrhundert, die darauf bestehen, dass der Mars nicht bewohnt ist und dass die Botschaften, die von unserem Schwesterplaneten kommen, entweder Beweise für einen großen weltweiten Schwindel sind oder die Stimme des Teufels, die die Menschen vom Glauben an den wahren Gott abbringen will.

"Hast du jemals jemanden wie mich in Va-nah gesehen?" fragte ich sie.

„Nein", antwortete sie, „noch nie, aber ich war auch nicht in jedem Teil von Va-nah. Va-nah ist eine sehr große Welt, und es gibt viele Gebiete, von denen ich nichts weiß".

"Ich bin nicht von Va-nah", sagte ich ihr wieder, „Ich komme von einer anderen Welt, weit, weit entfernt;" und dann versuchte ich, ihr etwas vom Universum zu erklären – von der Sonne und den Planeten und ihren Satelliten, aber ich sah, dass es genauso weit jenseits ihres Vorstellungsvermögens lag, wie die Vorstellung von Ewigkeit und Raum jenseits des begrenzten Verstandes der Erdenmenschen liegt. Sie konnte es einfach nicht verstehen, das war alles. Für sie war alles solider Fels, was wir als Weltraum kennen. Sie dachte jedoch lange nach, und dann sagte sie: „Ah, vielleicht gibt es doch noch andere Welten als Va-nah. Die großen Hoos, diese riesigen Löcher, die in den ewigen Felsen führen, könnten sich zu anderen Welten wie Va-nah öffnen. Ich habe gehört, wie diese Theorie diskutiert wurde, aber niemand in Va-nah glaubt sie. Es ist also wahr", rief sie heiter aus, „und du kommst aus einer anderen Welt, ähnlich wie Va-nah. Du bist durch eines der Hoos gekommen, nicht wahr?"

„Ja, ich kam durch eines der Hoos", antwortete ich – das Wort bedeutet Loch in der Va-ga Sprache – „aber ich komme nicht aus einer Welt wie Va-nah. Hier lebt ihr auf der Innenseite einer Hohlkugel. Wir Erdenmenschen leben auf der Außenseite einer ähnlichen, aber viel größeren Kugel".

"Aber was hält euch fest?", rief sie und lachte. Es war das erste Mal, dass sie lachte, und es war ein sehr ansteckendes Lachen und ganz entzückend. Obwohl ich wusste, dass es wahrscheinlich nutzlos sein würde, versuchte ich, ihr die ganze Sache zu erklären, beginnend mit der Nebularhypothese und endend mit den Beziehungen, die zwischen Mond und Erde bestehen. Wenn ich schon nichts anderes erreichte, so gab ich ihr doch wenigstens etwas, um sie von ihrer schweren Notlage abzulenken und sie kurzzeitig zu amüsieren, denn sie lachte oft über einige meiner Aussagen. Ich hatte noch nie ein so fröhliches und lebhaftes Geschöpf gesehen, noch nie ein so vollkommen schönes wie sie. Das einteilige, ärmellose, tunikaähnliche Kleidungsstück, das sie trug, reichte ihr kaum bis zu den Knien, und als sie auf dem No-van Krieger ritt, flog es oft hoch, so dass sogar ihre Oberschenkel entblößt wurden. Ihre Figur war himmlisch perfekt, ihre anmutigen Konturen wurden durch das durchscheinende Material ihrer zarten Kleidung eher betont als verdeckt; und wenn sie lachte, zeigte sie zwei Reihen gleichmäßig weißer Zähne, um die sie die schönste aller Erdenmädchen beneiden würde.

"Nehmen wir an", sagte sie, „dass ich eine Handvoll Kies nehmen und in die Luft werfen würde. Nach deiner Theorie würden die Kleineren anfangen, sich alle um die Größeren zu drehen, und sie würden für immer so wild in der Luft herumfliegen, aber das ist nicht das, was passieren würde. Würde ich eine Handvoll Kies in die Luft werfen, würde sie sofort wieder auf den Boden fallen, und wenn die Welten, von denen du mir erzählst, so in die Luft geworfen würden, würden auch sie fallen, genau wie der Kies fällt".

Es war vergeblich, aber das hatte ich von Anfang an gewusst. Interessanter wäre es, sie zu befragen, und das wollte ich schon seit einiger Zeit tun, aber sie wies mich immer mit einer hübschen Geste und einem Kopfschütteln ab und bestand darauf, dass ich stattdessen einige ihrer Fragen beantwortete, aber dieses Mal bestand ich darauf.

»Sag mir bitte«, fragte ich, »wie bist du zu der Stelle gekommen, an der du gefangen genommen wurdest, wie kannst du fliegen und was ist aus deinen Flügeln geworden und warum wurdest du, als sie dir ausgerissen wurden, nicht verletzt?"

Darüber lachte sie ziemlich fröhlich.

»Die Flügel wachsen nicht an uns«, erklärte sie, »wir machen sie und befestigen sie an unseren Armen.«

»Dann kannst du dich in die Luft erheben mit Flügeln, die an deinen Armen befestigten sind?« fragte ich ungläubig.

»Oh, nein«, sagte sie, »die Flügel benutzen wir nur, um uns in der Luft voranzubewegen. In einer Tasche auf dem Rücken tragen wir ein Gas, das leichter als Luft ist. Es ist dieses Gas, das uns trägt, und wir haben es in solchen Mengen bei uns, dass wir ein perfektes Gleichgewicht halten, so dass wir in jeder Höhe schweben oder mit unseren Flügeln sanft auf- und absteigen können; aber als ich über Laythe schwebte, kam die Luft, die rennt, und sie ergriff mich mit ihren starken Armen und trug mich über die Oberfläche von Va-nah davon. Vergeblich kämpfte ich dagegen, bis ich erschöpft und schwach war, und dann geriet ich in die Fänge der Va-gas, denn das Gas in meiner Tasche war aufgebraucht. Es ist nicht dafür gedacht, mich für längere Zeit in der Luft zu tragen.«

Sie hatte ein Wort benutzt, das sie, als ich sie befragte, so erklärte, dass ich verstand, dass es Zeit bedeutete, und ich fragte sie, was sie damit meinte und wie sie es messen konnte, da ich keinen Hinweis darauf gesehen hatte, dass die Va-ga irgendeine Vorstellung von einem messbaren Aspekt der Zeitdauer hatten.

Nah-ee-lah erklärte mir, dass die Va-ga, die eine niedere Spezies waren, keine Möglichkeit hatten, die Zeit zu messen, aber dass die U-ga, die Rasse, zu der sie gehörte, immer in der Lage gewesen sei, die Zeit zu berechnen durch ihre Beobachtung der Tatsache, dass während bestimmter Zeiträume die Hoos, oder Krater, beleuchtet und zu anderen Zeiten dunkel waren, und so nahmen sie als Maßeinheit die Gesamtzeit vom Beginn dieses Lichts in einem bestimmten Krater bis zu seinem erneuten Erscheinen, und dies nannten sie ein *Ula*, das einem siderischen Monat entspricht. Mit mechanischen Mitteln teilen sie dieses in hundert Teile, die *Ola* genannt werden und deren Dauer jeweils etwa sechs Stunden und zweiunddreißig Minuten Erdzeit beträgt. Zehn *Ulas* bilden ein *Keld*, das man ein Mondjahr von etwa zweihundertzweiundsiebzig Tagen Erdzeit nennen könnte.

Ich stellte ihr viele Fragen und freute mich sehr über ihre Antworten, denn sie war ein aufgewecktes, intelligentes Mädchen, und obwohl ich viele Anzeichen königlicher Würde an ihr sah, war ihr

Verhalten mir gegenüber sehr natürlich und ungekünstelt, und ich konnte nicht umhin, zu vermuten, dass sie in ihrem eigenen Volk eine wichtige Stellung innehatte.

Unser Gespräch wurde jedoch plötzlich durch einen Boten von der Spitze unterbrochen, der mit unglaublichem Tempo zurückkam und die Nachricht von Ga-va-go überbrachte, dass die Späher signalisierten, sie hätten ein großes Dorf entdeckt und die Krieger sollten sich auf den Kampf vorbereiten.

Sofort rückten wir zu Ga-va-go vor, und dann schlossen wir alle zu dem Späher auf, der auf einem Hügel weit voraus zu sehen war. Wir wurden ermahnt, still zu sein, und als wir uns in schnellem Galopp über die weiche, blasse lavendelfarbene Vegetation des inneren Mondes bewegten, wobei die Füße des Va-gas kein Geräusch machten, war das Bild, das sich meinen irdischen Augen bot, in höchstem Maße seltsam und geheimnisvoll.

Als wir den Späher erreichten, erfuhren wir, dass das Dorf gleich hinter einem niedrigen Grat in nicht allzu weit entfernt lag, und so befahl Ga-va-go, dass die Frauen, die Kinder und die drei Gefangenen unter Bewachung bleiben sollten, wo wir waren, bis die anderen den Grat überquert hatten. Dann sollten wir zu einer Position vorrücken, von der aus wir das Dorf überblicken konnten, und von der wir uns zurückziehen könnten, falls die No-vans die Schlacht verlieren sollten.

Dies sollte der Treffpunkt sein, denn nach einer Niederlage würden sich die Va-ga Krieger in alle Richtungen zerstreuten und so verhindern, dass eine beträchtliche Anzahl von ihnen von einem größeren Trupp der verfolgenden Feinde angegriffen und vernichtet werden könnte.

Als wir dort auf der Anhöhe standen und Ga-va-go und seine wilden Krieger beobachteten, die schnell auf den fernen Kamm zu galoppierten, konnte ich nicht umhin, mich zu wundern, dass die Bewohner des Dorfes, das sie angreifen wollten, keine Wächter entlang des Kammes aufgestellt hatten, um eine solche Überraschung wie diese zu verhindern, aber als ich einen der Krieger befragte, der uns bewachen sollte, sagte er, dass nicht alle Va-ga Stämme daran gewöhnt seien, Wächter aufzustellen, wenn sie sich einigermaßen sicher vor einem Angriff fühlten. Es war jedoch schon immer Ga-va-gos Gewohnheit gewesen, und ihr schrieb man seine Vormachtstellung unter den anderen Va-ga Stämmen zu.

»Nachdem ein Stamm ein paar erfolgreiche Raubzüge gemacht hat und siegreich zurückgekehrt ist, sind die Krieger von Stolz erfüllt«, erklärte er, »und dann beginnen sie zu denken, dass niemand es wagen würde, sie anzugreifen, und werden unvorsichtig, und nach und nach wird der Brauch, Wachen aufzustellen, immer seltener. Schon die Tatsache, dass sie keine Wächter haben, zeigt, dass es ein großer, mächtiger und erfolgreicher Stamm ist. Wir werden uns lange Zeit gut ernähren.«

Die bloße Vorstellung dessen, was ihm gerade durch den Kopf ging, war in höchstem Maße abstoßend, und ich erschauderte, als ich die Gefühllosigkeit erkannte, mit der dieses Geschöpf von der kommenden Orgie sprach, in der es hoffte, Fleisch seiner eigenen Art zu verschlingen.

Wir sahen, wie unsere Truppen hinter dem Kamm verschwanden, und als auch wir vorrückten, drang plötzlich aus der Ferne der heftige und wilde Kriegsschrei der No-van zu uns, und einen Augenblick später wurde er von einem anderen, nicht weniger schrecklichen Ruf beantwortet, der aus dem Dorf jenseits des Kammes kam. Unsere Wachen trieben uns zu größerer Geschwindigkeit an, bis wir in höchster Geschwindigkeit den steilen Hang des Bergkamms hochrannten und auf seinem Rücken anhielten.

Unter uns lag ein breites Tal und in der Mitte ein langer, schöner See, dessen gegenüberliegendes Ufer von Wald umgeben war, während das auf unserer Seite offen und parkähnlich war, hier und da mit schönen Bäumen gesprenkelt; und in diesem offenen Gebiet entdeckten wir ein großes Dorf.

Die Grausamkeit der Szene unter uns war fast unbeschreiblich. Die No-van Krieger umkreisten das Dorf in schnellem Lauf und versuchten, die Feinde in einer kompakten Masse im Inneren zu halten, wo sie ein besseres Ziel für ihre Speere darstellen würden. Der Boden war bereits mit Leichen übersät. Es gab keine Verwundeten, denn wann immer einer fiel, schnitt ihm der Nächste, ob Freund oder Feind, die Kehle durch, denn die Sieger würden sie alle ohne Unterschied verschlingen.

Die Frauen und Kinder hatten sich in die Hütten geflüchtet, von wo aus sie den Verlauf der Schlacht beobachteten. Die Verteidiger versuchten wiederholt, der Kreis der No-van zu durchbrechen. Der Krieger, mit dem ich gesprochen hatte, erzählte mir, dass die Frauen und Kinder ihnen im Erfolgsfall durch die Lücke folgen und sich in alle Richtungen zerstreuen würden, während ihre Krieger versuchen würden, die No-van einzukreisen. Es war sofort klar, dass der Vorteil bei denen lag, die es schafften, den Feind schnell einzukreisen und in dem Kreis zu halten, bis alle vernichtet waren, denn diejenigen, die im Kreis rannten, stellten ein schlechtes Ziel dar, während die kompakte Masse der Krieger in der Mitte kaum zu verfehlen war.

Nach mehreren erfolglosen Versuchen, den Ring der wilden Feindestruppen zu durchbrechen, bildeten die Verteidiger plötzlich einen weiteren, kleineren Ring im Inneren und bewegten sich in die entgegengesetzte Richtung zu den No-van, die in einem schnellen Kreis rannten.

Sie warfen keine Speere mehr auf den Feind, sondern begnügten sich damit, in schneller Gangart zu laufen. Zuerst glaubte ich, dass sie vor Schreck den Kopf verloren hatten, aber dann wurde mir klar, dass sie ein strategisches Manöver durchführten, das sowohl List als auch hohe Disziplin bewies.

In den früheren Stadien der Schlacht hatte sich jede Seite in Bezug auf Waffen auf diejenigen verlassen, die von der gegnerischen Kraft geschleudert wurden, aber jetzt warfen die Verteidiger keine Waffen mehr, und es zeigte sich, dass die No-van bald keine Speere mehr haben würden. Die Verteidiger verringerten ihre Verluste auch dadurch, dass sie sich in einem schnellen Kreis bewegten, in entgegengesetzter Richtung zu den Angreifern, aber es musste großen Mut und beträchtliche Disziplin erfordert haben, um dieses Ergebnis zu erreichen, da es im Extremfall schwierig ist, Männer dazu zu zwingen, sich als lebende Ziele für einen Feind zu präsentieren, während es ihnen selbst nicht gestattet ist, den Feind zu verletzen.

Ga-va-go war anscheinend mit der List vertraut, denn plötzlich gab er einen lauten Schrei von sich, der offensichtlich ein Befehl war. Augenblicklich rannte seine gesamte Truppe in die umgekehrte Richtung, parallel zu den Verteidigern des Dorfes und warf sofort ihre restlichen Speere auf vergleichsweise leichte Ziele.

Die Verteidiger, die zu einem Stamm namens Lu-than gehörten, reagierten sofort und änderten erneut die Richtung. Diejenigen, die bei dem plötzlichen Angriff verwundeten wurden, stolperten, fielen und behinderten die anderen, mit dem Ergebnis, dass sie für einen Augenblick eine unübersichtliche Masse waren, ohne Ordnung und Formation. Das war der Augenblick, in dem Ga-va-go und seine No-van, sich mit ihren kurzen, grausamen Schwert-Dolchen auf sie stürzten. Sofort wurde die Schlacht zu einem heftigen und blutigen Nahkampf, bei dem Dolche und Zähne und dreizehige Pfoten ihren Teil dazu beitrugen, den Gegner zu verletzen.

Bei ihren Bemühungen, einem Schlag zu entkommen oder sich in eine vorteilhafte Position zu bringen, sprangen viele der Kämpfer hoch in die Luft, manchmal zwischen dreißig und vierzig Fuß hoch. Es herrschte unaufhörliches und durchdringendes Schreien und Heulen. Die Leichen lagen so hoch aufgetürmt, dass sie die Bewegungen der Krieger behinderten, und der Boden war glitschig von Blut, und doch kämpften sie immer weiter, bis es schien, dass kein Einziger am Leben bleiben würde.

»Es ist fast vorbei«, bemerkte der Krieger an meiner Seite. »Schau, es gibt jetzt zwei oder drei No-van, die jeden Lu-than angreifen.«

Es stimmte, und ich sah, dass der Kampf nur noch kurze Zeit dauern konnte. Tatsächlich endete er fast sofort, als die verbliebenen Lu-than plötzlich versuchten, zu fliehen und sich in verschiedene Richtungen zu zerstreuen. Einigen von ihnen gelang die Flucht, möglicherweise zwanzig, aber ich bin sicher, dass es nicht mehr waren, und der Rest fiel.

Ga-va-go und seine Krieger verfolgten die wenigen, die geflohen waren, nicht, da sie offensichtlich der Ansicht waren, die Mühe lohne sich nicht, denn es waren nicht genug, um eine Bedrohung darzustellen, und es lag bereits reichlich frisches, warmes Fleisch auf dem Boden.

Wir wurden jetzt gerufen, und als wir in das Dorf hinuntergingen, war der Jubel unserer Frauen und Kinder groß.

Die Frauen und Kinder der besiegten Lu-than wurden unter Wache gestellt, und dann fielen die No-van auf ein Signal von Ga-va-go hin über die Kriegsbeute her. Es war ein ekelhaftes Spektakel, als

Mütter ihre Söhne und die Frauen ihre Männer verschlangen. Ich möchte nicht näher darauf eingehen.

Als die Sieger sich satt gegessen hatten, wurden die Gefangenen unter schwerer Bewachung herausgebracht und zwischen den überlebenden No-van Kriegern aufgeteilt. Bei der Verteilung der Gefangenen gab es keine Bevorzugung, außer dass Ga-va-go die erste Wahl hatte und auch diejenigen erhielt, die übrig blieben, nachdem eine möglichst gleichmäßige Verteilung vorgenommen worden war. Ich hatte erwartet, dass die männlichen Kinder getötet werden würden, aber das geschah nicht, sie wurden im Stamm aufgenommen, gleichberechtigt mit denen, die hineingeboren waren.

Da sie zu keinerlei Gefühlen der Zuneigung oder Loyalität fähig sind, ist es für diese Geschöpfe unerheblich, welchem Stamm sie angehören, aber sobald sie einmal in einem Stamm aufgenommen sind, bindet der Selbsterhaltungstrieb sie daran, da sie von den Mitgliedern jedes anderen Stammes sofort getötet würden.

Ich erfuhr kurz nach diesem Gefecht, dass Ga-va-go die Hälfte seiner Krieger verloren hatte, und dass dies eine der wichtigsten Schlachten war, die der Stamm je geschlagen hatte. Die Beute war jedoch reichlich, denn sie hatten über zehntausend Frauen und ganze fünfzigtausend Kinder sowie große Mengen an Waffen, Geschirr und Kleidung erbeutet.

Das Fleisch, das sie nicht essen konnten, wurde eingewickelt und eingegraben, und mir wurde gesagt, dass es fast unbegrenzt lange in ausgezeichnetem Zustand bleiben würde.

VII. Ein Kampf und eine Hoffnung

Nach der Besetzung des neuen Dorfes wurden Orthis und ich getrennt, und ihm wurde eine Hütte in der Nähe von Ga-va-go zugewiesen, während ich in einem anderen Teil des Dorfes untergebracht wurde. Wenn ich mit einer der schrecklichen Kreaturen des Stammes gut auskam, dann am ehesten mit der Frau, die mir die Sprache der Va-ga beigebracht hatte, und von ihr erfuhr ich, warum Orthis von Ga-va-go so bevorzugt behandelt wurde, denn anscheinend hatte er ihm versprochen, ihn in das Land unserer Herkunft zu führen, wo er, wie er dem wilden Häuptling versichert hatte, Fleisch in Hülle und Fülle finden würde.

Nah-ee-lah war in einem wiederum anderen Teil des Dorfes eingesperrt, und ich sah sie nur gelegentlich, denn es war offensichtlich, dass Ga-va-go die Gefangenen getrennt halten wollte. Bei einer Gelegenheit, als ich sie am Ufer des Sees traf, fragte ich sie, warum sie sie nicht getötet und gegessen hätten, und sie erzählte mir, dass Ga-va-go herausgefunden hatte, wer sie war und dass ihr Vater ein Jemadar, Herrscher einer großen Stadt war. Daraufhin hatte Boten losgeschickt mit dem Angebot, Nah-ee-lah gegen ein Lösegeld von hundert jungen Frauen der Stadt Laythe zurückzugeben.

»Glaubst du, dass dein Vater das Lösegeld schicken wird?« fragte ich.

»Ich weiß es nicht«, antwortete sie. »Ich weiß nicht, wie sie ihm eine Nachricht zukommen lassen wollen, denn normalerweise tötet meine Rasse die Va-ga, sobald sie sie sehen. Auch wenn sie Erfolg haben, ist es trotzdem möglich, dass mein Vater das Lösegeld nicht schickt. Ich hoffe, dass er es nicht tut. Den Untergebenen meines Vaters sind ihre Töchter genauso lieb wie ich ihm. Es wäre falsch, hundert Töchter von Laythe als Gegenleistung für eine zu geben, auch wenn sie die Tochter des Jemadar ist.«

Wir hatten getrunken und waren auf dem Rückweg zu unseren Hütten, als ich in dem Wunsch, unser Gespräch fortzusetzen und länger mit dieser angenehmen Begleiterin zusammen zu sein, vorschlug, weiter in den Wald hineinzugehen und Früchte zu sammeln. Nah-ee-lah signalisierte ihre Zustimmung, und gemeinsam schlenderten wir aus dem Dorf hinaus in den dichteren Wald dahinter, wo besonders köstliche Früchte im Überfluss wuchsen. Ich sammelte einige und bot sie ihr an, aber sie lehnte dankend ab und sagte, dass sie gerade erst gegessen habe.

»Bringen sie dir die Früchte«, fragte ich, »oder musst du kommen und sie selbst sammeln?«

»Die Früchte, die ich will, sammle ich selbst«, antwortete sie, »aber sie bringen mir Fleisch. Davon habe ich gerade gegessen und deshalb brauche ich jetzt keine Früchte.«

»Fleisch!« rief ich aus. »Welche Art von Fleisch?«

»Das Fleisch der Va-ga, natürlich«, antwortete sie. »Welches andere Fleisch könnte ein U-ga essen?«

Ich fürchte, ich habe meine Überraschung und meinen Ekel bei dem Gedanken, dass die schöne Nah-ee-lah vom Fleisch der Va-ga gegessen hatte, schlecht verborgen.

»Du isst auch vom Fleisch dieser Kreaturen?« fragte ich.

»Warum nicht?«, fragte sie. »Du isst doch auch Fleisch in deinem eigenen Land. Du hast mir erzählt, dass ihr die Tiere nur wegen ihres Fleisches züchtet.«

»Ja«, antwortete ich, »das ist wahr, aber wir essen nur das Fleisch niederer Arten; wir essen nicht das Fleisch von Menschen.«

»Du meinst, dass ihr nicht das Fleisch eurer eigenen Art esst«, sagte sie.

»Ja«, antwortete ich, »das ist es, was ich meine.«

»Ich auch nicht«, sagte sie. »Die Va-ga sind nicht von der gleichen Art wie die U-ga. Sie sind von niedrigerer Ordnung, genau wie die Geschöpfe, deren Fleisch ihr in euerem eigenen Land esst. Du hast mir von Rindern, Schafen und Schweinen erzählt, die du als Kreaturen beschrieben hast, die wie die Va-ga auf vier Beinen herumlaufen. Was ist also der Unterschied zwischen dem Verzehr von Schweine-, Rind- oder Schaffleisch und dem Verzehr der Va-ga, die ebenfalls niedere Lebewesen sind?«

»Aber sie haben menschliche Gesichter!« Ich rief: »Und eine gesprochene Sprache.«

»Du solltest besser lernen, sie zu essen«, sagte sie, »sonst wirst du kein Fleisch essen in Va-nah.«

Je mehr ich darüber nachdachte, desto vernünftiger kam mir ihr Standpunkt vor. Sie hatte recht. Sie verstieß mit dem Verzehr des Fleisches der Va-ga ebenso wenig gegen ein Naturgesetz wie wir mit dem Verzehr des Fleisches von Rindern. Für sie waren die Va-ga weniger als Vieh. Sie waren gefährliche und verhasste Feinde. Je mehr ich die Sache analysierte, desto mehr schien es mir, dass wir Menschen der Erde eher ein Naturgesetz verletzen, indem wir unsere Haustiere verschlingen, von denen wir viele lieben gelernt haben, als die U-ga von Va-nah, indem sie das Fleisch ihrer vierbeinigen Feinde, der Va-ga, verschlingen. Auf unseren irdischen Bauernhöfen halten wir Kälber, Schafe und kleine Schweine, und oft hängen wir sehr an manchen von ihnen und sie an uns. Wir gewinnen ihr Vertrauen, und sie vertrauen uns bedingungslos, und doch töten und verschlingen wir sie, wenn sie im richtigen Alter sind. Es schien mir weder falsch noch unnatürlich, dass Nah-ee-lah das Fleisch der Va-ga aß, aber was mich betrifft, so konnte ich es nicht und habe es auch nie getan.

Wir hatten den Wald verlassen und waren auf dem Rückweg ins Dorf zu unseren Hütten, als wir in der Nähe der großen, von Ga-va-go besetzten Hütte, plötzlich auf Orthis stießen. Als er uns zusammen sah, schaute er finster drein.

»Wenn ich du wäre«, sagte er zu mir, »würde ich nicht zu viel mit ihr verkehren. Es könnte den Unmut der Ga-va-go wecken.«

Es war das erste Mal, dass Orthis mit mir sprach, seit wir dieses Dorf besetzt hatten. Ich mochte weder seinen Ton noch sein Verhalten.

»Kümmere dich bitte um deine eigenen Angelegenheiten, Orthis«, sagte ich zu ihm und ging mit Nah-ee-lah weiter. Ich sah, wie sich die Augen des Mannes bösartig verengten, und dann drehte er sich um und betrat die Hütte von Ga-va-go, dem Häuptling der No-van.

Jedes Mal, wenn ich zum Fluss ging, musste ich in der Nähe von Nah-ee-lahs Hütte vorbeigehen. Sie lag ein wenig abseits, aber ich machte immer den kleinen Umweg in der Hoffnung, sie zu treffen, obwohl ich ihre Hütte nie betreten oder nach ihr gerufen hatte, da sie mich nie eingeladen hatte und da ich mir ihres Ranges bewusst war, wollte ich mich nicht aufdrängen. Natürlich kannte ich die sozialen Bräuche ihres Volkes nicht und fürchtete, sie versehentlich zu beleidigen. Als ich das nächste Mal nach einem Waldspaziergang zum Seeufer hinunterging, machte ich den üblichen Umweg, um an Nah-ee-lahs Hütte vorbeizukommen. Als ich näherkam, hörte ich Stimmen, von denen ich eine als Nah-ee-lahs und die andere als Männerstimme erkannte. Die Tonlage des Mädchens war wütend und herrisch.

»Lass mich in Ruhe, Kreatur« waren die ersten Worte, die ich verstehen konnte, und dann die Stimme des Mannes.

»Komm«, sagte er schmeichelnd. »Lass uns Freunde sein. Komm in meine Hütte, und du wirst sicher sein, denn Ga-va-go ist mein Freund.« Die Stimme war die von Orthis.

»Geh!« befahl sie ihm erneut. »Ich würde genauso gern bei Ga-va-go liegen wie bei dir.«

»Dann wisse«, rief Orthis verärgert, »dass du kommen wirst, ob du es wünschst oder nicht, denn Ga-va-go hat dich mir gegeben. Komm!«, und dann musste er sie gepackt haben, denn ich hörte sie schreien: »Wie kannst du es wagen, Hand an mich, Nah-ee-lah, Prinzessin von Laythe, zu legen!«

Ich stand jetzt dicht neben dem Eingang der Hütte, und ich wartete nicht darauf, noch mehr zu hören, sondern schob den Vorhang zur Seite und trat ein. Da waren sie, in der Mitte des Raumes, Orthis, der darum kämpfte, das Mädchen zur Öffnung zu ziehen, während sie sich wehrte und auf ihn einschlug. Orthis Rücken war mir zugewandt, und er wusste nicht, dass noch jemand in der Hütte war, bis ich hinter ihn trat, ihn grob an der Schulter packte, von dem Mädchen wegriss und zu mir umdrehte.

»Du Schuft«, sagte ich, »verschwinde, bevor ich dich rausschmeiße, und ich will nie wieder hören, dass du dieses Mädchen belästigst.«

Seine Augen wurden schmal, und er sah mich mit einem hässlichen Ausdruck an. »Seit meiner Kindheit hast du mich um alles betrogen, was ich mir wünschte. Du hast mein Leben auf der Erde ruiniert, aber jetzt haben sich die Verhältnisse umgekehrt. Das Blatt hat sich gewendet. Glaube mir also, wenn ich dir sage, dass du dein eigenes Todesurteil unterschreibst, wenn du dich mir in den Weg stellst. Nur durch meine Gunst lebst du überhaupt noch. Wenn ich Ga-va-go ein Wort sage, wird er dich sofort vernichten. Geh in deine Hütte und hör auf, dich in die Angelegenheiten anderer einzumischen – eine Gewohnheit, die du auf der Erde in höchst eklatantem Maße entwickelt hast, die dir hier auf dem Mond aber nichts nützen wird. Die Frau gehört mir. Ga-va-go hat sie mir geschenkt. Selbst wenn ihr Vater das Lösegeld nicht schickt, soll ihr Leben verschont bleiben, solange ich sie begehre. Deine Einmischung kann also nur zu deinem Tod führen und ihr nichts Gutes bringen, denn wenn es dir gelänge, mich von ihr fernzuhalten, würdest du sie nur zum Tode verurteilen, falls ihr Vater das Lösegeld nicht schickt, und Ga-va-go hat mir gesagt, dass die Wahrscheinlichkeit dafür gering ist, da es kaum möglich ist, dass seine Boten die Forderungen an Sagroth überbringen können.«

»Du hast ihn gehört«, sagte ich und wandte mich an das Mädchen. »Was sind deine Wünsche in dieser Sache. Vielleicht spricht er die Wahrheit.«

»Ich zweifle nicht daran, dass er die Wahrheit spricht«, antwortete sie, »aber wisst, Fremde, dass die Ehre einer Prinzessin von Laythe wertvoller ist als ihr Leben.«

»Also gut, Orthis«, sagte ich zu dem Mann. »Du hast sie gehört. Jetzt verschwinde.«

Er war fast weiß vor Wut, und für einen Moment dachte ich, er würde mich angreifen, aber er war schon immer ein Feigling, und begnügte sich damit, mir einen giftigen Blick zuzuwerfen, und ging dann ohne ein weiteres Wort aus der Hütte.

Ich wandte mich an Nah-ee-lah, nachdem der Vorhang hinter Orthis gefallen war. »Es ist zu schade«, sagte ich, »dass du dich bei all deinem Leid durch die Va-ga auch noch von jemandem belästigt wirst, der praktisch zur deiner eigenen Spezies gehört.«

»Deine Freundlichkeit gleicht das mehr als aus«, antwortete sie liebenswürdig. »Du bist ein mutiger Mann, und ich fürchte, dass du darunter leiden wirst, wenn du mich beschützt. Dieser Mann ist mächtig. Er hat Ga-va-go wunderbare Versprechen gegeben. Er wird ihm beibringen, wie man die seltsamen Waffen benutzt, die ihr aus euerer eigenen Welt mitgebracht habt. Die Frau, die mir mein Fleisch bringt, hat mir all das erzählt, und dass der Stamm von den Versprechungen, die dein Freund Ga-va-go gemacht hat, sehr begeistert ist. Er wird ihn lehren, die Waffen herzustellen, mit denen ihr seine Krieger getötet habt, damit sie unbesiegbar sind und sich in Va-nah ausbreiten und alle töten können, die sich ihnen widersetzen, und sogar die Städte der U-ga überfallen. Er hat den No-van gesagt, dass er sie zu dem seltsamen Ding führen wird, das dich aus deiner Welt nach Va-nah gebracht hat, und dass sie dort mehr Waffen finden werden, wie die, die du getragen hast, und die diesen Lärm machen, und andere Dinge, mit denen sie töten. All dies, sagt er, können sie haben, und dass er später andere Dinge bauen wird, wie zum Beispiel das, was euch von eurer Welt nach Va-nah gebracht hat, und er wird Ga-va-go und alle No-van zu dem Ort bringen, den ihr Erde nennt.«

»Wenn es einen Menschen im Universum gibt, der das tun könnte, dann ist er es«, antwortete ich, »aber die Wahrscheinlichkeit, dass er es wirklich kann, ist gering. Er täuscht Ga-va-go nur, in der Hoffnung, sein eigenes Leben zu verlängern, und eine Fluchtmöglichkeit zu finden, um zu unserem Schiff und unseren Freunden zurückzukehren. Aber er ist ein böser Mann, Nah-ee-lah, und du musst dich vor ihm in Acht nehmen. Es gibt eine leer stehende Hütte in der Nähe von deiner und ich werde kommen und darin wohnen. Es hat keinen Sinn, Ga-va-go zu fragen, denn wenn er mit Orthis befreundet ist, wird er mir nicht erlauben, zu wechseln. Wenn du mich jemals brauchst, ruf „Julian", so laut du kannst, und ich werde kommen.«

»Du bist sehr gut«, sagte sie. »Du bist wie die nobelsten Männer von Laythe, die Adligen am Hofe meines Vaters, des Jemadars, Sagroth. Auch sie sind ehrenwerte Männer, bei denen eine Frau Schutz suchen kann, aber sonst gibt es keine mehr in ganz Va-nah, seit die Kalkar vor Tausenden von Kelds auftauchten und die Macht der Adligen und der Jemadar und die gesamte Zivilisation von Va-nah zerstörten. Nur in Laythe haben wir einen Rest der alten Ordnung bewahrt. Ich wünschte, ich könnte dich nach Laythe bringen, denn dort wärst du sicher und glücklich. Du bist ein mutiger Mann. Es ist seltsam, dass du nicht verheiratet bist.«

Ich war kurz davor, eine Antwort zu geben, als sich der Vorhang an der Türöffnung teilte und ein Krieger der No-van eintrat.

Hinter ihm befanden sich drei weitere. Sie gingen aufrecht mit gezückten Speeren.

»Hier ist er«, sagte der Führer, und dann, an mich gerichtet, »Komm!«

»Warum?« fragte ich. »Was wollt ihr von mir?«

»Ist es an dir zu fragen«, sprach er, »wenn Ga-va-go befiehlt?«

»Er hat nach mir geschickt?« fragte ich.

»Komm!« wiederholte der Anführer, und einen Augenblick später hatten sie ihre Speere an meinen Armen und meinem Hals eingehakt und zerrten mich nicht allzu behutsam aus der Hütte.

Ich hatte das Gefühl, dass dies das Ende sein könnte. An der Tür drehte ich mich halb um, um einen Blick zurück auf das Mädchen zu werfen.

Sie stand mit großen Augen und angespannt da und sah zu, wie sie mich wegschleppten.

»Auf Wiedersehen … Julian«, sagte sie. »Wir werden uns nie wieder sehen, denn es gibt niemanden, der unsere Seelen in eine neue Inkarnation trägt.«

»Wir sind noch nicht tot«, rief ich zurück, »und denk daran, wenn du mich brauchst, ruf mich«, und dann fiel der Vorhang hinter uns, und sie verschwand aus meiner Sicht.

Sie brachten mich nicht in meine eigene Hütte, sondern in eine andere, nicht weit entfernt von Nah-ee-lahs, und dort fesselten sie meine Hände und Füße mit Lederstreifen und warfen mich auf den Boden.

Danach verließen sie mich und schlossen den Vorhang vor dem Eingang. Ich dachte nicht, dass sie mich fressen würden, denn Orthis hatte sich mir angeschlossen, als ich Ga-va-go und den anderen erklärte, dass unser Fleisch giftig sei, und obwohl sie die Wahrhaftigkeit unserer Aussagen infrage stellten, war ich doch ziemlich sicher, dass sie nicht riskieren würden, den Wahrheitsgehalt unserer Aussage zu überprüfen.

Die Va-ga erzeugen ihr Leder, indem sie die Häute ihrer Toten trocknen. Die besseren Teile verwenden sie für ihre Insignien und ihren Harnisch. Die anderen Teile schneiden sie in dünne Streifen, die sie anstelle von Seil verwenden. Die meisten davon sind sehr stark, einige aber nicht, besonders die, die unsachgemäß getrocknet wurden.

Die Krieger, die geschickt worden waren, um mich zu holen, hatten kaum die Hütte verlassen, als ich begann, an meinen Fesseln zu arbeiten und zu versuchen, sie zu lösen oder zu zerreißen. Ich setzte meine ganze Kraft ein, bis ich sicher war, dass diejenigen, mit denen meine Hände gefesselt waren, sich dehnten. Die Anstrengung war jedoch sehr ermüdend, und ich musste oft Pausen machen und mich ausruhen. Ich weiß nicht, wie lange ich an ihnen gearbeitet habe, aber es muss sehr lange gewesen sein, bis ich zu der Überzeugung gelangte, dass sie nicht zerreißen würden, egal wie sehr sie nachgaben. Was genau ich mit meiner Freiheit vorhatte, weiß ich nicht, denn es gab keine oder nur geringe Chancen, aus dem Dorf zu entkommen. Ewiges Tageslicht hat seine Nachteile, und einer davon war, dass es keine schützende nächtliche Dunkelheit gab, während der ich mich ungesehen aus dem Dorf schleichen könnte.

Als ich mich von meinen Anstrengungen ausruhte, bemerkte ich plötzlich ein seltsames, klagendes Geräusch von außen und dann bebte die Hütte, und ich merkte, dass ein weiterer Sturm im Anzug war. Bald darauf hörte ich das Schlagen von Regentropfen auf dem Dach und dann ein überwältigendes, ohrenbetäubendes lunares Donnern. Als der Sturm immer heftiger wurde, konnte ich mir den Schrecken der No-van vorstellen, und selbst in meiner Not konnte ich nicht widerstehen, über ihre Angst zu lächeln. Ich wusste, dass sie sich alle in ihren Hütten verstecken würden, und ich bemühte mich erneut, die Fesseln an meinen Handgelenken zu lösen, aber alles vergeblich; und dann plötzlich, durch das Klagen des Windes und das Trommeln des Regens drang mit einer klaren, vollen Stimme ein einziges Wort deutlich an meine Ohren: „Julian!"

»Nah-ee-lah«, dachte ich. »Sie braucht mich. Was machen sie mit ihr?« In meiner Vorstellung tauchten ein Dutzend Szenen auf, in denen ich die göttliche Gestalt des Mondmädchens sah, die Opfer irgendeiner teuflischen Brutalität wurde. Einmal wurde sie von Ga-va-go verschlungen; dann rissen einige der Frauen sie in Stücke, und dann durchbohrten die Krieger mit ihren grausamen Speeren ihre schöne Haut; oder es war Orthis, der das Geschenk von Ga-va-go einforderte. Es war dieser letzte Gedanke, glaube ich, der mich fast wahnsinnig machte und meinen Muskeln die Kraft von einem Dutzend Männern verlieh. Ich wurde immer als ein kräftiger Mann angesehen, aber in dem Augenblick, als diese süße Stimme den Sturm durchdrang, um mich zu finden, und meine Vorstellungskraft sie in den Fängen von Orthis sah, verlieh mir etwas eine herkulische Kraft, die weit über das hinausging, was ich jemals zuvor erreicht hatte. Als wären sie aus Baumwollzwirn, rissen die Lederbänder an meinen Handgelenken nun und einen Augenblick später die an meinen Knöcheln und ich stand wieder auf den Beinen. Ich sprang zur Tür und ins Freie, wo ich mich in einem Strudel aus Wind und Regen wiederfand. In zwei Schritten hatte ich den Raum zwischen der Hütte, in der ich eingesperrt war, und der von Nah-ee-lah überwunden, den Vorhang beiseite gerissen und war in das Innere gestürzt; und dort sah ich die Materialisierung meiner letzten Vision – da war Orthis, ein Arm um den schlanken Körper des Mädchens, der ihre Arme dicht an die Seite drückte, während seine andere Hand an ihrer Kehle lag, sie würgte und sie langsam nach hinten über seine Knie in Richtung Boden drückte.

Er befand diesmal mit dem Gesicht zur Tür und sah mich eintreten, und als er erkannte, wer es war, schleuderte er das Mädchen grob von sich weg und richtete sich auf, um mir entgegenzutreten.

Zum ersten Mal in seinem Leben schien er keine Angst zu kennen, und ich denke, dass er angesichts seiner Leidenschaft für das Mädchen, des Hasses, den er für mich empfand und der Wut, die meine Einmischung hervorgerufen haben musste, für einen Moment wahnsinnig war, denn er ging plötzlich wie ein Verrückter auf mich los, und für einen Augenblick war ich kurz davor, unter seinen Schlägen zu Boden zu gehen – aber nur für einen Augenblick, und dann erwischte ich ihn mit meiner linken Faust schwer am Kinn, und dann noch mal, direkt ins Gesicht, mit meiner rechten, und obwohl er ein großartiger Boxer war, war er wehrlos in meinen Händen.

Keiner von uns hatte eine Waffe, sonst wäre sicherlich einer von uns in kurzer Zeit getötet worden. Deshalb versuchte ich, ihn mit bloßen Fäusten zu töten, und endlich, als er zum zehnten Mal gefallen war und ich ihn hochgezerrt und auf die Füße gestellt hatte und immer wieder auf ihn einschlug, bewegte er sich nicht mehr. Ich war mir sicher, dass er tot war, und mit einem Gefühl der Erleichterung und der Befriedigung nach einer erfüllten Pflicht sah ich auf seinen leblosen Körper herab. Dann wandte ich mich nach Nah-ee-lah zu.

»Komm«, sagte ich, »es wurde uns diese Chance zur Flucht gegeben. Nie wieder wird eine solch zufällige Kombination von Umständen eintreten.

Die Va-ga werden sich in ihren Hütten verstecken und sich aus Angst vor dem Sturm zusammenkauern. Ich weiß nicht, wohin wir fliehen können, aber wohin auch immer, wir können nicht in größerer Gefahr sein als hier.«

Sie schauderte ein wenig bei dem Gedanken, in die Schrecken des Sturms hinauszugehen. Obwohl sie sich nicht so sehr vor ihm fürchtete wie die unwissenden Va-ga, fürchtete sie sich doch vor dem Zorn der Elemente, wie alle Bewohner von Va-nah, aber sie zögerte nicht, und als ich meine Hand ausstreckte, legte sie ihre hinein, und gemeinsam traten wir hinaus in den wirbelnden Regen und Wind.

VIII. Ein Kampf mit einem Tor-ho

Nah-ee-Lah und ich durchquerten unbemerkt das Dorf der Novan, da das Volk von Ga-va-go in seinen Hütten hockte, in Angst und Schrecken vor dem Sturm. Das Mädchen führte mich sofort in die Höhe und oben entlang eines kahlen Grats in Richtung der hohen Berge in der Ferne. Ich konnte sehen, dass sie Angst hatte, obwohl sie versuchte, es vor mir zu verbergen, indem sie eine tapfere Miene aufsetzte, bei der ich sicher war, dass sie weit entfernt von ihren echten Gefühlen war. Meine Achtung vor ihr wuchs, da ich Mut immer respektiert habe, und ich glaube, dass es höchsten Mut erfordert, das zu tun, was einen mit Angst erfüllt. Ein Mensch, der ohne Furcht heroische Taten vollbringt, ist weniger mutig als der, der seine Feigheit überwindet.

Ich bemerkte ihre Angst und behielt ich ihre Hand in der meinen, damit der Kontakt ihr ein wenig von dem Vertrauen vermitteln konnte, das ich fühlte, jetzt, da ich zumindest vorübergehend nicht mehr in den Fängen der Va-ga war.

Wir hatten den Kamm über dem Dorf erreicht, als mich der Gedanke überwältigte, dass wir waffenlos und ohne Schutz waren. Ich hatte es so eilig gehabt, aus dem Dorf zu fliehen, dass ich diese wichtige Überlegung übersehen hatte. Ich sprach mit Nah-ee-lah darüber und sagte ihr, dass ich am besten in das Dorf zurückkehren und versuchen sollte, wieder in den Besitz meiner eigenen Waffen und Munition zu kommen. Sie versuchte, mich davon abzubringen, und meinte, dass ein solcher Versuch zum Scheitern verurteilt wäre, und sie prophezeite, dass ich wieder gefangen werden würde.

»Aber wir können deine wilde Welt nicht ohne Schutz durchqueren, Nah-ee-lah«, drängte ich. »Wir wissen nicht, ob uns nicht in jedem Moment eine wilde Kreatur überfallen könnte – denk daran, wie hilflos wir sind, ohne Waffen, mit denen wir uns verteidigen können.«

»Es gibt nur die Va-ga«, sagte sie, »die wir in diesem Teil von Va-nah fürchten müssen. Wir kennen keine andere gefährliche Bestie, außer dem Tor-ho. Man sieht sie nur selten. Gegen die Va-ga wären deine Waffen nutzlos, wie du bereits festgestellt hast. Das Risiko, einem Tor-ho zu begegnen, ist unendlich geringer als das, das du eingehst, wenn du versuchst, die Hütte von Ga-va-go zu betreten, um deine Waffen zu holen. Du kannst das nicht einfach tun und entkommen, denn zweifellos ist die Behausung des Häuptlings voller Krieger.«

Schließlich sah ich mich gezwungen, die Logik ihrer Argumentation anzuerkennen und auf den Versuch, mein Gewehr und meine Pistole zu holen, zu verzichten, obwohl ich ihnen versichern kann, dass ich mich ohne sie verloren fühlte, vor allem, als ich mich auf in eine neue Welt vorwagte wie Va-nah, so fremd und so wild. Tatsächlich gab es nach dem, was ich von Nah-ee-lah erfuhr, nur einen einzigen Ort in der gesamten inneren Mondwelt, von dem sie und ich hoffen konnten, dass er auch nur annähernd frei von Gefahr war, und das war ihre Geburtsstadt Laythe. Selbst dort würde ich Feinde haben, sagte sie mir, denn ihre Rasse ist Fremden gegenüber immer misstrauisch; aber die Freundschaft der Prinzessin würde mein Schutz sein, versicherte sie mir mit einem freundlichen Händedruck.

Der Regen und der Wind müssen eine geraume Zeit angehalten haben, denn als sie endlich vorbei waren und wir durch eine klare Atmosphäre zurückblickten, stellten wir fest, dass eine niedrige Bergkette zwischen uns und dem fernen See lag. Diese hatten wir überquert und befanden uns auf einem Plateau am Fuße der höheren Gipfel. Der See schien wirklich sehr weit weg zu sein, und wir konnten nicht einmal erraten, wo sich das Dorf der No-van befand, aus dem wir geflohen waren.

»Glaubst du, dass sie uns verfolgen werden?« fragte ich sie.

»Ja«, sagte sie, »sie werden versuchen, uns zu finden, aber es wird sein, als ob man nach einem Regentropfen im Ozean sucht. Sie sind Geschöpfe des Tieflandes – ich komme aus den Bergen. Dort unten«, und sie zeigte in das Tal, »könnten sie mich leicht finden, aber in meinen eigenen Bergen – nein.«

»Sind wir in der Nähe von Laythe?« fragte ich.

»Ich weiß es nicht. Laythe ist schwer zu finden – es ist gut versteckt. Aus diesem Grund existiert es überhaupt. Ihre Gründer wurden von den Kalkar verfolgt, und hätten sie nicht einen fast unzugänglichen Ort gefunden, wären sie entdeckt und getötet worden, lange bevor sie eine uneinnehmbare Stadt hätten errichten können.«

Sie führte mich dann geradewegs in die mächtigen Berge des Mondes, vorbei an den Mündungen riesiger Krater, die durch die

Mondkruste bis zur Oberfläche des Satelliten reichten, entlang der Ränder gähnender Abgründe, die drei, vier, ja manchmal fünf Meilen tief in schreckliche Schluchten stürzten, und dann hinaus auf riesige Hochebenen, aber immer aufwärts zu den höheren Gipfeln, die in der Ferne auf uns zu stürzen schienen. Die Krater lagen in der Regel in den tiefen Schluchten, aber einige fanden wir auf den Hochebenen, und einige wenige öffneten auf den Berggipfeln, wie die außen auf den Oberflächen von Planeten. Ich glaube, diejenigen an den tief gelegenen Stellen waren die Öffnungen, durch die der ursprüngliche geschmolzene Mondkern von den Oberflächenvulkanen auf der äußeren Kruste ausgespien worden war.

Nah-ee-lah erzählte mir, dass der geheime Eingang zu Laythe genau unter dem Rand eines dieser Krater lag, und das war es, wonach sie suchte. Mir schien die Suche hoffnungslos, denn so weit das Auge reichte, gab es nichts als ein unbeschreibliches Durcheinander von zerklüfteten Gipfeln, schrecklichen Schluchten und bodenlosen Kratern. Doch immer schien das Mädchen einen Weg zwischen ihnen hindurch oder um sie herum zu finden – instinktiv, so schien es, fand sie einen Pfad und Halt für die Füße, wo es keine Wege gab und wo es sogar für eine Gämse schwierig gewesen wäre, sicheren Halt zu finden.

In diesen höheren Lagen fanden wir eine Vegetation vor, die sich von der im Flachland wachsenden unterschied. Essbare Früchte und Beeren waren jedoch immer noch so ausreichend vorhanden, um uns einigermaßen gut mit Nahrung zu versorgen. Wenn wir müde waren, gelang es uns gewöhnlich, eine Höhle zu finden, in der wir uns in relativer Sicherheit ausruhen konnten, und wenn es möglich war, bestand Nah-ee-lah immer darauf, den Eingang mit Steinen zu verbarrikadieren, da immer die Gefahr bestand, so erzählte sie mir, dass wir von Tor-hos angegriffen werden könnten. Diese blutrünstigen Kreaturen waren zwar selten, aber dennoch sehr zu fürchten, denn sie waren nicht nur gefräßige Fleischfresser und von einer so wilden Veranlagung, dass sie fast alles, was sie sahen, mit mutwilliger Grausamkeit angriffen, sondern selbst eine kleine Wunde, die von ihren Reißzähnen oder Krallen zugefügt wurde, erwies sich oft als tödlich, da ihre Hauptnahrung das giftige Fleisch der Rympth und der fliegenden Kröte war. Ich versuchte, Nah-ee-lah dazu zu bringen, mir das Wesen zu beschreiben, aber da es kein uns beiden bekanntes Wesen gab, mit dem sie es vergleichen konnte, erfuhr ich nicht viel mehr von ihr, als dass es zwischen achtzehn Zoll und zwei Fuß groß war, lange, scharfe Reißzähne und vier Beine hatte und unbehaart war.

Als Kletterhilfe und zum Schutz brach ich mir einen kräftigen und ziemlich schweren Ast von einem der Bergbäume ab, dessen Holz härter war als alles, was ich im Flachland gesehen hatte. Eine fremde und wilde Welt nur mit einem hölzernen Stock bewaffnet zu durchstreifen, erschien mir der Gipfel der Unbesonnenheit, aber es gab keine Alternative, bis ich Materialien finden würde, mit denen ich bessere Waffen herstellen könnte. Ich dachte an Pfeil und Bogen und war ständig auf der Suche nach Holz, das ich für geeignet hielt, und ich beschloss auch, aus meinem Stock einen Speer zu machen, wann immer das Material für die Herstellung eines solchen zur Hand käme. Ich hatte jedoch wenig Zeit für solche Dinge, da wir, wenn wir nicht schliefen, ständig unterwegs waren und Nah-ee-lah immer ungeduldiger wurde, ihre Heimatstadt zu finden, da die Chancen dafür gering waren – und es schien mir, dass sie immer geringer wurden. Ich war mir zwar ziemlich sicher, dass sie ebenso wenig wie ich wusste, wo Laythe lag, aber wir stolperten weiter über die gewaltigsten Gebirgsketten, die der menschliche Verstand sich vorstellen kann, und anscheinend entdeckte Nah-ee-lah auch nie eine bekannte Landmarke, an die wir ein Fünkchen Hoffnung hängen konnten, schließlich auf Laythe zu stoßen.

Ich habe noch nie einen so zuversichtlichen und hoffnungsvollen Menschen gesehen wie Nah-ee-lah. Sie glaubte ständig, dass Laythe gleich hinter dem nächsten Berg läge, obwohl sie sich immer geirrt hatte, was ihre Begeisterung für die nächste Vermutung – von der ich im Voraus wusste, dass sie wieder falsch sein würde – nie zu schmälern schien.

Kurz nachdem wir die Schulter eines Berges umrundet hatten, stießen wir auf einen kleinen Streifen flachen Landes, der sich an die Seite eines mächtigen Gipfel schmiegte. Ich übernahm die Führung – eine Position, die ich immer dann einzunehmen versuchte, wenn es für Nah-ee-lah nicht unbedingt notwendig war, voranzugehen, um eine Spur zu finden. Als ich die Schulter des Berges umrundet hatte und die kleine ebene Fläche voll im Blick hatte, war ich mir sicher, etwa auf halber Strecke auf der rechten Seite der kleinen Ebene eine kleine Bewegung zwischen einigen Büschen zu sehen.

Als wir uns der Stelle näherten, die ich ins Auge gefasst hatte, drang an unsere Ohren der entsetzlichste Schrei, den ich je gehört hatte, und gleichzeitig sprang aus dem Verborgenen der Büsche eine Kreatur von der Größe eines nordamerikanischen Berglöwen, obwohl sie ganz offensichtlich ein Reptil und wahrscheinlich ein Tor-ho war. Etwas an Kopf und Gesicht ließ mich an die Familie der Katzen denken, aber es gab eigentlich keine Ähnlichkeit zwischen ihr und einer irdischen Katze. Die Kreatur kam näher mit diesen schrecklichen gebogenen, gefletschten Reißzähnen und gab die schrecklichsten Geräusche von sich – ich habe es Schreie genannt, denn dieses Wort beschreibt es so gut wie kein anderes, und doch war es eine Kombination aus Kreischen und Stöhnen – das blutrünstigste, das ich je gehört habe.

Nah-ee-lah griff meinen Arm. »Lauf!«, rief sie, »lauf.« Aber ich schüttelte sie ab und blieb stehen. Ich wollte fliehen, das gebe ich zu, aber wohin? Die Bestie näherte sich mit ungeheurer Geschwindigkeit, und unser einziger Fluchtweg war der schmale Pfad, über den wir gerade gekommen waren und der sich gefährlich an der Seite einer senkrechten Klippe entlangwand. Und so stand ich da und wartete, meinen schwachen Stock in beiden Händen haltend. Was ich damit tun sollte, wusste ich nicht, bis der Tor-ho auf mich zukam. Dann schlug ich nach seinem Kopf, so wie ein Schlagmann nach einem geworfenen Ball schlägt. Ich traf ihn mitten auf die Nase – ein furchtbarer Schlag, der ihn nicht nur stoppte, sondern ihn auch umhaute. Ich konnte hören, wie die Knochen unter dem Aufprall meiner primitiven Waffe brachen, und ich dachte, ich hätte das Ding mit diesem Schlag erledigt, aber ich wusste nicht, welch ungeheure Vitalität diese Kreaturen besitzten. Fast augenblicklich stand er wieder auf und ging auf mich los, und wieder schlug ich auf ihn ein, diesmal auf die Seite des Kopfes, und wieder hörte ich Knochen splittern, und wieder fiel er schwer zu Boden.

Etwas, was wie kaltes Blut aussah, strömte langsam aus seinem verwundeten Gesicht, als es zum dritten Mal auf mich losging, seine Augen glühten schrecklich, sein gebrochener Kiefer versuchte mich zu erwischen, während sein Kreischen und Stöhnen sich zu einer Raserei von Wut und Schmerz steigerte. Es bäumte sich auf und schlug nun mit seinen Krallen nach mir, aber ich traf es erneut mit meinem Knüppel, und diesmal brach ich ihm ein Vorderbein.

Wie lange ich gegen dieses schreckliche Ding gekämpft habe, kann ich nicht einmal ahnen. Wieder und wieder griff es mich wütend an, und jedes Mal, wenn auch oft nur durch ein Wunder, gelang es mir, es abzuwehren, und jeder Schlag, den ich ihm versetzte, zermalmte und verstümmelte es noch ein wenig mehr, bis es schließlich nur noch ein blutendes Wrack war, das immer noch versuchte, mit seinen gebrochenen Beinen auf mich zuzukriechen, mich zu packen und mich mit seinen gebrochenen, zahnlosen Kiefern zu erwischen. Sogar dann konnte ich es nur mit größter Mühe töten, um es von seinem Elend zu erlösen.

Ziemlich erschöpft drehte ich mich um, um nach Nah-ee-lah zu suchen, und sehr zu meiner Überraschung fand ich sie direkt hinter mir.

»Ich dachte, du wärst weggelaufen«, sagte ich,

»Nein«, sagte sie, »du bist nicht weggelaufen und deshalb habe ich es auch nicht getan, aber ich hätte nie gedacht, dass du es töten könntest.«

»Du dachtest also, es würde mich umbringen?« fragte ich.

»Natürlich«, antwortete sie. »Selbst jetzt kann ich nicht verstehen, wie du es geschafft hast, einen Tor-ho mit diesem erbärmlichen kleinen Holzstückchen zu überwältigen.«

»Aber wenn du dachtest, dass ich getötet werde«, beharrte ich, »warum bist du dann nicht geflohen?«

»Wenn du gestorben wärst, hätte ich auch nicht weiterleben wollen«, sagte sie einfach.

Ich verstand ihre Haltung nicht und wusste kaum, was ich antworten sollte.

»Das war sehr töricht von dir«, sagte ich schließlich ziemlich linkisch, »und wenn wir wieder angegriffen werden, musst du rennen und dich selbst retten.«

Sie sah mich einen Moment lang mit einem seltsamen Gesichtsausdruck an, den ich nicht deuten konnte, und dann drehte sie sich um und ging weiter in die Richtung, in die wir unterwegs waren, als wir durch den Tor-ho gestört worden waren. Sie hatte nichts gesagt, aber ich hatte das Gefühl, dass ich sie beleidigt hätte, und es tat mir leid. Ich wollte jedoch nicht, dass sie sich in mich verliebte, und nach irdischen Maßstäben könnte ihre Aussage, dass sie lieber sterben würde, als ohne mich zu leben, natürlich als ein Liebesgeständnis interpretiert werden. Je mehr ich aber darüber nachdachte, während wir uns schweigend vorwärts bewegten, desto wahrscheinlicher schien es mir, dass ihre Maßstäbe sich stark von meinen unterschieden und dass ich mich nur als egoistischer Esel erwies, wenn ich annahm, dass Nah-ee-lah mich liebte. Ich wünschte, ich könnte ihr die Dinge erklären, aber es ist eines der Dinge, die ziemlich schwer zu erklären sind, und ich wusste, dass es noch viel schlimmer werden könnte, wenn ich es versuchte.

Wir waren so gute Freunde gewesen, und unsere Gemeinschaft war so perfekt gewesen, dass die angespannte Stille, die zwischen uns herrschte, sehr deprimierend war. Nah-ee-lah war immer eine gesprächige kleine Person gewesen und immer fröhlich und heiter, selbst unter den schwierigsten Bedingungen.

Ich war ziemlich müde nach meiner Begegnung mit dem Tor-ho und hätte gerne eine Pause eingelegt, aber ich schlug es nicht vor, ebenso wenig wie Nah-ee-lah, und so setzten wir unseren scheinbar endlosen Weg fort, obwohl ich, erschöpft wie ich war, ein wenig hinter meine schöne Führerin zurückfiel.

Sie war vor mir auf dem gewundenen Pfad fast außer Sichtweite, als ich plötzlich hörte, wie sie laut meinen Namen rief. Ich antwortete ihr und fing gleichzeitig an zu laufen, denn ich wusste nicht, ob sie in Gefahr war, obwohl ihre Stimme überhaupt nicht danach klang. Sie war nur ein kurzes Stück voraus, und als ich in Sichtweite kam, sah ich sie am Rande eines mächtigen Kraters stehen. Sie sah mich an und lächelte.

»Oh, Julian«, rief sie, »ich habe es gefunden. Ich bin zu Hause und wir sind endlich in Sicherheit.«

»Ich bin froh, Nah-ee-lah«, sagte ich. »Ich war sehr besorgt wegen der Gefahren, denen du ständig ausgesetzt warst und auch wegen einer wachsenden Angst, dass du Laythe nie finden würdest.«

»Ich wusste«, rief sie, »dass ich es finden würde. Und wenn ich durch jede Bergkette in Va-nah hätte jagen müssen, ich hätte es gefunden.«

»Bist du ganz sicher, dass dies der Krater ist, in dem der Eingang zu Laythe liegt?« fragte ich sie.

»Daran besteht kein Zweifel, Julian«, antwortete sie, und sie deutete über den Rand des Kraters nach unten auf einen schmalen Vorsprung, der etwa sechs Meter tiefer lag und auf dem ich etwas sah, das der Eingang einer Höhle zu sein schien.

»Aber wie gelangen wir dorthin?« fragte ich.

»Es mag schwierig sein«, antwortete sie, »aber wir werden einen Weg finden.«

»Das hoffe ich, Nah-ee-lah«, sagte ich, »aber ohne ein Seil oder Flügel sehe ich nicht, wie wir das schaffen könnten.«

»Im Eingang des Tunnels«, erklärte Nah-ee-lah, »gibt es lange Stangen, von denen jede an einem Ende einen Haken hat. Vor Urzeiten gab es keine anderen Mittel, um die Stadt zu betreten oder zu verlassen, und diejenigen, die zur Jagd oder zu einem anderen Zweck hinaus mussten, kamen durch diesen langen Tunnel aus der Stadt, und von dem Vorsprung dort unten nahmen sie ihre Stangen und legten die hakenförmigen Enden über den Kraterrand, woraufhin es ein Leichtes war, nach Belieben daran hinauf- oder hinunterzuklettern; aber es ist lange her, dass diese Tunnel von den Menschen von Va-nah benutzt wurden, denn nach der Perfektionierung der Flügel, die ich benutzte, als ich von den Va-ga gefangen genommen wurde, waren sie nicht mehr nötig.«

»Wenn sie Stangen benutzt haben, können wir das auch«, sagte ich, »denn es gibt viele junge Bäume, die nahe am Kraterrand wachsen. Die einzige Schwierigkeit wird darin bestehen, einen von ihnen zu fällen.«

»Das können wir«, sagte Nah-ee-lah, »wenn wir ein paar scharfe Steinfragmente finden. Es wird eine langwierige Arbeit sein, aber es ist machbar«, und sie machte sich sofort auf die Suche nach einem Stück mit einer scharfen Kante. Ich schloss mich der Suche an, und es dauerte nicht lange, bis wir mehrere Obsidianstücke mit ziemlich scharfen Kanten entdeckt hatten. Dann begannen wir mit der Arbeit an einem jungen Baum mit einem Durchmesser von etwa vier Inches, der fast gerade wuchs bis zu einer Höhe von etwa dreißig Fuß.

Das Fällen des Baumes mit unseren Lavaglasscherben war eine mühsame Arbeit, aber schließlich war es geschafft, und wir waren beide sehr froh, als der Baum kippte und zu Boden fiel. Das Abschneiden der Äste dauerte fast ebenso lange, aber auch das war schließlich erledigt. Das nächste Problem, das sich uns stellte, war, die Spitze der Stange sicher genug zu befestigen, damit wir zu dem Vorsprung vor der Tunnelmündung hinabsteigen konnten. Wir hatten kein Seil und nichts, womit wir eins herstellen könnten, außer meinen Kleidern, die ich nicht zerstören wollte, da es in diesen höheren Lagen oft kalt war. Doch dann hatte ich einen Einfall, der – wenn Nah-ee-lahs Muskeln und meine Nerven der Belastung standhielten – geeignet war, um den Erfolg unseres Unterfangens zu gewährleisten. Ich ließ das dickere Ende der Stange über den Kraterrand hinab, bis der Stumpf auf der Kante vor der Mündung des Tunnels ruhte. Dann wandte ich mich nach Nah-ee-lah.

»Leg dich der Länge nach flach hin, Nah-ee-lah«, wies ich sie an, »und halte die Stange mit beiden Händen fest. Du musst nur dafür sorgen, dass sie nicht zur Seite oder nach hinten kippt, und dafür, denke ich, bist du stark genug. Während du sie hältst, werde ich zur Mündung des Tunnels hinabsteigen und eine der Hakenstangen holen, die deiner Meinung nach dort deponiert sein sollten. Wenn das nicht der Fall ist, glaube ich, dass ich unsere eigene Stange sicher von unten halten kann, während du hinabsteigst.« Sie blickte hinunter in den tiefen Abgrund und schauderte. »Ich kann das obere Ende der Stange halten«, sagte sie, »solange das andere Ende nicht von der Kante rutscht.«

»Das ist ein Risiko, das ich eingehen muss«, antwortete ich, »aber ich werde sehr vorsichtig absteigen, und ich glaube nicht, dass das passiert.«

Bei einer genaueren Inspektion des Vorsprungs unten konnte ich erkennen, dass die Gefahr eines Unfalls, wie sie ihn befürchtete, real war.

Nah-ee-lah nahm ihre Position ein, wie ich sie angewiesen hatte, und legte sich, die Stange sicher mit beiden Händen fassend, an den Rand des Kraters, der an diesem Punkt senkrecht nach unten führte, und ich bereitete mich auf den gefährlichen Abstieg vor.

Ich kann ihnen versichern, dass meine Empfindungen weit davon entfernt waren, angenehm zu sein, als ich in diesen schrecklichen Abgrund hinunterblickte. Der Krater selbst hatte einen Durchmesser von etwa vier oder fünf Meilen und erstreckte sich, wie ich zu Recht vermutete, über volle zweihundertfünfzig Meilen durch die Mondkruste bis zur Oberfläche des Mondes. Es war einer der beeindruckendsten Momente meines Lebens, als ich mich an den Rand dieser riesigen Öffnung klammerte und in die stille, geheimnisvolle Tiefe unter mir blickte. Und dann ergriff ich sehr vorsichtig die Stange und ließ mich über die Kante hinab.

»Nur Mut, Julian!« flüsterte Nah-ee-lah; »Ich werde sehr fest halten.«

»Ich werde ganz vorsichtig sein, Nah-ee-lah«, versicherte ich ihr. »Ich muss vorsichtig sein, denn wenn ich es nicht bin, wie willst du dann den Vorsprung und Laythe erreichen?«

Während ich sehr langsam hinabstieg, versuchte ich, nicht zu denken, sondern jede Überlegung über die entsetzliche Tiefe unter mir zu verdrängen. Ich konnte nicht mehr als zwei Fuß von der Kante entfernt gewesen sein, als genau das geschah, das wir beide so sehr zu vermeiden versuchten – ein Stück des unteren Teils der Stange brach unter meinem Gewicht und diese kleine Erschütterung reichte, um die Basis meiner instabilen Leiter an den Rand des schmalen Vorsprungs rutschen zu lassen, auf dem ich sie abgestellt hatte und jenseits dessen die Ewigkeit lag. Über mir hörte ich einen leichten Schrei, dann rutschte die Stange von der Kante und ich fühlte mich selbst fallen.

Nach einem Augenblick war alles vorbei. Meine Füße stießen gegen die Kante, und ich warf mich in die Mündung des Tunnels. Und dann hörte ich über mir Nah-ee-lahs verzweifelte Stimme schreien:

»Julian! Julian! Ich falle!«

Sofort sprang ich auf die Füße und schaute aus dem Tunnel nach oben. Der Anblick, der sich mir bot, ließ mir das Blut gefrieren, so entsetzlich war er, denn dort über mir, immer noch an die Stange geklammert, hing Nah-ee-lah, mit Ausnahme der Beine, über dem Kraterrand. Gerade als ich aufblickte, ließ sie die Stange los, und obwohl ich nach ihr griff, verfehlte ich sie, und sie fiel an mir vorbei in den Schlund des Kraters.

»Julian! Julian! Du bist in Sicherheit«, rief sie, »darüber bin ich froh. Ich war so erschrocken, als ich dachte, du würdest fallen, und ich versuchte mein Bestes, die Stange zu halten, aber dein Gewicht zog mich über den Rand des Kraters. Leb wohl, Julian, ich kann mich nicht mehr lange halten.«

»Du musst, Nah-ee-lah!« rief ich, »vergiss nicht die Stangen mit den Haken, von denen du mir erzählt hast. Ich werde eine finden und dich im Handumdrehen herunterholen.« Und noch während ich sprach, drehte ich mich um und betrat den Tunnel; aber mein Herz blieb fast stehen bei dem Gedanken, dass die Stangen vielleicht nicht da sein könnten. Mein erster Blick zeigte nur das nackte Gestein von Wänden, Boden und Decke und keine Haken-Stangen in Sicht. Ich rannte schnell weiter in den Tunnel, der einige Yards vor mir abrupt abbog, und gleich hinter der Kurve freuten sich meine Augen über den Anblick von einem Dutzend oder mehr der Stangen, die Nah-ee-lah beschrieben hatte. Ich ergriff eine und rannte schnell zum Eingang zurück. Ich hatte fast Angst, nach oben zu schauen, aber als ich es tat, wurde ich durch den Anblick von Nah-ee-lahs Gesicht belohnt, das auf mich herunterlächelte – sie konnte sogar im Angesicht des Todes lächeln, so war Nah-ee-lah.

»Nur noch einen Moment, Nah-ee-lah!« rief ich ihr zu, als ich die Stange anhob und den Haken am Kraterrand einhakte. Auf beiden Seiten der Stange gab es auf seiner gesamten Länge kleine Vorsprünge, was das Klettern vergleichsweise einfach machte.

»Beeil dich, Julian!«, rief sie, »Ich rutsche ab.«

Es war nicht nötig, dass sie mir sagte, ich solle mich beeilen. Ich glaube, ich habe noch nie in meinem Leben etwas schneller gemacht, als diese Stange zu erklimmen, aber ich erreichte sie keinen Augenblick zu früh, denn genau, als ich meinen Arm um sie legte, gab ihr Halt an der Kante nach, und sie fiel kopfüber auf mich herab. Ich hatte keine Schwierigkeiten, sie zu fangen und ihr Gewicht zu halten. Meine einzige Befürchtung war, dass der Haken oben das zusätzliche Gewicht unter der Belastung ihres fallenden Körpers nicht tragen könnte. Aber er hielt, und ich segnete den Handwerker, der ihn so stark gemacht hatte.

Einen Augenblick später war ich zur Mündung des Tunnels hinabgestiegen und zog Nah-ee-lah in die Sicherheit seines Inneren.

Mein Arm lag immer noch um sie und der ihre um mich, als sie schluchzend an meiner Brust lehnte. Sie war völlig entspannt, und ihr geschmeidiger Körper fühlte sich so hilflos an, dass in mir plötzlich ein Gefühl erwachte, das ich noch nie zuvor erlebt hatte – ein unbeschreibliches Gefühl, das das unwiderstehliche und lächerliche Verlangen auslöste, hinauszugehen und ganze Armeen von Männern zu erschlagen, um diese kleine Mondfrau zu beschützen. Es muss ein plötzlicher emotionaler Rückfall in einen alten Kreuzritter-Vorfahren des Mittelalters gewesen sein – ein Ritter in Rüstung, dessen Lenden ich entsprungen war und der mir seine übertriebene, aber dennoch bewundernswerte Ritterlichkeit übermittelte. Das Gefühl überraschte mich wirklich, denn ich hatte mich immer als mehr oder weniger praktisch und nüchtern gehalten. Doch vernünftigere Gedanken überzeugten mich schließlich, dass dies nur eine nervöse Reaktion auf die aufregenden Momente war, die wir beide gerade durchlebt hatten, zusammen mit der Hilflosigkeit des Mädchens und ihrer völligen Abhängigkeit von mir.

Wie dem auch sei, ich löste ihre Arme so sanft und schnell wie möglich von meinem Hals und setzte sie vorsichtig auf den Boden des Tunnels, so dass sie mit dem Rücken an eine der Wände gelehnt saß.

»Du bist sehr mutig, Julian«, sagte sie, »und sehr stark.«

»Ich fürchte, ich bin nicht sehr mutig«, sagte ich. »Selbst jetzt bin ich ganz schwach vor Angst – ich hatte solche Angst, dass ich dich nicht rechtzeitig erreichen würde, Nah-ee-lah.«

»Es ist der tapfere Mann, der Angst hat, nachdem die Gefahr vorüber ist«, sagte sie. »Er hat keine Zeit, an Angst zu denken, bis das Ereignis vorbei ist. Du magst Angst um mich gehabt haben, Julian, aber du hattest keine Angst um dich selbst, sonst wärst du nicht das Risiko eingegangen, mich aufzufangen, als ich fiel. Selbst jetzt kann ich nicht verstehen, wie du mich halten konntest.«

»Vielleicht«, erinnerte ich sie, »bin ich stärker als die Männer von Va-nah, denn meine irdischen Muskeln sind es gewohnt, eine Schwerkraft zu überwinden, die sechsmal so groß ist wie die auf deiner Welt. Wäre derselbe Unfall auf der Erde geschehen, hätte ich dich vielleicht nicht halten können, als du fielst.«

IX. Ein Angriff der Kalkar

Der Tunnel, in dem ich mich befand und durch den Nah-ee-lah mich in Richtung der Stadt Laythe führte, war in mehrfacher Hinsicht bemerkenswert. Er war größtenteils natürlichen Ursprungs und bestand anscheinend aus einer Reihe von Höhlen, die durch Blasen in der abkühlenden Lava des ursprünglichen Schmelzflusses entstanden sein könnten und die später durch den Menschen zu einem durchgehenden unterirdischen Korridor verbunden worden waren. Die Höhlen selbst waren in der Regel mehr oder weniger rund und die Trümmer der Verbindungsgänge wurden genutzt, um die Böden der Höhlen bis auf das Niveau der Gänge aufzufüllen. Der Tunnel führte von dem Punkt an, an dem wir ihn betreten hatten, im Allgemeinen aufwärts und es herrschte ein ständiger Luftzug, der in derselben Richtung, in der wir uns bewegten, entlang des Tunnels strömte, wodurch ich sicher war, dass er zweifellos über seine gesamte Länge gut belüftet war. Die Wände und die Decke waren mit einer Substanz beschichtet, zu deren Bestandteilen offenbar auch Radium gehörte, denn selbst nachdem wir den Eingang aus den Augen verloren hatten, war der Durchgang gut beleuchtet. Wir hatten uns eine ganze Weile schweigend fortbewegt, bis ich mich schließlich an Nah-ee-lah wandte.

»Es muss sich gut anfühlen«, sagte ich, »wieder diesen vertrauten Tunnel deiner Heimatstadt zu bereisen. Ich weiß, wie glücklich ich sein würde, wenn ich mich meinem eigenen Geburtsort nähern würde.«

»Ich freue mich aus vielen Gründen, nach Laythe zurückzukehren«, sagte sie, »aber einer davon macht mich traurig, und was diesen Gang betrifft, so ist er mir kaum vertrauter als dir, da ich ihn nur einmal in meinem Leben durchquert habe und das war, als ich ein kleines Mädchen war und mit meinem Vater und seinem Hof anlässlich seiner regelmäßigen Inspektion des Ganges, der heute praktisch nie benutzt wird, hierher kam.«

»Wenn du mit dem Tunnel nicht vertraut bist,« fragte ich, »bist du dann sicher, dass keine Gefahr besteht, dass wir an irgendeiner Weggabelung oder Verzweigung in die Irre gehen?«

»Es gibt nur den einen Weg«, antwortete sie, »der vom Krater nach Laythe führt.«

»Und wie lang ist der Tunnel?« fragte ich. »Werden wir bald in die Stadt kommen?«

»Nein«, antwortete sie, »es ist eine große Entfernung vom Krater bis nach Laythe.«

Wir hatten zu diesem Zeitpunkt nur eine kleine Strecke zurückgelegt, vielleicht fünf oder sechs Meilen, und sie hatte kaum aufgehört zu sprechen, als eine Kurve uns in eine Höhle führte, die größer war als alle, durch die wir zuvor hindurchgegangen waren und von deren gegenüberliegender Seite zwei Gänge weiterführten.

»Ich dachte, es gäbe keine Abzweigungen«, bemerkte ich.

»Ich verstehe das nicht«, sagte sie. »Es gibt keine Abzweigung im Tunnel von Laythe.«

»Könnte es möglich sein, dass wir im falschen Tunnel sind?« Ich fragte: »Und dass dieser nicht nach Laythe führt?«

»Einen Moment zuvor war ich sicher gewesen, dass wir im richtigen Tunnel sind«, antwortete sie, »aber jetzt, Julian, weiß ich es nicht, denn ich habe noch nie von einer Abzweigung unseres Tunnels gehört.«

Wir hatten die Höhle durchquert und standen zwischen den Öffnungen der beiden auseinanderführenden Gänge.

»Welchen sollen wir nehmen?« fragte ich, aber sie schüttelte wieder den Kopf.

»Ich weiß es nicht«, antwortete sie.

»Hörst du!«, rief ich. »Was war das?« Denn ich war mir sicher, dass ich ein Geräusch gehört hatte, das aus einem der Tunnel kam.

Wir standen und schauten in eine Öffnung, von der aus wir etwa hundert Yards des Ganges sehen konnten, bevor eine abrupte Wendung den Rest des Ganges vor uns verbarg. Wir konnten etwas hören, was sich bald als schwacher Klang von Stimmen erwies, die sich uns aus dem Korridor näherten, und dann kam ganz plötzlich die Gestalt eines Mannes um die Ecke. Nah-ee-lah sprang zur Seite aus dem Blickfeld und zog mich mit.

»Ein Kalkar!« flüsterte sie. »Oh, Julian, wenn sie uns finden, sind wir verloren.«

»Wenn es nur einen von ihnen gibt, kann ich mich um ihn kümmern«, sagte ich.

»Es wird mehr als einen geben«, antwortete sie, »es wird viele geben.«

»Dann lass uns den Weg zurückgehen, den wir gekommen sind und auf den Kraterrand klettern, bevor sie uns entdecken. Wir können ihre hakenförmigen Stangen in den Krater werfen, auch die, mit der wir aus der Mündung des Tunnels aufgestiegen sind, und so jede Verfolgung wirksam verhindern.«

»Wir können diese Höhle nicht noch einmal durchqueren, um in den Tunnel auf der gegenüberliegenden Seite zu gelangen, ohne gefasst zu werden«, antwortete sie. »Unsere einzige Hoffnung besteht darin, uns in diesem anderen Tunnel zu verstecken, bis sie vorbei gegangen sind, und dem Zufall zu vertrauen, dass wir dort niemandem begegnen.«

»Dann komm«, sagte ich. »Mir gefällt der Gedanke nicht, wie ein verängstigtes Kaninchen zu fliehen, aber es wäre auch nicht klug, bewaffneten Männern ohne eine einzige Verteidigungswaffe gegenüberzutreten.«

Obwohl wir nur so kurz miteinander geflüstert hatten, stellten wir fest, dass die Stimmen aus dem anderen Tunnel lauter geworden waren, und ich dachte, dass ich in ihnen einen Ton von Anspannung bemerkte, obwohl die Sprecher noch zu weit entfernt waren, um ihre Worte zu verstehen. Wir gingen zügig in den Nebentunnel, Nah-ee-lah an der Spitze, und nachdem wir die erste Kurve passiert hatten, fühlten wir uns beide vergleichsweise sicher, denn Nah-ee-lah glaubte, dass die Männer, die unsere Reise unterbrochen hatten, eine Gruppe von Jägern waren, die auf dem Weg in die Außenwelt waren, durch den Krater, durch den wir den Tunnel betreten hatten, und dass sie nicht den Tunnel hinaufkommen würden, in dem wir uns versteckten. In diesem Glauben hielten wir an, nachdem wir von der großen Höhle, die wir gerade verlassen hatten, nichts mehr sahen oder hörten.

»Dieser Mann war ein Kalkar«, sagte Nah-ee-lah, »was bedeutet, dass wir uns im falschen Tunnel befinden und dass wir zurückgehen müssen und unsere Suche nach Laythe auf der Oberfläche fortsetzen müssen.« Ihre Stimme klang müde und antriebslos, als hätte die Hoffnung ihr tapferes Herz plötzlich verlassen. Wir standen Schulter an Schulter in dem engen Korridor, und ich konnte dem Impuls nicht widerstehen, einen Arm um sie zu legen und sie zu trösten.

»Verzweifle nicht, Nah-ee-lah«, bat ich sie; »wir sind nicht schlechter dran als bisher und viel besser dran, als bevor wir den Va-ga von Ga-va-go entflohen sind.Erinnerst du dich nicht, dass du einen Nachteil erwähnt hast, den deine Rückkehr nach Laythe mit sich bringen könnte – dass es dir dort auch nicht besser ergehen könnte als hier? Was war der Grund, Nah-ee-lah?«

»Ko-tah will mich heiraten«, antwortete sie. »Ko-tah ist sehr mächtig. Er erwartet, eines Tages Jemadar von Laythe zu sein. Das kann er nicht sein, solange ich lebe, es sei denn, er heiratet mich.«

»Möchtest du ihn heiraten?« fragte ich.

»Nein«, sagte sie, »jetzt nicht mehr. Vorher ...« zögerte sie, »... bevor ich Laythe verließ, war es mir nicht so wichtig; aber jetzt weiß ich, dass ich Ko-tah nicht heiraten kann.«

»Und dein Vater«, fuhr ich fort, »was ist mit ihm – wird er darauf bestehen, dass du Ko-tah heiratest?«

»Er kann nicht anders«, antwortete Nah-ee-lah, »denn Ko-tah ist sehr mächtig. Wenn mein Vater sich weigert, mich mit Ko-tah zu verheiraten, könnte Ko-tah ihn stürzen, und sollte ich mich nach dem Tod meines Vaters immer noch weigern würde, Ko-tah zu heiraten, könnte er auch mich töten und dann leicht zum Jemadar werden, denn das Blut der Jemadar fließt in seinen Adern.«

»Es scheint mir, Nah-ee-lah, dass es dir zu Hause genau so schlecht ergehen wird wie irgendwo sonst in Va-nah. Es ist zu schade, dass ich dich nicht auf meinen eigenen Planeten bringen kann, wo du ganz sicher, und auch glücklich wärst.«

»Ich wünschte, du könntest es, Julian«, antwortete sie einfach.

Ich wollte gerade antworten, als sie ihren schmalen Finger auf meine Lippen legte. »Still, Julian!«, flüsterte sie, »sie folgen uns auf diesem Korridor. Komm schnell, wir müssen fliehen, bevor sie uns einholen«, und sie drehte sich um und lief schnell den Korridor entlang, von dem keiner von uns wusste, wohin er führte.

Aber wir sollten es bald herausfinden, denn wir waren nur ein kurzes Stück gegangen, als wir am Ende des Tunnels in einer großen kreisförmigen Kammer ankamen, an deren einem Ende sich ein Podest befand, auf dem ein massiver, kunstvoll geschnitzter Tisch und ein Stuhl mit ähnlichem Design standen. Unterhalb des Podests waren weitere Stühle in Reihen angeordnet, mit einem breiten Gang in der Mitte. Die Möbel, obwohl sie ein eigenartiges Design hatten und kunstvoll mit seltsamen Figuren von unirdischen Tieren und Reptilien verziert waren, unterschieden sich dennoch nicht wesentlich von den auf der Erde gefertigten Gegenständen desselben Zwecks. Die Stühle hatten vier Beine, hohe Rückenlehnen und breite Armlehnen und schienen gleichermaßen für Haltbarkeit, Nützlichkeit und Bequemlichkeit konzipiert worden zu sein.

Als wir den Raum betraten, sah ich um, wobei ich mir die Details erst später ansah, aber ich bemerkte, dass es keine andere Öffnung gab, als die, durch die wir eingetreten waren.

»Wir werden hier warten müssen, Nah-ee-lah«, sagte ich. »Aber vielleicht wird alles gut – die Kalkar könnten sich als freundlich erweisen.«

Sie schüttelte verneinend den Kopf. »Nein«, sagte sie, »sie werden nicht freundlich sein.«

»Was werden sie mit uns machen?« fragte ich.

»Sie werden Sklaven aus uns machen«, antwortete sie, »und wir werden den Rest unseres Lebens damit verbringen, fast ununterbrochen zu arbeiten, bis wir vor Müdigkeit zusammenbrechen, denn die Kalkar hassen die Bewohner von Laythe und werden vor nichts zurückschrecken, was uns demütigen oder verletzen könnte.«

Sie hatte kaum aufgehört zu sprechen, als im Eingang der Höhle die Gestalt eines Mannes von etwa meiner Größe erschien, der eine Tunika ähnlich der von Nah-ee-lah trug, die aber offensichtlich aus Leder war. Er trug ein Messer in einer Scheide, das von einem Schultergurt herabhing, und in seiner rechten Hand hielt er eine schlanke Lanze. Seine Augen lagen sehr dicht beieinander, zu beiden Seiten einer hervorstehenden Hakennase. Es waren wässrige, fischige, blaue Augen, und das Haar, das üppig über seiner niedrigen Stirn wuchs, war von flachsfarbener Farbe. Sein Körperbau war bewundernswert, abgesehen von einem auffällig krummen Rücken. Seine Füße waren sehr groß und sein Gang unbeholfen, wenn er sich bewegte. Hinter ihm konnte ich die Köpfe und Schultern der anderen sehen. Sie standen einen Moment lang da und grinsten uns an, höchst bösartig, wie mir schien, und dann betraten sie die Höhle – ein volles Dutzend von ihnen. Es waren unterschiedliche Typen mit unterschiedlichen Haar- und Augenfarben, von blond bis dunkelbraun und von blau bis braun.

Als sie aus der Mündung des Tunnels heraustraten, verteilten sie sich und kamen langsam auf uns zu. Wir wurden in die Enge getrieben wie Ratten in einer Falle. Wie sehnte ich mich nach dem Gefühl meiner Automatik an meiner Hüfte! Ich beneidete sie um ihre schlanken Speere und ihre Dolche. Wenn ich wenigstens diese hätte, dann hätte ich die Chance, Nah-ee-lah aus ihren Klauen zu befreien und sie vor dem schrecklichen Schicksal der Sklaverei unter den Kalkar zu retten, denn ich hatte aus dem Wenigen, was sie mir erzählt hatte, erraten, was so eine Sklaverei für sie bedeuten würde, und ich hatte auch erraten, dass sie lieber sterben würde, als sich ihnen zu unterwerfen. Was mich selbst betrifft, so hielt das Leben wenig für mich bereit; ich hatte die Hoffnung, jemals in meine eigene Welt zurückzukehren oder das Schiff zu finden und wieder mit West und Jay und Norton vereint zu sein, längst endgültig aufgegeben.

In diesem Augenblick überkam mich jedoch ein Gefühl der Dankbarkeit für die Tatsache, dass ich, seit wir das Dorf der No-van verlassen hatten, alles andere als unglücklich gewesen war, und ich konnte dies auf nichts anderes zurückführen als auf die Gesellschaft von Nah-ee-lah – eine Erkenntnis, die mich davon überzeugte, dass ich wirklich unglücklich sein würde, wenn sie mir jetzt genommen würde. Hätte ich mich also widerstandslos in Gefangenschaft und Sklaverei begeben sollen, was für Nah-ee-lah schlimmer als der Tod wäre, mit der sicheren Trennung von ihr? Nein. Ich erhob meine Hand, um dem vorrückenden Kalkar zu signalisieren, stehen zu bleiben.

»Halt!« befahl ich. »Bevor sie näherkommen, möchte ich ihre Absichten uns gegenüber kennen. Wir betraten diesen Tunnel und verwechselten ihn mit dem, der in die Stadt meiner Gefährtin führt. Erlauben sie uns, in Frieden zu gehen, und alles wird gut werden.«

»Es wird sowieso alles gut werden«, antwortete der Anführer der Kalkar. »Du bist eine seltsame Kreatur, wie ich sie noch nie zuvor in Va-nah gesehen habe. Von die wissen wir nichts, außer dass du kein Kalkar bist und daher ein Feind, aber dieser andere ist von Laythe.«

»Sie werden uns also nicht erlauben, in Frieden zu gehen?« wollte ich wissen.

Er lachte höhnisch. »Auf keinen Fall«, sagte er.

Ich hatte im Gang gestanden, mit meiner Hand auf einem der Stühle in der Nähe des Podests, und jetzt drehte ich mich zu Nah-ee-lah um, die direkt neben mir stand.

»Komm«, sagte ich zu ihr, »folge mir; bleib dicht hinter mir.«

Einige der Kalkar kamen durch den Hauptgang auf uns zu, und als ich mich zu ihnen umdrehte, nachdem ich mit Nah-ee-lah gesprochen hatte, hob ich den Stuhl, auf dem meine Hand gelegen hatte, schwang ihn schnell um meinen Kopf und warf ihn dem Führer mitten ins Gesicht. Als er zu Boden ging, rannten Nah-ee-lah und ich los, auf die Öffnung des Tunnels zu, und dann schleuderte ich einen weiteren Stuhl und einen dritten und vierten, in schneller Folge. Die Kalkar versuchten, uns mit ihren Lanzen zu Fall zu bringen, aber sie waren so sehr damit beschäftigt, Stühlen auszuweichen, dass sie ihre Waffen nicht präzise werfen konnten, und selbst die wenigen, die uns hätten treffen können, wurden von meinem recht bemerkenswerten Verteidigungssystem abgewehrt.

Im Mittelgang waren vier Kalkar auf uns zugerückt. Der Rest der Gruppe hatte sich gespalten, die eine Hälfte kreiste links und die andere rechts um die Höhle, mit der offensichtlichen Absicht, von hinten durch den Mittelgang zu kommen. Dieses Manöver hatte begonnen, kurz bevor ich anfing, Stühle auf die vier direkt vor uns zu schleudern, und als nun diejenigen, die uns von hinten angreifen wollten, entdeckten, dass wir wahrscheinlich zum Tunneleingang durchkommen würden, rannten einige zwischen den Stühlen auf uns zu, so dass ich mich umdrehen und ihnen einen Moment Aufmerksamkeit widmen musste. Ein riesiger Bursche lag in Führung, er sprang auf den Stühlen von Sitz zu Sitz; und da er mir am nächsten war, war er natürlich mein erstes Ziel. Die Stühle waren ziemlich schwer, und der Stuhl, den ich auf ihn fallen ließ, erwischte ihn direkt auf die Brust mit einem Aufprall, der ein Heulen auslöste und ihn über die Stuhllehnen hinter ihm schleuderte, wo er schlaff und bewegungslos hing. Dann wandte ich mich wieder denen vor uns zu, die alle durch meine schweren Geschosse gefallen waren. Drei von ihnen lagen bewegungslos da, aber einer von ihnen war aufgestanden und gerade dabei, seine Lanze zu werfen, als ich hinsah. Ich stoppte die Waffe mit einem Stuhl, und als der Kerl zu Boden ging, erhaschte ich aus den Augenwinkeln einen Blick auf Nah-ee-lah, die dem ersten gefallenen Kalkar die Lanze entriss und auf jemanden hinter mir schleuderte. Ich hörte einen Schrei der Wut und des Schmerzes und drehte ich mich rechtzeitig, um zu sehen, wie ein anderer Kalkar zu meinen Füßen fiel, die Lanze in sein Herz gebohrt.

Der Weg vor uns war kurzzeitig frei, während die Kalkar hinter uns zumindest vorübergehend innehielten, in offensichtlicher Bestürzung über die Verwüstung, die ich mit diesen ungebührlichen Waffen, gegen die sie keine Verteidigung hatten, angerichtet hatte.

»Hol zwei Messer und zwei Lanzen von denen, die gefallen sind«, rief ich zu Nah-ee-lah, »während ich diese anderen zurückhalte.«

Sie tat, was ich ihr sagte, und wir gingen langsam zurück in Richtung der Tunnelmündung. Meine Stühle hatten die Hälfte unserer Feinde außer Gefecht gesetzt, als wir endlich in der Öffnung standen, jeder mit einer Lanze und einem Messer bewaffnet.

»Lauf jetzt, Nah-ee-lah, wie du noch nie gelaufen bist«, flüsterte ich meiner Begleiterin zu. »Ich kann sie aufhalten, bis du die Mündung des Tunnels erreicht hast und bis zum Rand des Kraters hochgeklettert bist. Wenn ich Glück habe, werde ich dir folgen.«

»Ich werde dich nicht verlassen, Julian«, antwortete sie, »wir gehen zusammen oder gar nicht.«

»Aber du musst, Nah-ee-lah«, beharrte ich, »ich habe für dich gegen sie gekämpft. Welchen Unterschied kann es für mein Schicksal machen, wo ich bin, solange ich in Va-nah bin – alle hier sind meine Feinde.«

Sie legte ihre Hand sanft auf meinen Arm. »Ich werde dich nicht verlassen, Julian«, wiederholte sie, »und das ist endgültig.«

Die Kalkar im Raum rückten nun bedrohlich näher.

»Halt!« rief ich ihnen zu: »Ihr seht, welches Schicksal eure Gefährten ereilt hat, denn ihr wolltet uns nicht in Frieden gehen lassen. Das ist alles, worum wir bitten. Ich bin jetzt bewaffnet und es wird der Tod für jeden bedeuten, der uns folgt.«

Sie hielten inne, und ich sah, wie sie miteinander flüsterten, als Nah-ee-lah und ich den Korridor entlang zurückgingen, bis zu einer Kurve, die uns vor ihren Blicken verbarg. Dann drehten wir uns um und rannten schnell den gewundenen Gang entlang. Ich fühlte mich zu keiner Zeit sehr sicher, aber zumindest atmete ich auf, nachdem wir die Kammer passiert hatten, aus der uns die Kalkar in die Sackgasse getrieben hatten, und wir keine Anzeichen von anderen ihrer Art gesehen hatten. Wir hörten keine Verfolgungsgeräusche, aber das bedeutete nichts, da die Kalkar mit weichen Ledersandalen beschuht waren, deren Material wie alle anderen Lederprodukte aus den Häuten der Va-ga und der Gefangenen von Laythe bestand.

Als wir zu dem Stapel Haken-Stangen kamen, die die letzte Kurve vor dem Tunneleingang markierten, atmete ich erleichtert auf. In gebückter Haltung umfasste ich sie alle mit meinen Armen, und dann liefen wir weiter zur Öffnung des Kraters, wo ich alle bis auf eine in den Abgrund warf. Die, die ich zurückbehalten hatte, hakte ich über dem Kraterrand ein und dann drehte ich mich zu Nah-ee-lah um und bat sie hinaufzusteigen.

»Du hättest zwei Stangen behalten sollen«, sagte sie, »dann hätten wir gemeinsam aufsteigen können; aber ich werde mich beeilen, und du kannst mir sofort folgen, denn wir wissen nicht, ob sie uns verfolgen. Ich kann mir nicht vorstellen, dass sie uns so leicht entkommen lassen.«

Schon während sie sprach, hörte ich das leise Geräusch der Sandalen den Korridor entlang kommen.

»Beeile dich, Nah-ee-lah«, rief ich, »sie kommen!«

Das Erklimmen einer Stange ist günstigenfalls eine mühsame Sache, aber wenn man über dem Rand einer bodenlosen Schlucht hängt und nicht sicher ist, dass der Haken die Stange hält, muss man sich vorsichtig bewegen. Dennoch stieg Nah-ee-lah so schnell auf, dass ich besorgt um ihre Sicherheit war. Meine Ängste waren nicht völlig unbegründet, denn ich stand im Tunneleingang, wo ich ein Auge auf Nah-ee-lah und das andere auf die Kurve richten konnte, um die herum meine Verfolger in Sichtweite kommen würden, und sah die Hände des Mädchens nach dem Kraterrand greifen, in dem Augenblick, als sich der Haken löste und die Stange an mir vorbei in den Abgrund fiel. Ich hätte sie auffangen können, als sie fiel, aber meine ganze Aufmerksamkeit war auf Nah-ee-lah und ihre ernste Lage gerichtet. Wäre sie fähig, sich selbst nach oben zu ziehen, oder würde sie fallen? Ich sah, wie sie sich verzweifelt anstrengte, ihren Körper über den Rand des

Vulkans zu ziehen, und dann kam aus dem Gang hinter mir ein triumphierender Schrei, und ich drehte mich um und sah einem stämmigen Kalkar ins Gesicht, der auf mich zuraste.

X. Die Stadt der Kalkar

Nun hatte ich in der Tat Grund, die Dummheit zu verfluchen, die es mir erlaubt hatte, alle Haken-Stangen bis auf eine in den Abgrund zu werfen, denn selbst diese war nun für mich verloren, und ich war völlig ohne Fluchtmöglichkeit aus dem Tunnel.

Als der Bursche sich im Eiltempo näherte, schleuderte ich meine Lanze, aber da ich nicht an die Waffe gewöhnt war, verfehlte ich ihn, und dann war er über mir, ließ seine eigene Lanze fallen, als er sich auf mich warf, denn es war offensichtlich sein Wunsch, mich lebend und unverletzt zu fangen. Ich dachte, dass ich ihn bezwingen würde, denn ich glaubte, ihm mehr als gewachsen zu sein, aber es gibt Tricks bei jeder Angriffsmethode, und dieser Mondkrieger war offensichtlich in seinen eigenen Angriffsmethoden gut geübt. Er schien mich kaum zu berühren, und doch schaffte er es, mir ein Bein zu stellen und mich gleichzeitig zu schubsen, so dass ich schwer rückwärts zu Boden fiel, mich beim Sturz ein wenig seitwärts drehte und mit dem Kopf an die Tunnelwand geschlagen sein musste, denn das ist das letzte, an das ich mich erinnere, bis ich in genau der Höhle wieder zu Bewusstsein kam, die Nah-ee-lah und ich erreicht hatten, als wir den ersten Kalkar gesehen hatten. Ich war von einer achtköpfigen Gruppe Kalkar umgeben, von denen mich zwei halb trugen, halb schleppten. Später erfuhr ich, dass ich in dem Kampf vor dem Podest vier von ihnen getötet hatte.

Der Bursche, der mich gefangen genommen hatte, war sehr gut gelaunt, zweifellos wegen seines Erfolges, und als er entdeckte, dass ich wieder bei Bewusstsein war, fing er an, sich mit mir zu unterhalten.

»Du dachtest, du könntest vor Gapth fliehen, nicht wahr?«, rief er, »Niemals! Du könntest den anderen entkommen, aber nicht mir – nein, nicht Gapth.«

»Ich tat, was für mich das Wichtigste war«, antwortete ich und hätte gerne gewusst, ob Nah-ee-lah entkommen war.

»Was ist das?« forderte Gapth.

»Es gelang mir, meiner Gefährtin zur Flucht zu verhelfen«, antwortete ich.

Bei diesen Worten verzog er das Gesicht. »Wäre Gapth einen Augenblick früher da gewesen, wäre sie auch nicht entkommen«, sagte er, und dadurch wusste ich, dass sie entkommen war, es sei denn, sie wäre in den Krater gefallen; und ich war für meine eigene Gefangennahme reichlich entschädigt, wenn Nah-ee-lah dafür die Freiheit gewonnen hatte.

»Diesmal bin ich nicht entkommen «, sagte ich: »Nächstes Mal werde ich es.«

Er lachte ein böses Lachen. »Es wird kein nächstes Mal geben«, sagte er, »denn wir bringen dich in die Stadt, und wenn du einmal dort bist, gibt es kein Entrinnen, denn dies ist der einzige Weg, über den du die Außenwelt erreichen könntest, und wenn du in der Stadt bist, kannst du den Weg zurück bis zur Mündung des Tunnels nicht mehr finden.«

Ich war mir dessen nicht so sicher, denn mein Orientierungs- und Ortssinn ist sehr gut entwickelt. Der Grad an Perfektion, den viele Offiziere der Internationalen Friedensflotte bei der Orientierung erreicht hatten, wurde schon fast als unglaublich beschrieben, und selbst unter diesen war meine Fähigkeit in dieser Hinsicht ein Gesprächsthema. Ich war daher froh, dass der Kerl mich gewarnt hatte, denn nun würde ich besonders auf jeden noch so kleinen Informationsfetzen achten, um mir den Weg einzuprägen. Von der Höhle, in der ich wieder zu Bewusstsein gekommen war, gab es nur einen einzigen Weg zur Mündung des Tunnels, aber von hier aus in die Stadt musste ich jede Abzweigung und jede Kreuzung beobachten und in meinem Gedächtnis eine genaue und detaillierte Karte des gesamten Weges zeichnen.

»Wir müssen unsere Gefangenen nicht einmal einsperren«, fuhr Gapth fort, »nachdem wir sie so gekennzeichnet haben, dass ihre Eigentümer immer bestimmt werden können.«

»Wie markiert man sie?« fragte ich.

»Mit erhitzten Eisen brennen wir hier das Zeichen des Besitzers ein«, und er berührte meine Stirn direkt über meinen Augen.

»Sehr angenehm«, dachte ich bei mir, und dann laut: »Werde ich dir gehören?«

»Ich weiß es nicht«, antwortete er, »aber du wirst demjenigen gehören, dem dich die Vierundzwanzig zuteilen.«

Nachdem wir die Höhle verlassen hatten, schwiegen wir für eine beträchtliche Zeit. Ich war damit beschäftigt, mir in Gedanken jedes hervorstechende Merkmal zu notieren, das mir bei der Zurückverfolgung des Wegs nützlich sein könnte, aber ich fand nichts anderes als einen gewundenen und sanft ansteigenden Korridor ohne Kreuzungen oder Abzweigungen, bis wir den Fuß einer langen Steintreppe erreichten, an deren Ende wir in eine große Kammer gelangten, in deren Wände mindestens ein Dutzend Türen sein mussten; hier wurden mir zu meiner großen Enttäuschung die Augen verbunden. Sie wirbelten mich herum, aber offensichtlich geschah dies nur nachlässig, denn es war genau eine volle Umdrehung, und ich wurde in der Drehung angehalten, als ich genau in die gleiche Richtung blickte wie zuvor. Davon war ich überzeugt, denn unsere Orientierungsfähigkeit wurde im Flugdienst oft auf diese Weise getestet. Dann marschierten sie mit mir quer durch den Raum durch eine Tür direkt gegenüber der Tür, durch die ich den Raum betreten hatte. An den unterschiedlichen Geräuschen, die unsere Schritte machten, konnte ich erkennen, wann wir den größeren Saal verließen und den Korridor betraten. Wir gingen diesen Korridor siebenundneunzig Schritte vorwärts, bis wir uns abrupt nach rechts abbogen und nach dreiunddreißig Schritten eine andere Kammer betraten, wie ich anhand des Geräusches unserer Schritte in dem Moment, als wir die Schwelle überquerten, leicht erkennen konnte. Sie führten mich ein paar Mal durch diesen Raum mit der offensichtlichen Absicht, mich zu verwirren, aber das ist ihnen nicht gelungen, denn als sie wieder in einen Korridor einbogen, wusste ich, dass es derselbe Korridor war, aus dem ich gerade herausgekommen war, und dass wir den Weg zurückgingen. Diesmal führten sie mich dreiunddreißig Schritte zurück und drehten dann abrupt nach rechts. Ich konnte mir ein Lächeln nicht verkneifen, als mir klar wurde, dass wir nun direkt auf demselben Korridor weitergingen, den wir betreten hatten, nachdem sie mir am Anfang die Augen verbunden hatten, denn ihr kleiner Ausflug durch den kurzen Korridor in die zweite Kammer war nur eine List, um mich zu verwirren. Dann entfernten sie mir am Fuße einer Treppe die Augenbinde, offensichtlich überzeugt, dass ich nun keine Chance mehr haben würde, den Weg zurückzuverfolgen und den

Haupttunnel zu finden, der zum Krater führt, während ich in der Tat leicht jeden Schritt mit verbundenen Augen hätte zurückgehen können.

Von hier aus stiegen wir endlose Treppen hinauf, passierten zahlreiche Korridore und Kammern, die alle durch die radiumhaltige Substanz, die ihre Decken und Wände bedeckte, beleuchtet wurden, und dann kamen wir plötzlich auf eine Außenterrasse, und ich konnte zum ersten Mal einen Blick auf eine Mondstadt werfen. Sie war um einen Krater herum gebaut, und die Gebäude waren vom Rand her terrassenförmig angelegt, wobei die Terrassen im Allgemeinen der Anpflanzung von Gemüse und der wichtigsten fruchttragenden Bäume und Sträuchern dienten. Die Stadt erstreckte sich mehrere hundert Fuß nach oben; die Häuser waren, wie ich später erfuhr, übereinander gebaut, und die große Mehrheit von ihnen hatte daher keine Fenster zur Außenwelt.

Ich wurde ein kurzes Stück entlang der Terrasse geführt, und aus dieser kurzen Möglichkeit der Beobachtung schloss ich, dass die bebauten Terrassen auf den Dächern der darunterliegenden Gebäude lagen. Zu meiner Rechten konnte ich die Terrassenstufen sehen, die sich nach unten bis zum Kraterrand erstreckten. Nahezu alle Terrassen waren mit Vegetation bedeckt, und an zahlreichen Stellen sah ich etwas, das wie Va-ga aussah, die Pflanzen aßen, und später erfuhr ich, dass die Kalkar Angehörige der Rasse der Va-ga fangen, sie in Gefangenschaft halten und sie für ihr Fleisch züchten, wie wir Rinder. Es ist bis zu einem gewissen Grad notwendig, die Nahrung der Va-ga fast ausschließlich auf Vegetation umzustellen, obwohl diese Nahrung durch das Fleisch von gestorbenen Kalkar und ihre Laythe-Sklaven ergänzt wird, so dass das die Va-ga gezwungen sind, einem doppelten Zweck zu dienen – Fleisch für die Kalkar zu produzieren und gleichzeitig als deren Aasfresser zu fungieren.

Zu meiner Linken befanden sich die Fassaden von Gebäuden, die einheitlich zwei Stockwerke hoch waren, gelegentlich mit einem schlanken Turm, der sich fünfzehn, zwanzig oder manchmal bis zu dreißig Fuß hoch über die terrassenförmigen Dächer erhob. In eines dieser Gebäude brachten mich meine Entführer, nachdem wir ein kurzes Stück die Terrasse entlanggegangen waren, und ich fand mich in einem großen Raum wieder, in dem sich mehrere männliche Kalkar befanden. An einem Schreibtisch gegenüber dem Eingang saß ein großer, völlig kahlköpfiger Mann von anscheinend beträchtlichem Alter. Zu dieser Person wurde ich von Gapth geführt, der von meiner Gefangennahme und der Flucht von Na-ee-lah erzählte.

Der Kalkar, zu dem man mich gebracht hatte, befragte mich kurz. Er gab keinen Kommentar ab, als ich ihm sagte, dass ich aus einer anderen Welt stamme, aber er untersuchte meine Kleidungsstücke recht sorgfältig und wandte sich dann an Gapth.

»Wir werden ihn zur Befragung durch die Vierundzwanzig festhalten«, sagte er. »Wenn er nicht von Va-nah ist, ist er weder Kalkar noch Laytheaner, folglich muss er Fleisch einer niedrigeren Ordnung sein und darf deshalb gegessen werden.« Er hielt einen Moment inne und begann, ein großes Buch zu studieren, das mit Plänen gefüllt zu sein schien, auf denen seltsame Hieroglyphen waren. Er drehte mehrere Blätter um, und als er schließlich zu der Seite kam, die er suchte, fuhr er mit dem Zeigefinger langsam darüber, bis dieser ungefähr in der Mitte der Seite zu liegen kam. »Du kannst ihn hier einsperren«, sagte er zu Gapth, »in Kammer acht der vierundzwanzigsten Sektion, auf Höhe sieben, und du wirst ihn auf Befehl der Vierundzwanzig bei ihrem nächsten Treffen vorführen«, und dann zu mir: »Es ist unmöglich für dich, aus der Stadt zu fliehen, aber wenn du es versuchst, könnte es für uns schwierig sein, dich sofort wiederzufinden. Wenn wir dich dann finden, wirst du als Abschreckung für andere Sklaven zu Tode gefoltert. Geh!«

Ich ging; ich folgte Gapth und den anderen, die mich zu dieser Kreatur geführt hatten. Sie führten mich genau in den Korridor zurück, aus dem wir gekommen waren, und dann eine halbe Meile lang direkt in das Herz dieses erstaunlichen Labyrinths, wo sie mich grob in einen Raum rechts vom Korridor schoben, mit der Ermahnung, dort zu bleiben, bis man mich holen würde.

Ich fand mich in einem schwach beleuchteten, rechteckigen Raum wieder, dessen Luft sehr schlecht war, und auf den ersten Blick stellte ich fest, dass ich nicht allein war, denn auf einer Bank an der gegenüberliegenden Wand saß ein Mann. Als ich eintrat, schaute er auf und ich sah, dass seine Gesichtszüge sehr fein waren und dass er schwarzes Haar hatte, wie Nah-ee-lah. Er sah mich einen Moment lang mit einem verwirrten Ausdruck in den Augen an, und dann sprach er mich an.

»Du bist auch ein Sklave?«, fragte er.

»Ich bin kein Sklave«, antwortete ich, »Ich bin ein Gefangener.«

»Es ist alles dasselbe«, sagte er, »aber woher kommst du? Ich habe deinesgleichen noch nie zuvor in Va-nah gesehen.«

»Ich komme nicht aus Va-nah«, antwortete ich, und dann erklärte ich kurz meine Herkunft und wie ich in seine Welt gekommen bin. Ich bin sicher, dass er mich nicht verstand, denn obwohl er hochintelligent zu sein schien und tatsächlich auch war, konnte er sich nichts vorstellen, das er noch nicht erlebt hatte, und in dieser Hinsicht unterschied er sich nicht von intelligenten und hochgebildeten Erdenmenschen.

»Und du?«, fragte ich schließlich – »Du bist kein Kalkar? Woher kommst du?«

»Ich komme aus Laythe«, antwortete er. »Ich war außerhalb der Stadt und wurde von einer ihrer jagenden Gruppen gefangen genommen worden.«

»Warum all diese Feindschaft«, fragte ich, »zwischen den Menschen von Laythe und den Kalkar – wer sind die Kalkar eigentlich?«

»Du bist nicht von Va-nah«, sagte er, »das merke ich, sonst würdest du diese Fragen nicht stellen. Die Kalkar leiten ihren Namen von einer Verfälschung eines Wortes ab, das „die Denker" bedeutet. Vor langer Zeit waren wir eine einzige Rasse, ein wohlhabendes Volk, das in Frieden mit allen Bewohnern von Va-nah lebte. Die Va-ga wurden wegen ihres Fleisches gezüchtet, wie wir es heute in unserer eigenen Stadt Laythe tun und die Kalkar in ihrer Stadt. Unsere Städte, Ortschaften und Dörfer bedeckten die Hänge der Berge und erstreckten sich bis hinunter zum Meer. Jeden Winkel der drei Weltmeere kannten unsere Schiffe, und unsere Städte waren durch ein Netz von Routen miteinander verbunden, auf denen elektrisch angetriebene Züge fuhren« – er benutzte nicht das Wort Züge, sondern einen Ausdruck, der frei übersetzt werden könnte als „Schiffe des Landes" – »während andere große Transporter durch die Luft flogen. Unsere Kommunikationssysteme zwischen entfernten Punkten wurden von der Wissenschaft durch den Einsatz elektrischer Energie vereinfacht, mit dem Ergebnis, dass diejenigen, die in einem Teil von Va-nah lebten, mit denjenigen sprechen konnten, die in einem anderen Teil von Va-nah lebten, bis hin zu den entferntesten Enden der Welt. Es gab zehn große Divisionen, die jeweils von ihrem Jemadar regiert wurden, und jede Division wetteiferte mit allen anderen in dem Dienst, den sie für ihr Volk leistete. Es gab diejenigen, die hohe und diejenigen, die niedere Positionen innehatten; es gab diejenigen, die reich waren, und diejenigen, die arm waren, aber die Gunst des Staates wurde gleichmäßig unter ihnen verteilt, und die Kinder der Armen hatten die gleichen Bildungschancen wie die Kinder der Reichen, und da begannen unsere Schwierigkeiten. Es gibt ein Sprichwort unter uns, das besagt, dass „nichts zu lernen besser ist als ein wenig zu lernen", und ich kann dies sehr wohl glauben, wenn ich die Geschichte meiner Welt betrachte, denn als die Massen ein wenig Bildung erhielten, bildeten sie kleine Cliquen, die anfingen, alle zu kritisieren, die mehr Wissen oder mehr Macht hatten als sie. Schließlich organisierten sie sich in einer Geheimgesellschaft namens „die Denker", die dem Rest der Va-nah jedoch besser bekannt war als diejenigen, die dachten, dass sie denken.

Es ist eine lange Geschichte, denn sie erstreckt sich über einen großen Zeitraum, aber das Ergebnis war, dass „die Denker", die mehr redeten als dachten, anfangs langsam und später schnell Unzufriedenheit unter den Menschen verbreiteten, bis sie schließlich einen Aufstand anzettelten und die Regierung und den Handel der ganzen Welt übernahmen. Die Jemadar wurden gestürzt und die herrschende Klasse von der Macht vertrieben; die Mehrheit von ihnen wurde ermordet, einige konnten jedoch entkommen, und es waren diese, meine Vorfahren, die die Stadt Laythe gründeten. Es wird vermutet, dass es andere ähnliche Städte in abgelegenen Teilen von Va-nah gibt, die von den Nachkommen der Jemadar und der Adelsschicht bewohnt werden, aber Laythe ist die einzige, von der wir Kenntnis haben. Die Denker versagten, und das Ergebnis war, dass sowohl die Regierung als auch der Handel dem Untergang geweiht waren. Sie hatten weder die Ausbildung noch die Intelligenz, um Neues zu entwickeln und konnten auch das Alte, das entwickelt worden war, nicht aufrechterhalten. Die Künste und Wissenschaften verkümmerten und starben mit dem Handel und der Regierung, und Va-nah fiel zurück in die Barbarei. Die Va-ga sahen ihre Chance und warfen das Joch ab, unter dem sie über unzählige Jahrhunderte gelebt hatten. So wie die Kalkar die adlige Klasse in die Berge vertrieben hatte, so vertrieben die Va-ga die Kalkar.

Praktisch jedes Überbleibsel der alten Kultur und des kommerziellen Fortschritts von Va-nah wurde vom Angesicht dieser Welt gelöscht. Die Bewohner von Laythe haben ihre Kultur viele Jahrhunderte lang erhalten, aber ihre Zahl hat sich nicht erhöht.

Viele Generationen vergingen, bis die Laytheaner in der Stadt Laythe Zuflucht fanden, und während dieser Zeit verloren auch sie jeglichen Kontakt zur Wissenschaft, zum Fortschritt und zur Kultur der Vergangenheit. Es gab auch keine Möglichkeit, wieder aufzubauen, was die Kalkar zerstört hatten, da sie jede schriftliche Aufzeichnung und jedes Buch in jeder Bibliothek von Va-nah vernichtet hatten. Und so sehr sind beide Rassen damit beschäftigt, ein ungewisses Dasein zu fristen, dass es wenig wahrscheinlich ist, dass es jemals wieder einen Fortschritt in dieser Richtung geben wird – es übersteigt die intellektuellen Kräfte der Kalkar, und die Laytheaner sind zahlenmäßig zu schwach, um irgendetwas zu erreichen.«

»Das sieht hoffnungslos aus«, sagte ich, »fast so hoffnungslos wie unsere Situation. Ich nehme an, es gibt kein Entkommen aus dieser Stadt der Kalkar, nicht wahr?«

»Nein«, sagte er, »das ist unmöglich. Es gibt nur einen Weg, und wir wurden so verwirrt, als wir in die Stadt gebracht wurden, dass es für uns unmöglich wäre, durch dieses Labyrinth von Korridoren und Kammern wieder herauszufinden.«

»Und wenn wir einen Weg in die Außenwelt finden würden, ginge es uns ebenso schlecht, nehme ich an, denn wir könnten Laythe nie finden, und früher oder später würden wir von den Kalkar wieder gefangen oder von den Va-ga ergriffen werden. Ist es nicht so?«

»Nein«, sagte er, »du irrst dich. Wenn ich den Kraterrand jenseits dieser Stadt erreichen könnte, würde ich den Weg nach Laythe finden. Ich kenne den Weg gut, denn ich bin einer der Jäger von Ko-tah und bin mit dem Land um Laythe herum in alle Richtungen über große Entfernungen vertraut.«

Das war also einer von Ko-tahs Männern. Ich war in der Tat froh, dass ich Nah-ee-lah nicht erwähnt hatte und ihm weder von ihrer möglichen Flucht noch von meiner Bekanntschaft mit ihr erzählt hatte.

»Und wer ist Ko-tah?« fragte ich unter Vortäuschung von Unwissenheit.

»Ko-tah ist der mächtigste Adlige von Laythe«, antwortete er, »eines Tages wird er der Jemadar sein, denn jetzt, da Nah-ee-lah, die Prinzessin, tot ist und Sagroth, der Jemadar, alt wird, wird es nicht mehr lange dauern, bis es eine Veränderung geben wird.«

»Und wenn die Prinzessin nach Laythe zurückkehren sollte«, fragte ich, »würde Ko-tah dann immer noch Jemadar werden, nach dem Tod von Sagroth?«

»Er würde auf jeden Fall Jemadar werden«, antwortete mein Begleiter, »denn wäre die Prinzessin nicht von dem Wind, der läuft, davongetragen worden, hätte Ko-tah sie geheiratet, es sei denn, sie hätte sich geweigert. In diesen Fall hätte sie sterben können – Menschen sterben nun einmal, weißt du.«

»Du fühlst also keine Loyalität«, fragte ich, »für deinen alten Jemadar Sagroth oder für seine Tochter, die Prinzessin?«

»Im Gegenteil, ich empfinde ihnen gegenüber große Loyalität, aber wie viele andere habe ich Angst vor Ko-tah, denn er ist sehr mächtig, und wir wissen, dass er früher oder später Herrscher von Laythe werden wird. Aus diesem Grund haben sich so viele des Hochadels an ihn gebunden – denn Ko-tah rekrutiert seine Leute mit Angst, nicht mit Liebe."

»Aber die Prinzessin!« rief ich: »würden sich die Adligen nicht zu ihrer Verteidigung zusammentun?«

»Was wäre der Nutzen?« fragte er. »Wir von Laythe leben eingesperrt innerhalb der Mauern unserer Gefängnisstadt. Es gibt keine große Zukunft, auf die wir uns in diesem Leben freuen können, aber in zukünftigen Inkarnationen könnten wir eine bessere Perspektive haben. Es ist also keine Grausamkeit, diejenigen zu töten, die jetzt unter der chaotischen Herrschaft der Anarchie existieren, die Va-nah zu einer Wildnis gemacht hat.«

Teilweise verstand ich seinen eher hoffnungslosen Standpunkt und erkannte, dass der Bursche im Grunde des Herzens nicht schlecht oder unloyal, sondern wie seine gesamte Rasse auf einen Zustand der Hoffnungslosigkeit reduziert war, der das Ergebnis eines Zeitalters des Rückschritts war, dessen Ende nicht absehbar war.

»Ich kann den Weg zur Mündung des Tunnels finden, wo er sich in den Krater öffnet«, sagte ich zu ihm. »Aber wie können wir ihn unbewaffnet erreichen, durch eine Stadt, die von unseren Feinden bevölkert ist, die uns töten, sobald sie uns sehen?«

»Es sind nie sehr viele Menschen in den Kammern oder Korridoren, die weit entfernt von den Außenterrassen sind, und wenn wir, wie anerkannte Sklaven, auf der Stirn gebrandmarkt wären, und deine Kleidung nicht so auffällig wäre, könnten wir den Tunnel möglicherweise unbewaffnet erreichen.«

»Ja«, sagte ich, »meine Kleidung ist ein Handicap. Sie würde sofort die Aufmerksamkeit auf uns lenken; dennoch ist es das Risiko wert, denn ich weiß, dass ich den Weg zurück zum Krater finden kann, und ich würde lieber sterben, als Sklave der Kalkar zu bleiben.«

Die Wahrheit war, dass mich weniger die Abscheu vor dem Schicksal, das mir bevorstand, anspornte, als vielmehr der Wunsch, zu erfahren, ob Nah-ee-lah entkommen war. Ich wurde ständig von der schrecklichen Furcht verfolgt, dass ihr Griff am Rand des Kraters nachgegeben hatte und sie in den Abgrund darunter gefallen war.

Gapth glaubte, sie sei entkommen, aber ich wusste, dass sie hätte fallen können, ohne dass einer von uns sie gesehen hätte, da ich die Stange, an der sie hochgeklettert war, etwas hinter der Öffnung des Tunnels befestigt hatte, so dass sie, wenn sich ihr Halt gelockert hätte, nicht direkt an der Öffnung vorbei gefallen wäre. Je mehr ich darüber nachdachte, desto ungeduldiger wurde ich, Laythe zu erreichen und nach ihr zu suchen.

Während wir noch über unsere Fluchtmöglichkeiten diskutierten, brachten uns zwei Sklaven Nahrung in Form von rohem Gemüse und Obst. Ich beobachtete sorgfältig, ob sie Waffen trugen, aber sie hatten keine, ein Umstand, dem sie vielleicht ihr Leben verdanken würden. Ich hätte ihre Kleider benutzen können, wenn sie keine Sklaven gewesen wären, aber ich war auf einen kühneren Plan gekommen als diesen und musste geduldig auf eine günstige Gelegenheit warten, um ihn in die Tat umzusetzen.

Nach dem Essen wurde ich schläfrig und wollte mich gerade auf dem Boden unseres Gefängnisses ausstrecken, als mein Begleiter, der Moh-goh hieß, mir erzählte, dass neben dem Raum, in dem wir uns befanden, ein Schlafzimmer war, das uns zu Verfügung stand. Die Tür zur Schlafkammer war mit schweren Behängen bedeckt, und als ich sie teilte und in die angrenzende Kammer trat, befand ich mich in fast völliger Dunkelheit, da die Wände und die Decke dieses Raumes nicht mit dem leuchtenden Anstrich behandelt worden waren, der in den Fluren und Wohnungen verwendet wurde, die sie beleuchten wollten. Später erfuhr ich, dass alle ihre Schlafräume daher von Natur aus dunkel waren. In einer Ecke des Raumes befand sich ein Haufen getrockneter Vegetation, von dem ich vermutete, dass er als Matratze oder Decke dienen sollte, falls ich sie benötigte. Ich war jedoch nicht wählerisch, denn seit ich meine luxuriöse Kabine an Bord der Barsoom verlassen hatte, war ich an die widrigsten Umstände gewöhnt. Wie lange ich geschlafen habe, weiß ich nicht, aber ich wurde von Moh-goh geweckt, der mich rief. Er beugte sich über mich und schüttelte mich an der Schulter.

»Du wirst gerufen«, flüsterte er. »Sie sind gekommen, um uns vor die Vierundzwanzig zu bringen.«

»Sag ihnen, sie sollen zum Teufel gehen«, sagte ich, denn ich war sehr müde und nur halb wach. Natürlich wusste er nicht, was *Teufel* bedeutete, aber offensichtlich schloss er aus meinem Tonfall, dass meine Antwort den Kalkar gegenüber respektlos war.

»Verärgere sie nicht«, sagte er, »das wird dein Schicksal nur noch schlimmer machen. Wenn die Vierundzwanzig befehlen, müssen alle gehorchen.«

»Wer sind die Vierundzwanzig?« fragte ich.

»Sie bilden das Komitee, das diese Stadt der Kalkar regiert.«

Ich wurde nun richtig wach, erhob mich und folgte ihm in die angrenzende Kammer, wo ich zwei Kalkar Krieger sah, die ungeduldig auf uns warteten. Als ich sie sah, schoss mir ein Satz ins Gehirn und wiederholte sich immer wieder: »Es sind nur zwei, es sind nur zwei.«

Sie standen uns gegenüber auf der anderen Seite des Raumes beim Eingang, und Moh-goh war neben mir.

»Es sind nur zwei«, flüsterte ich ihm leise zu, »du nimmst den einen und ich nehme den anderen. Wagst du es?«

»Ich nehme den rechten«, antwortete er, und gemeinsam rückten wir langsam durch den Raum auf die ahnungslosen Krieger zu. Sobald wir in ihrer Reichweite waren, stürzten wir uns gleichzeitig auf sie. Ich sah nicht, wie Moh-goh seinen Gegner angriff, denn ich war mit meinem eigenen beschäftigt, obwohl ich nur einen Augenblick brauchte, um ihn zu überwältigen, denn ich schlug ihm ein einziges Mal kräftig gegen das Kinn, und als er fiel, stürzte ich mich auf ihn, riss ihm den Dolch aus der Scheide und stieß ihn in sein Herz, bevor er sich von der betäubenden Wirkung meiner Faust wieder erholen konnte. Dann drehte ich mich um, um Moh-goh zu unterstützen, nur um festzustellen, dass er keine Hilfe benötigte, sondern sich bereits vom Körper seines Widersachers entfernte, dem er die Kehle er mit dessen eigener Waffe von Ohr zu Ohr durchgeschnitten hatte.

»Schnell!« rief ich Moh-goh zu, »schleppen wir sie in den Schlafraum, bevor wir entdeckt werden«, und einen Augenblick später hatten wir die beiden Leichen in dem schwach beleuchteten Raum nebenan abgelegt.

»Wir werden die Stadt als Kalkar Krieger verlassen«, sagte ich und begann dem Mann, den ich erschlagen hatte, die Kleidung und Ausrüstung auszuziehen.

Moh-goh grinste. »Keine schlechte Idee«, sagte er. »Wenn du den Weg zum Krater findest, ist es möglich, dass wir entkommen.«

Wir brauchten nur wenige Augenblicke, um uns umzuziehen, und nachdem wir die Leichen unter der Vegetation, die uns als Bett gedient hatte, versteckt hatten und in die andere Kammer hinaustraten, wo wir uns gegenseitig gut betrachten konnten, stellten wir fest, dass wir, wenn wir nicht zu genau unter die Lupe genommen würden, sicher durch die Gänge unter der Kalkar Stadt gelangen könnten, denn die Kalkar sind eine Mischlingsrasse, die aus vielen verschiedenen Arten zusammengesetzt ist. Meine Hautfarbe, die sich stark von der der Kalkar oder der Laytheaner unterschied, stellte unsere größte Gefahr dar, aber wir mussten das Risiko eingehen, und zumindest waren wir bewaffnet.

»Geh du voran«, sagte Moh-goh, »und wenn du den Krater finden kannst, bin ich sicher, dass ich Laythe finden kann.«

»Sehr gut«, sagte ich, »gehen wir.« Wir traten hinaus in den Korridor und gingen zuversichtlich in die Richtung, von der ich wusste, dass dort die Gänge und Treppen waren, durch die ich vom Kratertunnel aus gebracht worden war. Ich war mir des Erfolgs so sicher, als ob ich den vertrautesten Bezirk meiner Geburtsstadt durchqueren würde. Wir legten eine beträchtliche Strecke zurück, ohne jemanden zu treffen, und erreichten schließlich den Raum, in dem man mir die Augen verbunden hatte. Als wir ihn betraten, sah ich eine ganze Reihe von Kalkar, die sich auf Bänken räkelten oder auf der Vegetation lagen, die auf dem Boden aufgeschichtet war. Sie sahen auf, als wir eintraten, und sofort stellte sich Moh-goh vor mich.

»Wer seid ihr und wohin geht ihr?« forderte einer der Kalkar.

»Ein Auftrag der Vierundzwanzig«, sagte Moh-goh und betrat den Raum. Sofort wurde mir klar, dass er nicht wusste, in welche Richtung er gehen sollte, und dass durch sein Zögern alles scheitern könnte.

»Geradeaus, quer durch den Raum«, flüsterte ich ihm zu, und er ging zügig in Richtung des Tunneleingangs. Zum Glück war die Kammer nicht hell beleuchtet, und die Kalkar befanden sich am äußersten Ende; sonst hätten sie sicherlich meine Täuschung durchschaut, denn jede genauere Untersuchung hätte die Tatsache aufgedeckt, dass ich nicht von Va-nah war. Sie hielten uns jedoch nicht auf, obwohl ich zu sehen glaubte, dass mich einer von ihnen misstrauisch beäugte, und ich wage zu behaupten, dass ich die letzten zwanzig Schritte gegangen bin, ohne zu atmen. Es war jedoch schnell vorbei, und wir traten in den Tunnel, der nun ohne weitere verwirrende Verzweigungen direkt zum Krater führte.

»Wir hatten Glück«, sagte ich zu Moh-goh.

»Das hatten wir«, antwortete er.

Schweigend, um auf Verfolger oder Geräusche von Kalkar vor uns zu lauschen, eilten wir schnell den abwärts führenden Gang entlang bis zur Mündung des Tunnels, wo er sich in den Krater öffnete; und endlich, als wir um die letzte Kurve gingen und ich das Tageslicht vor mir erblickte, atmete ich tief ein, obwohl sich mein Glück fast gleichzeitig in Verzweiflung verwandelte, als ich mich plötzlich daran erinnerte, dass es hier keine Hakenstangen gab, mit denen zum Gipfel der Kraterwand klettern könnten. Was sollten wir tun?

»Moh-goh«, sagte ich und wandte mich an meinen Begleiter, als wir am Ende des Tunnels anhielten, »es gibt keine Stangen, an denen man aufsteigen kann. Ich hatte es vergessen, aber um zu verhindern, dass die Kalkar mich verfolgten, warf ich alle bis auf eine in den Abgrund, und diese rutschte vom Rand ab und ging ebenfalls verloren, gerade als meine Verfolger mich ergreifen wollten.«

Ich sagte Moh-goh nicht, dass ich eine Begleiterin hatte, da es schwierig wäre, seine Fragen zu diesem Thema zu beantworten, ohne die Identität von Nah-ee-lah preiszugeben.

»Oh, das Problem können wir lösen«, antwortete mein Begleiter. »Wir haben diese beiden Speere, die sehr stabil sind, und da wir viel Zeit haben, können wir sie leicht so verbinden, dass sie uns den Aufstieg zum Gipfel des Kraters ermöglichen. Es ist ein großes Glück, dass wir nicht verfolgt wurden.«

Die Kalkar-Speere hatten an der Basis ihrer Spitze einen halbmondförmigen Miniaturhaken, ähnlich wie die größeren der Va-ga. Moh-goh meinte, wir könnten die beiden Speere sicher aneinander befestigen und dann den kleinen Haken des oberen am Rand des Kraters einhaken und seinen Halt gründlich testen, bevor einer von uns versuchte, aufzusteigen. Unter seiner Tunika trug er ein um die Taille geschlungenes Seil, das, wie er mir erklärte, zur üblichen Ausrüstung aller Laytheaner gehörte. Es war seine Idee, ein Ende davon um die Taille desjenigen von uns zu binden, der zuerst aufsteigen sollte, und der andere sollte so weit wie möglich in den Tunnel zurückgehen und sich festhalten, so dass der Kletterer im Falle eines Sturzes vor dem Tod bewahrt würde, obwohl ich befürchtete, dass ihm ein ziemlich böser Sturz und einige schlimme Prellungen nicht erspart bleiben würden.

Ich meldete mich freiwillig als Erster und begann, ein Ende des Seils sicher um meine Taille zu befestigen, während Moh-goh die beiden Speere mit einem Stück Seil, das er vom anderen Ende abgeschnitten hatte, zusammenband. Er arbeitete schnell, mit geschickten, flinken Fingern, und schien ziemlich gut zu wissen, was er tat. Für den Fall, dass ich den Gipfel sicher erreichen würde, sollte ich erst die Speere und dann Moh-goh am Seil hochziehen.

Nachdem ich das Seil zu meiner Zufriedenheit befestigt hatte, stand ich so weit außen an der Kante vor dem Tunneleingang, wie es möglich war, schaute zum Kraterrand zwanzig Fuß über mir, und versuchte vergeblich, von unten einen einigermaßen sicheren Punkt zu wählen, an dem ich den Speer einhaken konnte. Als ich so am Rande der Ewigkeit stand und mich mit einer Hand an die Tunnelwand lehnte, drang aus dem Tunnel ein Geräusch an meine Ohren. Moh-goh hörte es auch und sah mich mit reumütigem Kopfschütteln und einem Achselzucken an.

»Alles ist gegen uns, Erdenmensch«, sagte er, denn diesen Namen hatte er mir gegeben, als ich ihm sagte, wie meine Welt heißt.

XI. Eine Begegnung mit Ko-tah

Die Verfolger waren noch nicht in Sicht, aber ich wusste durch die Geräusche der herannahenden Schritte, dass es unmöglich sein würde, die Verbindung der Speere fertigzustellen, einen sicheren Platz für den Haken oben zu finden, zum Kraterrand hinaufzuklettern und Moh-goh heraufzuziehen, bevor sie über uns herfallen würden.

Unsere Lage schien fast aussichtslos. Mir fiel kein Ausweg ein, und doch versuchte ich es, und als ich mit gesenktem Kopf dastand, meine Augen auf den Boden des Tunnels gerichtet, sah ich das ordentlich aufgerollte Seil, das zu meinen Füßen lag und dessen Ende sicher um meine Taille geknotet war. Sofort schoss mir eine verrückte Idee durch den Kopf. Ich schaute zum Rand des Kraters hinauf. Könnte ich das tun?

Es gab eine Chance – die geringere Schwerkraft des Mondes rückte die Sache in den Bereich des Möglichen, obwohl es nach irdischen Maßstäben unmöglich war. Ich wartete nicht, ich konnte nicht warten, denn wenn ich nachgedacht hätte, bezweifle ich, dass ich den Mut gehabt hätte, es zu versuchen. Hinter mir lag ein Abgrund, der sich in die Tiefe des Weltraums öffnete und in den ich geschleudert werden würde, wenn mein verrückter Plan scheiterte; aber, was soll's? Lieber Tod als Sklaverei. Ich ging also in die Knie und konzentrierte mich auf die absolute Koordination von Geist und Muskeln und sprang mit der ganzen Kraft meiner Beine geradewegs nach oben.

Und in dem Augenblick, in dem mein Leben auf dem Spiel stand, was dachte ich da? An die Heimat, an die Erde, an die Freunde meiner Kindheit? Nein – an ein blasses und schönes Gesicht, mit großen, dunklen Augen und einer perfekten Stirn, umgeben von einer Fülle rabenschwarzer Haare. Es war das Bild von Nah-ee-lah, dem Mondmädchen, das ich mit mir in die Ewigkeit getragen hätte, wenn ich in diesem Augenblick gestorben wäre.

Aber ich bin nicht gestorben. Mein Sprung trug mich über den Rand des Kraters, wo ich nach vorne hechtete und ausgestreckt mit den Armen und dem Oberkörper auf dem Boden landete. Sofort drehte ich mich um, legte mich auf den Bauch und ergriff das Seil mit beiden Händen.

»Schnell, Moh-goh!« rief ich meinem Gefährten unten zu: »Schling das Seil schnell um dich, halte die Speere fest, und ich ziehe dich hoch!«

»Zieh«, antwortete er sofort, »ich habe keine Zeit, das Seil um mich zu binden. Sie sind fast bei mir, zieh und mach schnell.«

Ich tat, was er wollte, und einen Augenblick später ergriffen seine Hände den Rand des Kraters, und mit meiner Hilfe erreichte er die Oberfläche und zog die Speere hinter sich her. Einen Moment lang stand er schweigend da und sah mich mit einem höchst seltsamen Gesichtsausdruck an; dann schüttelte er den Kopf.

»Ich verstehe noch nicht«, sagte er, »wie du das gemacht hast, aber es war unglaublich.«

»Ich selbst hätte kaum erwartet, es zu schaffen«, antwortete ich, »aber alles ist besser als Sklaverei.«

Von unten drangen die Stimmen der Kalkar herauf, die wütend stritten. Moh-goh hob einen Felsbrocken auf, beugte sich über den Rand des Kraters und warf ihn auf sie hinunter. »Ich habe einen erwischt«, sagte er und drehte sich lachend zu mir um, »der ist ins Nichts gestürzt; das hassen sie. Sie glauben, dass es keine Reinkarnation für diejenigen gibt, die in einen Krater fallen.«

»Glaubst du, dass sie versuchen werden, uns zu folgen?« fragte ich.

»Nein«, sagte er, »sie werden für lange Zeit Angst haben, ihre Hakenstangen hier zu benutzen, da wir in der Nähe sein und sie in den Krater stoßen könnten. Ich werde einen weiteren Stein werfen, wenn einer von ihnen in Sichtweite ist, und dann machen wir uns auf den Weg. Hier in den Bergen fürchte ich sie jedenfalls nicht. Auf den Ebenen gibt es immer reichlich Steine, und wir von Laythe sind darauf trainiert, sie sehr effektiv einzusetzen – soweit ich werfen kann, kann ich auch einen Treffer erzielen.«

Die Kalkar hatten sich in den Tunnel zurückgezogen, so dass Moh-goh seine Gelegenheit verpasste, einen weiteren zu töten, und sich nun vom Krater abwandte und auf den Weg in die Berge aufmachte, und ich direkt hinter ihm.

Ich kann ihnen versichern, dass ich mich jetzt, da ich mit einem Speer und einem Messer bewaffnet war, viel besser fühlte, und während wir gingen, übte ich auf Moh-gohs Anregung und unter seiner Anleitung das Werfen von Steinen, bis ich in dieser Kunst recht geübt war.

Ich werde sie nicht mit einer Erzählung von unserer Reise nach Laythe ermüden. Wie lange es gedauert hat, weiß ich nicht. Es mag einen Tag, eine Woche, einen Monat gedauert haben, denn Zeit schien in Va-nah ein ziemlich bedeutungsloser Begriff zu sein, aber schließlich standen wir, nachdem wir mühsam vom Grund einer tiefen Schlucht hochgeklettert waren, am Rande eines hügeligen Plateaus, und in einiger Entfernung sahen wir etwas, das zunächst wie ein kegelförmiger Berg aussah, der über eine Meile über der Oberfläche des Plateaus hinaus in die Luft ragte.

»Da«, rief Moh-goh, »ist Laythe! Der Krater, in dem der Eingang des Tunnels ist, der zur Stadt führt, liegt jenseits davon.«

Als wir uns der Stadt näherten, deren Basis wir umrunden mussten, um den Krater dahinter zu erreichen, konnte ich mir ein besseres Bild von den Dimensionen und der Bauweise dieser großen inneren Mondstadt machen, deren Basis fast kreisförmig war, einen Durchmesser von etwa sechs Meilen besaß und mehr als eine Meile über das Plateau hinausreichte. Die Basis der Stadt schien die Außenmauer eines alten erloschenen Vulkans zu sein, dessen gesamter Gipfel bei einem gewaltigen Ausbruch einer vergangenen Epoche abgesprengt worden war. Auf diesem Sockel hatten die alten Laytheaner mit dem Bau ihrer Stadt begonnen, deren Häuser sich ebenso wie die der Kalkar Stadt, aus der wir gerade geflohen waren, übereinander erhoben. Das hohe Alter von Laythe wurde durch die gewaltige Höhe bezeugt, zu der diese übereinander liegenden Gebäude sich erhoben; die höchste Mauer von Laythe befand eine Meile über dem Boden des Plateaus. Enge Terrassen umgaben die Peripherie der hoch aufragenden Stadt, und als wir näherkamen, sah ich Türen und Fenster, die sich zu den Terrassen öffneten, und Figuren, die sich hin und her bewegten, das Ganze erinnerte sehr an einen riesigen Bienenstock. Als wir einen Punkt den Fuß der Stadt erreicht hatten, sah ich, dass wir entdeckt worden waren, denn direkt über uns befanden sich an verschiedenen Stellen Menschen, die zweifellos auf uns herabblickten und über uns sprachen.

»Sie haben uns von oben gesehen«, sagte ich zu Moh-goh, »warum grüßt du sie nicht?«

»Sie halten uns für Kalkar«, antwortete er. »Es ist einfacher für uns, durch den Tunnel in die Stadt zu gelangen, wo ich keine Schwierigkeiten haben werde, meine Identität zu beweisen.«

»Wenn sie uns für Kalkar halten«, sagte ich, »werden sie uns dann nicht angreifen?"

»Nein«, antwortete er, »die Kalkar gehen oft an Laythe vorbei. Wenn sie nicht versuchen, die Stadt zu betreten, belästigen wir sie nicht.«

»Deine Leute fürchten sie also?« fragte ich.

»Man könnte es so ausdrücken«, antwortete er. »Sie sind uns zahlenmäßig weit überlegen, vielleicht tausend zu eins, und da sie keine Gerechtigkeit, Gnade oder Ehre kennen, versuchen wir, sie nicht unnötig gegen uns aufzubringen.«

Wir kamen schließlich bis zur Mündung des Kraters, und hier schlang Moh-goh sein Seil um den Stamm eines kleinen Baumes, der dicht am Rand wuchs, und rutschte hinunter zum Eingang des Tunnels direkt darunter. Ich folgte seinem Beispiel, und als ich neben ihm stand, zog Moh-goh das Seil ein, wickelte es um seine Taille und wir machten uns auf den Weg durch den Tunnel, der nach Laythe führte.

Nach meiner langen Reihe von Abenteuern mit unfreundlichen Menschen in Va-nah hatte ein Gefühl, wie jemand, der nach langer Abwesenheit nach Hause zurückkehrt, denn Moh-goh hatte mir versichert, dass die Menschen von Laythe mich gut empfangen würden und dass ich wie ein Freund behandelt werden würde. Er versicherte mir sogar, dass er mir eine gute Stellung im Dienste von Ko-tah beschaffen würde. Mein größtes Bedauern galt nun Nah-ee-lah, und dass sie nicht meine Begleiterin war, sondern Moh-goh. Ich war mir ziemlich sicher, dass sie verschollen war, denn wäre sie entkommen und in den Krater außerhalb der Stadt Kalkar gefallen, bezweifelte ich, dass sie erfolgreich den Weg nach Laythe hätte finden können. Mein Herz war schwer, seit wir getrennt worden waren, und mir war klar geworden, dass mir die Freundschaft dieser kleinen Mondfrau viel mehr bedeutete, als ich gedacht hatte. Ich konnte kaum an sie denken, ohne dass ich einen Kloß im Hals fühlte, denn es schien in der Tat grausam, dass eine so junge und reizende Frau ein so vorzeitiges Ende fand.

Die Entfernung zwischen dem Krater und der Stadt Laythe ist nicht groß, und bald kamen wir auf der unteren Terrasse innerhalb der Stadt heraus. Diese Terrasse befindet sich ganz am Rand des Kraters, um den herum Laythe gebaut ist. Und hier liefen wir direkt in die Arme einer Truppe von etwa fünfzig Kriegern.

Moh-goh tauchte aus dem Tunnel auf, mit seinem Speer in beiden Händen hoch über dem Kopf, die Spitze nach hinten gerichtet, und ich ebenfalls, da er mich ermahnt hatte, die zu tun. Die Krieger waren so überrascht, als sie sahen, dass aus diesem Tunnel, der so lange nicht benutzt worden war, irgendwelche Kreaturen herauskamen, dass wir beinahe erschlagen worden wären, bevor sie merkten, dass wir mit einem Zeichen des Friedens gekommen waren.

Die Wache, die an der inneren Öffnung des Tunnels postiert ist, wird von den Laytheanern als mehr oder weniger ehrenamtliche Aufgabe betrachtet, die nur oberflächlich erfüllt wird.

»Was macht ihr hier, Kalkar?«, rief der Kommandant der Wache.

»Wir sind keine Kalkar«, antwortete mein Begleiter. »Ich bin Moh-goh der Paladar, und dies ist mein Freund. Kann es sein, dass du, Ko-vo der Kamadar, mich nicht kennst?«

»Ah!« rief der Kommandant der Wache, »es ist tatsächlich Moh-goh der Paladar. Du galtst als verloren.«

»Ich wäre tatsächlich verloren, wäre er nicht gewesen, mein Freund«, antwortete Moh-goh und nickte mit dem Kopf in meine Richtung. »Ich wurde von den Kalkar gefangen genommen und in der Stadt Nr. 337 eingekerkert.«

»Ihr seid aus einer Stadt der Kalkar geflohen?«, rief Ko-vo voller offensichtlicher Ungläubigkeit aus. »Das ist unmöglich. Das hat noch keiner geschafft.«

»Aber wir haben es geschafft«, antwortete Moh-goh, »dank meines Freundes hier«, und dann erzählte er Ko-vo kurz die Einzelheiten unserer Flucht.

»Es scheint kaum möglich zu sein«, kommentierte der Laytheaner, als Moh-goh seine Erzählung beendet hatte, »und wie lautet der Name deines Freundes Moh-goh, und aus welchem Land, sagtest du, ist er gekommen?«

»Er nennt sich selbst Ju-lan-fit«, antwortete Moh-goh, denn das kam der Aussprache meines Namens am nächsten. Und so kam es, dass ich den Laytheaner als Ju-lan-fit bekannt war, solange ich unter ihnen blieb. Sie dachten, dass „fifth" – der Fünfte –, das sie „fit" aussprachen, ein Titel wäre, so wie die, die immer dem Namen ihres Besitzers in Laythe folgten, wie Sagroth der Jemadar oder Kaiser; Ko-vo der Kamadar, ein Titel, der dem des englischen Herzogs sehr ähnlich ist; und Moh-goh der Paladar oder Graf. Und um ihnen ihren Willen zu lassen, sagte ich ihnen, dass mein Titel ihrem Javadar oder Prinzen entspräche. Ich wurde danach manchmal Ju-lan-fit und manchmal Ju-lan Javadar genannt, je nach Laune desjenigen, der mich ansprach.

Auf Moh-gohs Vorschlag schickte Ko-vo der Kamadar eine Reihe seiner Männer, die uns zu Moh-gohs Wohnung begleiten sollten, damit wir keine Schwierigkeiten hätten, in unseren Kalkar Gewändern durch die Stadt zu gehen.

Während wir uns mit Ko-vo unterhielten, wanderten meine Augen durch diese lunare Stadt. Der Krater, um den herum Laythe gebaut ist, schien zwischen drei und vier Meilen breit zu sein, die ihm zugewandten Gebäude und die Terrassen, die sich bis zu einer Höhe von mindestens einer Meile erhoben waren architektonisch viel aufwendiger und weitaus reicher an Verzierungen als die der Kalkar Stadt Nr. 337. Die Terrassen waren breit und schön angelegt, und als wir zu Moh-gohs Wohnhaus hinaufstiegen, sah ich, dass viele von ihnen kunstvoll gestaltet waren und dass es an zahlreichen Stellen Teiche, Bäche und Wasserfälle gab. Wie in der Kalkar Stadt wurden auf verschiedenen Terrassen Va-gas in kleinen Gruppen als Nahrung gezüchtet. Sie waren gepflegt und fett und wirkten zufrieden, und wie ich später erfuhr, waren sie mit ihrem Schicksal vollkommen zufrieden, denn sie hatten nicht mehr Vorstellung von dem Zweck, für den sie gezüchtet wurden, oder von dem Schicksal, das sie erwartete, als die Kühe der Erde.

Die U-Ga von Laythe hatten diesen Geisteszustand in ihren Va-ga Herden durch einen Prozess sorgfältiger Selektion erreicht, der sich möglicherweise über einen Zeitraum von mehreren Jahren erstreckt hatte, in dem sie gewissenhaft die dümmsten und fantasielosesten Mitglieder ihrer Herden für Zuchtzwecke ausgewählt hatten.

In Moh-gohs Wohnung wurden wir von den Mitgliedern seiner Familie – seinem Vater, seiner Mutter und seinen zwei Schwestern – herzlich begrüßt, die alle, wie die anderen Laytheaner, die ich gesehen hatte, beeindruckende Erscheinungen waren. Die Männer waren groß und gut aussehend, die Frauen körperlich perfekt und von großer Schönheit.

Ich konnte aus den liebevollen Grüßen, die sie austauschten, auf ein Familienleben schließen, das dem ähnelt, das auf der Erde verbreitet ist, während die gütige und gastfreundliche Art, mit der sie mich empfingen, sie als Menschen mit sehr großer Feinfühligkeit auszeichnete. Zuerst mussten sie die Geschichte von Moh-goh hören, und dann, nachdem sie uns gratuliert und gelobt hatten, machten sie sich daran, Bäder und frische Kleidung für uns vorzubereiten, wobei ihnen eine Schar von Dienern zur Seite stand, Nachkommen, wie man mir erzählte, der Diener, die den adeligen Klassen treu geblieben waren und sie in ihr Exil begleitet hatten.

Wir ruhten uns nach unseren Bädern eine kurze Zeit aus, und dann kündigte Moh-goh an, dass er zu Ko-tah gehen und sich melden müsse, und dass er mich mitnehmen würde. Ich war jetzt in ein Gewand gekleidet, das meinem vermeintlichen Rang entsprach, und ich trug die Waffen eines Laytheaners – eine kurze Lanze oder einen Speer, einen Dolch und ein Schwert, aber mit meiner relativ dunklen Haut und meinem blonden Haar konnte ich nicht hoffen, in irgendeiner Gesellschaft der Laytheaner mehr als nur ein Objekt der Neugier zu sein. Aufgrund meiner Haarfarbe dachten einige von ihnen, ich sei ein Kalkar, aber meine Hautfarbe stellte diesen Irrtum richtig.

Die Wohnung von Ko-tah war in der Tat fürstlich und erstreckte sich mit ihren zwei Stockwerken und ihren zahlreichen Türmen und Minaretten über eine viertel Meile auf einer großen Terrasse. Die gesamte Fassade des Gebäudes war aufwendig und wunderschön verziert, wobei die Dekorationen herausragende Szenen aus dem Leben der Vorfahren von Ko-tah bildhaft darstellten.

Bewaffnete Adelige standen zu beiden Seiten des massiven Eingangsweges, und lange bevor wir den Mondfürsten erreichten, wurde mir klar, dass er möglicherweise schwieriger zu erreichen war als einer auf der Erde, aber schließlich wurden wir zu ihm geführt, und Moh-goh stellte mich mit größter Ehrerbietung Ko-tah dem Javadar vor. Nachdem ich einen fürstlichen Titel und ein fürstliches Gewand angenommen hatte, entschied ich mich dafür, ebenfalls fürstliche Vorrechte in Anspruch zu nehmen, da ich glaubte, dass meine Position unter den Laytheanern gestärkt würde und dass sie meine Interessen unterstützen würden, wenn sie glaubten, dass königliches Blut durch meine Adern fließe; und so erwiderte ich Ko-tahs Begrüßung, als ob wir gleichberechtigt wären und als ob wir einander auf Augenhöhe vorgestellt würden.

Ich fand, dass er, wie all seine Mitmenschen, ein gut aussehender Mann war, aber mit einem finsteren Gesichtsausdruck, der mir nicht gefiel. Möglicherweise war ich von dem, was Nah-ee-lah mir erzählt hatte, gegen ihn voreingenommen, aber wie dem auch sei, in dem Moment, als ich ihn erblickte, empfand ich eine Abneigung und ein Misstrauen gegen ihn, und ich denke, dass auch er meine Haltung gespürt haben muss, denn obwohl er äußerlich freundlich und höflich war, glaube ich, dass Ko-tah der Javadar mich nie mochte.

Es ist wahr, dass er darauf bestand, mir ein Quartier in seinem Palast zuzuweisen, und dass er mir einen hohen Rang unter seinen Anhängern einräumte, aber ich war zu dieser Zeit etwas Besonderes bei ihnen, und Ko-tah war nicht der Einzige unter den Adligen, dem es gefiel, mich zu unterhalten und mir Gefälligkeiten zu erweisen, genau wie die Erdenmenschen, wenn ein betitelter Fremder oder ein berühmter Mann aus einem anderen Land zu ihnen kommt.

Obwohl ich ihn nicht mochte, zögerte ich nicht, seine Gastfreundschaft anzunehmen, da ich das Gefühl hatte, dass ich Sagroth, dem Jemadar wegen meiner Freundschaft zu Nah-ee-lah, meine ganze Loyalität schuldete, und wenn ich, indem ich mich in das Lager des Feindes begab, dem Vater von Nah-ee-lah dienen konnte, so war ich dazu bereit.

Ich befand mich im Palast von Ko-tah in einer recht merkwürdigen Lage, da ich angeblich wenig oder gar nichts über die inneren Verhältnisse in Laythe wissen konnte, und doch hatte ich sowohl von Nah-ee-lah als auch von Moh-goh viel über die Intrigen und die Politik dieser Mondstadt erfahren. Zum Beispiel durfte ich nicht von der Existenz Nah-ee-lahs wissen. Nicht einmal Moh-goh wusste, dass ich von ihr wusste; und so konnte ich bis zur Erwähnung ihres Namens keine Fragen über sie stellen, obwohl ich in der Tat besorgt war, ob sie durch irgendein Wunder des Zufalls sicher nach Laythe zurückgekehrt war oder ob etwas über ihr Schicksal bekannt war.

Ko-tah unterhielt sich eine beträchtliche Zeit lang mit mir und stellte viele Fragen über die Erde und meine Reise von diesem Planeten zum Mond. Ich wusste, dass er skeptisch war, und doch war er ein Mann von solcher Intelligenz, dass er erkannte, dass es im Universum etwas geben musste, das über sein Verständnis oder sein Wissen hinausging.

Seine Augen sagten ihm, dass ich kein Bewohner von Va-nah war, und seine Ohren müssen das Zeugnis seiner Augen bestätigt haben, denn so sehr ich es auch versuchte, ich war nie in der Lage, die Sprache von Va-nah so zu beherrschen, dass ich als Eingeborener durchgehen konnte.

Am Ende unseres Gesprächs kündigte Ko-tah an, dass Moh-goh ebenfalls in einem Quartier im Palast bleiben würde, und schlug vor, dass, wenn es mir recht sei, mein Begleiter meine Wohnung mit mir teilen solle.

»Nichts würde mir größere Freude bereiten, Javadar Ko-tah«, sagte ich, »als meinen guten Freund, Moh-goh den Paladar, immer bei mir zu haben.«

»Ausgezeichnet!« rief Ko-tah. »Ihr müsst beide müde sein. Geht deshalb in eure Wohnungen und ruht euch aus. Bald werde ich mich mit meinem Hofstaat zum Palast des Jemadar begeben, und ihr werdet rechtzeitig benachrichtigt, damit ihr euch darauf vorbereiten könnt, mich zu begleiten.

Die Audienz war zu Ende, und wir wurden von Adligen aus dem Palast von Ko-tah in unsere Wohnung geführt, die im zweiten Stock lag und aus ansprechenden Räumen bestand, mit Blick auf die Terrassen bis hinunter zum Rand des großen, gähnenden Kraters darunter.

Bis ich mich auf die weiche Matratze warf, die mir als Bett diente, war mir nicht klar, wie körperlich erschöpft ich gewesen war. Kaum hatte ich es mir erlaubt, mich in der luxuriösen Leichtigkeit, die dem Schlaf vorausgeht, zu entspannen, da war ich schon in einen tiefen Schlummer gefallen, der eine ganze Weile gedauert haben musste, denn als ich erwachte, war ich völlig erfrischt. Moh-goh war bereits auf und in der Wanne aus Marmor, die von einem stetigen Strom eiskalten Wassers aus den schneebedeckten Gipfeln der hohen Berge hinter Laythe gespeist wurde. Der Badende hatte keine Seife, sondern benutzte raue Faserhandschuhe, mit denen er die Oberfläche seiner Haut rieb, bis sie glühte. Diese Bäder raubten einem fast den Atem, aber der Schock wurde durch das Gefühl der Freude und des Wohlbefindens, das sie auslösten, reichlich belohnt.

Zusätzlich zu den privaten Bädern in jeder Wohnung gab es auf jeder Terrasse ein öffentliches Bad, in dem sich Männer, Frauen und Kinder vergnügten, was mich an die antiken römischen Bäder erinnerte, von denen die irdische Geschichte erzählt.

Die Bäder des Jemadar, die ich später im Palast von Sagroth sehen sollte, waren Wunderwerke an Schönheit und Luxus. Wenn der Kaiser einlädt, amüsieren sich hier seine Gäste beim Schwimmen und Tauchen, was, wie ich feststellte, die Nationalsportarten der Laytheaner sind. Die Kalkar machen sich weniger aus Wasser, während die Va-ga nur ins Wasser gehen, wenn es notwendig ist.

Ich folgte Moh-goh in die Badewanne, in der ich am Anfang das Gefühl hatte, zu erfrieren. Während wir uns ankleideten, kam ein Bote von Ko-tah, mit der Anweisung, uns bereit zu machen und ihn zum Palast von Sagroth dem Jemadar zu begleiten.

XII. Wachsende Gefahr

Der Palast des Kaisers, eine prächtige Anlage, stand auf der erhabensten Terrasse von Laythe und erstreckte sich vollständig um den gewaltigen Krater herum. Von den darunter liegenden Terrassen führen nur drei Straßen dorthin – drei herrliche Treppen, die durch riesige Steintore verschlossen werden können, die offenbar aus riesigen Steinplatten bestanden, in die wunderbare Muster gemeißelt waren, so dass sie aus der Ferne den Anschein prächtiger Spitzenarbeiten erwecken. Jedes Tor wurde von einer Kompanie aus fünfzig Kriegern bewacht, auf deren Tuniken das kaiserliche Muster in einem großen Kreis über der linken Brust zu sehen ist.

Die Zeremonie unseres Empfangs auf der kaiserlichen Terrasse war höchst prachtvoll und beeindruckend. Riesige Trommeln und Trompeten schmetterten einen Gruß, als wir den Fuß der Treppe erreichten, die zum Palast hinauf führte. Hohe Würdenträger in prächtigen Gewändern kamen die Stufen herunter, um uns zu empfangen, als wollten sie die Ko-tahs Einladung formell prüfen und deen Eintritt offiziell genehmigen. Wir wurden durch das Tor über eine breite Terrasse geleitet, die wunderschön gestaltet und mit Statuen verziert war, die ganz offensichtlich das Werk vollendeter Künstler waren. Diese Kunstwerke umfassten sowohl lebensgroße als auch heroische Figuren von Einzelpersonen und Gruppen und stellten zum größten Teil historische oder legendäre Figuren und Ereignisse der fernen Vergangenheit dar, obwohl es auch Bildnisse aller Herrscher von Laythe bis hin zu Sagroth, dem gegenwärtigen Jemadar, gab.

Beim Betreten des Palastes wurden wir in einen Bankettsaal geführt, wo uns das Essen serviert wurde, offensichtlich nach altem Hofzeremoniell, denn es gab wenig zu essen, und die Gäste kosteten kaum von dem, was ihnen vorgesetzt wurde. Diese Zeremonie nahm nur wenige Minuten irdischer Zeit in Anspruch, worauf wir durch geräumige Flure in den Thronsaal des Jemadar geleitet wurden, ein Raum von großer Schönheit und beachtlicher Größe. Seine Verzierungen und Formen waren einfach, fast streng, aber dennoch von königlicher Würde und Pracht. Auf einem Podest am hinteren Ende des Raumes standen drei Throne, wobei der in der Mitte von einem Mann besetzt war, von dem ich sofort wusste, dass er Sagroth war, während auf beiden Seiten eine Frau saß.

Ko-tah trat vor und erwies dem Herrscher seine Ehrerbietung, und nach dem Austausch einiger Worte kehrte Ko-tah zurück und führte mich zum Fuß von Sagroths Thron.

Ich war angewiesen worden, dass es der höfischen Etikette entsprach, meine Augen auf den Boden zu richten, bis ich vorgestellt worden war und Sagroth zu mir gesprochen hatte, und dass ich dann der Jemadav oder Kaiserin vorgestellt werden sollte, zu der ich dann auch meine Augen erheben dürfte, und schließlich würde ich vor die Inhaberin des dritten Thrones gebracht und mit der gleichen Förmlichkeit vorgestellt werden.

Sagroth sprach sehr gütig zu mir, und als ich meine Augen erhob, sah ich vor mir einen Mann von beachtlicher Größe und offensichtlicher Charakterstärke. Er war bei Weitem die königlichste Erscheinung, auf der meine Augen je geruht hatten, während seine tiefe, gut modulierte, aber kraftvolle Stimme die Erhabenheit seiner Haltung betonte. Er war es, der mich seiner Jemadav vorstellte, die wie ich feststellte, eine Frau war, deren Aussehen genauso majestätisch war wie das ihres kaiserlichen Gefährten und die, obwohl sie zweifellos die mittleren Jahre überschritten hatte, immer noch eine bemerkenswerte Schönheit besaß, in der Nah-ee-lahs Ähnlichkeit mit ihrer Mutter deutlich zu erkennen war.

Wieder senkte ich meine Augen, als Sagroth mich der Person auf dem dritten Thron vorstellte.

»Ju-lan der Javadar«, wiederholte er die formalen Worte der Vorstellung, »erhebe deine Augen zu der Tochter von Laythe, Nah-ee-lah der Nonovar.«

Als meine Augen, zweifellos voller Überraschung und Ungläubigkeit zum Gesicht von Nah-ee-lah aufblickten, war ich nahe daran einen Schrei auszustoßen vor Freude und Glück, die ich empfand, als ich sie wiedersah und wusste, dass sie wieder sicher zu ihren Eltern und ihrer Stadt zurückgekehrt war. Aber als meine Augen die ihren trafen, wurde meine Freude durch ihren kalten Blick und ihre hochmütige Miene so gründlich und schnell gedämpft, als hätte ich einen Schlag ins Gesicht bekommen.

Im Ausdruck von Nah-ee-lah gab es keine Andeutung des Wiedererkennens.

Sie nickte kalt in Bestätigung der Vorstellung und ließ dann ihre Augen über meinem Kopf in Richtung des gegenüberliegenden Endes des Thronsaals wandern. Mein Stolz war verletzt, und ich war wütend, aber ich wollte sie nicht sehen lassen, wie schwer ich verletzt war. Ich war schon immer stolz auf meine Selbstbeherrschung, und so gewann ich die Kontrolle über meine Gefühle zurück und wandte mich wieder Sagroth zu, als ob ich von seiner Tochter, der Nonovar, genau die Gunst erhalten hätte, die ich erwarten durfte. Wenn der Jemadar irgendetwas Eigenartiges in Nah-ee-lahs oder meinem Ausdruck bemerkt hatte, ließ er es sich nicht anmerken. Er sprach mich noch einmal freundlich an und entließ mich dann mit der Bemerkung, dass wir uns später wieder treffen würden.

Nachdem er sich aus dem Thronsaal zurückgezogen hatte, teilte mir Ko-tah mit, dass ich nach der Audienz Gelegenheit haben würde, Sagroth weniger formell zu treffen, da er befohlen hatte, dass ich während des anschließenden Essens als sein Gast im Palast bleiben sollte.

»Es ist eine Auszeichnung«, sagte Ko-tah, »aber bedenkt, Ju-lan der Javadar, dass ihr die Freundschaft von Ko-tah angenommen habt und sein Verbündeter seid.«

»Verwickelt mich nicht in die politischen Intrigen von Laythe«, antwortete ich. »Ich bin ein Fremder, der kein Interesse an den inneren Angelegenheiten eures Landes hat, da ich sie nicht kenne.«

»Man ist entweder ein Freund oder ein Feind«, antwortete Kotah.

»Ich bin auch mit niemandem vertraut genug, um eine Wahl zu treffen«, sagte ich ihm; »weder will ich mir meine Freunde in Laythe aussuchen, bevor ich sie nicht besser kenne, noch soll ein anderer sie für mich aussuchen.«

»Ihr seid hier ein Fremder«, sagte Ko-tah. »Ich sage das nur in eurem Interesse. Wenn ihr hier Erfolg haben wollt, und wenn ihr leben wollt, dann müsst ihr schnell und richtig wählen. Ich, Ko-tah der Javadar, habe gesprochen.«

»Ich suche mir meine Freunde selbst aus«, antwortete ich, »nach dem Gebot meiner Ehre und meines Herzens. Ich, Ju-lan der Javadar, habe gesprochen.«

Er verneigte sich zustimmend, und als er mir wieder in die Augen sah, verriet mir der Ausdruck darin, dass seine Haltung mir gegenüber mehr von Respekt als von Groll geprägt war.

»Wir werden sehen«, war alles, was er sagte, und zog sich zurück und überließ mich der freundlichen Aufmerksamkeit einiger Herren von Sagroths Hof, die in respektvollem Abstand außer Hörweite von

Ko-tah und mir gestanden hatten. Diese Männer unterhielten sich einige Zeit lang freundlich mit mir, bis ich zu Sagroth in einen anderen Teil des Palastes eingeladen wurde.

Ich fand mich nun einem Mann gegenüber, der offensichtlich die Zurückhaltung einer formellen Audienz abgelegt hatte, ohne jedoch auch nur im geringsten seine Würde oder seine Majestät aufzugeben. Er sprach freier und sein Auftreten war demokratischer. Er bat mich, Platz zu nehmen, und er selbst nahm erst Platz, nachdem ich mich gesetzt hatte, ein Aspekt der laytheanischen Hofetikette, der mich sehr beeindruckte, da er darauf hinwies, dass der erste Herr der Stadt auch der erste in Bezug auf Höflichkeit sein müsse. Er stellte mir eine Frage nach der anderen zu meiner eigenen Welt und den Mitteln, mit denen ich nach Va-nah transportiert worden war.

»Es gibt fragmentarische, äußerst fragmentarische, aus der ältesten Antike überlieferte Legenden, die darauf hindeuten, dass unsere fernen Vorfahren ein gewisses Wissen über die anderen Welten hatten, von denen ihr sprecht«, sagte er, »aber diese wurden immer nur als Mythen betrachtet. Kann es möglich sein, dass sie doch auf Wahrheit beruhen?«

»Das Bemerkenswerte an ihnen«, schlug ich vor, »ist, dass sie überhaupt existieren, da es schwer zu verstehen ist, wie irgendein Wissen über das äußere Universum jemals bis in die tiefsten Tiefen von Va-nah gelangen konnte."

»Nein, keinesfalls«, meinte er, »wenn das, was ihr sagt, die Wahrheit ist, denn unsere Legenden bestätigen die Theorie, dass Va-nah sich im Zentrum eines riesigen Globus befindet und dass unsere frühesten Vorfahren auf der äußeren Oberfläche dieses Globus lebten und schließlich durch irgendeine Bedingung, die die Legenden nicht einmal andeuten, gezwungen waren, ihren Weg in diese innere Welt zu finden."

Ich schüttelte den Kopf. Es schien nicht möglich.

»Und dennoch«, sagte er und bemerkte den Zweifel, den mein Ausdruck offensichtlich verriet, »behauptet ihr selbst, Va-nah von einer großen Welt erreicht zu haben, die weit von unserem Globus entfernt ist, den ihr Mond nennt. Wenn ihr uns aus einer anderen Welt gekommen seid, ist es dann so schwer zu glauben, dass diejenigen, die uns vorausgegangen sind, von der äußeren Kruste dieses Mondes nach Va-nah gekommen sind? Es ist fast eine historische Gewissheit«, fuhr er fort, »dass unsere Vorfahren große Schiffe besaßen, die in der Luft fuhren. Da ihr mit einem ähnlichen Transportmittel nach Va-nah gereist seid, könnten unsere Vorfahren nicht dasselbe getan haben?«

Ich musste zugeben, dass es im Bereich des Möglichen lag, und wenn es so war, dass die Mondmenschen der Antike ihren Brüdern auf der Erde dann Millionen von Jahren voraus waren. Aber wäre es eine so abwegige Schlussfolgerung, wenn man bedenkt, dass der Mond, da er kleiner ist, sich schneller abgekühlt haben musste als die Erde, und daher, vorausgesetzt, er hatte eine Atmosphäre, schon viele Zeitalter vor unserem eigenen Planeten für Menschen bewohnbar gewesen sein musste? Wir unterhielten uns einige Zeit lang angenehm über viele Themen, und dann stand Sagroth schließlich auf.

»Wir werden uns jetzt zu den anderen an die Tische setzen«, sagte er, und als er den Weg aus den Räumlichkeiten, in denen wir uns allein unterhalten hatten, antrat, öffneten sich vor uns wie von Zauberhand Steintüren, die darauf hinwiesen, dass der Jemadar von Laythe nicht nur gut bedient, sondern auch gut geschützt oder möglicherweise gut ausspioniert wurde.

Nachdem wir die Privataudienz beendet hatten, begleiteten uns Wachen, von denen einige dem Jemadar vorausgingen und einige ihm folgten, und so bewegten wir uns halboffiziell durch mehrere Korridore und Räume, bis wir auf einem Balkon im zweiten Stock des Palastes herauskamen, von dem aus man die Terrassen und den Krater überblicken konnte.

Hier, entlang des Geländers standen zahlreiche kleine Tische mit jeweils zwei Plätzen, die bis auf zwei alle mit königlichen und adeligen Gefolgsleuten und ihren Frauen besetzt waren. Als der Jemadar eintrat, standen sie alle respektvoll auf, und gleichzeitig kamen durch einen anderen Eingang die Jemadav und Nah-ee-lah. Sie standen mitten im Raum und warteten, bis Sagroth und ich zu ihnen hinübergingen. Während wir dies taten, erklärte mir Sagroth sehr höflich das Protokoll, das ich befolgen sollte.

»Ihr werdet an die linke Seite der Nonovar stellen«, schloss er, »und sie zu ihrem Tisch führen, genau wie ich die Jemadav führe.«

Nah-ee-lahs Kopf war hoch erhoben, als ich mich ihr näherte, und sie gab mir als Antwort auf meine respektvolle Begrüßung nur ein kleines Nicken. Schweigend folgten wir Sagroth und seiner Kaiserin zu den für uns reservierten Tischen. Der Rest der Gesellschaft blieb stehen, bis wir auf ein Signal von Sagroth alle Platz nahmen. Ich musste die anderen genau beobachten, da ich nichts über die sozialen Bräuche von Laythe wusste, aber als ich sah, dass alle in Gespräche vertieft waren, warf ich einen Blick auf Nah-ee-lah.

»Die Prinzessin von Laythe vergisst so schnell ihre Freunde?« fragte ich.

»Die Prinzessin von Laythe vergisst nie ihre Freunde«, antwortete sie.

»Ich weiß nichts von euren Sitten und Gebräuchen hier«, sagte ich, »aber in meiner Welt können sogar Könige ihre Freunde mit Herzlichkeit und offenkundiger Freude begrüßen.«

»Hier auch«, erwiderte sie.

Ich sah, dass etwas nicht stimmte, dass sie wütend auf mich zu sein schien, aber die Ursache konnte ich mir nicht vorstellen. Vielleicht dachte sie, ich hätte sie am Eingang des Tunnels, der zur Stadt Kalkar führt, im Stich gelassen. Aber nein, sie musste die Wahrheit erraten haben. Was also könnte der Grund für ihre kalte Unnahbarkeit sein, da sie doch, als ich sie zuletzt gesehen hatte, warmherzig und freundlich war?

»Ich frage mich«, sagte ich und versuchte einen neuen Anlauf, »ob du genauso überrascht warst, mich lebendig zu sehen wie ich, als ich dich sah. Ich habe dich als verloren aufgegeben, Nah-ee-lah, und ich habe mehr getrauert, als ich dir sagen kann. Als ich dich im Audienzzimmer sah, konnte ich mich kaum zurückhalten, aber als ich merkte, dass du mich nicht erkennen wolltest, konnte ich deine Wünsche nur respektieren.«

Sie antwortete nicht, sondern drehte sich um und schaute aus dem Fenster über die Terrassen und den Krater auf die gegenüberliegende Seite von Laythe. Sie, die fast Feuer war, war nun Eis. Sie war nicht länger die kleine Nah-ee-lah, die Gefährtin meiner Nöte und Gefahren. Sie war nicht mehr Freundin und Vertraute, sondern eine kalte und hochmütige Prinzessin, die mich offensichtlich missbilligend betrachtete. Ihre Haltung verletzte alle heiligen Grundsätze der Freundschaft, und ich war wütend.

»Prinzessin«, sagte ich, »wenn es für Laytheaner üblich ist, so die heiligen Bande der Freundschaft zerreißen, würde ich mich bei den Va-ga oder den Kalkar wohler fühlen.«

»Der Weg zu beiden ist offen«, antwortete sie hochmütig. »Du bist kein Gefangener in Laythe.«

Danach stockte das Gespräch und endete, zumindest was Nah-ee-lah und mich betraf, und ich war mehr als erleichtert, als die unangenehme Feier beendet war.

Zwei junge Adelige nahmen mich nach dem Essen in ihre Obhut; da es schien, dass ich noch eine Weile als Gast im Palast bleiben sollte und ich den Wunsch geäußert hatte, so viel von der kaiserlichen Residenz zu sehen, wie mir gestattet wurde, führten sie mich gnädigerweise herum. Wir gingen auf die Außenterrassen, von denen aus man die Täler und Berge überblicken konnte, und nie in meinem Leben habe ich eine majestätischere oder inspirierendere Landschaft gesehen.

Der Krater von Laythe befand sich auf einem breiten Plateau, das vollständig von hohen Bergen umgeben war, von titanischen Gipfeln, die unsere Alpen bedeutungslos erscheinen ließen, und den Himalaja zu einem Vorgebirge reduzierten, die eisbedeckten Gipfel der entfernteren Berge schienen wahrhaftig über uns zu stürzen, während tausend Fuß unter uns das Rosa und Lavendel der seltsamen Mondvegetation wie ein weicher Teppich auf der sanft gewellten Oberfläche des Plateaus lag.

Aber meine Führer schienen sich weniger für die Landschaft als für mich zu interessieren. Sie bombardierten mich mit Fragen, bis ich nur noch das dringende Bedürfnis verspürte, sie loszuwerden. Sie fragten mich ein wenig über meine eigene Welt und was ich von Laythe hielte, und ob ich die Prinzessin Nah-ee-lah charmant fände, und meine Meinung über den Kaiser Sagroth. Meine Antworten müssen zufriedenstellend gewesen sein, denn kurz darauf kamen näher und einer von ihnen flüsterte:

»Ihr braucht keine Angst zu haben, in unserer Gegenwart zu sprechen. Auch wir sind Freunde und Anhänger von Ko-tah.«

»Zum Teufel!« dachte ich. »Sie wollen mich in ihre belanglosen Intrigen verwickeln. Was interessiert mich Sagroth oder Ko-tah oder …« – und dann kehrten meine Gedanken zu Nah-ee-lah zurück. Sie hatte mich grausam behandelt. Ihre kalte Unnahbarkeit und ihre fast absichtliche Verachtung hatten mich verletzt, doch ich konnte mir nicht einreden, dass Nah-ee-lah mir nichts bedeutete. Sie war meine Freundin gewesen, und ich war ihr Freund und würde es bis zu meinem Tod bleiben. Wenn diese Leute mich also zwangsläufig in ihre politischen Auseinandersetzungen hineinziehen wollten, könnte ich mir vielleicht ihre Vertraulichkeiten zum Vorteil für Nah-ee-lah zunutze machen. Ich hatte ihnen weder gesagt, dass ich ein Anhänger von Ko-tah wäre, denn das war ich nicht, noch hatte ich Ko-tah jemals gesagt, dass ich ein Feind von Sagroth wäre; ich hatte ihn sogar dazu gebracht, genau das Gegenteil zu glauben. Und so gab ich den beiden eine ausweichende Antwort, die alles hätte bedeuten können, und sie schlossen daraus, dass ich einer von ihnen wäre. Was sollte ich tun? Es war nicht meine Schuld, wenn sie darauf bestanden, sich selbst zu täuschen, und Nah-ee-lah könnte die Freundschaft, die sie verschmäht hatte, noch brauchen.

»Sagroth hat also keine loyalen Anhänger«, fragte ich, »da ihr so sicher seid, dass der Staatsstreich, den Ko-tah plant, ein Erfolg wird?«

»Ah, dann wisst ihr Bescheid!«, rief einer von ihnen. »Ihr genießt das Vertrauen des Javadar.«

Ich ließ sie glauben, dass ich es war. Es konnte zumindest nicht schaden.

»Hat er euch gesagt, wann es geschehen soll?« fragte der andere.

»Vielleicht habe ich schon zu viel gesagt«, antwortete ich. »Die Geheimnisse von Ko-tah dürfen nicht leichtfertig verbreitet werden.«

»Ihr habt Recht«, sagte der letzte Redner. »Es ist gut, diskret zu sein, aber lasst uns versichern, Ju-lan der Javadar, dass wir das Vertrauen und die Gunst von Ko-tah ebenso genießen wie alle, die ihm dienen; andernfalls hätte er uns nicht mit einem Teil der Arbeit betraut, die im Palast des Jemadar selbst erledigt werden muss."

»Habt ihr hier viele Komplizen?« fragte ich.

»Viele«, antwortete er, »außerhalb der Wachen des Jemadar. Sie sind Sagroth gegenüber loyal. Es ist eine der Traditionen der Garde, und sie würden für ihn sterben, bis auf den letzten Mann, und«, fügte er mit einem Achselzucken hinzu, »sie werden sterben, keine Sorge. Wenn die Zeit gekommen ist und das Signal gegeben wird, wird jedes Mitglied der Garde von zwei treuen Anhängern Ko-tahs angegriffen.«

Ich weiß nicht, wie lange ich im Palast von Laythe blieb. Die Zeit verging schnell, und ich war sehr glücklich, als ich wieder in die Behausung von Moh-goh zurückgekehrt war. Ich schwamm und tauchte mit ihnen und ihren Freunden in den Bädern auf unserer Terrasse und auch in denen von Ko-tah. Ich lernte mit den Flügeln umzugehen, die ich zum ersten Mal an dem Tag gesehen hatte, als Nah-ee-lah erschöpft in die Fänge der Va-ga fiel, und wir unternahmen viele wunderbare Ausflüge in die höheren Berge des Mondes, wenn Moh-goh oder seine Freunde zu diesem Zweck Vergnügungspartys organisierten. Ständig umgeben von Menschen mit Kultur und Bildung, von mutigen Männern und schönen Frauen, war meine Zeit so voller angenehmer Aktivitäten, dass ich mich nicht bemühte, sie zu messen. Ich hatte das Gefühl, dass ich den Rest meines Lebens hier verbringen alle Vergnügungen genießen könnte, die Laythe zu bieten hatte.

Während dieser ganzen Zeit hatte ich Nah-ee-lah nicht gesehen, und obwohl ich immer noch viel über die Verschwörung gegen Sagroth hörte, maß ich dem nur wenig Bedeutung bei, nachdem ich erfahren hatte, dass die Verschwörung seit mehr als dreizehn Kelds, d. h. seit etwa zehn irdischen Jahren, geplant war und nach meinen Informanten der Vollendung nicht näher war, als es in der Vergangenheit je der Fall gewesen war.

Die Zeit hatte für diese Leute nicht viel Bedeutung, und mir wurde gesagt, dass es vielleicht zwanzig Kelds dauern würde, bevor Ko-tah etwas unternehmen würde, obwohl er andererseits auch innerhalb des nächsten Ola zuschlagen könnte.

Es gab in dieser Zeit ein Ereignis, das meine Neugierde weckte, bei dem Moh-goh jedoch äußerst zurückhaltend war. Bei einer der Gelegenheiten, bei denen ich im Palast von Ko-tah zu Gast war, ging ich durch einen wenig benutzten Korridor von einer Kammer in die andere, als sich direkt vor mir eine Tür öffnete und ein Mann vor mir heraustrat. Als er meine Schritte hinter sich hörte, drehte er sich um und sah mich an. Dann ging er schnell in den Raum zurück, den er gerade verlassen hatte, und schloss die Tür eilends hinter sich. Das wäre nicht besonders bemerkenswert gewesen, wenn der Mann ein Laytheaner und nicht zweifellos ein Kalkar gewesen wäre.

Im Glauben, dass ich im Herzen von Laythe einen Feind entdeckt hatte, rannte ich los, öffnete die Tür und folgte dem Mann in den Raum, in den er verschwunden war. Zu meinem Erstaunen sah ich sechs Männer, von denen drei Kalkar waren, während die anderen drei Laytheaner waren, und unter den letzteren erkannte ich sofort Ko-tah. Er wurde rot vor Wut, als er mich sah, aber bevor er sprechen konnte, verbeugte ich mich und erklärte ihm meine Handlung.

»Ich bitte um Verzeihung, Javadar«, sagte ich. »Ich dachte, dass ich im Herzen eures Palastes einen Feind von Laythe sah, und dass ich euch am besten dienen würde, wenn ich ihn ergreife«, und ich begann, mich aus dem Saal zurückzuziehen.

»Wartet«, sagte er. »Ihr habt richtig gehandelt, aber damit sie ihre Anwesenheit hier nicht missverstehen, möchte ich klarstellen, dass diese drei meine Gefangenen sind.«

»Das wurde mir sofort klar, als ich euch sah, Javadar«, antwortete ich, obwohl ich genau wusste, dass er mich angelogen hatte; und dann zog ich mich aus dem Raum zurück und schloss die Tür hinter mir.

Ich sprach mit Moh-goh darüber, als ich ihn das nächste Mal sah.

»Du hast nichts gesehen, mein Freund«, sagte er. »Erinnere dich daran – du hast nichts gesehen.»

»Wenn du meinst, dass es mich nichts angeht, Moh-goh«, antwortete ich: »stimme ich dir vollkommen zu, und du kannst sicher sein, dass ich mich nicht in Angelegenheiten einmischen werde, die mich nichts angehen."

Aber ich habe viel über die Angelegenheit nachgedacht, und vielleicht habe ich mich ein wenig mehr darum bemüht, etwas über den Verlauf der Verschwörung zu erfahren als jemand, der sich nur um seine eigenen Angelegenheiten kümmert, denn egal, was ich Moh-goh gesagt hatte, egal, wie ich versuchte, mich davon zu überzeugen, dass es mich nicht zu interessieren hatte, die Wahrheit blieb, dass alles, was in irgendeiner Weise das Schicksal von Nah-ee-lah betraf, mir wichtiger war als irgendein anderes Ereignis, das sich in Va-nah abspielen konnte.

Die unauffällige Spionage, die ich betrieb, trug insofern Früchte, als ich erfuhr, dass bei mindestens drei weiteren Gelegenheiten Delegationen aus Kalkar Ko-tah besuchten.

Die Tatsache, dass dieser antike Palast des Prinzen von Laythe für mich eine nie versiegende Quelle des Interesses war, half mir bei meiner selbst gestellten Aufgabe, die Verschwörer auszuspionieren, denn die Gefolgsleute von Ko-tah waren es gewohnt, mich in abgelegenen Korridoren und Gängen zu sehen, oft weit entfernt von den bewohnten Teilen des Gebäudes.

Anlässlich einer dieser Rundgänge war ich zu einer unteren Terrasse hinabgestiegen, entlang einer antiken Steintreppe, die sich spiralförmig nach unten wand, und hatte einen schwach beleuchteten Raum entdeckt, in dem eine Reihe antiker Kunstwerke aufbewahrt wurden. Ich begutachtete sie gerade, als ich in einem Nebenraum Stimmen hörte.

»Nur unter diesen Bedingungen wird er euch helfen, Javadar«, sagte der Sprecher, dessen Stimme ich zum ersten Mal hörte.

»Seine Forderungen sind empörend«, antwortete ein zweiter Redner. »Ich weigere mich, sie in Betracht zu ziehen. Laythe ist uneinnehmbar. Er wird sie nie einnehmen.« Die Stimme war die von Ko-tah.

»Ihr kennt ihn nicht, Laytheaner«, antwortete der andere. »Er hat uns Zerstörungsmaschinen gegeben, mit denen wir jede Stadt in Va-nah zerstören können. Er wird euch Laythe geben. Ist das nicht genug?«

»Aber er wird der Jemadar der Jemadar sein und über uns alle herrschen«, rief Ko-tah aus. »Der Jemadar von Laythe ist niemandem untertan.«

»Wenn ihr nicht akzeptiert, wird er Laythe trotzdem einnehmen und euch auf den Status eines Sklaven herabsetzen.«

»Genug, Kalkar!« rief Ko-tah, seine Stimme zitterte vor Wut. »Geht! Sagt eurem Meister, dass Ko-tah seine niederen Forderungen ablehnt.«

»Ihr werdet es bereuen, Laytheaner«, antwortete der Kalkar, »denn ihr wisst nicht, was diese Kreatur aus einer anderen Welt an Wissen über den Krieg und die Wissenschaft der Zerstörung menschlichen Lebens mitgebracht hat.«

»Ich fürchte ihn nicht«, fauchte Ko-tah, »meine Schwerter sind viele, meine Speerträger sind gut ausgebildet. Verschwindet und kehrt erst zurück, wenn euer Herr bereit ist, mit Ko-tah ein Bündnis einzugehen.«

Dann hörte ich Schritte, die sich zurückzogen, und danach ein Schweigen, von dem ich dachte, es deute darauf hin, dass alle den Saal verlassen hatten, aber dann hörte ich Ko-tahs Stimme wieder.

»Was haltet ihr davon?«, fragte er. Und dann hörte ich die Stimme eines dritten Mannes, offensichtlich ein Laytheaner, antworten:

»Ich denke, wenn an den Behauptungen des Burschen etwas Wahres ist, dürfen wir nicht zu schnell den Sturz von Sagroth herbeiführen und euch auf den Thron von Laythe setzen, denn nur so können wir gegen einen gemeinsamen äußeren Feind auftreten.«

»Ihr habt recht«, antwortete der Javadar. »Versammelt unsere Kräfte. Wir werden innerhalb eines Ola zuschlagen.«

Ich wollte mehr hören, aber dann verließen sie den Saal, und ihre Stimmen waren nur noch ein gedämpftes Gemurmel, das sich schnell in Stille verwandelte. Was sollte ich tun? Innerhalb von sechs Stunden würde Ko-tah die Macht von Sagroth an sich reißen, und ich wusste sehr wohl, was das für Nah-ee-lah bedeuten würde; entweder Heirat mit dem neuen Jemadar oder Tod, und ich vermutete, dass die stolze Prinzessin Letzteres dem Ko-tah vorziehen würde.

XIII. Tod von innen und von außen!

So schnell ich konnte, machte ich mich Terrasse für Terrasse auf den Weg von Ko-tahs Palast zum Palast des Jemadar. Ich war nicht mehr in Sagroths Palast gewesen, seit Nah-ee-lah mich so schwer beleidigt hatte. Ich kannte nicht einmal die übliche Prozedur, um eine Audienz beim Kaiser zu bekommen, aber nichtsdestoweniger ging ich mutig zu den geschnitzten Toren und verlangte, mit dem befehlshabenden Offizier der Wachen zu sprechen. Als er kam, sagte ich ihm, dass ich entweder mit Sagroth oder der Prinzessin Nah-ee-lah sofort über eine Angelegenheit von größter Dringlichkeit sprechen wolle.

»Wartet hier«, sagte er, »und ich werde eure Botschaft dem Jemadar überbringen.«

Er war für eine, wie mir schien, sehr lange Zeit weg, kehrte aber schließlich zurück und sagte, dass Sagroth mich sofort sehen wolle. Ich wurde durch die Tore und in den Palast zu dem kleinen Audienzzimmer geführt, in dem Sagroth mich einst so gnädig empfangen hatte. Als ich in den Raum geführt wurde, sah ich mich sowohl Sagroth als auch Nah-ee-lah gegenüber. Die Haltung des Jemadar wirkte scheinbar unvoreingenommen, aber die der Prinzessin war offen feindselig.

»Was machst du hier, Verräter?«, verlangte sie, ohne auf Sagroths Anrede zu warten, und im selben Augenblick sprang eine Tür auf der gegenüberliegenden Seite des Raumes auf und drei Krieger stürzten mit gezückten Schwertern in den Raum. Sie trugen die Farben von Ko-tah, und ich wusste sofort, zu welchem Zweck sie gekommen waren. Ich zog mein eigenes Schwert und sprang vorwärts.

»Ich bin gekommen, um das Leben des Jemadar und seiner Prinzessin zu verteidigen«, rief ich, als ich mich zwischen sie und die drei Angreifer stürzte.

»Was bedeutet das?« forderte Sagroth. »Wie könnt ihr es wagen, vor eurem Jemadar das Schwert zu ziehen?«

»Das sind die Attentäter von Ko-tah, die gekommen sind, um euch zu töten!«, rief ich. »Verteidigt euch, Sagroth von Laythe!« Und dann versuchte ich, die Angreifer hinzuhalten, bis Hilfe kam.

Ich bin kein Anfänger mit dem Schwert. Die Kunst des Fechtens gehörte seit meiner Kadettenzeit in der Luftschule zu meinen hauptsächlichen Freizeitbeschäftigungen, und ich hatte keine Angst vor den Laytheanern, obwohl ich wusste, dass ich, selbst wenn sie nur mittelmäßige Schwertkämpfer waren, dem Angriff von drei auf einmal nicht lange standhalten könnte. Aber diesbezüglich hätte ich mir keine Sorgen machen müssen, denn kaum hatte ich gesprochen, da zog Sagroth sein Schwert aus der Scheide, stellte sich an meine Seite und kämpfte edel und gut, um sein Leben und seine Ehre zu verteidigen.

Einer der Gegner griff mich an, während die beiden anderen versuchten den Jemadar zu ermorden. Als ich sah, dass ich mit ihm machen konnte, was ich wollte, wenn ich ihn nicht zu sehr bedrängte, trieb ich ihn ein paar Schritte zurück, bis ich an der Seite derer war, die Sagroth angriffen. Dann, bevor einer von ihnen meine Absichten erkennen konnte, drehte ich mich um und stieß mein Schwert in das

Herz eines derer, die sich gegen Nah-ee-lahs Vater gestellt hatten. So schnell hatte ich mich von meinem früheren Gegner abgewandt, so schnell war mein Stoß gewesen, dass ich in der Lage war, den erneuten Angriffen des ersten, der mich attackiert hatte, entgegenzutreten, bevor er richtig begriff, was geschehen war.

Es stand nun Mann gegen Mann, und die Chancen waren ausgeglichen. Ich hatte keine Gelegenheit, Sagroth zu beobachten, aber wegen des Klangs von Stahl auf Stahl wusste ich, dass die beiden sich unerbittlich bekämpften. Mein eigener Mann beschäftigte mich gut. Er war ein großartiger Schwertkämpfer, aber er kämpfte nur um sein Leben; ich kämpfte um mehr – um mein Leben und auch um meine Ehre, denn nach dem Wort *Verräter*, das Nah-ee-lah mir entgegen geschleudert hatte, hatte ich das Bedürfnis, mich in ihren Augen zu rehabilitieren. Ich dachte überhaupt nicht darüber nach, warum es mich kümmern sollte, was Nah-ee-lah das Mondmädchen von mir dachte, aber etwas in mir reagierte stark auf die Verachtung, die sie in dieses eine Wort gelegt hatte.

Ich konnte gelegentlich einen Blick auf sie werfen, wie sie dort hinter dem riesigen Schreibtisch stand, an dem ihr Vater bei meinem ersten Besuch in diesem Saal gesessen hatte. Sie stand sehr angespannt da, ihre großen Augen waren in offensichtlicher Ungläubigkeit auf mich gerichtet.

Ich hatte meinen Mann fast überwältigt, und wir kämpften jetzt so, dass ich mit dem Rücken zur Tür stand, durch die die drei Attentäter eingetreten waren, und Nah-ee-lah zugewandt war. Sagroth musste sich auch mehr als nur behauptet haben, denn ich konnte sehen, wie sein Gegner vor den Angriffen des älteren Mannes langsam zurückwich. Und dann drang eine Mädchenstimme durch den Klirren des Stahls – Nah-ee-lahs – voller Angst.

»Julian, Vorsicht! Hinter dir! Hinter dir!«

Im Augenblick ihrer Warnung wandten sich die Augen meines Widersachers von meinen ab, was sie zu seinem eigenen Wohl niemals hätten tun dürfen, und richteten sich in einem schnellen Blick über meine Schulter auf etwas oder jemanden hinter mir. Seine mangelnde Konzentration kostete ihn das Leben. Ich sah meine Chance in dem Moment, als sie sich bot, und mit einem schnellen Ausfallschritt führte ich meine Klinge durch sein Herz. Ich zog sie wieder heraus und trat einem Dutzend Männer entgegen, die in den Saal stürmten. Sie beachteten mich nicht, sondern rannten auf Sagroth zu, und bevor ich es verhindern konnte, ging er mit einem halben Dutzend Klingen in seinem Körper zu Boden.

Auf der gegenüberliegenden Seite des Schreibtisches befand sich eine weitere Tür direkt hinter Nah-ee-lah, und in dem Moment, als sie Sagroth fallen sah, rief sie mir mit leiser Stimme zu: »Komm, Julian, schnell! Oder wir sind auch verloren.«

Als ich erkannte, dass der Jemadar tot war und dass es töricht wäre, zu bleiben und zu versuchen, diesen ganzen Raum voller Krieger zu bekämpfen, sprang ich über den Schreibtisch und folgte Nah-ee-lah durch die Tür dahinter. Da erklang ein Schrei aus dem Raum, man solle uns aufhalten, aber Nah-ee-lah drehte sich um, knallte unseren Verfolgern die Tür vor der Nase zu, verschloss sie auf unserer Seite und drehte sich dann zu mir um.

»Julian«, sagte sie, »wie kannst du mir jemals verzeihen? Du, der du dein Leben für den Jemadar, meinen Vater, riskiert hast, trotz der verächtlichen Behandlung, die ich dir in meiner Unwissenheit zuteilwerden ließ?«

»Ich hätte es erklären können«, sagte ich, »aber du hast mich nicht gelassen. Der Schein sprach gegen mich, und deshalb kann ich es dir nicht verübeln, dass du so dachtest, wie du es getan hast.«

»Es war dumm von mir, nicht auf dich zu hören, Julian, aber ich dachte, Ko-tah hätte dich für sich gewonnen, so wie er sogar einige der treuesten Freunde Sagroths für sich gewonnen hat.«

»Du hättest wissen können, Nah-ee-lah, dass ich, selbst wenn ich deinem Vater gegenüber unloyal gewesen wäre, seiner Tochter gegenüber nie unloyal sein könnte.«

»Das wusste ich nicht«, sagte sie. »Wie könnte ich auch?«

Da überkam mich plötzlich der große Wunsch, sie in meine Arme zu nehmen und diese schönen Lippen mit Küssen zu bedecken. Ich konnte nicht sagen, warum mich diese lächerliche Besessenheit ergriffen hatte und warum ich plötzlich Angst um die kleine Nah-ee-lah, das Mondmädchen, bekam. Ich muss wirklich sehr dumm ausgesehen haben, als ich da stand und sie ansah, und plötzlich wurde mir klar, wie einfältig ich erscheinen musste, und so schüttelte ich mich und lachte.

»Komm, Nah-ee-lah«, sagte ich, »wir dürfen nicht hier bleiben. Wohin kann ich dich bringen, damit du in Sicherheit bist?«

»Auf der Außenterrasse befinden sich vielleicht einige der treuen Wachen«, antwortete sie, »aber wenn Ko-tah den Palast bereits eingenommen hat, ist eine Flucht zwecklos.«

»Nach dem, was ich von der Verschwörung weiß, wird es nutzlos sein zu fliehen«, antwortete ich, »denn die Untergebenen von Sagroth und seinem Palast sind unterwandert von Spionen und Gefolgsleuten des Javadar.«

»Das habe ich sehr befürchtet«, sagte sie. »Genau die Männer, die kamen, um Sagroth zu ermorden, trugen die kaiserlichen Farben weniger als ein *Ola*.«

»Gibt es denn niemanden, die dir gegenüber loyal ist?« fragte ich sie.

»Die Garde des Jemadar ist immer loyal«, sagte sie, »aber sie zählen nur knapp tausend Mann.«

»Wie können wir sie herbeirufen?« fragte ich.

»Lass uns zu den äußeren Terrassen gehen, und wenn es dort welche gibt, können wir den Rest versammeln, oder so viele, wie Ko-tah am Leben gelassen hat.«

»Dann komm«, sagte ich, »beeilen wir uns«, und gemeinsam liefen wir Hand in Hand durch die Korridore des Palastes des Jemadar zu den äußeren Terrassen der höchsten Ebene von Laythe. Dort fanden wir hundert Männer, und als wir ihnen erzählt hatten, was im Palast geschehen war, zogen sie ihre Schwerter, umringten Nah-ee-lah und schrien:

»Bis zum Tod für Nah-ee-lah, Jemadav von Laythe!«

Sie wollten dort bleiben und sie beschützen, aber ich sagte ihnen, dass das nichts bringen würde, sie würden früher oder später von einer weitaus größeren Zahl von Angreifern überwältigt werden und die Sache von Nah-ee-lah wäre verloren.

»Schickt ein Dutzend Männer«, sagte ich zu ihrem Kommandanten, »um alle loyalen Wachen zu versammeln, die noch am Leben sind. Sagt sie ihnen, sie sollen in den Thronsaal kommen, bereit, ihr Leben für die neue Jemadav zu opfern, und lasst dann das Dutzend in die Stadt hinausgehen, um das Volk zur Verteidigung von Nah-ee-lah zu versammeln. Was uns betrifft, so werden wir sie unverzüglich in den Thronsaal begleiten und sie dort auf den Thron setzen und ihre Herrschaft über Laythe proklamieren. Hundert Mann können den Thronsaal für lange Zeit halten, wenn wir ihn erreichen, bevor Ko-tah mit seinen Streitkräften ihn erreicht.«

Der Offizier sah Nah-ee-lah fragend an.

»Eure Befehle, Jemadav?«, fragte er.

»Wir werden dem Plan von Ju-lan dem Javadar folgen«, antwortete sie.

Unverzüglich wurde ein Dutzend Krieger entsandt, um die kaiserliche Garde zu versammeln und die loyalen Bürger der Stadt zum Schutz ihrer neuen Jemadav aufzurufen, während der Rest von uns Nah-ee-lah auf dem kürzesten Weg in Richtung Thronsaal führte.

Als wir den großen Saal an einem Ende betraten, kamen Ko-tah und eine Handvoll Krieger am anderen Ende herein, aber wir hatten den Vorteil, dass wir durch eine Tür direkt hinter dem Thron und auf dem Podest eintraten.

»Schickt eure Männer zum Haupteingang«, rief ich dem Offizier der Wache zu, »und haltet sie ihn, bis Verstärkung kommt«, und dann, als die Hundert durch den Thronsaal auf den überraschten und wütenden Ko-tah zustürmten, führte ich Nah-ee-lah zum mittleren Thron und setzte sie darauf. Dann trat ich vor, hob meine Hand und sorgte für Ruhe.

»Der Jemadar Sagroth ist tot!«, rief ich. »Seht, Nah-ee-lah, die Jemadav von Laythe!«

»Halt!« rief Ko-tah, »sie kann den Thron mit mir teilen, aber sie darf ihn nicht allein besetzen.«

»Ergreift diesen Verräter!« rief ich der loyalen Garde zu, und sie stürmten voran, offensichtlich bereit, meinen Befehlen zu folgen. Aber Ko-tah wartete nicht darauf, ergriffen zu werden. Er wurde nur von einer Handvoll Männer begleitet, und als er sah, dass die Wache wirklich vorhatte, ihn zu fassen, und ihm klar wurde, dass Nah-ee-lah und ich kurzen Prozess mit ihm machen würden, drehte er sich um und floh. Aber ich wusste, dass er zurückkommen würde, und das tat er auch, allerdings erst, nachdem sich die Mehrheit der Garde der Jemadav im Thronsaal versammelt hatte.

Er kam mit einer großen Schar von Kriegern, und die Kämpfe waren fürchterlich, aber er hätte eine Million Mann gegen unsere Tausend schicken und uns nicht besiegen können, da nur eine begrenzte Zahl auf einmal im Vorraum zum Thronsaal kämpfen konnte. Die Leichen lagen bereits mannshoch gestapelt, doch kein einziger Angehöriger der Streitkräfte von Ko-tah hatte die Schwelle überschritten.

Wie lange gekämpft wurde, weiß ich nicht, aber es muss eine beträchtliche Zeit gewesen sein, denn ich weiß, dass unsere Männer in Schichten kämpften und sich viele Male ausgeruht hatten, und dass Nahrungsmittel aus anderen Teilen des Palastes zum Eingang hinter dem Thron gebracht wurden, und es gab Zeiten, in denen sich die Streitkräfte von Ko-tah zurückzogen und ausruhten und sich erholten, aber immer kamen sie in größerer Zahl zurück, und schließlich wurde mir klar, dass wir durch die Beharrlichkeit ihrer wiederholten Angriffe zermürbt werden würden.

Und dann erhob sich langsam ein tiefer Ton, den wir zunächst nicht einordnen konnten. Er stieg und fiel in zunehmender Lautstärke, bis wir schließlich erkannten, dass es der Klang menschlicher Stimmen war, die Stimmen eines großen Mobs – einer mächtigen Menschenmenge, die langsam und unaufhaltsam auf uns zugerast kam.

Die Menschenmenge wurde immer größer, während sie Terrasse um Terrasse bis zum höchsten Punkt von Laythe aufstieg. Die Kämpfe am Eingang zum Thronsaal hatten fast aufgehört. Beide Seiten waren am Rande der Erschöpfung, und wir standen mit unseren Waffen auf beiden Seiten des Leichenstapels, der sich zwischen uns auftürmte, und lauschten auf das zunehmende Geräusch der wachsenden Menge, die sich langsam auf uns zu bewegte.

»Sie kommen«, rief einer von Nah-ee-lahs Adligen, »um die neue Jemadav zu bejubeln und die Schergen des Verräters Ko-tah in Stücke zu reißen!“

Er sprach mit lauter Stimme, die für Ko-tah und seine Gefolgsleute auf dem Korridor gut hörbar war.

»Sie kommen, um die Brut von Sagroth vom Thron zu holen«, rief einer von Ko-tahs Anhängern. Und dann erklang vom Thron die süße, klare Stimme von Nah-ee-lah:

»Der Wille des Volkes soll geschehen«, sagte sie, und so standen wir da und warteten auf das Urteil des Volkes. Wir brauchten auch nicht lange zu warten, denn bald wurde uns klar, dass sie die Palastterrasse erreicht und das Gebäude betreten hatten. Wir konnten hören, wie die schreiende Horde durch die Gänge und Kammern zog, und schließlich wurde das dumpfe Gebrüll zu artikulierten Worten:

»Sagroth ist nicht mehr! Es herrsche, Ko-tah, Jemadar von Laythe!«

Ich wandte mich bestürzt an Nah-ee-lah. »Was hat das zu bedeuten?«, rief ich. »Haben sich die Leute gegen dich gewandt?«

»Ko-tahs Lakaien haben während dieser vielen *Kelds* gute Arbeit geleistet«, sagte der Kommandant der Garde der Jemadav, der auf den oberen Stufen des Podests stand, direkt unter dem Thron. »Sie haben Lügen und Aufruhr unter dem Volk verbreitet, gegen die nicht einmal Sagroths gerechte und gütige Herrschaft ankommen konnte.«

»Möge der Wille des Volkes geschehen«, wiederholte Nah-ee-lah.

»Es ist der Wille von Narren, die von einem Schurken betrogen werden«, rief der Kommandant der Wache. »Solange unter dem Waffenrock eines Gardisten der Jemadav ein Herz schlägt, werden wir für Nah-ee-lah, die Kaiserin von Laythe, kämpfen.«

Ko-tahs Streitkräfte, die nun durch den Pöbel verstärkt wurden, drängten sich über die Leichen und in den Thronsaal, so dass wir gezwungen waren, uns den Verteidigern anzuschließen, um sie aufzuhalten, solange einer von uns am Leben war. Als der Kommandant der Wache mich an seiner Seite kämpfen sah, bat er mich, zu Nah-ee-lah zurückzukehren.

»Wir dürfen die Jemadav nicht allein lassen«, sagte er. »Kehrt zurück und bleibt an ihrer Seite, Ju-lan der Javadar, und wenn der letzte von uns gefallen ist, stoßt ihr den Dolch ins Herz.«

Ich schauderte und ging zurück zu Nah-ee-lah, Der bloße Gedanke daran, meinen Dolch in diese zarte Brust zu stoßen, widerstrebte mit. Es musste einen anderen Weg geben, und doch, welche anderen

Fluchtmöglichkeiten könnte es für Nah-ee-lah geben, die den Tod der Entehrung durch die Kapitulation vor Ko-tah, dem Mörder ihres Vaters, vorzog? Als ich Nah-ee-lahs Seite erreichte und mich wieder dem Eingang zum Thronsaal zuwandte, sah ich, dass Ko-tahs Krieger vom Pöbel hinter ihnen in die Kammer gedrängt wurden und dass unsere Verteidiger von der großen Zahl der Gegner überwältigt wurden. Ko-tah war mit einem halben Dutzend Krieger von der riesigen Menge hinter ihnen praktisch willenlos vorwärtsgetrieben worden, und jetzt, da ihn niemand aufhalten konnte, lief er rasch den breiten Mittelgang hinauf zum Thron. Einige im Eingangsbereich sahen ihn, und als er die Stufen zum Podest erreichte, erhob sich ein Schrei:

»Ko-tah der Jemadar!«

Mit gezücktem Schwert sprang der Bursche auf mich zu, als ich allein zwischen Nah-ee-lah und ihren Feinden stand.

»Ergib dich, Julian!«, rief sie. »Es ist zwecklos, sich ihnen zu widersetzen. Du bist nicht von Laythe. Weder Pflicht noch Ehre erlegen dir die Notwendigkeit auf, dein Leben für einen von uns zu opfern. Verschont ihn, Ko-tah!«, rief sie dem vorrückenden Javadar zu, »und ich werde mich dem Willen des Volkes beugen und dir den Thron überlassen.«

»Der Verräter Ko-tah soll niemals auf Nah-ee-lahs Thron sitzen!« rief ich aus und stürzte vorwärts, um den Prinzen von Laythe anzugreifen.

Seine Krieger waren ihm dicht auf den Fersen, und ich musste schnell sein, und so kämpfte ich, wie ich noch nie gekämpft hatte, und in dem Augenblick, als der Pöbel die Verteidigung durchbrach und in den Thronsaal der Jemadar von Laythe strömte, stieß ich mein Schwert in Ko-tahs Herz. Mit einem einzigen durchdringenden Schrei warf er seine Hände über den Kopf und stürzte rückwärts die Stufen hinunter, um tot am Fuße des Thrones liegen zu bleiben, den er verraten hatte.

Für einen Augenblick herrschte in der großen Kammer die Stille des Todes. Freund und Feind standen gelähmt und schockiert gleichberechtigt nebeneinander.

Diese angespannte, atemlose Stille hielt nur einen Augenblick lang an, bis sie durch eine gewaltige Detonation zerstört wurde. Wir spürten, wie der Palast zitterte und bebte. Der versammelte Mob blickte wild umher, die Augen voller Angst und Fragen. Doch bevor sie eine Frage stellen konnten, drang ein weiterer ohrenbetäubender Knall an unsere erschrockenen Ohren, und dann drangen aus der Stadt unter dem Palast die Schreie der verängstigten Menschen. Wieder bebte der Palast, und ein großer Riss öffnete sich in einer der Wände des Thronsaals. Die Menschen sahen es, und in einem Augenblick wurde ihr Zorn gegen die Sagroth-Dynastie von der tödlichen Angst um ihre eigene Sicherheit überschattet. Mit Geschrei und Gebrüll drehten sie sich um und rannten zur Tür. Die Schwächeren wurden umgestoßen und zertrampelt. Sie kämpften mit Fäusten, Schwertern und Dolchen, in ihrem wahnsinnigen Bemühen, dem einstürzenden Gebäude zu entkommen. Sie rissen sich gegenseitig die Kleider vom Leib, als jeder versuchte, seinen Gefährten zurückzuzerren, um das Rennen in die Freiheit zu gewinnen.

Als die Menge kämpfte, standen Nah-ee-lah und ich vor dem Thron von Laythe und beobachtete sie, während unter uns die wenigen verbliebenen Mitglieder der Jemadar-Garde standen und in stiller Verachtung den Schrecken des Volkes beobachteten.

Explosion nach Explosion kam in rascher Folge nacheinander. Die Menschen waren geflohen. Der Palast war leer, bis auf jene Handvoll von uns Treuen, die im Thronsaal geblieben waren.

»Gehen wir«, sagte ich zu Nah-ee-lah, »und sehen wir nach dem Ursprung dieser Geräusche und dem Ausmaß des Schadens, der angerichtet wurde.«

»Komm«, sagte sie, »hier ist ein Korridor zur inneren Terrasse, von der aus wir auf die ganze Stadt Laythe hinunterblicken können.« Und dann wandte sie sich an den Kommandanten der Wache und sagte: »Begebt euch bitte zu den Palasttoren und sichert sie gegen die Rückkehr unserer Feinde, die nun vom Palastgelände geflohen sind.«

Der Offizier verbeugte sich, und gefolgt von den wenigen heroischen Überlebenden der Jemadar-Garde ging er durch einen anderen Korridor zu den Palasttoren, während ich Nah-ee-lah über eine Treppe folgte, die auf das Dach des Palastes führte.

Als wir auf der oberen Terrasse ankamen, liefen wir schnell zum Rand mit Blick auf die Stadt und den Krater. Unter uns rannte eine schreiende Menge ziellos von Terrasse zu Terrasse, während sich hier und da schreckliche Explosionen ereigneten, die uralte Strukturen zerstörten und Trümmer hoch in die Luft schleuderten.

Auf vielen Terrassen gab es große Lücken und eingestürzte Ruinen, wo Explosionen stattgefunden hatten und Rauch und Flammen stiegen aus einem Dutzend Orte der Stadt auf. Ich brauchte nur einen Moment, um zu erkennen, dass die Explosionen von etwas verursacht wurden, das von oben in die Stadt geworfen wurde, und als ich aufblickte, sah ich eine Rakete, die einen Bogen über dem Palast beschrieb und an ihm vorbei zu einer Terrasse weit unten raste. Und sofort wurde mir klar, dass die Rakete außerhalb der Stadt gestartet worden war.

Ich drehte mich schnell um und lief über die Terrasse zur Außenseite, von dem aus ich das Plateau überblicken konnte, auf dem die Stadt stand. Bei dem Anblick, der sich meinen Augen bot, konnte ich einen Ausruf des Erstaunens nicht unterdrücken, denn auf der Oberfläche des Plateaus wimmelte es von Kriegern. Nah-ee-lah war mir gefolgt und stand direkt neben mir.

»Die Kalkar«, sagte sie. »Sie sind wieder gekommen, um Laythe zu erobern. Es ist schon lange her, dass sie es versucht haben, vor vielen Generationen, aber was ist es, Julian, das den großen Lärm, die Zerstörung und die Brände in Laythe verursacht?«

»Das ist es, was mich überrascht«, sagte ich, »und nicht die Anwesenheit der Kalkar Krieger. Schau Nah-ee-lah«, und ich deutete auf einen Hügel am Rande des Plateaus, wo, sofern meine Augen mich nicht täuschten, ein Mörser aufgestellt war, der Granaten auf die Stadt Laythe schleuderte. »Und da, und da«, fuhr ich fort und wies auf andere ähnliche Zerstörungsmaschinen hin, die in Abständen aufgestellt waren. »Die Stadt ist von ihnen umgeben, Nah-ee-lah. Haben deine Leute Kenntnisse über solche Kriegsmaschinen oder über Sprengstoffe?«, fragte ich.

»Nur in unseren Legenden werden solche Dinge erwähnt«, antwortete sie. »Vor Ewigkeiten schon haben die Bewohner von Va-nah die Kunst der Herstellung solcher Dinge vergessen.«

Als wir dort standen und uns unterhielten, tauchte eine der Jemadar-Wachen aus dem Palast auf und kam zu uns.

»Nah-ee-lah, Jemadav«, rief er, »es gibt hier jemanden, der eine Audienz bei euch wünscht und der sagt, wenn ihr ihm zuhört, könnt ihr die Stadt vor der Zerstörung retten.«

»Holt ihn«, antwortete Nah-ee-lah. »Wir werden ihn hier empfangen.«

Wir mussten nur einen Moment warten, als der Gardist mit einem der Hauptmänner von Ko-tah zurückkehrte.

»Nah-ee-lah, Jemadav«, rief er, als sie ihm die Erlaubnis gegeben hatte, zu sprechen. »Ich komme zu euch mit einer Botschaft von dem, der Jemadar der Jemadar ist, Herrscher über ganz Va-nah. Wenn ihr eure Stadt und euer Volk retten wollt, hört gut zu.«

Die Augen des Mädchens verengten sich. »Du sprichst mit deiner Jemadav, Bursche«, sagte sie. »Achte nicht nur auf deine Worte, sondern auch auf deinen Tonfall.«

»Ich komme, um euch zu retten«, antwortete der Mann mürrisch. »Die Kalkar haben einen großen Führer gefunden, und sie haben sich aus vielen Städten zusammengeschlossen, um Laythe zu stürzen. Mein Herr möchte diese alte Stadt nicht zerstören, und es gibt nur eine einfache Bedingung, unter der er sie verschonen wird.«

»Nenne die Bedingung«, sagte Nah-ee-lah.

»Wenn ihr ihn heiratet, wird er Laythe zur Hauptstadt von Vanah machen, und ihr sollt mit ihm als Jemadav der Jemadav regieren.«

Nah-ee-lahs Lippen kräuselten sich vor Verachtung. »Und wer ist der anmaßende Kalkar, der es wagt, die Hand von Nah-ee-lah zu verlangen«, fragte sie.

»Er ist kein Kalkar, Jemadav«, antwortete der Bote. »Er ist einer aus einer anderen Welt und sagt, dass er euch gut kennt und dass er euch schon lange liebt.«

»Sein Name«, fauchte Nah-ee-lah ungeduldig.

»Er wird Or-tis genannt, Jemadar der Jemadar.«

Nah-ee-lah drehte sich mit erhobenen Brauen und einem verstehenden Lächeln zu mir um.

»Or-tis«, wiederholte sie.

»Jetzt verstehe ich, meine Jemadav«, sagte ich, »und ich fange an, eine Vorstellung von der Zeit zu bekommen, die seit meiner Landung in Va-nah vergangen sein muss, denn seit unserer Flucht vor den Va-ga hatte Orthis Zeit, die Kalkar zu entdecken, sich bei ihnen einzuschmeicheln, sich mit ihnen für den Sturz von Laythe zu verschwören und Sprengstoff und Granaten und die Geschütze herzustellen, die Laythe in diesem Moment zerstören. Selbst wenn ich den Namen nicht gehört hätte, hätte ich mir denken können, dass es sich um Orthis handeln musste, denn so ist er – ein undankbarer Verräter, ein Schuft.«

»Geh zurück zu deinem Herrn«, sagte sie zu dem Boten, »und sag ihm, dass Nah-ee-lah, Jemadav von Laythe, sich eher mit Ga-va-go der Va-ga vermählen würde als mit ihm, und dass Laythe besser zerstört und sein Volk vom Angesicht Va-nahs ausgelöscht werden soll, als von einer solchen Bestie beherrscht zu werden. Ich habe gesprochen. Geh.«

Der Bursche drehte sich um und verließ uns, begleitet von dem Gardisten, der ihn gebracht hatte und dem Nah-ee-lah befahl, zurückzukehren, sobald er ihn vor die Palasttore geführt hatte. Dann drehte sich das Mädchen zu mir um:

»O Julian, was soll ich tun? Wie kann ich diese schrecklichen Kräfte bekämpfen, die ihr aus einer anderen Welt nach Va-nah gebracht habt?«

Ich schüttelte den Kopf. »Auch wir könnten sowohl Waffen als auch Munition herstellen, um ihn zu bekämpfen, aber wir haben jetzt nicht die Zeit dazu, denn Laythe wird zu einem Berg von Trümmern werden, bevor wir überhaupt anfangen könnten. Es gibt nur einen Weg, Nah-ee-lah, und der besteht darin, dein Volk – jeden kämpfenden Mann, den du finden kannst, und auch die Frauen, wenn sie Waffen tragen können, auf das Plateau hinauszuschicken, um die Kalkar zu überwältigen und die Waffen zu zerstören.«

Sie stand da und dachte lange nach, und bald kehrte der Offizier der Wache zurück und stand vor ihr in Erwartung ihrer Befehle. Langsam hob sie ihren Kopf und sah ihn an.

»Geht in die Stadt«, sagte sie, »und versammelt jeden Laytheaner, der ein Schwert, einen Dolch oder eine Lanze tragen kann. Sagt ihnen, dass sie sich auf den inneren Terrassen unterhalb des Schlosses versammeln sollen, und dass ich, Nah-ee-lah ihre Jemadav, zu ihnen sprechen werde. Das Schicksal von Laythe liegt in eurer Hand. Geht.«

XIV. Die Barsoom!

Die Stadt stand an vielen Orten bereits in Flammen, und obwohl die Menschen tapfer kämpften, um sie zu löschen, schien es mir, dass sie sich mit jeder folgenden Minute nur umso schneller ausbreiteten. Und dann, so plötzlich, wie es begonnen hatte, hörte das Bombardement auf. Nah-ee-lah und ich gingen zum äußeren Rand der Terrasse, um zu sehen, ob wir eine neue Bewegung des Feindes feststellen konnten, und wir mussten auch nicht lange warten. Wir sahen Hunderte Leitern, die wie von Zauberhand an der untersten Terrasse auftauchten, die sich nur knapp zweihundert Fuß über den Sockel der Stadt erhob. Die Männer, die die Leitern trugen, waren für uns nicht sichtbar, als sie sich der Mauer näherten, aber ich ahnte aus dem, was ich von den Leitern erhaschte, als sie von rennenden Männern vorwärts getragen wurden, dass auch hier das irdische Wissen und die Erfahrung von Orthis den Kalkar zu Hilfe gekommen war, denn ich war sicher, dass nur irgendeine Art Ausziehleitern erfolgreich eingesetzt werden konnte, um auch die unterste Terrasse zu erreichen.

Als ich ihre Absicht begriff, rannte ich schnell in den Palast hinunter und hinaus auf die Terrasse vor den Toren, wo der Rest der Wache stationiert war, und dort erzählte ich ihnen, was geschah, und drängte sie, die Leute auf die unterste Terrasse zu schicken, um den Feind zurückzuschlagen, bevor er in der Stadt Fuß fassen konnte. Dann kehrte ich zu Nah-ee-lah zurück, und gemeinsam sahen wir uns den Ausgang des Kampfes an, aber fast von Anfang an war mir klar, dass Laythe dem Untergang geweiht war, denn bevor einer ihrer Verteidiger die Terrasse erreichen konnte, waren Tausende Kalkar hochgeklettert, und hielten dort die Stellung, während weitere Tausend sicher in die Stadt hinaufkletterten.

Wir sahen, wie die Verteidiger vorpreschten, um sie anzugreifen, und ihr Angriff war so wild, dass ich für einen Moment dachte, ich hätte mich geirrt und die Kalkar könnten doch noch von Laythe vertrieben werden. Auf der unteren Außenterrasse weit unter uns kämpfte eine wogende Masse von schreienden Kriegern. Die Kalkar zogen sich vor dem rasenden Angriff der Laytheaner zurück.

»Sie haben keinen Mum in den Knochen«, flüsterte Nah-ee-lah und klammerte sich fest an meinen Arm. »Ein Adliger ist zehn von ihnen wert. Beobachte sie. Schon sind sie auf der Flucht.«

Und so schien es, und der Rückzug der Kalkar schien fast sicher, als Dutzende von ihnen über den Rand der Terrasse geschleudert wurden und verstümmelt und blutend Hunderte Fuß tief nach unten stürzten.

Doch plötzlich schien eine neue Kraft in die Auseinandersetzung zu kommen. Ich sah einen Strom von Kalkar über den Rand der unteren Terrasse auftauchen – neue Männer, die die Leitern vom Plateau darunter hinaufkletterten, und als sie kamen, riefen sie etwas, das ich nicht verstehen konnte, aber die übrigen Kalkar schienen wieder Mut zu fassen und sich gegen die edlen Laytheaner zu wehren, und ich sah, wie einer, der Anführer der Neuankömmlinge, sich in die kämpferische Menge drängte. Und dann sah ich, wie er die Hand über den Kopf hob und etwas in die Mitte der kompakten Reihen der Laytheaner schleuderte.

Augenblicklich gab es eine furchtbare Explosion, und eine große, blutige Lücke war auf der Terrasse entstanden, wo einen Augenblick zuvor hundert der Besten kämpfenden Männer von Laythe so glorreich ihre Stadt und ihre Ehre verteidigt hatten.

»Granaten«, rief ich aus. »Handgranaten!«

»Was ist das, Julian? Was ist es, was sie da unten machen?« schrie Nah-ee-lah. »Sie ermorden meine Leute.«

»Ja, Nah-ee-lah, sie ermorden dein Volk, und möge Va-nah den Tag verfluchen, an dem die Erdenmenschen einen Fuß auf deine Welt gesetzt haben.«

»Ich verstehe nicht, Julian«, sagte sie.

»Dies ist das Werk von Orthis«, sagte ich, »der von der Erde das Wissen über teuflische Zerstörungsmaschinen gebracht hat. Zuerst bombardierte er die Stadt mit etwas, das nichts anderes als einfache Mörser gewesen sein können, denn es ist unmöglich, dass er die Zeit hatte, Maschinen zu konstruieren, um auch nur die einfachsten Geschütze herzustellen. Jetzt schleudern seine Truppen Handgranaten unter deine Männer. Es gibt keine Chance, Nah-ee-lah, dass die Laytheaner mit ihren primitiven Waffen erfolgreich gegen die modernen Zerstörungsmittel sein können, die Orthis gegen sie eingesetzt hat. Laythe muss sich ergeben oder wird vernichtet werden.«

Nah-ee-lah legte ihren Kopf an meine Schulter und weinte leise. »Julian«, sagte sie schließlich, »das ist also das Ende. Bring mich bitte zur Jemadav, meiner Mutter, und dann musst du gehen und Frieden mit deinen irdischen Gefährten schließen. Es ist nicht richtig, dass du, ein Fremder, der so viel für mich getan hat, mit mir und Laythe fällt.«

»Der einzige Frieden, den ich mit Orthis machen kann, Nah-ee-lah«, antwortete ich, »ist der Frieden des Todes. Orthis und ich werden nie wieder zusammen auf demselben Planeten leben.«

Sie weinte leise schluchzend an meiner Schulter, und ich legte meinen Arm um sie, um sie zu beruhigen. »Ich habe dir nur Leid und Gefahr gebracht, und jetzt den Tod, Julian«, sagte sie, »wo du nichts anderes als Glück und Frieden verdienst.«

Ich fühlte mich plötzlich sehr seltsam, und mein Herz klopfte so sehr, als ich versuchte zu sprechen, dass ich nichts sagen konnte, und meine Knie zitterten. Was war über mich gekommen? Könnte es sein, dass bereits Orthis Giftgas freigesetzt hatte? Dann schaffte ich es schließlich, mich zu sammeln.

»Nah-ee-lah«, sagte ich, »Wenn du sterben musst, fürchte ich den Tod auch nicht, denn ich will kein anderes Glück, als mit dir.

Sie schaute plötzlich auf, ihre großen, tränenfeuchten Augen blickten tief in meine.

Du meinst ... Julian? Du meinst ...?«

»Ich meine, Nah-ee-lah, dass ich dich liebe«, antwortete ich, obwohl ich wohl höchst lächerlich herumstammelte, so erschrocken war ich.

»Ach, Julian«, seufzte sie und legte ihre Arme um meinen Hals.

»Und du, Nah-ee-lah!«, rief ich ungläubig aus, als ich sie an mich zog: »Kann es sein, dass du meine Liebe erwiderst?«

»Ich habe dich immer geliebt«, antwortete sie. »Von Anfang an, seit wir zusammen im Dorf der No-van gefangen waren. Ihr Erdenmenschen müsst sehr blind sein, mein Julian. Ein Laytheaner hätte es sofort gewusst, denn ich glaube, ich habe dir bei einem Dutzend Gelegenheiten beinahe offen meine Liebe gestanden.«

»Leider, Nah-ee-lah! Ich muss wirklich blind gewesen sein, denn bis zu dieser Minute habe ich nicht geahnt, dass du mich liebst.«

»Jetzt«, sagte sie, »ist es mir egal, was passiert. Wir haben einander, und wenn wir zusammen sterben, werden wir zweifellos in einer neuen Inkarnation zusammen leben.«

»Das hoffe ich«, sagte ich, »aber ich würde mir dessen viel lieber sicher sein und zusammen in dieser leben.«

»Ich auch, Julian, aber das ist unmöglich.«

Wir gingen nun durch die Korridore des Palastes zu den Räumen, die von ihrer Mutter bewohnt wurden, aber wir fanden sie dort nicht, und Nah-ee-lah war besorgt um ihre Sicherheit. In aller Eile durchsuchten wir andere Kammern des Palastes, bis wir endlich zu dem kleinen Audienzzimmer kamen, in dem Sagroth erschlagen worden war, und als wir die Tür aufrissen, sah ich etwas, den ich vor Nah-ee-lahs Augen zu verbergen versuchte, und sie wegzog, um sie in den Korridor zurückzudrängen.

Möglicherweise erriet sie, was meine Handlung angetrieben hatte, denn sie schüttelte den Kopf und murmelte: »Nein, Julian, was immer es ist, ich muss es sehen.« Und dann schob sie sich sanft an mir vorbei, und wir standen zusammen auf der Schwelle und betrachteten den erschütternden Anblick, den das Innere des Raumes bot.

Da waren die Leichen der Mörder, die Sagroth und ich erschlagen hatten, und auch der tote Jemadar, genau wie er gefallen war, und auf seiner Brust lag der Leichnam von Nah-ee-lahs Mutter, mit einem Dolch, den sie sich selbst ins Herz gestoßen hatte. Für einen Moment stand Nah-ee-lah da und schaute sie schweigend an, wie im Gebet, und dann wandte sie sich müde ab, verließ den Saal und schloss die Tür hinter sich. Wir gingen eine Zeit lang schweigend weiter und stiegen die Treppe hinauf, zurück zur oberen Terrasse. Auf der inneren Seite breiteten sich die Flammen in der ganzen Stadt aus, sie brüllten wie ein mächtiger Ofen und spien große Rauchwolken aus, denn obwohl die Terrassen von Laythe von gewaltigen Mauerbögen gestützt wurden, war für den Innenausbau der Gebäude viel Holz verwendet worden, und die Behänge und Möbel waren alle brennbar.

»Wir hatten keine Chance, die Stadt zu retten«, sagte Nah-ee-lah mit einem Seufzer. »Unsere Leute, die von dem Verräter Ko-tah von ihren eigentlichen Pflichten weggerufen wurden, waren führerlos. Die Feuerwehrleute haben, anstatt auf ihren Posten zu sein, ihrem Jemadar nach dem Leben getrachtet. Ein unglücklicher Tag! Ein unglücklicher Tag!«

»Glaubst du, sie hätten das Feuer aufhalten können?« fragte ich.

»Die kleinen Teiche, die Bäche, die Wasserfälle, die großen öffentlichen Bäder und die winzigen Seen, die du auf jeder Terrasse siehst, wurden alle im Hinblick auf den Brandschutz gebaut. Es ist leicht, ihr Wasser umzuleiten und jede Gebäudeebene zu überfluten. Wären meine Leute auf ihren Posten gewesen, hätte dies zumindest nicht passieren können.«

Als wir den Flammen zusahen, sahen wir plötzlich Menschen in großer Zahl auf mehreren der unteren Terrassen auftauchen. Sie befanden sich offensichtlich in panischer Flucht, und dann erschienen andere auf den Terrassen über ihnen – Kalkar, die Handgranaten auf die Laytheaner unter ihnen schleuderten.

Männer, Frauen und Kinder rannten schreiend und weinend hin und her und suchten Schutz, aber aus den Gebäuden hinter ihnen stürzten weitere Kalkar mit Handgranaten auf die Terrassen. Die Brände schlossen die Bevölkerung von Laythe auf beiden Seiten ein, und die Kalkar griffen sie von hinten und von oben an. Die Schwächeren fielen und wurden zu Tode getrampelt, und ich sah, wie Dutzende auf ihre eigenen Lanzen fielen oder Dolche in die Herzen ihrer Lieben stießen.

Das Massaker breitete sich rasch durch die ganze Stadt aus, und die Kalkar trieben die Menschen von den oberen Terrassen durch die tosenden Brände, die immer größer wurden, nach unten, bis die Mündung des großen Kraters mit Flammen und Rauch gefüllt war. In den gelegentlichen Lücken konnten wir einen Blick auf den Holocaust unter uns erhaschen.

Ein plötzlicher Luftstrom, der aus dem Krater aufstieg, hob die Rauchwolke für einen Moment hoch und enthüllte den gesamten Krater, an dessen Rand sich Laytheaner drängten. Und dann sah ich einen Krieger von der gegenüberliegenden Seite auf die umgebende Mauer springen, die die untere Terrasse am Rande des gähnenden Kraters begrenzte. Er drehte sich um und rief laut eine Botschaft an seine Mitmenschen, und dann warf er die Arme über den Kopf und sprang in den gähnenden, bodenlosen Abgrund. Sofort schienen die anderen von seiner Wahnsinnstat angesteckt zu werden. Ein Dutzend Männer sprangen auf die Mauer und tauchten mit dem Kopf voran in den Krater. Die Sache breitete sich zunächst langsam aus, dann aber mit der Geschwindigkeit eines Präriefeuers und ergriff die gesamte Stadt. Frauen schleuderten ihre Kinder hinein und sprangen dann hinter her. Die Menge kämpfte miteinander um einen Platz auf der Mauer, von dem aus sie sich in den Tod stürzen konnten. Es war ein schrecklicher – ein erschütternder Anblick.

Nah-ee-lah bedeckte ihre Augen mit ihren Händen. »Meine armen Leute!«, rief sie. »Mein armes Volk!« Und weit unter ihr, stürzten sie sich nun zu Tausenden in die Ewigkeit, während über ihnen die schreienden Kalkar Handgranaten auf sie schleuderten und die übrigen Bewohner von Laythe, Terrasse um Terrasse, zum Kraterrand hinunter trieben.

Nah-ee-lah wandte sich ab. »Komm, Julian«, sagte sie, »ich kann nicht hinsehen, ich kann nicht hinsehen.« Und gemeinsam gingen wir zur anderen Seite der Terrasse, die zur Außenseite der Stadt zeugte.

Direkt unter uns auf der nächsten Terrasse befand sich ein Palasttor, und als wir einen Punkt erreichten, von dem aus wir hinabblicken konnten, war ich entsetzt zu sehen, dass die Kalkar sich einen Weg über die äußeren Terrassen bis zu den Palastmauern gebahnt hatten. Die Wache des Jemadar stand dort und war bereit, den Palast gegen die Eindringlinge zu verteidigen. Die großen Steintore hätten auf unbestimmte Zeit gegen Speere und Schwerter standgehalten, aber sogar die Gardisten müssen geahnt haben, dass ihr Untergang bereits besiegelt war und dass diese Tore, die den Jemadar von Laythe seit Ewigkeiten als ausreichender Schutz gedient hatten, im Begriff waren zu fallen, als die Kalkar fünfzig Yards entfernt anhielten und ein einzelnes Individuum aus ihren Reihen ein paar Schritte vortrat.

Als ich meine Augen auf ihn gerichtet hatte, ergriff ich Nah-ee-lahs Arm. »Orthis!« schrie ich. »Es ist Orthis.« Im selben Augenblick erhob sich der Blick des Mannes über die Tore und fiel auf uns. Ein böses Grinsen kräuselte seine Lippen, als er uns erkannte.

»Ich komme, um meine Braut einzufordern«, rief er mit einer Stimme, die klar zu uns drang, »und um endlich meine Rechnung mit dir zu begleichen«, und er zeigte mit dem Finger auf mich.

In seiner rechten Hand hielt er einen großen, zylindrischen Gegenstand, und als er aufhörte zu sprechen, schleuderte er ihn so gegen die Tore, wie ein Baseball-Pitcher einen schnellen Ball wirft.

Das Geschoss traf genau auf die Basis der Tore. Es gab eine gewaltige Explosion, und die großen Steintore zersplitterten in tausend Fragmente. Die letzte Verteidigung der Kaiserin von Laythe war gefallen, und mit ihr ging mindestens die Hälfte der verbliebenen Mitglieder ihrer loyalen Garde blutig zugrunde.

Sofort stürzten die Kalkar vor und schleuderten Handgranaten unter die Überlebenden der Wache.

Nah-ee-lah drehte sich zu mir um und legte ihre Arme um meinen Hals.

»Küss mich noch einmal, Julian«, sagte sie, »und dann der Dolch.«

»Niemals, niemals, Nah-ee-lah!« rief ich. »Ich kann das nicht tun.«

»Aber ich kann es!«, sagte sie und zog ihren eigenen Dolch aus der Scheide an ihrer Hüfte.

Ich ergriff ihr Handgelenk. »Nicht, Nah-ee-lah!« rief ich. »Es muss einen anderen Weg geben.« Und dann hatte ich eine wahnsinnige Idee. »Die Flügel!« rief ich. »Wo werden sie aufbewahrt? Die letzten deines Volkes wurden vernichtet. Die Pflicht hält dich nicht länger hier. Lass uns fliehen, und sei es auch nur, um Orthis Pläne zu vereiteln und ihm die Genugtuung zu versagen, Zeuge unseres Todes zu sein.«

»Aber wohin können wir gehen?«, fragte sie.

»Wir können zumindest unsere Todesart selbst wählen«, antwortete ich, »weit weg von Laythe und weit weg von den Augen eines Feindes, der sich an unserem Untergang weiden würde.«

»Du hast Recht, Julian. Wir haben noch ein wenig Zeit, denn ich bezweifle, dass Orthis oder seine Kalkar die Treppe, die zu dieser Terrasse führt, schnell finden werden.« Und dann führte sie mich zu einem der vielen Türme, die sich über dem Palast erheben. Wir stiegen eine Wendeltreppe zu einer großen Kammer an der Spitze des Turms hinauf. Hier wurden die kaiserlichen Flügel aufbewahrt. Ich befestigte Nah-ee-lahs an ihr, und sie half mir mit meinen, und dann erhoben wir uns von der Turmspitze aus über die brennende Stadt Laythe und flogen rasch in Richtung der fernen Tiefebene und des Meeres. Ich hatte mir in den Kopf gesetzt, wenn möglich den Standort der Barsoom zu suchen, denn ich hegte immer noch die verrückte Hoffnung, dass meine Gefährten noch leben könnten – wenn ich es tat, warum nicht auch sie?

Die Hitze über der Stadt war fast unerträglich und der Rauch erstickend, aber wir flogen hindurch, so dass wir von dem Teil des Palastes, von dem wir aufgebrochen waren, nicht mehr zu sehen waren, mit dem Ergebnis, dass wir, als Orthis und seine Kalkar endlich den Weg auf die obere Terrasse fanden, verschwunden waren – wohin konnten sie nicht wissen.

Wir flogen und segelten mit dem Wind über das gebirgige Land in Richtung der Ebenen und des Meeres, wobei ich die Absicht hatte, bei Erreichen des letzteren der Küstenlinie zu folgen, bis ich zu einem Fluss kam, an dessen Mündung sich eine Insel befand. Ich wusste, dass ich von dort aus die Stelle erreichen konnte, an der die Barsoom gelandet war.

Unser langer Flug muss eine beträchtliche Zeit gedauert haben, da wir viele Male landeten, uns ausruhten und Nahrung suchen mussten. Wir hatten glücklicherweise keine Probleme, und bei mehreren Gelegenheiten, bei denen wir von umherziehenden Va-ga-Banden entdeckt wurden, konnten wir schnell in die Luft aufsteigen und ihnen entkommen. Doch obwohl wir an den Mündungen vieler Flüsse vorbeikamen, entdeckte ich keine, die genau den Merkmalen entsprach, die ich in Erinnerung hatte.

Schließlich wurde mir klar, dass unsere Suche vergeblich war und wir hatten keine Ahnung, wo wir einen sicheren Ort finden sollten. Das Gas in unseren Taschen verlor seinen Auftrieb, und wir hatten keine Möglichkeit, es wieder aufzufüllen. Es würde noch für kurze Zeit reichen, aber wie lange wusste keiner von uns, nur dass es nicht annähernd den Auftrieb hatte, den es ursprünglich besaß.

Vor der Küste hatten wir ständig Inseln gesehen, und ich schlug Nah-ee-lah vor, dass wir versuchen sollten, eine zu finden, auf der die notwendigen Früchte, Nüsse und Gemüse wuchsen, die wir zum Überleben benötigten und auf der es auch frisches Wasser gab.

Ich bemerkte, dass Nah-ee-lah wenig über diese Inseln wusste, praktisch gar nichts, nicht einmal, ob sie bewohnt waren; aber wir beschlossen, eine zu erforschen, und zu diesem Zweck wählten wir eine Insel von beträchtlichem Ausmaß, die etwa zehn Meilen vor der Küste lag. Wir erreichten sie ohne Schwierigkeiten und kreisten langsam über ihr, wobei wir das gesamte Gebiet sorgfältig inspizierten.

Etwa die Hälfte war ziemlich bergig, aber der Rest war hügelig und vergleichsweise eben. Wir entdeckten drei Bäche und zwei kleine Seen auf der Insel, und eine fast dschungelartige Fülle an Vegetation, aber nirgends sahen wir auch nur den geringsten Hinweis darauf, dass sie bewohnt war. Und da wir uns sicher fühlten, landeten wir schließlich auf einer Ebene in Strandnähe.

Es war ein wunderschöner Ort, ein wahrer Garten Eden, in dem wir zwei den Rest unseres Lebens in Frieden und Sicherheit hätten verbringen können, denn obwohl wir ihn später sorgfältig erforschten, fanden wir nicht den geringsten Beweis dafür, dass er jemals den Fuß eines Menschen gesehen hatte.

Gemeinsam bauten wir einen gemütlichen Unterstand gegen die Stürme. Gemeinsam jagten wir nach Nahrung, und während unserer langen Untätigkeit lagen wir auf dem weichen Gras neben dem Strand, und um die Zeit zu vertreiben, brachte ich Nah-ee-lah meine eigene Sprache bei.

Es war ein faules, träges, glückliches Leben, das wir auf dieser verzauberten Insel verbrachten, und doch, obwohl wir in unserer Liebe glücklich waren, fühlte jeder von uns die Sinnlosigkeit dieser Existenz, in der wir unser Leben in nutzloser Untätigkeit verbringen würden.

Wir hatten jedoch die Hoffnung auf eine andere Form der Existenz definitiv aufgegeben. Und so lagen wir einmal, wie wir es nach dem Essen gewohnt waren, in luxuriöser Leichtigkeit auf den weichen Mondgräsern ausgestreckt. Ich hatte die Augen geschlossen, als Nah-ee-lah mich plötzlich am Arm packte.

»Julian«, rief sie, »was ist das? Schau!«

Ich öffnete die Augen und sah, dass sie aufrecht saß und in den Himmel in Richtung des Festlandes blickte, ein schlanker Zeigefinger zeigte die Richtung des Objektes an, das ihre Aufmerksamkeit erregt und ihr Interesse geweckt hatte.

Als meine Augen das Ding fanden, auf das ihr Finger zeigte, sprang ich mit einem Ausruf der Ungläubigkeit auf meine Füße, denn dort, in einer Höhe von nicht mehr als tausend Fuß parallel zur Küste segelnd, befand sich ein Schiff, dessen Linien ich so gut kannte, wie das Gesicht meiner Mutter. Es war die Barsoom.

Ich packte Nah-ee-lah am Arm, und zog sie auf die Füße. »Komm, schnell, Nah-ee-lah!«, rief ich und drängte sie schnell zu unserer Hütte, wo wir die Flügel und die Gassäcke aufbewahrt hatten, von denen wir nicht gedacht hatten, sie jemals wieder zu benutzen und die wir dennoch sorgfältig geschützt hatten, obwohl wir nicht wussten, warum.

Es war immer noch genug Gas in den Säcken – genug, um uns mithilfe unserer Flügel in der Luft zu halten, aber so über weite Strecken zu fliegen, wäre sehr ermüdend gewesen, und es stellte sich sogar die Frage, ob wir die zehn Meilen Meer, die zwischen uns und dem Festland lagen, überqueren könnten; dennoch war ich entschlossen, es zu versuchen. Hastig legten wir die Flügel und Taschen an, und gemeinsam erhoben wir uns und flogen langsam in Richtung Festland.

Die Barsoom segelte langsam auf einem Kurs, der unseren kreuzen würde, bevor wir das gegenüberliegende Ufer erreichten, aber ich hoffte, dass sie uns sichten und Nachforschungen anstellen würden.

Wir flogen so schnell ich es wagte, denn ich konnte kein Risiko eingehen, Nah-ee-la zu erschöpfen, da ich wusste, dass es für mich absolut unmöglich sein würde, ihr Gewicht und mein eigenes mit unseren fast leeren Gassäcken zu tragen. Es gab keine Möglichkeit, der Barsoom ein Signal zu geben. Wir mussten einfach auf sie zufliegen. Das war unsere beste Chance, obwohl ich schließlich, noch während wir es versuchten, erkannte, dass wir zu spät kommen würden, um sie abzufangen, und dass wir nicht nahe genug kommen würden, um ihnen Zeichen zu geben, es sei denn, sie würden uns sehen und ihren Kurs ändern. Meine Freunde so nah vorbeiziehen zu sehen, und sie dennoch nicht von meiner Anwesenheit in Kenntnis setzen zu können, erfüllte mich mit Melancholie. Keine der vielen Schicksalsschläge und Gefahren, die ich erlebt hatte, seit ich die Erde verlassen hatte, bedrückte mich mehr als der Anblick der Barsoom, die langsam vor uns vorbeizog. Ich sah, wie sie ihren Kurs änderte und weiter ins Landesinnere flog, und ich konnte nicht umhin, über unseren unglücklichen

Zustand nachzudenken, da wir vielleicht nie wieder die Sicherheit unserer Insel erreichen könnten und sich sogar die Frage stellte, ob die Gassäcke uns bis zum Festland tragen würden.

Sie taten es jedoch, und wir gingen an Land und ruhten uns aus, während die Barsoom außer Sicht in Richtung der Berge segelte.

»Ich werde nicht aufgeben, Nah-ee-lah«, rief ich. »Ich werde der Barsoom folgen, bis wir sie finden oder bei dem Versuch sterben. Ich bezweifle, dass wir die Insel je wieder erreichen können, aber wir können über dem Festland kurze Flüge machen und so vielleicht mein Schiff und meine Gefährten erreichen.«

Nach einer kurzen Ruhepause standen wir wieder auf, und als wir über den Bäumen waren, sah ich die Barsoom weit in der Ferne kreisen, diesmal nach links, also änderten wir unseren Kurs und flogen hinterher. Bald stellten wir fest, dass sie einen großen Kreis flog und es entstand wieder Hoffnung in unseren Herzen und gab uns die Kraft, immer weiter zu fliegen, obwohl wir gezwungen waren, oft für kurze Pausen zu landen. Als wir uns dem Schiff näherten, sahen wir, dass die Kreise immer kleiner wurden, aber erst als wir uns auf etwa drei Meilen genährt hatten, bemerkte ich, dass es um die Mündung eines großen Kraters kreiste, dessen Wände sich mehrere hundert Fuß über das umgebende Land erhoben. Wir waren gezwungen, wieder zu landen, um uns auszuruhen, als mir plötzlich der Zweck des Manövers der Barsoom klar wurde – sie erforschte den Krater, um durch ihn in den Weltraum zu gelangen und wieder zur Erde zurückzukehren.

Als dieser Gedanke in mein Gehirn drang, überkam mich eine Welle fast hoffnungslosen Entsetzens, da ich dachte, für immer von meinen Gefährten getrennt zu werden, und sie nur um wenige Minuten zu verpassen. Und Nah-ee-lah sollte des Lebens, des Glücks und des Friedens beraubt werden, denn in diesem Augenblick sank die Hülle der Barsoom unter den Kraterrand und verschwand aus unserem Blickfeld.

Schnell stieg ich zusammen mit Nah-ee-lah auf, flog so schnell, wie meine müden Muskeln und der leere Gassack es erlaubten, in Richtung Kraterrand. Im Innersten meines Herzens wusste ich, dass ich zu spät kommen würde, denn sobald sie den Versuch wagen würden, würde das Schiff wie Blei in die Tiefe stürzen und für immer verschwunden sein, bis ich die Mündung des Abgrunds erreicht hätte. Und doch kämpfte ich weiter, meine Lungen platzten fast vor Anstrengung bei meinen Bemühungen um Geschwindigkeit. Nah-ee-lah hinkte weit hinterher, doch wenn einer von uns die Barsoom rechtzeitig erreichen könnte, wären wir beide gerettet, und ich konnte schneller fliegen als Nah-ee-lah; sonst hätte ich mich nie auch nur hundert Fuß von ihr entfernt.

Obwohl meine Lungen wie Blasebälge pumpten, wage ich zu behaupten, dass mein Herz einige Sekunden lang stillstand, bevor ich den Kraterrand erreichte.

Im selben Augenblick, in dem ich erwartete, dass der letzte Rest meiner Hoffnungen sich unwiderruflich und für immer zerschlagen würde, überquerte ich die Kante und sah die Barsoom keine zwanzig Fuß unter mir, direkt am Rand des Abgrunds, und auf ihrem Deck standen West, Jay und Norton.

Als ich über ihnen in Sichtweite kam, holte West seinen Revolver hervor und richtete ihn auf mich, aber in dem Moment, als sein Finger den Abzug drückte, sprang Norton vor und schlug seine Hand zur Seite.

»Mein Gott, Sir!« hörte ich den Jungen rufen: »Es ist der Captain.« Und dann erkannten mich alle, und einen Augenblick später brach ich fast zusammen, als ich auf das Deck meines geliebten Schiffes fiel.

Mein erster Gedanke war Nah-ee-lah, und auf meine Anweisung hin erhob sich die Barsoom schnell und flog ihr entgegen.

»Du meine Güte!«, rief mein Gast, sprang auf die Füße und schaute aus dem Kabinenfenster: »Ich hatte keine Ahnung, dass ich sie die ganze Nacht wach gehalten habe. Wir sind schon in Paris.«

»Aber der Rest ihrer Geschichte ...«, rief ich. »Ich weiß, dass sie sie noch nicht zu Ende erzählt haben. Gestern Abend, als sie den Leuten beim Feiern im Blauen Saal zusahen, machten sie eine Bemerkung, die mich zu der Annahme veranlasste, dass eine schreckliche Katastrophe die Welt bedroht.«

»So ist es«, sagte er, »und das war es, was ich ihnen erzählen wollte, aber diese Geschichte der dritten Inkarnation, derer ich mir bewusst bin, war notwendig, um zu verstehen, wieso die große Katastrophe die Menschen auf der Erde heimsuchte.«

»Aber haben sie die Erde wieder erreicht?« wollte ich wissen.

»Ja«, sagte er, »im Jahr 2036. Ich war zehn Jahre in Va-nah, wusste aber nicht, ob zehn Monate oder ein Jahrhundert vergangen war, bis wir auf der Erde landeten.«

Er lächelte. »Sie sehen, dass ich immer noch „ich" sage. Es fällt mir manchmal schwer, mich daran zu erinnern, in welcher Inkarnation ich mich befinde. Vielleicht wird es für sie klarer, wenn ich sage, dass Julian V. im Jahr 2036 zur Erde zurückkehrte und im selben Jahr seine Frau Nah-ee-lah, das Mondmädchen, seinen Sohn, Julian VI., zur Welt brachte.«

»Aber wie konnte er mit der beschädigten Barsoom zur Erde zurückkehren?«

»Ah«, sagte er, »das wirft einen Punkt auf, der für Julian V. von großem Interesse war. Nachdem er wieder zurück war an Bord der Barsoom, war natürlich eine der ersten Fragen, die er stellte, die nach dem Zustand des Schiffes und ihren Absichten, und als er erfuhr, dass sie tatsächlich vorhatten, durch den Krater in Richtung Erde zu fliegen, befragte er sie weiter und fand heraus, dass der junge Fähnrich Norton es geschafft hatte, den Motor zu reparieren, mithilfe der Informationen, die er von Orthis erhalten hatte, nachdem er dessen Freundschaft gewonnen hatte. Das erklärte die Vertrautheit zwischen den beiden, die Julian V. so sehr gestört hatte, die er aber nun verstand, da der junge Norton sie aus patriotischen Gründen gefördert hatte.«

»Wir haben jetzt angedockt und ich muss gehen. Ich danke ihnen für ihre Gastfreundschaft und ihr großes Interesse«, und er streckte mir die Hand entgegen.

»Aber die Geschichte vom Julian IX.«, beharrte ich, »werde ich sie nie hören?«

»Doch, falls wir uns wiedersehen«, versprach er mit einem Lächeln.

»Ich werde sie daran erinnern«, sagte ich.

»Falls wir uns wieder treffen«, wiederholte er und ging, wobei er die Kabinentür hinter sich schloss.

Ende

Die Mondmänner

I. Eine seltsame Begegnung

Anfang März 1969 brach ich von meinem trostlosen Camp an der kargen Küste etwa fünfzig Meilen südöstlich von Herschel Island zu einer Jagd nach Eisbären auf. Ich war im Jahr zuvor in die Arktis gekommen, um meinen ersten richtigen Urlaub zu genießen. Das endgültige Ende des Ersten Weltkrieges im April vor zwei Jahren hatte eine erschöpfte Welt hinterlassen, in der Frieden herrschte – ein Zustand, den es zuvor noch nie gegeben hatte und mit dem wir nicht umzugehen wussten.

Ich glaube, wir fühlten uns alle verloren, ohne Krieg zu führen, zumindest ich. Es gelang mir jedoch, mich intensiv mit den Veränderungen zu beschäftigen, die der Frieden in meinem Büro, dem Amt für Kommunikation, mit sich brachte und es veranlasste, seine Aktivitäten an die Erfordernisse einer globalen Tätigkeit anzupassen, die nicht mehr vom Krieg beeinflusst war. Während meines gesamten Amtslebens hatte ich beides kombinieren müssen – Kommunikation für den Krieg und Kommunikation für den Handel, sodass die Anpassung wirklich keine Herkulesaufgabe war. Es dauerte ein wenig, das war alles, und als die ganze Sache perfekt abgeschlossen war, bat ich um einen unbefristeten Urlaub, der auch gewährt wurde.

Meine Begleiter bei der Jagd waren drei Eskimos, von denen der jüngste, ein Junge von neunzehn Jahren, noch nie zuvor einen Weißen gesehen hatte, denn der erste Weltkrieg hatte den spärlichen Handel, der früher zwischen ihren verstreuten Siedlungen und den bevorzugten Ländern der sogenannten *Zivilisation* existierte, absolut vernichtet.

Aber dies ist nicht die Geschichte meiner aufregenden Erfahrungen bei der Wiederentdeckung der arktischen Regionen. Es ist vielmehr lediglich eine Erklärung dafür, wie es dazu kam, dass ich ihn nach etwa zwei Jahren wieder getroffen habe.

Wir hatten es gewagt, uns etwas vom Ufer zu entfernen, als ich in Führung lag und einen Bären weit vor uns erspähte. Ich war über einen Hügel aus rauem, zerklüftetem Eis geklettert, als ich die Entdeckung machte, und meinen Begleitern sagte, sie sollten mir folgen. Ich rutschte und stolperte zu dem vergleichsweise flachen Stück einer breiten Scholle dahinter und rannte auf eine weitere eisige Barriere zu, die mir die Sicht auf den Bären versperrte. Als ich dort angekommen war, drehte ich mich um, um nach meinen Gefährten Ausschau zu halten, aber sie waren noch nicht in Sicht. Tatsächlich sah ich sie nie wieder.

Die ganze Eismasse war in Bewegung, knirschte und riss; aber ich war so daran gewöhnt, dass ich der Sache wenig Beachtung schenkte, bis ich den Gipfel des zweiten Grates erreicht hatte, von dem aus ich wieder einen Blick auf den Bären hatte, der sich direkt auf mich zu bewegte, wenn auch noch in beträchtlicher Entfernung. Dann blickte ich mich noch einmal nach meinem Gefährten um. Sie waren nirgendwo zu sehen, aber ich entdeckte etwas anderes, das mich mit Bestürzung erfüllte – die Scholle hatte sich direkt am ersten Hügel gespalten, und ich war nun durch einen immer breiter werdenden Strom eisigen Wassers vom Festland getrennt. Was aus den drei Eskimos wurde, habe ich nie erfahren, vielleicht hatte sich die Scholle direkt unter ihren Füßen geteilt und sie verschlungen. Das erschien mir allerdings nicht glaubwürdig, selbst mit meiner begrenzten Erfahrung in der Arktis; aber wenn es nicht das war, was sie mir für immer aus meinem Blickfeld gerissen hatte, was war es dann?

Ich richtete meine Aufmerksamkeit nun wieder auf den Bären. Er hatte mich offensichtlich entdeckt und sah eine Beute in mir, denn er kam in schnellem Tempo direkt auf mich zu. Das bedrohliche Knacken und Stöhnen des Eises nahm zu, und zu meiner Bestürzung sah ich, dass es sich um mich herum auseinanderbrach, und in allen Richtungen, soweit ich sehen konnte, stiegen und fielen große und kleine Schollen wie auf einer riesigen Welle.

Plötzlich öffnete sich eine Wasserrinne zwischen dem Bären und mir, aber der große Bursche hielt nicht an. Er glitt ins Wasser, schwamm durch die Lücke und kletterte auf die riesige Scholle, auf der ich durchgeschüttelt wurde. Er war über zweihundert Yards entfernt, aber ich richtete mein Zielfernrohr auf seine linke Schulter und schoss. Ich traf ihn, und er brüllte furchtbar und stürmte auf mich zu. Gerade als ich wieder schießen wollte, spaltete sich die Scholle direkt vor ihm, und er war für einen Moment unter Wasser und außer Sichtweite.

Als er wieder auftauchte, schoss ich wieder und verfehlte ihn. Dann fing er wieder an, auf meine kleiner gewordene Scholle zu klettern. Erneut schoss ich. Diesmal brach ich ihm die Schulter, und dennoch gelang es ihm, auf meine Scholle zu klettern und näherzukommen. Ich dachte, er würde nicht sterben, bevor er mich nicht erreicht und sich an mir gerächt hätte, denn obwohl ich Kugel um Kugel in ihn pumpte, rückte er weiter vor. Er schleppte sich schließlich nur noch vorwärts, knurrend, mit furchtbaren Grimassen.

Er war keine zehn Fuß von mir entfernt, als sich meine Scholle wieder direkt zwischen mir und dem Bären spaltete, am Fuß des Grats, auf dem ich stand, der nun vollständig umkippte und mich ein paar Fuß von der großen, knurrenden Bestie ins Wasser stürzte. Ich drehte mich um und versuchte, wieder auf die Scholle zu klettern, von der ich abgeworfen worden war, aber ihre Ränder waren viel zu steil, und es gab keine andere, die ich erreichen konnte, außer der, auf der der Bär lag und mich anknurrte. Ich hatte mich an mein Gewehr geklammert und machte mich nun kurzerhand auf den Weg zu der Scholle, ein paar Yards von der Stelle entfernt, an der die Bestie auf mich wartete.

Er bewegte sich nicht, während ich hochkletterte, außer um seinen Kopf so zu drehen, dass er mich immer in Blick hatte. Er näherte sich mir nicht, und ich beschloss, nicht mehr auf ihn zu schießen, solange er ruhig blieb, denn ich hatte entdeckt, dass meine Kugeln ihn nur zu erzürnen schienen. Die Kunst der Großwildjagd war seit Jahren praktisch tot, da nur noch Gewehre und Munition für die Tötung von Menschen hergestellt worden waren.

Da ich im Staatsdienst tätig war, hatte ich keine Schwierigkeiten, eine Genehmigung zum Tragen von Waffen für Jagdzwecke zu erhalten, aber die Regierung besaß alle Schusswaffen, und als mir das, was ich angefordert hatte, ausgehändigt wurde, war es nichts anderes als ein gewöhnliches Dienstgewehr, wie es 1967, gegen Ende des Ersten Weltkriegs, perfektioniert worden war. Es war ein ausgezeichnetes Werkzeug zum Töten von Menschen, aber nicht stark genug für Großwild.

Die Wasserkanäle um uns herum öffneten sich nun in erschreckendem Tempo, und das Eis bewegte sich unaufhaltsam in Richtung des offenen Meeres; und da war ich nun, allein, bis auf die Haut durchnässt, bei einer Temperatur um den Gefrierpunkt, und trieb im Arktischen Ozean, gestrandet auf einem halben Hektar Eis, mit einem verwundeten und wütenden Eisbären, der mir aus dieser Nähe ungefähr so groß vorkam, wie die Erste Presbyterianische Kirche zu Hause.

Ich weiß nicht, wie lange danach ich das Bewusstsein verlor. Als ich meine Augen wieder öffnete, fand ich mich in einem schönen, weißen Eisenbett auf der Krankenstation eines Kreuzers der neu gegründeten Internationalen Friedensflotte wieder, die in der ganzen Welt patrouillierte und kontrollierte. Ein Krankenpfleger und ein medizinischer Offizier standen an einer Seite meines Bettes und sahen auf mich herab, während am Fuße ein gut aussehender Mann in Admiralsuniform stand. Ich erkannte ihn sofort.

»Ah«, sagte ich, aber es kann kaum mehr als ein Flüstern gewesen sein, »sie sind gekommen, um mir die Geschichte von Julian IX. zu erzählen. Sie haben es versprochen, wissen sie, und ich werde sie daran erinnern.«

Er lächelte. »Sie haben ein gutes Gedächtnis. Wenn sie hier raus sind, werde ich mein Versprechen halten.«

Ich wurde sofort wieder bewusstlos, sagte man mir hinterher, aber am nächsten Morgen wachte ich erfrischt auf, und abgesehen von leichten Erfrierungen an Nase und Wangen trug ich keine schlimmeren Nachwirkungen davon. An diesem Abend saß ich in der Admiralskabine, ein schottischer Highball vor mir, dessen Hauptbestandteile in Kansas hergestellt wurden, und der Admiral mir gegenüber.

»Es war sicherlich ein Zufall, dass sie gerade in der Arktis unterwegs waren«, merkte ich an. »Captain Drake erzählte mir, dass der Bär gerade auf mich zu kroch, als der Beobachtungsposten mich entdeckte; aber als sie schließlich tief genug waren, um einen Mann auf der Scholle hinunterzulassen, war die Bestie tot – weniger als einen Fuß von mir entfernt. Es war knapp, und ich bin ihnen und den Umständen, welche es auch immer gewesen sein mögen, die sie hierher gebracht haben, äußerst dankbar.«

»Das ist das Erste, worüber ich mit ihnen sprechen muss«, antwortete er. »Ich habe sie gesucht. Washington wusste natürlich, wo sie ihr Lager aufschlagen wollten, denn sie hatten ihre Pläne vor ihrer Abreise ihrem Sekretär recht ausführlich erläutert, und als der Präsident nach ihnen fragte, wurde ich sofort losgeschickt, um sie zu suchen. Tatsächlich bat ich um den Auftrag, als ich die Anweisung erhielt, ein Schiff auf die Suche nach ihnen loszuschicken. In erster Linie wollte ich unsere Bekanntschaft erneuern und auch in diesen Teil der Welt reisen, in dem ich mich noch nie zuvor aufgehalten hatte."

»Der Präsident hat nach mir gefragt!« wiederholte ich.

»Ja, Handelsminister White starb am fünfzehnten, und der Präsident wünscht, dass sie das Amt übernehmen.«

»Interessant, in der Tat«, antwortete ich; »aber sicher nicht halb so interessant wie die Geschichte von Julian IX., da bin ich mir sicher.«

Er lachte gutmütig. »Na gut«, rief er, »los geht's!«

Lassen sie mich diese Geschichte, wie ich es auch bei der anderen tat, die ich ihnen vor zwei Jahren an Bord des Linienschiffs Harding erzählt habe, mit einer dringenden Bitte einleiten; versuchen sie sich ständig die Theorie vor Augen zu halten, dass es so etwas wie Zeit nicht gibt – dass es keine Vergangenheit und keine Zukunft gibt – dass es nur das Jetzt gibt, dass es nie etwas anderes als das Jetzt gegeben hat und dass es nie etwas anderes als das Jetzt geben wird. Es handelt sich um eine Theorie vergleichbar mit der, die besagt, dass es so etwas wie Raum nicht gibt. Es mag diejenigen geben, die meinen, dass sie es verstehen, aber ich gehöre nicht dazu. Ich weiß einfach, was ich weiß – ich versuche nicht, es zu erklären. So leicht, wie ich mich an Ereignisse in dieser Inkarnation erinnere, erinnere ich mich auch an Ereignisse in früheren Inkarnationen; aber, was noch viel bemerkenswerter ist, so ähnlich erinnere ich mich auch an Ereignisse in Inkarnationen der Zukunft, oder sollte ich sagen, sehe ich sie voraus? Nein, ich sehe sie nicht voraus – ich habe sie gelebt.

Ich habe ihnen von dem Versuch berichtet, den Mars mit der Barsoom zu erreichen, und davon, wie er von Lieutenant Commander Orthis vereitelt wurde. Das war im Jahr 2026. Sie werden sich daran erinnern, dass Orthis wegen Hass und Eifersucht auf Julian V. die Triebwerke der Barsoom zerstörte, was eine Landung auf dem Mond erforderlich machte, und wie das Schiff in den Schlund eines großen Mondkraters und durch die Kruste unseres Satelliten in die innere Welt gezogen wurde.

Nach der Gefangennahme durch die Va-ga, die menschlichen Vierbeiner des Mondinneren, entkam Julian V. mit Nah-ee-lah, Prinzessin von Laythe, Tochter einer Rasse von Mondbewohner, die uns ähnlich ist, während Orthis sich mit den Kalkar oder Denkern, einer anderen lunaren menschlichen Rasse, anfreundete. Orthis lehrte die Kalkar, die Feinde der Laytheaner waren, Schießpulver, Granaten und Kanonen herzustellen, und mit diesen griffen sie Laythe an und zerstörten es.

Julian V. und Nah-ee-lah, das Mondmädchen, entkamen aus der brennenden Stadt und wurden später von der Barsoom aufgegriffen, die von Norton, einem jungen Fähnrich, der mit zwei anderen Offizieren an Bord geblieben war, repariert worden war. Zehn Jahre nachdem sie auf der inneren Oberfläche des Mondes gestrandet waren, landeten Julian V. und seine Begleiter die Barsoom sicher in der Stadt Washington und ließen Lieutenant Commander Orthis auf dem Mond zurück.

Julian V. und Prinzessin Nah-ee-lah heirateten und im selben Jahr, 2036, wurde ihnen ein Sohn geboren, der Julian VI. hieß. Er war der Urgroßvater von Julian IX., um dessen Geschichte sie mich gebeten haben und in dem ich im zweiundzwanzigsten Jahrhundert wieder gelebt habe.

Aus irgendeinem Grund wurden keine weiteren Versuche unternommen, den Mars zu erreichen, mit dem wir seit Jahren in Funkkommunikation standen. Möglicherweise war dies auf einen religiösen Kult zurückzuführen, der gegen alle Formen des wissenschaftlichen Fortschritts predigte und durch politischen Druck mehrere aufeinanderfolgende schwache Verwaltungen einer notorisch schwachen Partei bilden und beeinflussen konnte, die ihren Ursprung fast ein Jahrhundert zuvor in einer Gruppe von Männern „des Friedens um jeden Preis" hatte.

Sie waren es, die für die totale Abrüstung der Welt eintraten, was die Auflösung der Streitkräfte der Internationalen Friedensflotte, die Verschrottung aller Waffen und Munition und die Zerstörung der wenigen Munitionsfabriken bedeutet hätte, die von den Regierungen der Vereinigten Staaten und Großbritanniens betrieben wurden, die gerade gemeinsam die Welt regierten. Es war Englands König, der uns vor dem großen Desaster dieser wahnwitzigen Politik bewahrte, obwohl es den Schwächlingen dieses Landes mithilfe der Schwächlinge Großbritanniens gelang, die Friedensflotte zu halbieren und die Hälfte davon zur Handelsmarine umzuwandeln, die Zahl der Munitionsfabriken zu reduzieren und die Hälfte der Waffen der Welt zu verschrotten.

Und dann im Jahr 2050 kam der Schlag. Lieutenant Commander Orthis kehrte nach vierundzwanzig Jahren auf dem Mond mit hunderttausend Kalkar und tausend Va-ga zur Erde zurück. In tausend großen

Schiffen kamen sie mit Waffen und Munition und seltsamen neuen Zerstörungsmaschinen, die der brillante Verstand des Erzbösewichts des Universums geschaffen hatte.

Niemand außer Orthis hätte das tun können. Niemand außer Orthis hätte es getan. Er war es, der die Motoren perfektioniert hatte, die die Barsoom möglich gemacht hatten. Nachdem er zur dominierenden Kraft unter den Kalkar des Mondes geworden war, hatte er ihre Fantasie mit Erzählungen über die große, reiche Welt angeregt, die bereit und unbewaffnet in ihrer Reichweite lag. Es war ein Leichtes gewesen, ihre Arbeitskraft für den Bau der Schiffe und die Herstellung der unzähligen Zubehörteile einzusetzen, die für die erfolgreiche Bewältigung dieses großen Abenteuers erforderlich waren.

Der Mond lieferte alle benötigten Materialien, die Kalkar die Arbeitskräfte und Orthis das Wissen, den Verstand und die Führung. Zehn Jahre waren der Verbreitung seiner Propaganda und der Gewinnung der Denker gewidmet gewesen, und dann waren vierzehn Jahre erforderlich, um die Flotte aufzubauen und auszurüsten.

Fünf Tage vor ihrer Ankunft entdeckten die Astronomen die Flotte als winzige Punkte auf den Okularen ihrer Teleskope. Es wurde viel spekuliert, aber es war nur Julian V., der die Wahrheit erriet. Er warnte die Regierungen in London und Washington, doch obwohl er damals das Kommando über die Internationale Friedensflotte hatte, wurden seine Appelle mit Leichtfertigkeit und Spott aufgenommen. Er kannte Orthis, und so wusste er, dass der Mann leicht in der Lage war, eine Flotte zu bauen, und er wusste auch, dass Orthis nur zu einem Zweck mit einer so großen Anzahl von Schiffen zur Erde zurückkehren würde. Das bedeutete Krieg, und die Erde hatte nichts als eine Handvoll Kreuzer, mit denen sie sich verteidigen konnte. Es gab auf der Welt weder fünfundzwanzigtausend organisierte Kämpfer und kaum Ausrüstung für mehr als die Hälfte dieser Zahl.

Das Unvermeidliche trat ein. Orthis nahm London und Washington gleichzeitig ein. Seine gut bewaffneten Streitkräfte stießen praktisch auf keinerlei Widerstand. Es konnte keinen Widerstand geben, denn es gab nichts, womit man sich wehren konnte. Der Besitz von Schusswaffen war eine Straftat. Selbst scharfkantige Waffen mit Klingen von mehr als sechs Zoll Länge waren gesetzlich verboten. Militärische Ausbildung, mit Ausnahme der wenigen Auserwählten der Internationalen Friedensflotte, war seit Jahren verboten. Und diesen bedauernswerten Zustand der Abrüstung und der mangelnden Vorbereitung wurde eine Truppe von hunderttausend gut bewaffneten, erfahrenen Kriegern mit Zerstörungsmaschinen gegenübergestellt, die den Menschen auf der Erde unbekannt waren. Die Beschreibung einer einzigen reicht aus, um die völlige Hoffnungslosigkeit der Situation der Erdenmenschen zu erklären.

Dieses Instrument, von dem die Invasoren nur ein einziges mitbrachten, war auf dem Deck ihres Flaggschiffes montiert und wurde von Orthis persönlich bedient. Es war seine eigene Erfindung, die kein Kalkar verstand oder bedienen konnte. Kurz gesagt, es handelte sich um ein Gerät zur Erzeugung von Radioaktivität mit jeder gewünschten Schwingungsfrequenz und zur Lenkung der daraus resultierenden Emanationen auf ein beliebiges Objekt innerhalb seiner Reichweite. Wir wissen nicht, wie Orthis es nannte, aber die Erdenmenschen jener Tage wussten, dass es eine Elektronen-Kanone war.

Es war ganz offensichtlich eine Erfindung jüngeren Datums und daher in mancher Hinsicht plump, aber wie dem auch sei, ihre Auswirkungen waren tödlich genug, um es Orthis zu ermöglichen, die gesamte Internationale Friedensflotte in weniger als dreißig Tagen auszulöschen, sobald die verschiedenen Schiffe in Reichweite der Elektronen-Kanone kamen. Für den Laien waren die durch diese seltsame Waffe hervorgerufenen visuellen Effekte entsetzlich und schrecklich. Ein mächtiger Kreuzer, der vor Leben und Kraft sprühte, flog majestätisch, um das Flaggschiff der Kalkar anzugreifen, und dann verschwand wie durch Zauberei jedes Aluminiumteil des Kreuzers wie Nebel in der Sonne, und da fast neunzig Prozent eines Friedensflottenkreuzers, einschließlich des Rumpfes, aus Aluminium gebaut waren, kann man sich das Ergebnis vorstellen – in einem Moment raste ein großes Schiff durch die Luft, seine Flaggen und Wimpel wehten im Wind, die Band spielte, die Offiziere und Männer auf ihren Posten – im nächsten Moment war es eine Masse von Motoren, poliertem Holz, Tauwerk, Flaggen und Menschen, die erdwärts in die Vernichtung stürzten.

Es war Julian V., der das Geheimnis dieser tödlichen Waffe entdeckte und dass sie ihre Zerstörung dadurch erreichte, dass sie auf die Schiffe der Friedensflotte die Schwingungsfrequenz der Radioaktivität projizierte, die mit der des Aluminiums identisch war, mit dem Ergebnis, dass die so angeregten Elektronen der angegriffenen Substanz ihre eigene Schwingungsfrequenz so weit erhöhten, dass sie sich wieder in ihren elementaren und unsichtbaren Zustand auflösten – mit anderen Worten, Aluminium wurde in etwas anderes umgewandelt, das so unsichtbar und ungreifbar war wie Äther. Vielleicht war es Äther.

Von der Richtigkeit seiner Theorie überzeugt, zog sich Julian V. mit seinem eigenen Flaggschiff in einen entlegenen Teil der Welt zurück und nahm die wenigen verbliebenen Kreuzer der Flotte mit. Orthis suchte monatelang nach ihnen, aber erst Ende des Jahres 2050 trafen sich die beiden Flotten wieder und zum letzten Mal.

Zu diesem Zeitpunkt hatte Julian V. den Plan, dessentwegen er untergetaucht war, bereits perfektioniert, und er stand nun der Kalkar-Flotte und seinem alten Feind Orthis mit einer gewissen Hoffnung auf Erfolg gegenüber. Sein Flaggschiff bewegte sich an der Spitze der kleinen Kolonne, die die verbliebene Hoffnung einer ganze Welt war, und Julian V. stand auf ihrem Deck neben einem kleinen und unschuldig aussehenden Kasten, der auf einem stabilen Stativ montiert war.

Orthis näherte sich ihm – er würde die Schiffe eines nach dem anderen zerstören, sobald sie nahe genug waren. Er brüstete sich mit einem leichten Sieg, der vor ihm lag. Er richtete die Elektronen-Kanone auf das Flaggschiff seines Feindes und drückte einen Knopf. Plötzlich runzelte er die Stirn. Was war das? Er untersuchte die Kanone. Er hielt ein Stück Aluminium vor die Mündung und sah das Metall verschwinden.

Der Mechanismus funktionierte, aber die Schiffe des Feindes verschwanden nicht. Dann erriet er die Wahrheit, denn sein Schiff war nur noch einen Katzensprung vom Schiff Julians V. entfernt, und er sah, dass der Rumpf des letzteren vollständig mit einer gräulichen Substanz überzogen war, die er sofort als das erkannte, was sie war – ein isolierendes Material, das die Aluminiumteile der feindlichen Flotte gegen das unsichtbare Feuer seiner Kanone immun machte.

Aus Orthis finsterem Blick wurde ein grimmiges Lächeln. Er drehte zwei Knöpfe an einer Kontrollbox, die mit der Waffe verbunden war, und drückte erneut den Knopf. Sofort verschwanden die bronzenen Propeller des Flaggschiffs des Erdenmenschen zusammen mit zahlreichen Beschlägen und Teilen auf den Decks. Ähnlich erging es den freiliegenden Bronzeteilen des Restes der Internationalen Friedensflotte, und ein Geschwader treibender Wracks war der Gnade des Feindes überlassen.

Das Flaggschiff von Julian V. war zu dieser Zeit nur wenige Faden von Orthis entfernt. Die beiden Männer konnten die Gesichtszüge des anderen deutlich sehen. Der Gesichtsausdruck von Orthis war wild und schadenfroh, der von Julian V. nüchtern und würdevoll.

»Du hast also gedacht, du würdest mich schlagen!«, höhnte Orthis. »Aber, bei Gott, ich habe auf diesen Tag gewartet, und dafür gearbeitet und geschwitzt. Ich habe eine Welt zerstört, um dich zu besiegen, Julian V. Um dich zu überwältigen und zu töten, aber um dich vorher wissen zu lassen, dass ich dich töten werde – um dich so zu töten, wie ein Mensch noch nie zuvor getötet wurde, wie es sich kein anderes Gehirn als das meine vorstellen könnte. Du hast eure Aluminiumteile isoliert, weil du dachtest, du könntest meine Pläne auf diese Weise vereiteln, aber du wusstest nicht – dein schwacher Intellekt konnte es nicht wissen –, dass ich, so leicht wie ich Aluminium zerstören kann, diese Waffe durch die einfachsten Anpassungen so abstimmen kann, dass sie jede von hundert verschiedenen Substanzen zerstört, darunter auch menschliches Fleisch oder menschliche Knochen.«

»Das ist es, was ich jetzt tun werde, Julian V. Zuerst werde ich die knöcherne Struktur deines Gestells auflösen. Es wird schmerzlos geschehen – es wird vielleicht nicht einmal zum sofortigen Tod führen, und ich hoffe, dass es nicht dazu kommt. Denn du sollst die Macht eines wirklichen Intellekts kennenlernen – des Intellekts, dem du ein Leben lang die Früchte seiner Bemühungen gestohlen hast; aber nicht noch einmal, Julian V., denn heute stirbst du – zuerst deine Knochen, dann dein Fleisch, und nach dir deine Männer und nach ihnen deine Ausgeburt, der Sohn, den dir die Frau, die ich liebte, geboren hat; aber sie – sie soll mir gehören! Nimm diese Erinnerung mit in die Hölle«, und er drehte sich zu den Kontrollknöpfen neben seiner tödlichen Waffe.

Aber Julian V. legte seine Hand auf die kleine Kiste, die auf dem stabilen Stativ vor ihm stand, und er war es, der einen Knopf drückte, bevor Orthis seinen berühren konnte. Sofort verschwand die Eletronen-Kanone vor Orthis Augen, und zur gleichen Zeit berührten sich die beiden Schiffe, und Julian V. sprang über die Reling auf das feindliche Deck und lief auf seinen Erzfeind zu.

Orthis stand entsetzt an der Stelle, an der nur einen Augenblick zuvor die größte Erfindung seines Riesenintellekts gestanden hatte, und dann blickte er auf zu Julian V., der sich ihm näherte, und stieß einen schrecklichen Schrei aus.

»Halt!« schrie er. »Unser ganzes Leben lang hast du mir immer der Früchte meiner Bemühungen geraubt. Irgendwie hast du das Geheimnis dieser, meiner größten Erfindung, gestohlen, und jetzt hast du sie zerstört. Möge Gott im Himmel ...«

»Ja«, rief Julian V., »und ich werde dich vernichten, es sei denn, du ergibst dich mir mit all deinen Männern.«

»Niemals!« brüllte der Mann, der wahrhaftig wahnsinnig zu sein schien, so entsetzlich war seine Wut. »Niemals! Das ist das Ende, Julian V., für uns beide«, und noch während er das letzte Wort sprach, legte er einen Hebel um, der auf dem Steuerpult vor ihm montiert war. Es gab eine furchtbare Explosion, und beide Schiffe gingen in Flammen auf und stürzten wie Meteoriten in den Ozean.

So gingen Julian V. und Orthis in den Tod und nahmen das Geheimnis der schrecklichen Zerstörungskraft mit sich, die der letztere vom Mond mitgebracht hatte; aber die Erde war bereits besiegt. Sie war ihren Eroberern hilflos ausgeliefert. Wie es ausgegangen wäre, wenn Orthis überlebt hätte, kann nur eine Vermutung bleiben. Möglicherweise hätte er Ordnung in das von ihm geschaffenen Chaos gebracht und eine Herrschaft der Vernunft eingeführt. Die Erdenmenschen hätten zumindest den Vorteil seines wunderbaren Intellekts und seiner Macht gehabt, die ungebildeten Kalkar zu beherrschen, die er vom Mond mitgebracht hatte.

Es hätte sogar eine gewisse Hoffnung gegeben, wenn sich die Erdenmenschen gegen den gemeinsamen Feind zusammengeschlossen hätten, aber das haben sie nicht getan. Einige Elemente, die mit dieser oder jener Verwaltung unzufrieden waren, schlossen sich den Invasoren an. Die Faulen, die Nutzlosen, die Unzufriedenen, die die Schuld für ihr Versagen immer auf die Erfolgreichen schoben, versammelten sich unter den Fahnen der Kalkar, die sie als Seelenverwandte betrachteten.

Die politischen Fraktionen, sowohl die liberalen als auch die konservativen, sahen oder glaubten eine Gelegenheit zu sehen, um auf die eine oder andere Weise einen Vorteil zu gewinnen, der den Interessen der anderen Seite schadete. Die Kalkar-Flotten kehrten zum Mond zurück um weitere Kalkar zu holen, bis man schätzte, dass jedes Jahr sieben Millionen von ihnen zur Erde transportiert wurden.

Julian V. und seine Mutter Nah-ee-lah lebten, ebenso wie Or-tis, der Sohn von Orthis und einer Kalkar Frau, aber meine Geschichte soll nicht von ihnen handeln, sondern von Julian IX., der nur ein Jahrhundert nach der Geburt von Julian V. geboren wurde.

Julian IX. Juli wird seine eigene Geschichte erzählen.

II. Soor, der Steuereintreiber

Ich wurde am 1. Januar 2100 in Teivos, Chicago als Kind von Julian VIII. und Elizabeth James geboren. Mein Vater und meine Mutter waren nicht verheiratet, da Ehen schon lange illegal geworden waren. Ich wurde Julian IX. genannt. Meine Eltern gehörten der rasch abnehmenden intellektuellen Klasse an und konnten sowohl lesen als auch schreiben. Dieses Wissen vermittelten sie mir, obwohl es ein nutzloses Lernen war – es war ihre Religion. Der Buchdruck war eine verlorene Kunst, und die letzte der öffentlichen Bibliotheken war fast hundert Jahre vor meiner Mündigkeit zerstört worden, so dass es wenig oder gar nichts zu lesen gab. Und ein Buch zu besitzen bedeutete, dass man als verhasster Intellektueller gebrandmarkt war, was den Hohn und Spott der Kalkar und das Misstrauen und die Verfolgung der herrschenden Mondbehörden erregte.

Die ersten zwanzig Jahre meines Lebens waren ereignislos. Als Junge spielte ich inmitten der Ruinen einer Stadt, die einmal eine großartige Stadt gewesen sein musste. Fast hundert Mal geplündert und niedergebrannt, zeigte Chicago noch immer die Skelette einiger mächtiger Gebäude ihrer einstigen Größe. Als Jugendlicher vermisste ich die Romantik der längst vergangenen Tage meiner Vorväter, als die Erdenmenschen noch genügend Kraft besaßen, um um ihre Existenz zu kämpfen. Ich beklagte die stille Stagnation meiner eigenen Zeit, in der es nur gelegentlich einen Mord gab, der die Monotonie unserer trostlosen Existenz unterbrach. Sogar die am Ufer des großen Sees stationierte Kalkar Garde schikanierte uns selten, es sei denn, es kam ein dringender Aufruf von höheren Behörden für eine zusätzliche Steuereintreibung, denn wir fütterten sie gut, und sie hatten die freie Wahl unter unseren Frauen und jungen Mädchen – fast, aber nicht ganz, wie sie sehen werden.

Der Kommandant der Wache war seit Jahren hier stationiert, und wir schätzten uns sehr glücklich, dass er zu faul und träge war, um grausam oder unterdrückend zu sein. Seine Steuereintreiber waren an Markttagen immer bei uns; aber sie forderten nicht so viel, dass wir nichts mehr für uns selbst übrig hatten, wie es in Milwaukee der Fall war, wie uns Flüchtlinge erzählten.

Ich erinnere mich an einen armen Teufel aus Milwaukee, der an einem Samstag auf unseren Marktplatz taumelte. Er bestand nur aus Haut und Knochen, und er erzählte uns, dass im Vormonat in seinem Teivos insgesamt zehntausend Menschen verhungert waren. Das Wort Teivos wird allgemein auf einen Bezirk und auf die Behörde angewendet, die ihre Angelegenheiten schlecht verwaltet. Niemand weiß, was das Wort wirklich bedeutet, obwohl meine Mutter mir erzählt hat, dass ihr Großvater behauptete, es käme aus einer anderen Welt, dem Mond, wie die Kash-Garde, was auch nichts Spezielles bedeutet – ein Soldat ist eine Kash-Garde, zehntausend Soldaten sind eine Kash-Garde. Wenn ein Mann mit einem Stück Papier kam, auf dem etwas geschrieben stand, das sie nicht lesen konnten, und ihre Großmutter tötete oder ihre Schwester entführte, sagten sie: »Die Kash-Garde hat es getan.«

Das war eine der vielen Ungereimtheiten unserer Regierungsform, die mich schon in meiner Jugend empörten – ich beziehe mich auf die Tatsache, dass die Vierundzwanzig schriftliche Proklamationen und Befehle an ein Volk herausgaben, dem es nicht erlaubt war, lesen und schreiben zu lernen. Ich glaube, ich sagte schon, dass das Drucken eine verlorene Kunst war. Dies ist nicht ganz richtig, außer dass es sich auf die Mehrheit des Volkes bezieht, denn die Vierundzwanzig unterhielten noch immer eine Druckerei, wo sie Geld und Manifeste druckten. Das Geld wurde anstelle der Besteuerung verwendet – das heißt, als wir durch die Besteuerung so überlastet waren, dass sogar unter den Kalkar Murren zu hören war, schickten die Behörden Beauftragte zu uns, um unsere Waren zu kaufen und uns mit Geld zu bezahlen, das keinen Wert hatte und das wir nur zum Anzünden unserer Feuer verwenden konnten.

Steuern konnten nicht mit Geld bezahlt werden, da die Vierundzwanzig nur Gold und Silber akzeptierten oder Waren, und da all das Gold und Silber aus dem Verkehr verschwunden war, als mein Vater noch ein Teenager war, mussten wir mit dem bezahlen, was wir angebaut oder hergestellt hatten.

Drei Samstage im Monat waren die Zöllner auf den Märkten, um unsere Waren zu begutachten, und am letzten Samstag kassierten sie ein Prozent von allem, was wir im Laufe des Monats gekauft oder verkauft hatten. Nichts hatte einen festen Wert – heute konnte man vielleicht eine halbe Stunde lang um ein Pint Bohnen gegen ein Ziegenfell feilschen, und nächste Woche, wenn man Bohnen wollte, waren die Chancen mehr als hervorragend, dass man vier oder fünf Ziegenfelle für ein Pint geben musste, und die Steuereintreiber machten sich das zunutze – sie schätzten auf Grundlage der höchsten Marktwerte des jeweiligen Monats.

Mein Vater hatte ein paar langhaarige Ziegen – sie wurden Montana-Ziegen genannt, aber er sagte, sie wären eigentlich Angoras, und meine Mutter stellte aus ihrem Fell Stoff her. Mit den Tüchern, der Milch und dem Fleisch unserer Ziegen lebten wir sehr gut und hatten auch einen kleinen Gemüsegarten neben unserem Haus; aber es gab einige notwendige Dinge, die wir auf dem Marktplatz kaufen mussten. Es war gegen das Gesetz, Tauschgeschäfte im privaten Rahmen zu tätigen, da die Steuereintreiber dann nichts über das Einkommen eines Mannes gewusst hätten. Eines Winters war meine Mutter krank und wir brauchten dringend Kohle, um den Raum, in dem sie lag, zu beheizen, also ging Vater zum Kommandant der Kasch-Garde und bat um Erlaubnis, vor dem Markttag etwas Kohle zu kaufen. Ein Soldat wurde mit ihm zu Hoffmeyer geschickt, dem Beauftragten der Kalkar, der die Kohlekonzession für unseren Bezirk hatte – die Kalkar besaßen alles – und als Hoffmeyer entdeckte, wie dringend wir Kohle brauchten, sagte er, für fünf Milchziegen könne Vater die Hälfte seines Gewichts an Kohle haben.

Mein Vater protestierte, aber es war zwecklos, und da er wusste, wie dringend meine Mutter Wärme brauchte, brachte er die fünf Ziegen zu Hoffmeyer und bekam die Kohle. Am folgenden Markttag bezahlte er eine Ziege für einen Sack Bohnen, der seinem Gewicht entsprach, und als der Zöllner seinen Zehnten abholte, sagte er zu Vater: »Du hast fünf Ziegen für die Hälfte deines Gewichts an Bohnen bezahlt, und da jeder weiß, dass Bohnen zwanzigmal so viel wert sind wie Kohle, muss die Kohle, die du gekauft hast, inzwischen hundert Ziegen wert sein, und da Bohnen zwanzigmal so viel wert sind wie Kohle und du doppelt so viel Bohnen wie Kohle hast, sind deine Bohnen jetzt zweihundert Ziegen wert, so dass sich dein Handel für diesen Monat auf dreihundert Ziegen beläuft. Bring mir also drei deiner besten Ziegen.«

Er war ein neuer Steuereintreiber – der alte hätte so etwas nicht getan; aber in dieser Zeit begann sich alles zu ändern. Vater sagte, er hätte nicht gedacht, dass es noch viel schlimmer kommen könnte; aber später sah er die Dinge anders. Der Wechsel begann 2017, gleich nachdem Jarth der Jemadar der Vereinigten Teivos von Amerika wurde. Natürlich geschah das nicht alles auf einmal. Washington ist weit von Chicago entfernt, und es gibt keine durchgehende Eisenbahnlinie dazwischen. Die Vierundzwanzig hielten ein paar nicht miteinander verbundene Strecken aktiv, aber es war schwierig, sie am Laufen zu halten, da es keine gut ausgebildeten Mechaniker mehr gab, die sie instand hielten. Es dauerte nie weniger als eine Woche, um von Washington nach Gary, dem westlichen Endpunkt, zu reisen.

Vater sagte, dass die meisten Eisenbahnen während der Kriege zerstört wurden, nachdem die Kalkar das Land überrannt hatten, und dass die Arbeiter damals nur vier Stunden am Tag arbeiten durften, wenn ihnen danach war. Außerdem waren die meisten von ihnen die meiste Zeit damit beschäftigt, neue Gesetze zu erlassen, sodass sie keine Chance hatten, zu arbeiten und es gab nicht genug Arbeitskräfte, um die verbliebenen Straßen zu betreiben oder instand zu halten, aber das war noch nicht das Schlimmste. Praktisch alle Männer, die sich mit den technischen Einzelheiten der Wartungsarbeiten, mit Technik und Mechanik auskannten, gehörten der intellektuellen Klasse der Erdenmenschen an und wurden infolgedessen sofort aus dem Dienst geworfen und später getötet.

Fünfundsiebzig Jahre lang hatte man keine neuen Lokomotiven gebaut und nur wenige Reparaturen an den vorhandenen durchgeführt. Die Vierundzwanzig hatten versucht, das Unvermeidliche hinauszuzögern, indem sie einige wenige Züge nur für den Eigenbedarf – für Regierungsbeamte und Truppen – betrieben, aber es war nur eine Frage der Zeit, bis der Eisenbahnbetrieb eingestellt werden musste – für immer.

Das hatte keine Bedeutung für mich, da ich noch nie in einem Zug gefahren war – ich hatte noch nie einen Zug gesehen, abgesehen von den verrosteten, vom Feuer verbogenen und gequälten Überresten, die an verschiedenen Orten unserer Stadt verstreut lagen; aber Vater und Mutter betrachteten es als eine Katastrophe – das Verschwinden der letzten Verbindung zwischen der alten Zivilisation und der neuen Barbarei.

Luftschiffe, Automobile, Dampfschiffe und sogar das Telefon waren vor ihrer Zeit verschwunden; aber sie hatten ihre Väter von diesen und anderen Wundern erzählen hören. Der Telegraf war immer noch in Betrieb, obwohl er schlecht funktionierte und es nur wenige Leitungen zwischen Chicago und der Atlantikküste gab. Westlich von uns befand sich weder eine Eisenbahn noch ein Telegraf. Als ich etwa zehn Jahre alt war, sah ich einen Mann, der zu Pferd von einem Teivos in Missouri gekommen war. Er war mit vierzig anderen aufgebrochen, um mit dem Osten in Kontakt zu treten und zu erfahren, was sich dort in den letzten fünfzig Jahren ereignet hatte; aber durch Banditen und Kash-Garden waren alle außer ihm selbst während der langen und abenteuerlichen Reise getötet worden.

Ich werde nie vergessen, wie ich an seinen Lippen hing, um kein Detail der aufregenden Erzählung zu verpassen und wie meine Fantasie danach viele Wochen lang Überstunden machte, wenn ich versuchte, mich als Helden ähnlicher Abenteuer im geheimnisvollen und unbekannten Westen vorzustellen. Er erzählte uns, dass die Bedingungen in dem ganzen Land, das er durchquert hatte, ziemlich schlecht waren, dass aber in den landwirtschaftlichen Bezirken das Leben leichter war, weil die Kasch-Garde seltener kam und die Menschen durch die Landwirtschaft einen angemessenen Lebensunterhalt erwirtschaften konnten. Er meinte, unsere Bedingungen seien schlechter als die in Missouri, und er würde nicht bleiben, da er sich lieber den Gefahren der Rückreise stellen würde, als so nahe am Sitz der Vierundzwanzig zu leben.

Vater war sehr wütend, als er vom Markt nach Hause kam, nachdem der neue Steuereintreiber eine Steuer von drei Ziegen erhoben hatte. Mutter war wieder wohlauf und die milde Frühlingsluft des späten März hatte die Kältewelle verdrängt. Das Eis auf dem Fluss, an dessen Ufer wir lebten, war geschmolzen, und ich freute mich schon auf das erste Schwimmen in diesem Jahr. Die Ziegenfelle wurden von den Fenstern unseres kleinen Heims zurückgezogen, und die frische, sonnenbeladene Luft wehte durch unsere drei Zimmer.

»Es kommen schlechte Zeiten, Elisabeth«, sagte Vater, nachdem er ihr von der Ungerechtigkeit erzählt hatte. »Sie waren in der Vergangenheit schon schlimm genug; aber jetzt, wo die Schweine den König der Schweine als Jemadar eingesetzt haben ...«

»Ssssch!« warnte meine Mutter und nickte mit dem Kopf in Richtung des offenen Fensters.

Vater blieb still und lauschte. Wir hörten Schritte, die um das Haus herum nach vorne gingen, und einen Augenblick später verdunkelte die Gestalt eines Mannes die Tür. Vater atmete erleichtert auf.

»Ah!« rief er aus, »es ist nur unser guter Bruder Johansen. Komm herein, Bruder Peter, und erzähl uns die Neuigkeiten.«

»Und es gibt genug Neuigkeiten«, rief der Besucher aus. »Der alte Kommandant wurde durch einen neuen ersetzt, einen Burschen namens Or-tis – einen von Jarths Kumpanen. Was hältst du davon?«

Bruder Peter stand zwischen Vater und Mutter mit dem Rücken zu letzterer, sodass er nicht sah, wie Mutter ihren Finger schnell an ihre Lippen legte, als Zeichen an Vater, seine Worte zu hüten. Ich sah ein leichtes Stirnrunzeln über das Gesicht meines Vaters huschen, als ob er die Warnung meiner Mutter übel nahm; aber als er sprach, waren seine Worte so gewählt, dass sie, wie unsere Klasse durch Leiden gelernt hatte, sicher waren.

»Es steht mir nicht zu, zu denken«, sagte er, »oder in irgendeiner Weise infrage zu stellen, was die Vierundzwanzig tun.«

»Mir auch nicht«, sagte Johansen schnell; »aber unter Freunden – ein Mann kann nicht anders als denken, und manchmal ist es gut, seine Meinung zu sagen – nicht wahr?«

Vater zuckte die Achseln und wandte sich ab. Ich konnte sehen, dass er fast überkochte vor Verlangen, etwas von seiner Abscheu für die minderwertigen Bestien loszuwerden, die das Schicksal fast ein Jahrhundert zuvor an die Macht gebracht hatte.

Seine Kindheit lag noch nahe genug an der glorreichen Vergangenheit der stolzen Tage seines Landes, um durch die Erzählungen seiner Ältesten beeindruckt zu sein, und ein tiefes Verständnis für alles, was verloren gegangen war und wie es verloren gegangen war, zu besitzen.

Sowohl er als auch Mutter hatten versucht, mich all dies zu lehren, so wie der Rest der immer weniger werdenden Intellektuellen versuchte, den Funken einer sterbenden Kultur in den Herzen ihrer Nachkommen zu bewahren, in der Hoffnung, dass der Tag kommen würde, an dem die Welt wieder auftauchen würde aus dem Sumpf von Ignoranz und Brutalität, in den sie durch die Grausamkeit der Kalkar gestürzt worden war.

»Jetzt, Bruder Peter«, sagte Vater schließlich, »muss ich meine drei Ziegen zum Steuereintreiber bringen, sonst verlangt er von mir eine weitere Strafe." Ich sah, dass er versuchte, natürlich zu sprechen, aber er konnte die Bitterkeit in seiner Stimme nicht verbergen.

Peter spitzte die Ohren. »Ja«, sagte er, »ich habe von diesem Geschäft gehört. Dieser neue Steuereintreiber hat mit Hoffmeyer darüber gelacht. Er hält es für einen guten Witz, und Hoffmeyer sagte, dass er jetzt, wo du die Kohle für so viel weniger bekommen hast, als sie wert war, zu den Vierundzwanzig gehen und verlangen will, dass du gezwungen wirst, ihm die anderen fünfundneunzig Ziegen zu bezahlen, die die Kohle laut Aussage des Steuereintreibers tatsächlich kostet.«

»Oh!«, rief Mutter, »so etwas Böses würden sie nicht wirklich tun – da bin ich mir sicher.«

Peter zuckte die Achseln. »Vielleicht haben sie nur gescherzt«, sagte er, »diese Kalkar sind große Witzbolde.«

»Ja«, sagte Vater, »sie sind große Spaßvögel; aber eines Tages werde ich meinen Spaß haben«, und er ging hinaus zu den Ställen, in denen die Ziegen gehalten wurden, wenn sie nicht auf der Weide waren. Mutter schaute ihm mit einem besorgten Ausdruck nach, und ich sah, wie sie einen kurzen Blick auf Peter warf, der bald darauf Vater aus dem Haus folgte und seines Weges ging.

Vater und ich brachten die Ziegen zum Steuereintreiber. Es war ein kleiner Mann mit einer Menge roter Haare, einer dünnen Nase und zwei kleinen, eng stehenden Augen. Sein Name war Soor. Sobald er Vater sah, wurde er aufgebracht.

»Wie ist dein Name, Mann?«, forderte er überheblich.

»Julian VIII.«, antwortete Vater. »Hier sind die drei Ziegen als Bezahlung meiner Einkommenssteuer für diesen Monat – soll ich sie in den Pferch bringen?«

»Wie sagtest du, ist dein Name?« schnauzte der Bursche ihn an.

»Julian VIII.«, wiederholte Vater.

»Julian VIII.!«, rief Soor. »Julian VIII.! Ich nehme an, du bist ein zu feiner Gentleman, um Bruder eines solchen wie mir zu sein, nicht wahr?«

»Bruder Julian VIII.«, sagte Vater mürrisch.

»Geh und bring deine Ziegen in den Pferch und denk in Zukunft daran, dass alle Menschen, die gute Bürger und unserem großen Jemadar gegenüber loyal sind, Brüder sind.«

Als Vater die Ziegen in den Pferch gebracht hatte, machten wir uns auf den Heimweg; aber als wir an Soor vorbeikamen, schrie er: »Und?«

Vater warf ihm einen fragenden Blick zu.

»Und weiter?«, wiederholte der Mann.

»Ich verstehe nicht«, sagte Vater; »habe ich nicht alles getan, was das Gesetz verlangt?«

»Was ist los mit euch Schweinen hier draußen?« schrie Soor. »Im östlichen Teivos muss ein Steuereintreiber bei dem miserablen Lohn nicht verhungern – seine Leute bringen ihm kleine Geschenke.«

»Ja gut«, sagte Vater leise, »ich werde dir etwas mitbringen, wenn ich das nächste Mal auf den Markt komme.«

»Sieh zu, dass du das tust«, herrschte Soor ihn an.

Vater sprach den ganzen Weg nach Hause nicht, und er sagte kein Wort, bis wir unser Abendessen mit Käse, Ziegenmilch und Maiskuchen beendet hatten.

Ich war so wütend, dass ich mich kaum beherrschen konnte; aber ich war in einer Atmosphäre der Unterdrückung und des Terrorismus aufgewachsen, die mich schon früh gelehrt hatte, meine Zunge im Zaum zu halten.

Nachdem Vater seine Mahlzeit beendet hatte, erhob er sich plötzlich – so plötzlich, dass sein Stuhl quer durch den Raum an die gegenüberliegende Wand flog – er straffte die Schultern und schlug sich auf die Brust.

»Feigling! Hund!«, rief er. »Mein Gott! Ich halte das nicht aus. Ich werde wahnsinnig, wenn ich mich länger einer solchen Demütigung unterwerfen muss. Ich bin kein Mann mehr. Es gibt keine Männer mehr! Wir sind Würmer, die von den Schweinen mit ihren schmutzigen Hufen in den Schlamm getreten werden. Und ich habe nicht gewagt, etwas zu sagen. Ich stand da, während dieser Abkömmling von Generationen von Knechten und Dienern mich beleidigte und bespuckte, und ich wagte nicht, etwas zu sagen, außer ihn zu besänftigen. Es ist ekelhaft.«

»In wenigen Generationen haben sie den amerikanischen Männern die Männlichkeit genommen. Meine Vorfahren kämpften in Bunker Hill, in Gettysburg, in San Juan, in Chateau Thierry. Und ich? Ich beuge das Knie vor jedem niederen Geschöpf, das die Autorität der Bestien in Washington vertritt – und nicht eines von ihnen ist ein Amerikaner – kaum einer von ihnen ist ein Erdenmensch. Vor dem Abschaum des Mondes verneige ich mich – ich, der ich einer der wenigen Überlebenden des mächtigsten Volkes bin, das die Welt je gekannt hat.«

»Julian!« rief meine Mutter, »sei vorsichtig, Liebes. Es könnte jemand zuhören.« Ich konnte sehen, wie sie zitterte.

»Und du bist eine amerikanische Frau!« knurrte er.

»Julian, nicht!«, flehte sie. »Es ist nicht meinetwegen – du weißt, dass es nicht so ist – sondern für dich und unseren Jungen. Es ist mir egal, was aus mir wird; aber ich kann nicht mit ansehen, wie sie uns auseinanderreißen, so wie wir es bei anderen Familien gesehen haben, die es gewagt haben, ihre Meinung zu sagen.«

»Ich weiß, mein Herz«, sagte er nach einer kurzen Stille. »Ich weiß – so geht es uns allen. Ich wage es nicht deinetwegen und wegen Julian, du wagst es nicht unseretwegen, und so geht es. Ach, wenn es nur mehr von uns gäbe. Wenn ich nur tausend Männer finden könnte, die es wagen würden!«

»Ssssch!« warnte die Mutter. »Es gibt so viele Spione. Man kann nie wissen. Deshalb habe ich dich gewarnt, als Bruder Peter heute hier war. Man kann nie wissen.«

»Du verdächtigst Peter?«, fragte Vater.

»Ich weiß nichts«, antwortete Mutter; »Ich habe vor jedem Einzelnen Angst. Es ist eine furchtbare Existenz, und obwohl ich mein ganzes Leben lang so gelebt habe, und meine Mutter vor mir und ihre Mutter vor ihr, habe ich mich nie daran gewöhnt.«

»Der amerikanische Geist wurde gebeugt, aber nicht gebrochen«, sagte Vater. »Hoffen wir, dass er niemals brechen wird.«

»Wenn wir den Mut haben, durchzuhalten, wird er nicht brechen«, sagte Mutter, »aber es ist hart, so hart - wenn man es sogar hasst, ein Kind zur Welt zu bringen«, und sie sah mich an, »wegen des Elends und des Leidens, zu dem es sein Leben lang verurteilt ist. Ich sehnte mich immer nach Kindern, aber ich fürchtete mich davor, sie zu bekommen - vor allem fürchtete ich, dass es Mädchen werden könnten. Heute in dieser Welt ein Mädchen zu sein - oh, das ist schrecklich!«

Nach dem Abendessen gingen Vater und ich hinaus und melkten die Ziegen und sorgten dafür, dass die Ställe in der Nacht gegen die Hunde gesichert waren. Es schien, als ob sie von Jahr zu Jahr zahlreicher und mutiger wurden. Sie liefen nun in Rudeln, wo es nur einzelne Tiere gab, als ich noch ein kleiner Junge war, und es war für einen erwachsenen Mann kaum sicher, nachts ein unbewohntes Gebiet zu durchqueren. Es war uns nicht gestattet, Schusswaffen in unserem Besitz zu haben, nicht einmal Pfeil und Bogen, so dass wir sie nicht ausrotten konnten, und sie schienen unsere Schwäche zu kennen und kamen nachts immer näher zu den Häusern und Pferchen.

Sie waren große Bestien - furchtlos und mächtig. Es gab ein Rudel, das schrecklicher war als die anderen, eine Mischung, wie Vater sagte, aus Collie und Airedale; die Mitglieder dieses Rudels waren groß, listig und wild und sie waren zu einem Schrecken für die Stadt geworden - wir nannten sie die Höllenhunde.

III. Die Höllenhunde

Nachdem wir mit der Milch ins Haus zurückgekehrt waren, kamen Jim Thompson und seine Frau Mollie Sheehan vorbei. Sie wohnten etwa eine halbe Meile flussaufwärts, auf der nächsten Farm, und waren unsere besten Freunde. Sie waren die einzigen Menschen, denen Vater und Mutter wirklich vertrauten, und wenn wir allein waren, äußerten wir unsere Meinung frei. Schon als Junge erschien es mir seltsam, dass so große, starke Männer wie Vater und Jim Angst davor haben sollten, ihre wahren Ansichten jemandem gegenüber zu äußern, und obwohl ich in einer Atmosphäre des Misstrauens und des Terrors geboren und aufgewachsen bin, konnte ich mich nie ganz mit der Haltung der Unterwürfigkeit und Feigheit versöhnen, die uns alle kennzeichnete.

Und doch wusste ich, dass mein Vater kein Feigling war. Er war ein gut aussehender Mann – groß und wunderbar muskulös – und ich habe ihn mit Männern und mit Hunden kämpfen sehen, und einmal verteidigte er Mutter gegen eine Kash-Garde und tötete den bewaffneten Soldaten mit bloßen Händen. Dieser lag nun in der Mitte des Ziegenstalls, sein Gewehr, sein Bajonett und seine Munition in viele Lagen geölten Tuchs eingewickelt neben ihm. Wir hatten keine Spuren hinterlassen und wurden nie verdächtigt; aber wir wussten, wo es ein Gewehr, ein Bajonett und Munition gab.

Jim hatte Ärger mit Soor gehabt, dem neuen Steuereintreiber, und war sehr wütend. Jim war ein großer Mann und war wie Vater immer glatt rasiert, wie fast alle Amerikaner – so nannten wir diejenigen, deren Volk schon lange vor dem Ersten Weltkrieg hier gelebt hatte. Die anderen – die wahren Kalkar – hatten keine Bärte. Ihre Vorfahren waren viele Jahre zuvor vom Mond gekommen. Sie waren Jahr für Jahr in seltsamen Schiffen gekommen, die aber schließlich, eines nach dem anderen, verloren gegangen waren, und da keiner von ihnen wusste, wie man neue baut oder Motoren, mit denen sie betrieben wurden, kam die Zeit, als kein Kalkar mehr vom Mond zur Erde kommen konnte.

Das war gut für uns, aber es kam zu spät, denn die Kalkar vermehrten sich hier schon wie Fliegen in einem schattigen Stall. Die reinen Kalkar waren die schlimmsten, aber es gab Millionen von

Mischlingen, und auch sie waren schlecht, und ich glaube, sie hassten uns reinrassige Erdenmenschen noch mehr als die wahren Kalkar oder Mondmenschen.

Jim war schrecklich wütend. Er sagte, dass er es nicht mehr lange ertragen könne – dass er lieber tot wäre, als in einer so schrecklichen Welt zu leben; aber ich war an solches Gerede gewöhnt – ich hatte es seit meiner Kindheit gehört. Das Leben war eine harte Sache – nur Arbeit, Arbeit, Arbeit, für eine knappe Existenz nach Abgabe der Steuer. Keine Freuden – wenige Annehmlichkeiten oder Bequemlichkeiten; absolut kein Luxus – und, am schlimmsten von allem, keine Hoffnung. Selten lächelte jemand – keiner in unserer Schicht – und die Erwachsenen lachten nie. Als Kinder haben wir gelacht – ein wenig, nicht viel. Es ist schwer, den Geist der Kindheit zu töten; aber die Bruderschaft der Menschen hatte es fast geschafft.

»Es ist deine eigene Schuld, Jim«, sagte Vater. Er gab Jim immer die Schuld an unseren Problemen, denn Jims Leute waren vor dem Ersten Weltkrieg amerikanische Arbeiter gewesen – Mechaniker und Handwerker in verschiedenen Berufen. »Deine Leute haben nie Stellung gegen die Invasoren bezogen. Sie flirteten mit der neuen Theorie der Brüderlichkeit, die die Kalkar vom Mond mitbrachten.«

»Sie hörten auf die Sprecher der Unzufriedenen, und als die Kalkar danach ihre Jünger unter uns schickte, wurden sie erst erduldet, dann bedauert, dann umarmt. Sie hätten die Leute und die Macht gehabt, die Welle des Wahnsinns, die mit der Mondkatastrophe begann und die Welt überrollte, erfolgreich zu bekämpfen – sie hätten sie aus Amerika heraushalten können, aber sie taten es nicht – stattdessen hörten sie auf falsche Propheten und legten ihre große Stärke in die Hände der korrupten Führer.«

»Und was ist mit deiner Klasse?« konterte Jim, »zu reich und faul und gleichgültig, um überhaupt wählen zu gehen. Sie versuchten, uns zu unterdrücken, während sie das Fett unserer Arbeit abschöpften.«

»Die alten Spitzfindigkeiten!« knurrte Vater. »Es gab nie eine wohlhabendere oder unabhängigere Klasse von Menschen auf der Welt als die amerikanische Arbeiterklasse des zwanzigsten Jahrhunderts.«

»Du sprichst über uns! Wir waren die Ersten, die dagegen kämpften – mein Volk kämpfte und blutete und starb, um den Sternbanner über der Hauptstadt Washington wehen zu lassen; aber wir waren zu wenige, und jetzt weht die Kash-Flagge der Kalkar an seiner Stelle, und fast seit einem Jahrhundert ist es ein Verbrechen, das mit dem Tod bestraft wird, die Stars and Stripes in seinem Besitz zu haben.«

Er ging schnell durch den Raum zum Kamin und entfernte einen Stein über dem rauen, hölzernen Kaminsims. Er streckte seine Hand in die Öffnung dahinter und wandte sich uns zu.

»Aber wie sehr ich auch unterdrückt und erniedrigt wurde«, rief er, »so habe ich Gott sei Dank doch noch einen Funken Männlichkeit übrig – ich habe die Kraft gehabt, ihnen zu trotzen, wie meine Väter ihnen getrotzt haben – ich habe das behalten, was mir übergeben wurde – ich habe es für meinen Sohn aufbewahrt, damit er es an seinen Sohn weitergeben kann – und ich habe ihn gelehrt, dafür zu sterben, wie seine Vorväter dafür gestorben sind und wie ich gerne dafür sterben würde.«

Er zog ein kleines Stoffbündel hervor, und die oberen Ecken zwischen den Fingern seiner beiden Hände haltend, entfaltete er es vor uns – ein längliches Tuch aus abwechselnd rot und weiß gestreiftem Stoff mit einem blauen Quadrat in einer Ecke, auf das viele kleine weiße Sterne aufgenäht waren.

Jim und Mollie und Mutter standen auf, und ich sah, wie Mutter einen besorgten Blick in Richtung Eingang warf. Einen Moment lang standen sie so schweigend da und sahen mit großen Augen auf das Ding, das Vater hielt, und dann ging Jim langsam darauf zu und kniend nahm er eine Ecke in seine großen, schwieligen Finger und drückte sie an seine Lippen und die Kerze, die auf dem Tisch im Frühlingswind flackerte, warf ihre schwachen Strahlen auf diese Szene.

»Es ist die Flagge, mein Sohn«, sagte Vater zu mir. »Es ist der Sternenbanner – die Fahne deiner Väter – die Fahne, die die Welt zu einem anständigen Ort zum Leben gemacht hat. Es bedeutet den Tod, sie zu besitzen; aber wenn ich weg bin, nimm sie und bewache sie, wie unsere Familie sie bewacht hat, seit das Regiment, das sie trug, von Argonne zurückkam.«

Ich spürte, wie Tränen meine Augen füllten – warum, hätte ich nicht sagen können – und ich wandte mich ab, um sie zu verstecken – drehte mich zum Fenster, und dort, hinter dem wehenden Ziegenfell, sah ich ein Gesicht draußen in der Dunkelheit. Ich war schon immer schnell im Denken und Handeln; aber ich habe noch nie in meinem Leben schneller gedacht oder gehandelt als in dem Augenblick, als ich das Gesicht im Fenster entdeckt hatte. Mit einer einzigen Bewegung fegte ich die Kerze vom Tisch, tauchte den Raum in völlige Dunkelheit, sprang an die Seite meines Vaters, riss ihm die Fahne aus den Händen und steckte sie in die Öffnung über dem Kaminsims zurück. Der Stein lag auf dem Kaminsims, ich brauchte nur einen Moment, um nach ihm zu tasten und ihn im Dunkeln zu finden – einen Augenblick später war er wieder in seiner Nische.

So tief verwurzelt waren Besorgnis und Verdacht im menschlichen Verstand, dass die Vier im Raum intuitiv den Grund meiner Tat spürten, und als ich nach der Kerze gesucht, sie gefunden und wieder angezündet hatte, standen sie immer noch angespannt und bewegungslos dort, wo ich sie zuletzt gesehen hatte. Sie stellten mir keine Fragen. Vater sprach als Erster.

»Du warst sehr unvorsichtig und ungeschickt, Julian«, sagte er. »Wenn du die Kerze haben wolltest, warum hast du sie nicht vorsichtig genommen, anstatt dich so darauf zu stürzen? Aber das ist immer deine Art – du wirfst ständig Dinge um.«

Er erhob seine Stimme ein wenig, während er sprach; aber es war ein lahmer Täuschungsversuch, und er wusste es, genau wie wir. Wenn der Mann, dem das Gesicht im Dunkeln gehörte, seine Worte vernahm, musste er es auch gemerkt haben.

Sobald ich die Kerze wieder angezündet hatte, ging ich in die Küche und durch die Hintertür hinaus, und dann schlich ich im schwarzen Schatten des Hauses nach vorne, denn ich wollte erfahren, wer es war, der diese Szene des Hochverrats gesehen hatte. Die Nacht war mondlos, aber klar, und ich konnte in alle Richtungen weit sehen, denn unser Haus stand auf einer ziemlich großen Lichtung in der Nähe des Flusses. Südöstlich von uns schlängelte sich der Weg über die Zufahrt nach oben zu einer alten Brücke, die längst von wütenden Mobs zerstört worden oder verrottet war – ich weiß nicht, was von beidem. Und nun sah ich die Gestalt eines Mannes, der sich als Silhouette gegen den Sternenhimmel abhob, als er die Zufahrt erreichte. Der Mann trug einen gefüllten Sack auf dem Rücken. Diese Tatsache war bis zu einem gewissen Grad beruhigend, da sie darauf hindeutete, dass der Lauscher selbst in einer illegalen Mission unterwegs war und dass er es sich kaum leisten konnte, zu sehr die Handlungen anderer zu beurteilen. Ich habe viele Männer gesehen, die nachts Säcke und Bündel trugen – ich habe sie selbst getragen. Es war oft der einzige Weg, auf dem ein Mann genug vor dem Steuereintreiber verbergen kann, um davon zu leben und seine Familie zu unterstützen.

Dieser nächtliche Verkehr war alltäglich und unter unserem alten Steuereintreiber und dem trägen Kommandanten von früher nicht so gefährlich, wie es scheinen mag, wenn man bedenkt, dass er mit zehn Jahren Gefängnis bei schwerer Arbeit in den Kohlebergwerken und in verschärften Fällen mit dem Tod bestraft wurde. Die schweren Fälle waren jene, bei denen ein Mann entdeckt wurde, der nachts mit etwas handelte, das der Steuereintreiber oder der Kommandant für sich selbst gewollt hatte.

Ich folgte dem Mann nicht, da ich sicher war, dass er zu unserer eigenen Klasse gehörte, sondern ging zum Haus zurück, wo ich die Vier im leisen Flüsterton redend vorfand, und keiner von uns erhob an diesem Abend seine Stimme noch einmal.

Vater und Jim sprachen, wie sie es gewöhnlich taten, über den Westen. Sie schienen das Gefühl zu haben, dass es irgendwo, weit weg in Richtung der untergehenden Sonne, eine kleine Ecke Amerikas geben müsse, wo die Menschen in Frieden und Freiheit leben könnten – wo es keine Kash-Garde, Steuereintreiber oder Kalkar gäbe.

Es muss eine Dreiviertelstunde später gewesen sein, und Jim und Mollie wollten gerade gehen, als es an der Tür klopfte und sie sofort aufschwang, bevor eine Einladung zum Eintreten ausgesprochen werden konnte. Wir schauten auf, und sahen Peter Johansen, der uns anlächelte. Ich habe Peter nie gemocht. Er war ein langer, schlaksiger Mann, der mit dem Mund lächelte, aber nie mit den Augen. Ich mochte weder die Art, wie er Mutter ansah, wenn er dachte, niemand würde ihn beobachten, noch seine Gewohnheit, alle ein oder zwei Jahre die Frau zu wechseln – das war zu sehr wie ein Kalkar. Ich fühlte mich Peter gegenüber immer so, wie ich es als Kind getan hatte, als ich barfuß unbemerkt auf eine Schlange im tiefen Gras getreten war.

Vater begrüßte den Neuankömmling mit einem freundlichen »Willkommen, Bruder Johansen«, aber Jim nickte nur mit dem Kopf und blickte finster drein, denn Peter hatte die Angewohnheit, auch

Mollie so anzusehen, wie er Mutter ansah, und beide Frauen waren wunderschön. Ich glaube, ich habe nie eine schönere Frau gesehen als meine Mutter, und als ich älter wurde und mehr über Männer und die Welt lernte, wunderte ich mich darüber, dass Vater sie halten konnte, und ich verstand auch, warum sie nie ins Ausland ging, sondern immer in der Nähe von Haus und Hof blieb. Ich habe sie nie auf den Marktplatz gehen sehen, wie die meisten anderen Frauen. Aber ich war zwanzig und weltklug.

»Was führt dich so spät nach draußen, Bruder Johansen?« fragte ich. Wir benutzten immer den vorgeschriebenen „Bruder" für diejenigen, bei denen wir uns nicht sicher waren. Ich hasste das Wort – für mich bedeutete Bruder soviel wie Feind, wie für jeden unserer Klasse und ich schätze, so war es auch in jeder anderen Klasse - sogar bei den Kalkar.

»Ich bin einem streunenden Schwein gefolgt«, antwortete Peter auf meine Frage. »Er ging in diese Richtung«, und er winkte mit der Hand zum Marktplatz. Während er dies tat, fiel etwas unter seinem Mantel heraus – etwas, das sein Arm dort festgehalten hatte. Es war ein leerer Sack. Sofort wusste ich, wem das Gesicht im Dunkeln jenseits unserer Ziegenhaut gehört hatte. Peter hob den Sack mit schlecht verborgener Verwirrung vom Boden auf, und dann sah ich, wie sich der Ausdruck seines listigen Gesichts veränderte, als er ihn Vater hinhielt.

»Gehört er dir, Bruder Julian?«, fragte er. »Ich fand ihn direkt vor deiner Tür und dachte, ich sollte anhalten und fragen.«

»Nein«, sagte ich und wartete nicht darauf, dass Vater sprach, »er gehört uns nicht – er muss dem Mann gehören, den ich vor kurzer Zeit sah, als er ihn gefüllt auf dem Rücken trug. Er ging den Weg neben der alten Brücke entlang.« Ich schaute Peter direkt in die Augen. Er errötete und wurde dann weiß.

»Ich habe ihn nicht gesehen«, sagte er; »aber wenn der Sack nicht euch gehört, werde ich ihn behalten – zumindest ist es kein Hochverrat, ihn in meinem Besitz zu haben.« Dann, ohne ein weiteres Wort, drehte er sich um und verließ das Haus.

Wir wussten damals alle, dass Peter die Episode mit der Fahne gesehen hatte. Vater sagte, dass wir keine Angst zu haben bräuchten, dass Peter in Ordnung wäre; aber Jim dachte anders, Mollie und Mutter auch und ich stimmte ihnen zu. Ich mochte Peter nicht. Jim und Mollie gingen, kurz nachdem Peter gegangen war, nach Hause, und wir machten uns bettfertig. Mutter und Vater bewohnten das eine Schlafzimmer. Ich schlief auf ein paar Ziegenfellen in dem großen Raum, den wir Wohnzimmer nannten. Das andere Zimmer war eine Küche. Dort aßen wir auch.

Mutter hatte mich immer gezwungen, mich auszuziehen und zum Schlafen ein Mohair-Gewand anzuziehen. Die anderen jungen Männer, die ich kannte, schliefen in denselben Kleidern, die sie tagsüber trugen; aber Mutter war da sehr eigen und bestand darauf, dass ich meine Schlafkleidung hatte und auch, dass ich oft badete – im Winter einmal pro Woche. Im Sommer war ich so oft im Fluss, dass ich ein- oder zweimal am Tag badete. Vater war auch auf seine persönliche Sauberkeit bedacht. Die Kalkar waren ganz anders.

Meine Unterwäsche war aus feinem Mohair, im Winter jedenfalls. Im Sommer trug ich keine: Ich hatte ein schweres Mohairhemd und eine Reithose, eng in der Taille und an den Knien und dazwischen weit, eine Tunika und Stiefel aus Ziegenleder. Ich weiß nicht, was wir ohne die Ziegen getan hätten – sie lieferten uns Nahrung und Kleidung. Die Stiefel waren locker und knapp über der Wade mit einem Riemen befestigt – damit sie nicht herunterfallen konnten.

Ich trug nichts auf dem Kopf, weder im Sommer noch im Winter; aber mein Haar war dicht. Ich trug es immer nach hinten gebürstet und direkt hinter meinen Ohren abgeschnitten. Damit es mir nicht in die Augen fiel, band ich mir immer ein Ziegenlederband um den Kopf.

Ich war gerade aus meiner Tunika geschlüpft, als ich in der Nähe das Gebell der Höllenhunde hörte. Ich dachte, sie könnten in den Ziegenstall gelangen, also wartete ich einen Moment und hörte zu, und dann hörte ich einen Schrei – den Schrei einer Frau in Angst. Er kam von unten am Fluss in der Nähe der Ziegenställe und mischte sich mit dem bösartigen Knurren und Bellen der Höllenhunde. Ich wartete nicht, um länger zu lauschen, sondern ergriff mein Messer und einen langen Stab. Wir durften keine geschliffene Waffe mit einer Klinge von mehr als sechs Zoll Länge besitzen. In dieser Lage war es die beste Waffe, die ich hatte, und viel besser als keine.

Ich rannte aus der Vordertür, die am nächsten lag, und drehte mich zu den Pferchen in Richtung des Knurrens der Höllenhunde und der Schreie der Frau.

Als ich mich den Ställen näherte und meine Augen sich an die äußere Dunkelheit gewöhnt hatten, erkannte ich etwas, das wie eine menschliche Gestalt aussah, die teilweise auf dem Dach eines der Schuppen lag, der einen Teil der Stallwand bildete. Die Beine und der Unterkörper baumelten über den Rand des Daches, und ich konnte drei oder vier Höllenhunde sehen, die danach sprangen, während ein anderer, der sie offensichtlich erwischt hatte, an einem Bein hing und versuchte, die Person nach unten zu ziehen.

Während ich rannte, schrie ich die Tiere an, und diejenigen, die nach der Person sprangen, blieben stehen und drehten sich zu mir um. Ich wusste etwas über das Temperament dieser Tiere und ich erwartete, dass sie mich angreifen würden, denn normalerweise waren sie Menschen gegenüber ziemlich furchtlos; aber ich rannte so schnell und mit solcher Entschlossenheit auf sie zu, dass sie knurrend davonliefen.

Derjenige, der die Gestalt festgehalten hatte, schaffte es, sie zur Erde zu ziehen, kurz bevor ich sie erreichte, und dann entdeckte er mich und drehte sich um, über seiner Beute stehend, mit offenem Maul und schrecklichen Reißzähnen, die mich bedrohten. Es war eine riesige Bestie, fast so groß wie eine ausgewachsene Ziege und ein leichter Gegner für mehrere so schlecht bewaffnete Männer wie mich. Unter normalen Umständen hätte ich mich ferngehalten; aber was sollte ich tun, wenn das Leben einer Frau auf dem Spiel stand?

Ich war Amerikaner, kein Kalkar – diese Schweine würden eine Frau den Höllenhunden zum Fraß vorwerfen, um ihre eigene Haut zu retten – und ich war zur Achtung vor Frauen erzogen worden in einer Welt, die sie als gleichwertig mit einer Kuh, Ziege und einer Sau betrachtete, nur weniger wertvoll, da letztere nicht Eigentum des Staates waren.

Ich wusste, dass der Tod sehr nahe war, als ich dieser schrecklichen Bestie gegenüberstand, und aus dem Augenwinkel konnte ich sehen, wie der Rest der Meute näherkam. Es gab keine Zeit zum Nachdenken, und so stürzte ich mich mit meinem Stab und meiner Klinge auf den Höllenhund. Während ich das tat, sah ich die weiten und verängstigten Augen eines jungen Mädchens, das unter dem Raubtier hervor zu mir aufblickte. Ich hatte auch vorher nicht daran gedacht, sie ihrem Schicksal zu überlassen; aber nach diesem Blick hätte ich das nicht tun können, auch wenn mir tausend Tode bevorstehen würden.

Als ich fast bei dem Tier war, sprang es nach meiner Kehle, es erhob sich hoch auf die Hinterfüße und sprang los wie ein Pfeil. Mein Stab war nutzlos, und so ließ ich ihn fallen und stellte mich dem Angriff mit meinem Messer und bloßer Hand. Glücklicherweise fanden die Finger meiner linken Hand die Kehle der Kreatur beim ersten Griff; aber der Aufprall ihres Körpers gegen meinen schleuderte mich unter ihr zu Boden, und dort versuchte sie knurrend und zappelnd, mich mit ihren Reißzähnen zu erwischen. Ich hielt ihre Kiefer auf Armlänge weg und stach mit meiner Klinge nach ihrer Brust, und ich verfehlte sie nicht ein einziges Mal. Der Schmerz der Wunden machte sie verrückt, und ich stellte zu meiner völligen Überraschung fest, dass ich sie immer noch halten konnte, und nicht nur das, sondern ich konnte mich auch auf die Knie und dann auf die Füße kämpfen – und immer noch hielt ich sie auf Armeslänge mit meiner linken Hand fern.

Ich hatte immer gewusst, dass ich muskulös bin; aber bis zu diesem Moment hatte ich nicht von der großen Kraft geahnt, die die Natur mir gegeben hatte, denn nie zuvor hatte ich Gelegenheit gehabt, das volle Maß meiner kräftigen Muskeln anzuwenden. Es war wie eine Offenbarung, und plötzlich lächelte ich, und in dem Augenblick geschah ein Wunder – alle Furcht vor diesen abscheulichen Bestien löste sich in meinem Verstand in Luft auf und mit ihr auch die Furcht vor den Menschen. Ich, der ich aus einem Schoß der Angst in eine Welt des Schreckens geboren worden war, der ich mit Furcht und Zaghaftigkeit gesäugt und genährt worden war – ich, Julian IX., im Alter von zwanzig Jahren, wurde im Bruchteil einer Sekunde völlig furchtlos gegenüber Mensch und Tier. Es war das Wissen um meine große Kraft, das diese Veränderung bewirkt hatte – das und vielleicht auch diese beiden strahlenden Augen, von denen ich wusste, dass sie mich beobachten.

Die anderen Hunde stürzten auf mich zu, als die Kreatur in meinem Griff plötzlich schlaff wurde. Meine Klinge musste ihr Herz getroffen haben. Und dann griffen die anderen an, und ich sah das Mädchen neben mir auf den Beinen, meinen Stab in ihren Händen, bereit zu kämpfen.

»Auf das Dach!« rief ich ihr zu, aber sie hörte nicht auf mich. Stattdessen behauptete sie sich und versetzte dem Anführer einen heftigen Schlag, als er in Reichweite kam.

Ich schwang das tote Tier über meinem Kopf und schleuderte den Kadaver auf die anderen, so dass sie auseinander stoben und sich wieder zurückzogen, und dann wandte ich mich dem Mädchen zu, hob sie ohne weitere Worte auf meine Arme und warf sie vorsichtig auf das Dach des Ziegenstalls. Ich hätte ihr leicht folgen können, aber die Sicherheit hätte auf mein Gehirn bestimmt nicht diese Wirkung gehabt – eine Wirkung, wie ich sie mir von dem abscheulichen Gebräu vorstellen könnte, das die Kalkar brauten und im Übermaß tranken und das für uns eine Gefängnisstrafe bedeutete, wenn wir es in unserem Besitz hatten.

Zumindest weiß ich, dass ich einen plötzlichen Rausch verspürte – den seltsamen Wunsch, vor den Augen dieser Fremden Wunder zu vollbringen, und so wandte ich mich den vier verbliebenen Höllenhunden zu, die sich nun zusammengetan hatten, um den Angriff zu wiederholen, und ohne darauf zu warten, stürzte ich mich auf sie.

Sie flohen nicht, sondern verteidigten sich, mit schrecklichem Knurren, mit aufgestellten Nackenhaaren und mit entblößten und geifernden Reißzähnen; aber ich warf mich dazwischen und durch die Wucht meines Angriffs jagte ich sie auseinander.

Der Erste stürmte mir entgegen, und ich packte ihn am Hals, klemmte seinen Körper zwischen meine Knie und drehte seinen Kopf herum, bis ich hörte, wie die Wirbelsäule brach. Die drei anderen attackiert mich, sprangen und bissen; aber ich spürte keine Angst. Einen nach dem anderen packte ich mit meinen mächtigen Händen, hob sie hoch über meinen Kopf und schleuderte sie mit voller Kraft von mir weg. Nur zwei griffen mich erneut an, diese besiegte ich mit meinen bloßen Händen und verzichtete darauf, meine Klinge einzusetzen gegen solches Aas.

Dann sah ich einen Mann, der flussaufwärts auf mich zugerannt kam, und einen anderen aus unserem Haus. Der Erste war Jim, der den Tumult und die Schreie des Mädchens gehört hatte, und der andere war mein Vater. Beide hatten den letzten Teil des Kampfes gesehen, und keiner von ihnen konnte glauben, dass ich, Julian, es war, der das getan hatte. Vater war sehr stolz auf mich, und Jim war es auch, denn er sagte immer, da er keinen Sohn hatte, müsste Vater mich mit ihm teilen.

Und dann drehte ich mich zu dem Mädchen um, das vom Dach gerutscht war und auf uns zukam. Sie bewegte sich mit der gleichen anmutigen Würde wie Mutter – ganz und gar nicht wie die ungeschickten Tölpel, die zu den Kalkar gehörten, und sie kam direkt zu mir und legte eine Hand auf meinen Arm.

Sie sagte: »Ich danke dir, und Gott segne dich. Nur ein sehr mutiger und mächtiger Mann hätte tun können, was du getan hast.«

Und da fühlte ich mich plötzlich überhaupt nicht mehr mutig, sondern sehr schwach und dumm, denn alles, was ich tun konnte, war, mit meiner Klinge zu spielen und auf den Boden zu schauen. Es war Vater, der sprach, und die Unterbrechung trug dazu bei, meine Verlegenheit zu vertreiben.

»Wer bist du?«, fragte er, »und woher kommst du? Es ist seltsam, eine junge Frau zu treffen, die nachts allein umherwandert; aber noch seltsamer ist es, zu hören, dass jemand es wagt, die verbotene Gottheit anzurufen.«

Ich hatte bis dahin nicht bemerkt, dass sie Seinen Namen benutzt hatte; aber als ich mich daran erinnerte, konnte ich nicht umhin, mich besorgt umzusehen, ob vielleicht noch andere in der Nähe waren, die etwas gehört haben könnten. Ich war mir bei Vater und Jim sicher, denn zwischen unseren Familien war eine Bindung entstanden, die aus den geheimen religiösen Ritualen resultierte, die wir wöchentlich durchführten. Seit jenem schrecklichen Tag, der schon vor der Geburt meines Vaters stattgefunden hatte – jenem Tag, den niemand zu erwähnen wagte, als die Geistlichen aller Konfessionen bis auf den letzten Mann im Auftrag der Vierundzwanzig ermordet worden waren – war es ein Kapitalverbrechen, Gott in irgendeiner Form anzubeten.

Ein Verrückter in Washington, zweifellos berauscht von den Dämpfen des schrecklichen Getränks, das sie noch bestialischer machte, als die Natur sie erschaffen hatte, erließ den furchtbaren Befehl mit der Begründung, die Kirche habe versucht, die Funktionen des Staates zu usurpieren, und auch der Klerus würde das Volk zur Rebellion aufstacheln – und ich bezweifle nicht, dass Letzteres zutraf. Schade, dass ihnen nicht mehr Zeit gegeben wurde, um ihren göttlichen Plan zu verwirklichen.

Wir brachten das Mädchen ins Haus, und als meine Mutter sie sah und wie jung und schön sie war, und sie in die Arme nahm, brach das Kind zusammen, schluchzte und klammerte sich an Mutter und konnte eine Zeit lang nicht sprechen. Im Licht der Kerze sah ich, dass die Fremde von wundersamer Schönheit war. Ich sagte, meine Mutter wäre die schönste Frau, die ich je gesehen habe, und das ist die Wahrheit; aber dieses Mädchen, das so plötzlich bei uns aufgetaucht war, war das schönste Mädchen.

Sie war etwa neunzehn, zart gebaut und doch nicht schwach. Kraft und Vitalität zeigten sich in jeder ihrer Bewegungen, aber auch im Ausdruck ihres Gesichts, in ihren Gesten und in ihrer Art zu sprechen. Sie war mädchenhaft und vermittelte gleichzeitig den Eindruck großer Willenskraft und Charakterstärke.

Sie war sehr braun, was darauf hindeutete, dass sie der Sonne ausgesetzt war, doch ihre Haut war zart – fast durchscheinend.

Ihr Gewand war ähnlich wie meines – die gemeinsame Kleidung von Menschen unserer Klasse, sowohl Männern als auch Frauen. Sie trug eine Tunika, eine Reithose und Stiefel, genau wie Mutter, Mollie und der Rest von uns; und doch gab es einen Unterschied – ich hatte zuvor nicht bemerkt, was für ein wirklich schönes Gewand es war. Das Band um ihre Stirn war breiter als es gewöhnlich getragen wurde, und darauf waren zahlreiche winzige Muscheln aufgenäht, die eng aneinander gesetzt waren und ein Muster bildeten. Es war ihr einziger Schmuck; aber dennoch war es in einer Welt, in der Frauen danach strebten, eher schlicht als schön zu erscheinen, recht auffällig – einige gingen sogar so weit, ihre Gesichter und die ihrer weiblichen Nachkommen dauerhaft zu entstellen, während andere, viele andere, ihre Töchter schon als Kind töteten. Mollie hatte dies zweimal getan. Kein Wunder, dass Erwachsene nie lachten und selten lächelten!

Als das Schluchzen des Mädchens an Mutters Brust aufhörte, wollte Vater sie wieder befragen; aber Mutter sagte, man solle bis zum Morgen warten, da das Mädchen müde und angespannt sei und Schlaf benötige. Dann kam die Frage, wo sie schlafen sollte. Vater sagte, dass er mit mir im Wohnzimmer schlafen würde und dass die Fremde bei Mutter schlafen könne; aber Jim schlug vor, dass sie mit ihm nach

Hause kommen solle, da er und Mollie wie wir drei Zimmer hatten und niemand sein Wohnzimmer benutzte. Und so wurde es arrangiert, obwohl ich sie lieber bei uns gehabt hätte. Zuerst schreckte sie davor zurück, bis Mutter ihr sagte, dass Jim und Mollie gutherzige Menschen seien und dass sie bei ihnen genauso sicher sei wie bei ihrem eigenen Vater und ihrer eigenen Mutter. Bei der Erwähnung ihrer Eltern stiegen ihr Tränen in die Augen, und sie drehte sich spontan zu meiner Mutter um und küsste sie, und dann sagte sie zu Jim, dass sie bereit sei, ihn zu begleiten.

Sie wollte sich von mir verabschieden und mir erneut danken; aber da ich endlich meine Zunge wiedergefunden hatte, sagte ich ihr, dass ich mit ihnen bis zu Jims Haus gehen würde. Dies schien ihr zu gefallen, und so machten wir uns auf den Weg. Jim ging voraus und ich folgte mit dem Mädchen, und unterwegs bemerkte ich eine sehr seltsame Sache. Vater hatte mir einmal ein Stück Eisen gezeigt, das kleinere Eisenstücke anzog. Er sagte, es sei ein Magnet.

Dieses schlanke, fremde Mädchen war sicher kein Stück Eisen, und ich war auch kein kleines Stück von irgendetwas; aber trotzdem konnte ich mich nicht von ihr fernhalten. Ich kann es nicht erklären – wie breit auch immer der Weg war, ich wurde immer zu ihr hinübergezogen, und als sich unsere Arme streiften und unsere Hände sich einmal berührten, durchlief mich der seltsamste und köstlichste Nervenkitzel, den ich je erlebt hatte.

Ich dachte immer, Jims Haus wäre weit von unserem entfernt, wenn ich als Junge Dinge dorthin tragen musste; aber in dieser Nacht war es viel zu nah – nur ein oder zwei Schritte und schon waren wir da.

Mollie hörte uns kommen und stand voller Fragen vor der Tür, und als sie das Mädchen sah und einen Teil unserer Geschichte hörte, streckte sie die Hand aus und zog das Mädchen an ihre Brust, genau wie Mutter. Bevor sie die Fremde mit hineinnahmen, drehte sie sich um und streckte mir ihre Hand entgegen.

»Gute Nacht«, sagte sie, »und nochmals vielen Dank, und möge Gott, unser Vater, dich segnen und beschützen.«

Und ich hörte Mollie murmeln: »Die Heiligen seien gepriesen«, und dann gingen sie hinein, die Tür schloss sich, und ich ging wie auf Wolken nach Hause.

IV. Der Bruder General Or-tis

Am nächsten Tag machte ich mich wie üblich auf den Weg von Haus zu Haus, um Ziegenmilch anzubieten. Es war uns erlaubt, mit verderblichen Dingen auch an anderen Tagen als den Markttagen zu handeln, obwohl wir über diese Tauschgeschäfte streng Buch führen mussten. Normalerweise ließ ich Mollie bis zum Schluss, da Jim einen tiefen, kalten Brunnen auf seinem Grundstück hatte, wo ich nach meinem morgendlichen Rundgang gerne meinen Durst löschte; aber an diesem Tag bekam Mollie ihre Milch zuerst, frisch und früh – etwa eine halbe Stunde früher, als ich gewöhnlich anfing.

Als ich klopfte und sie mich hineinbat, sah sie zunächst überrascht aus, aber nur für einen Augenblick, dann trat ein seltsamer Ausdruck in ihre Augen – halb Belustigung, halb Mitleid – und sie erhob sich und ging in die Küche, um das Milchkännchen zu holen. Ich sah, wie sie sich mit der Rückseite eines Fingers die Augen wischte; aber ich verstand nicht, warum – damals nicht.

Das fremde Mädchen war in der Küche, um Mollie zu helfen, und diese musste ihr gesagt haben, dass ich da war, denn sie kam sofort herein und begrüßte mich. Es war das erste Mal, dass ich sie richtig sehen konnte, denn Kerzenlicht ist auch in günstigsten Fall nicht sehr hell. Wenn ich am Vorabend begeistert gewesen war, gab es in meinem begrenzten Wortschatz kein Wort, das die Wirkung ausdrücken könnte, die sie bei Tageslicht auf mich hatte. Sie ... aber es ist zwecklos. Ich kann sie nicht beschreiben!

Mollie brauchte lange, um das Milchkännchen zu finden – Gott segne sie! – obwohl es mir zu kurz erschien, und während sie suchte, machten das fremde Mädchen und ich uns miteinander bekannt. Zuerst fragte sie nach Vater und Mutter und dann fragte sie nach unseren Namen. Als ich ihr meinen sagte, wiederholte sie ihn mehrmals. »Julian IX.«, sagte sie, »Julian IX.«, und dann lächelte sie mich an. »Es ist ein schöner Name, er gefällt mir.«

»Und wie ist dein Name?« fragte ich.

»Juana«, sagte sie – sie sprach es Whanna aus; »Juana St. John.«

»Ich bin froh«, sagte ich, »dass dir mein Name gefällt; aber deiner gefällt mir besser.« Es war ein sehr törichter Satz, und ich fühlte mich albern; aber sie schien es nicht albern zu finden, oder wenn sie es tat, war sie zu nett, es zu zeigen. Ich kannte viele Mädchen; aber meistens waren sie hässlich und dumm. Die hübschen Mädchen durften nur selten auf den Marktplatz – das heißt, die hübschen Mädchen unserer Klasse. Die Kalkar erlaubten ihren Mädchen, rauszugehen, denn es war ihnen egal, wer sie bekam, solange irgendjemand sie bekam; aber amerikanische Väter und Mütter würden ihre Mädchen lieber töten, als sie auf den Marktplatz zu schicken, und Ersteres wurde oft getan. Die Kalkar-Mädchen, selbst jene, die von amerikanischen Müttern geboren wurden, sahen derb und brutal aus – niveaulos, vulgär, einfältig. Kein Viehbestand kann verbessert oder auch nur auf seinem üblichen Niveau gehalten werden, wenn nicht die besten männlichen Exemplare verwendet werden.

Dieses Mädchen war so völlig anders als alle anderen, die ich je gesehen hatte, dass ich mich wunderte, dass es eine so herrliche Kreatur geben konnte. Ich wollte alles über sie wissen. Ich hatte den Eindruck, dass ich meines Rechts viele Jahre beraubt worden war, während sie gelebt und geatmet und gesprochen und ihr Leben gelebt hatte, ohne dass ich es wusste oder sie kannte. Ich wollte die verlorene Zeit nachholen und stellte ihr deshalb viele Fragen.

Sie erzählte mir, dass sie im Teivos westlich von Chicago geboren und aufgewachsen sei, der sich entlang des Desplaines River erstreckte und ein beträchtliches Gebiet unbewohnten Landes und verstreuter Farmen umfasste.

»Das Haus meines Vaters liegt in einem Stadtteil namens Oak Park«, sagte sie, »und unser Haus war eines der wenigen, das aus alten Zeiten erhalten geblieben ist. Es war aus massivem Beton und stand an der Ecke zweier Straßen – einst muss es ein sehr schöner Ort gewesen sein, und selbst Zeit und Krieg konnten seinen Charme nicht ganz auslöschen. Drei große Pappelbäume erhoben sich nördlich davon neben den Ruinen eines Ortes, von dem mein Vater sagte, dass es einst ein Gelände war, an dem Autos von längst verstorbenen Besitzern aufbewahrt wurden. Südlich des Hauses wuchsen viele Rosen, die wild und üppig gediehen, während die Betonwände, von denen der Putz in großen Stücken heruntergefallen war, fast vollständig vom kletternden Efeu verdeckt wurden, der bis zum Dachvorsprung reichte.

Es war mein Zuhause und so liebte ich es; aber jetzt ist es für mich für immer verloren. Die Kash-Garde und der Steuereintreiber kamen nur selten – wir waren zu weit vom Bahnhof und dem Marktplatz entfernt, der südwestlich von uns am Salt Creek lag. Doch vor Kurzem ernannte Jarth, der neue Jemadar, einen anderen Kommandanten und einen neuen Steuereintreiber. Der Posten von Salt Creek gefiel ihnen nicht, und so suchten sie nach einem besseren Standort, und nachdem sie den Bezirk inspiziert hatten, entschieden sie sich für Oak Park, und da das Haus meines Vaters das komfortabelste und solideste war, befahlen sie ihm, es an die Vierundzwanzig zu verkaufen.

Du weißt, was das bedeutet. Sie schätzten es auf eine hohe Summe – fünfzigtausend Dollar – und bezahlten ihn in Papiergeld. Wir konnten nichts dagegen tun und so bereiteten wir uns auf einen Umzug vor. Jedes Mal, wenn sie das Haus besichtigten, versteckte mich meine Mutter in einem kleinen Kämmerchen auf dem Treppenabsatz zwischen dem zweiten und dritten Stockwerk und legte einen Haufen Müll davor. Aber an dem Tag, als wir aufbrachen, um uns an einem Ort am Ufer des Desplaines niederzulassen, von dem Vater dachte, dass wir dort ungestört leben könnten, kam der neue Kommandant unerwartet und sah mich.«

Er fragte meine Mutter: »Wie alt ist das Mädchen?«

»Fünfzehn“, antwortete sie missmutig.

»Du lügst, du Sau!«, schrie er wütend; »sie ist achtzehn, und keinen Tag jünger!

»Vater stand neben uns, und als der Kommandant so zu Mutter sprach, sah ich, dass er ganz weiß wurde, und dann stürzte er sich ohne ein Wort auf das Schwein, und bevor die Kasch-Garde, die ihn begleitete, es verhindern konnte, hatte Vater den Kommandanten mit bloßen Händen fast getötet.

Du weißt, was passiert ist – ich brauche es dir nicht zu sagen. Sie haben meinen Vater vor meinen Augen getötet. Dann bot der Kommandant meine Mutter einem der Kash-Garde an, aber sie riss ihm das Bajonett aus dem Gürtel und stieß es sich ins Herz, bevor er sie daran hindern konnte. Ich versuchte, ihrem Beispiel zu folgen, aber sie packten mich.

Ich wurde in mein eigenes Schlafzimmer im zweiten Stock des Hauses gebracht und dort eingesperrt. Der Kommandant sagte, dass er am Abend zu mir kommen würde und dass mir nichts passieren würde. Ich wusste, was er meinte, und ich entschied, dass er mich tot auffinden würde.

Mein Herz war durch den Verlust meines Vaters und meiner Mutter gebrochen, und doch war der Wunsch zu leben stark in mir. Ich wollte nicht sterben – es gab einen Drang zu leben in mir, und dazu kam die Lehre meines Vaters und meiner Mutter. Sie waren beide Quäker und sehr religiös.

Sie hatten mich gelehrt, Gott zu fürchten und niemandem durch Gedanken oder Taten zu schaden, und doch hatte ich gesehen, wie mein Vater versuchte, einen Mann zu töten, und ich hatte gesehen, wie meine Mutter sich selbst tötete. Meine Welt war völlig aus den Fugen geraten. Ich war fast wahnsinnig vor Trauer und Angst und der Unsicherheit, was ich tun sollte.

Und dann kam die Dunkelheit und ich hörte jemanden die Treppe heraufsteigen. Die Fenster des zweiten Stockwerks waren zu weit vom Boden entfernt, als dass man einen Sprung riskieren könnte; aber der Efeu war alt und stark. Der Kommandant war mit dem Haus nicht ausreichend vertraut, um den Efeu in Betracht zu ziehen, und bevor die Schritte meine Tür erreichten, hatte ich mich aus dem Fenster geschwungen und kletterte am rauen und starken alten Stamm des Efeus zu Boden.

Das war vor drei Tagen. Ich versteckte mich und wanderte – ich wusste nicht, in welche Richtung ich ging. Einmal nahm mich eine alte Frau über Nacht bei sich auf, gab mir zu essen und Nahrung für den nächsten Tag. Ich glaube, ich muss fast wahnsinnig gewesen sein, denn die meisten Ereignisse der letzten drei Tage sind nur undeutliche und wirre Erinnerungsfragmente in meinem Kopf. Und dann die Höllenhunde! Oh, wie viel Angst ich hatte! Und dann – du!«

Ich weiß nicht, was an der Art und Weise, wie sie es sagte, besonders war; aber es schien mir, als bedeutete es viel mehr, als sie selbst wusste. Es war fast wie ein Dankgebet, dass sie endlich einen sicheren Zufluchtsort gefunden hatte – sicher und dauerhaft. Jedenfalls gefiel mir die Idee.

Dann kam Mollie herein, und als ich ging, fragte sie mich, ob ich an diesem Abend wieder kommen würde, und Juana rief: »Oh, ja, tu das!«, und ich sagte, dass ich kommen würde.

Als ich mit der Auslieferung der Ziegenmilch fertig war, machte ich mich auf den Heimweg, und auf dem Weg dorthin traf ich den alten Moses Samuels, den Juden. Er verdiente seinen spärlichen Lebensunterhalt mit dem Gerben von Fellen. Er war ein ausgezeichneter Gerber, aber da fast jeder wusste, wie man gerbt, gab es nicht viele Kunden; aber einige der Kalkar brachten ihm Felle zum Gerben. Sie wussten nicht, wie man etwas Nützliches tut, denn sie stammten von einer langen Linie der ungebildetsten Menschen auf dem Mond ab, und sobald sie ein wenig Macht erlangten, wollten sie nicht einmal in den Berufen arbeiten, die ihre Väter einst erlernt hatten, so dass sie nach ein oder zwei Generationen nur noch von der Arbeit anderer leben konnten. Sie erschufen nichts, sie produzierten nichts, sie wurden zur lästigsten Art von Parasiten, die die Welt je ertragen musste.

Die reichen Nichtproduzenten der alten Zeiten waren im Vergleich zu diesen ein Segen für die Welt, denn sie besaßen zumindest Intelligenz und Fantasie – sie konnten andere lenken und ihren Nachkommen die Geistesqualitäten vermitteln, die für jede Kultur, jeden Fortschritt und jedes Glück, das die Welt je zu erreichen hofft, unerlässlich sind.

Die Kalkar beauftragten also Samuels ihre Häute zu gerben, und wenn sie ihn dafür bezahlt hätten, wäre der alte Jude reich geworden; aber sie bezahlten ihn entweder gar nicht oder nur mit Papiergeld. Und das brannte nicht einmal gut, wie Samuels zu sagen pflegte.

»Guten Morgen, Julian«, rief er, als wir uns trafen. »Ich werde bald ein paar Felle brauchen, denn der neue Kommandant der Kash-Garde hat vom alten Samuels gehört und nach mir geschickt und fünf Felle bestellt, die so fein gegerbt sind, wie nur möglich. Hast du diesen Or-tis schon mal gesehen, Julian?« Er senkte seine Stimme.

Ich schüttelte verneinend den Kopf.

»Der Himmel hilf uns!«, flüsterte der alte Mann. »Der Himmel steh uns bei!«

»Ist er so schlimm, Moses?« fragte ich.

Der alte Mann rang seine Hände. »Schlimme Zeiten liegen vor uns, mein Sohn«, sagte er. »Der alte Samuels kennt Typen seiner Art. Er ist nicht faul wie der Letzte und er ist grausamer und lüsterner; aber nun zu den Fellen. Ich habe euch für die letzten nicht bezahlt – sie haben mich mit Papiergeld bezahlt; aber das würde ich einem Freund nicht einmal als Bezahlung für ein Vogelnest aus dem letzten Jahr anbieten. Es kann sein, dass ich euch für diese neuen Häute für eine lange Zeit nicht bezahlen kann, das hängt davon ab, wie Or-tis mich bezahlt.

Manchmal sind sie großzügig – zumindest was den Besitz anderer Leute betrifft; aber wenn er ein Mischling ist, wie ich hörte, wird er Juden hassen, und ich werde nichts bekommen. Wenn er jedoch ein reiner Kalkar ist, mag es anders sein – die reinen Kalkar hassen Juden nicht mehr als andere Erdenmenschen, obwohl es einen Juden gibt, der die Kalkar hasst.«

An diesem Abend machten wir unsere erste Bekanntschaft mit Or-tis. Er kam persönlich; aber ich werde erzählen, wie das alles passiert ist. Nach dem Abendessen ging ich zu Jim hinüber. Juana stand in der kleinen Tür, als ich den Weg hinaufkam. Sie sah jetzt ausgeruht und fast glücklich aus. Der gehetzte Ausdruck in ihren Augen war verschwunden und sie lächelte, als ich mich näherte. Es war fast dunkel, denn die Frühlingsabende waren noch kurz, aber die Luft war mild, und so standen wir draußen und unterhielten uns.

Ich erzählte ihr den Klatsch und Tratsch aus unserem Bezirk, den ich bei meiner täglichen Arbeit aufgeschnappt hatte – die Vierundzwanzig hatten die lokale Steuer auf landwirtschaftliche Produkte erhöht – Andrew Wrights Frau hatte Zwillinge geboren, einen Jungen und ein Mädchen; aber das Mädchen war gestorben; Soor hatte gesagt, dass er diesen Bezirk besteuern würde, bis wir alle verhungert sind – netter Kerl dieser Soor – einer von der Kasch-Garde hatte Nellie Levy mitgenommen – Hoffmeyer hatte gesagt, dass wir im nächsten Winter mehr für Kohle zahlen müssten – Dennis Corrigan war für zehn Jahre in die Minen geschickt worden, weil er nachts beim Handeln erwischt worden war. Er war immer das Gleiche, unser Klatsch und Tratsch – alles schmutzig, oder traurig, oder tragisch; aber damals war das Leben eine Tragödie.

»Wie dumm von ihnen, die Steuer auf landwirtschaftliche Produkte zu erhöhen«, bemerkte Juana; »ihre Väter haben die Manufakturen und den Handel ausgemerzt, und jetzt werden sie das bisschen Landwirtschaft ausmerzen, das noch übrig ist.«

»Je früher sie es tun, desto besser wird es für die Welt sein«, antwortete ich. »Wenn sie alle Bauern ausgehungert haben, werden sie selbst verhungern.«

Und dann kehrte sie plötzlich zu Dennis Corrigan zurück. »Es wäre gütiger gewesen, ihn zu töten«, sagte sie.

»Deshalb haben sie es nicht getan«, antwortete ich.

Sie fragte: »Handelst du auch nachts?«, und dann, bevor ich antworten konnte: »Sag es mir nicht. Ich hätte nicht fragen sollen; aber ich hoffe, dass du es nicht tust – es ist so gefährlich; fast immer werden sie erwischt.«

Ich lachte. »Fast nie«, sagte ich, »sonst wären die meisten von uns schon lange in den Minen gelandet. Wir könnten anders nicht überleben. Die verfluchte Einkommenssteuer ist ungerecht – sie war schon immer ungerecht, denn sie trifft diejenigen am härtesten, die am wenigsten in der Lage sind, sie zu zahlen.«

»Aber die Minen sind so schrecklich!«, rief sie schaudernd aus.

»Ja«, antwortete ich, »die Minen sind schrecklich. Ich würde lieber sterben, als dorthin zu gehen.«

Nach einer Weile brachte ich Juana zu uns nach Hause, damit sie meine Mutter sehen konnte. Das Haus gefiel ihr sehr gut. Der Vater meines Vaters hatte es mit seinen eigenen Händen gebaut. Es wurde aus Materialien gebaut, die aus den Ruinen der Altstadt stammen – Steine und Ziegel. Vater meinte, dass die Ziegel von einem alten Straßenpflaster stammen, da wir an verschiedenen Orten immer noch Reste dieser alten Ziegel sehen. Nahezu alle unsere Häuser sind auf diese Weise gebaut, denn Holz ist knapp. Die Grundmauern und die Mauern bis etwa einen Meter über dem Boden bestehen aus groben Steinen unterschiedlicher Größe, darüber sind die Ziegelsteine. Die Mauern sind so gebaut, dass einige Steine weiter hinausragen als andere, und der Effekt ist merkwürdig und schön. Die Dachrinne ist niedrig und überhängend und das Dach ist reetgedeckt. Es ist ein schönes Haus, und Mutter hält es innen peinlich sauber.

Wir hatten vielleicht eine Stunde lang geredet und saßen in unserem Wohnzimmer – Vater, Mutter, Juana und ich – als die Tür plötzlich ohne Vorwarnung aufgestoßen wurde und als wir aufblickten, sahen wir einen Mann in der Uniform einer Kash-Garde vor uns.

Hinter ihm waren noch andere. Wir erhoben uns alle und standen schweigend da. Zwei kamen herein und bezogen Posten auf beiden Seiten der Tür, und dann kam ein dritter herein – ein großer, dunkler Mann in der Uniform eines Kommandanten, und wir wussten sofort, dass es Or-tis war. Ihm folgten sechs weitere.

Or-tis schaute jeden von uns an, und dann sagte er zu Vater: »Du bist Bruder Julian VIII..«

Vater nickte. Or-tis sah ihn einen Moment lang an, und dann wanderte sein Blick zu Mutter und Juana, und ich sah einen neuen Ausdruck, der den grimmigen finsteren Blick, der sein Gesicht vom Augenblick seines Eintritts an überschattet hatte, abschwächte. Er war ein großer Mann; aber nicht von der schweren Sorte, wie sie in seiner Klasse am häufigsten vorkam. Seine Nase war dünn und ziemlich fein, seine Augen kalt, grau und stechend. Er war ganz anders als die fetten Schweine, die seine Vorgänger waren – ganz anders und gefährlicher; das konnte sogar ich sehen. Ich konnte eine dünne, grausame Oberlippe und eine volle und sinnliche Unterlippe sehen. Wenn der Vorige ein Schwein gewesen war, so war dieser ein Wolf, und er zeigte auch die nervöse Unruhe eines Wolfes – und die nötige Vitalität, alle wölfischen Pläne zu verwirklichen, die ihm gefielen.

Dieser Besuch bei uns zu Hause war typisch für den Mann. Der ehemalige Kommandant hatte seine Männer nie auf einer solchen Exkursion begleitet; aber der Teivos bekam viel von Or-tis zu sehen. Er vertraute niemandem – er kümmerte sich selbst um alles und er war nicht faul, was schlecht für uns war.

»Du bist also Bruder Julian VIII.«, wiederholte er. »Ich habe keine guten Berichte über dich. Ich bin heute Abend aus zwei Gründen gekommen. Einer ist, dich zu warnen, dass die Kasch-Garde nun von einer anderen Art von Mann befehligt wird als dem, den ich abgelöst habe. Ich dulde keine Gaunerei und keinen Verrat. Es muss eine bedingungslose Loyalität gegenüber dem Jemadar in Washington geben – jedes nationale und lokale Gesetz wird durchgesetzt.

Unruhestifter und Verräter werden sofort zur Rechenschaft gezogen. Auf jedem Marktplatz wird am Samstag ein Manifest verlesen werden – ein Manifest, das ich gerade aus Washington erhalten habe. Unser großer Jemadar hat den Befehlshabern der Kasch-Garde größere Befugnisse übertragen. Ihr werdet mit all euren Klagen zu mir kommen. Bei Justizirrtümern bin ich die letzte Instanz. Gegen das Urteil jeden Gerichts kann bei mir Berufung eingelegt werden.

Auf der anderen Seite sollten sich die Übeltäter hüten, denn nach dem neuen Gesetz kann jede Sache vor einem Militärgericht verhandelt werden, dem der Befehlshaber der Kasch-Garde vorstehen muss.«

Wir begriffen, was das bedeutete – es brauchte nicht viel Intelligenz, um die Niederträchtigkeit und den Horror zu begreifen. Es bedeutete nicht mehr und nicht weniger, als dass unser Leben und unsere Freiheit in den Händen eines einzigen Mannes lagen und, dass Jarth dem menschlichen Glück in einem Land, in dem wir dachten, ein solcher Zustand existiere nicht mehr, den größten aller Schläge versetzt hatte – er hatte uns den letzten kläglichen Rest unserer bereits verlorenen Freiheit genommen, damit er eine mächtige politische Militärmaschinerie aufbauen konnte, um seine eigene Macht zu verstärken.

»Und«, fuhr Or-tis fort, »ich bin noch aus einem anderen Grund gekommen – einem Grund, der für dich schlecht ausgehen kann, Bruder Julian; aber wir werden sehen, was wir finden werden«, und sich an die Männer hinter ihm wendend, erteilte er einen knappen Befehl: »Durchsucht den Ort!« Das war alles; aber in meiner Erinnerung sah ich einen anderen Mann in demselben Wohnzimmer stehen – einen Mann, aus dessen Mantel ein leerer Sack gefallen war, als er den Arm hob.

Eine Stunde lang durchsuchten sie das kleine Dreizimmerhaus. Eine Stunde lang durchwühlten sie unsere wenigen Habseligkeiten; aber am genausten durchsuchten sie das Wohnzimmer, und besonders um den Kamin herum suchten sie nach einem Versteck. Ein Dutzend Mal stand mein Herz still, als ich sah, wie sie die Steine über dem Kaminsims betasteten.

Wir alle wussten, was sie suchten – alle außer Juana – und wir wussten, was es bedeuten würde, wenn sie es finden würden. Tod für Vater und vielleicht auch für mich und noch Schlimmeres für Mutter und das Mädchen. Und wenn man bedenkt, dass Johansen diese schreckliche Sache getan hatte, um sich beim neuen Kommandanten beliebt zu machen! Ich wusste, dass er es war – ich wusste es so sicher, als ob Or-tis es mir gesagt hätte.

Sich beim Kommandanten einschmeicheln. Ich dachte damals, das sei der Grund gewesen. Gott, hätte ich nur seinen wahren Grund gekannt!

Und während sie suchten, sprach Or-tis mit uns. Meistens sprach er mit Mutter und Juana. Ich hasste die Art, wie er sie ansah, besonders Juana; aber seine Worte waren nicht unangemessen. Er versuchte anscheinend, einen Eindruck ihrer politischen Ideen zu bekommen – er, der zu der Klasse gehörte, die den Frauen rücksichtslos die Anerkennung gestohlen hatte, die sie im zwanzigsten Jahrhundert nach Zeiten der Sklaverei und des Leidens gewonnen hatten – er versuchte, ihre politischen Meinungen auszuloten! Sie hatten keine – keine Frauen hatten eine – sie wussten nur, dass sie die Unterdrücker, die sie praktisch zurück in die Sklaverei geworfen hatten, hassten und verabscheuten. Das war ihre Politik, das war ihre Religion. Hass. Aber damals bestand die Welt nur aus Hass – Hass und Elend.

Vater sagte, dass es nicht immer so war, sondern dass die Welt einmal glücklich war – zumindest unser Teil der Welt; aber die Menschen wussten nicht, dass es ihnen gut ging. Leute kamen aus allen anderen Teilen der Welt, um an unserem Glück teilzuhaben, und als sie es hatten, versuchten sie, es zu zerstören, und als die Kalkar kamen, halfen sie ihnen.

Sie suchten eine Stunde lang und fanden nichts; aber ich wusste, dass Or-tis nicht zufrieden war, dass das, was er suchte, nicht da war, und gegen Ende der Suche konnte ich sehen, dass er die Geduld verlor. Schließlich übernahm er die Leitung, und als sie trotzdem nicht mehr Erfolg hatten, wurde er sehr wütend.

»Yankee-Schweine!« rief er plötzlich und wandte sich an Vater. »Du wirst sehen, dass du einen Nachkommen des großen Jemadar Orthis nicht so täuschen kannst, wie du die anderen getäuscht hast – nicht auf Dauer. Ich habe einen guten Riecher für Verräter – ich kann einen Yankee aus größerer Entfernung riechen, als die meisten Männer einen sehen können. Merkt euch diese Warnung und gebt sie an die anderen weiter. Alle Verräter des Teivos werden zum Tode oder zur Arbeit in den Minen verurteilt.«

Er stand für einen Moment schweigend da und starrte Vater an, dann richtete sich sein Blick auf Juana.

»Wer bist du, Mädchen?«, forderte er. »Wo lebst du und was tust du, das zum Wohlstand der Gemeinschaft beiträgt?«

„Das zum Wohlstand der Gemeinschaft beiträgt!" Es war ein Satz, der oft über ihre Lippen kam und immer an uns gerichtet war – ein bedeutungsloser Satz, da es keinen Wohlstand gab. Wir unterstützten die Kalkar und das war ihre Vorstellung von Wohlstand. Ich nehme an, unserer beruhte darauf, gerade genug zum Leben zu haben, damit wir weiterhin für sie schuften konnten.

»Ich lebe bei Mollie Sheehan«, antwortete Juana, »und helfe ihr bei der Pflege der Hühner und kleinen Schweine; außerdem helfe ich bei der Hausarbeit.«

»Hmmm!« stieß Or-tis aus. »Hausarbeit! Das ist gut – ich werde jemanden brauchen, der mein Quartier in Ordnung hält. Wie sieht es aus, mein Mädchen? Es wird leichte Arbeit sein, und ich werde dich gut bezahlen – keine Schweine oder Hühner, für die man schuften muss. Na?«

»Aber ich liebe die kleinen Schweine und Hühner«, plädierte sie, »und ich bin glücklich bei Mollie – ich möchte nicht wechseln.«

»Du willst nicht wechseln, was?«, ahmte er sie nach. Sie hatte sich jetzt weiter hinter mich geschoben, wie zum Schutz, und näher – ich spürte, wie ihr Körper meinen berührte. »Mollie kann sich zweifellos ohne Hilfe um ihre eigenen Schweine und Hühner kümmern. Wenn sie so viele hat, dass sie es nicht alleine schafft, dann hat sie zu viele und wir werden sehen, warum sie wohlhabender ist als der Rest von uns – wahrscheinlich sollte sie eine höhere Steuer zahlen – wir werden sehen.«

»Oh, nein!«, rief Juana, die jetzt wegen Mollie beunruhigt war. »Bitte, sie hat nur wenige, kaum genug, damit sie und ihr Mann nach Zahlung der Steuern leben können.«

»Dann braucht sie deine Hilfe nicht«, sagte Or-tis spöttisch lächelnd. »Du wirst kommen und für mich arbeiten, Mädchen!«

Und dann überraschte Juana mich – sie überraschte uns alle, insbesondere Or-tis. Zuvor hatte sie eher flehend und scheinbar ängstlich gesprochen; aber jetzt richtete sie sich zu voller Größe auf und mit erhobenem Haupt schaute sie Or-tis direkt in die Augen.

»Ich werde nicht kommen«, sagte sie stolz, »ich will nicht kommen.« Das war alles.

Or-tis sah überrascht aus; seine Soldaten waren schockiert. Einen Moment lang sprach niemand. Ich warf einen Blick auf Mutter.

Sie zitterte nicht, wie ich erwartet hatte. Auch ihr Kopf war erhoben, und sie zeigte offen ihre Verachtung gegenüber den Kalkar.

Vater stand mit gesenktem Kopf vor ihnen, wie gewöhnlich; aber ich sah, dass er Or-tis aus den Augenwinkeln beobachtete und dass seine Finger sich bewegten, wie die Finger von Händen, die eine verhasste Kehle umklammern.

»Du wirst kommen«, sagte Or-tis jetzt, ein wenig rot im Gesicht bei dieser Auflehnung. »Es gibt Wege«, und er sah mich direkt an – und dann drehte er sich um und verließ das Haus, gefolgt von seiner Kash-Garde.

V. Der Kampf am Markttag

Als die Tür sich hinter ihnen geschlossen hatte, vergrub Juana ihr Gesicht in den Händen.

»Oh, welches Elend bringe ich allen«, schluchzte sie. »Meinem Vater und meiner Mutter brachte ich den Tod, und jetzt bringe ich euch allen und Jim und Mollie den Ruin und vielleicht auch den Tod. Aber das darf nicht sein – ihr sollt nicht für mich leiden! Er hat dich direkt angesehen, Julian, als er seine Drohung aussprach. Was könnte er vorhaben? Du hast nichts getan. Aber du brauchst dich nicht zu fürchten. Ich weiß, wie ich den Schaden, den ich unbeabsichtigt angerichtet habe, wieder gutmachen kann.«

Wir versuchten, ihr klarzumachen, dass uns das nicht kümmerte – dass wir sie so gut wie möglich beschützen würden und dass sie nicht denken sollte, dass sie uns eine noch größere Last aufbürden würde, als wir bereits zu tragen hatten; aber sie schüttelte nur den Kopf und bat mich schließlich, sie nach Hause zu Mollie zu bringen.

Sie war den ganzen Weg zurück sehr still, obwohl ich mein Bestes tat, um sie aufzumuntern.

»Er kann dich nicht zwingen, für ihn zu arbeiten«, beharrte ich. »Selbst die Vierundzwanzig, so verdorben sie auch sind, würden es nie wagen, eine solche Anordnung durchzusetzen. Wir sind noch nicht ganz versklavt.«

»Aber ich habe Angst, dass er einen Weg finden wird«, antwortete sie, »durch dich, mein Freund. Ich sah, wie er dich angeschaut hat und es war ein sehr hässlicher Blick.«

»Ich fürchte mich nicht«, sagte ich.

»Ich habe Angst um dich. Nein, das darf nicht geschehen!« Sie sprach mit so vehementer Endgültigkeit, dass sie mich fast erschreckte, und dann wünschte sie mir Gute Nacht, ging in Mollies Haus und schloss die Tür.

Auf dem ganzen Weg nach Hause machte ich mir große Sorgen um sie, denn ich wollte sie nicht unglücklich sehen. Ich hatte das Gefühl, dass ihre Ängste übertrieben waren, denn selbst ein so mächtiger Mann wie der Kommandant konnte sie nicht dazu bringen, für ihn zu arbeiten, wenn sie es nicht wollte. Später würde er sie vielleicht zur Frau nehmen wollen, wenn sie keinen Mann hätte, aber selbst dann hatte sie in dieser Angelegenheit eine gewisse Wahl – einen Monat, in dem sie sich einen anderen Mann aussuchen konnte, wenn sie seine Kinder nicht gebären wollte. Das war das Gesetz.

Natürlich fanden sie Wege, das Gesetz zu umgehen, wenn sie ein Mädchen unbedingt haben wollten – der Mann ihrer Wahl könnte aufgrund einer erfundenen Anklage festgenommen oder sogar eines Morgens auf mysteriöse Weise ermordet aufgefunden werden. Es musste eine heldenhafte Frau sein, die sich lange Zeit gegen sie stellte, und ein Mann musste ein Mädchen sehr lieben, um sein Leben für sie zu opfern – und sie dann nicht retten zu können. Es gab nur einen Weg, und als ich zu Bett gehen wollte, war ich fast verzweifelt vor Angst, dass sie es selbst in die Hand nehmen würde.

Ein paar Minuten lang ging ich auf und ab und mit jeder Minute wuchs meine Überzeugung, dass das Schlimmste eintreten würde. Es wurde zur Besessenheit. Ich sah sie sogar so deutlich vor mir, wie mit meinem physischen Augen, und dann konnte ich es nicht mehr ertragen.

Ich rannte so schnell meine Beine mich trugen zu Jims Haus. Kurz bevor ich es erreichte, sah ich eine schattenhafte Gestalt, die sich in Richtung des Flusses bewegte. Ich konnte nicht erkennen, wer es war; aber ich wusste es und verdoppelte meine Geschwindigkeit.

Ein niedriger Vorsprung überragt den Strom an diesem Punkt und an seinem Rand sah ich die Gestalt einen Moment innehalten und dann verschwinden. Gerade als ich den Rand der Klippe erreichte, hörte ein Platschen im Wasser – ich sah Spritzer und Wellen, die sich im Sternenlicht kreisförmig auf der Flussoberfläche ausbreiteten.

Ich sah diese Dinge – das ganze Bild – im Bruchteil eines Augenblicks, denn ich hielt kaum an der Kante an, sondern tauchte mit dem Kopf voran ins Wasser nahe dem Zentrum der Wellen.

Wir tauchten zusammen auf, Seite an Seite, und ich streckte die Hand aus, ergriff ihre Tunika, hielt ihren Kopf über Wasser und schwamm mit ihr an Land. Sie wehrte sich nicht, und als wir endlich am Ufer standen, wandte sie sich tränenlos, aber schluchzend zu mir um.

»Warum hast du das getan?«, wimmerte sie. »Oh, warum hast du das getan? Es war der einzige Weg – der einzige Weg.«

Sie sah so einsam und unglücklich und so schön aus, dass ich mich kaum abhalten konnte, sie in meine Arme zu nehmen, denn mir war plötzlich klar geworden, wofür ich vorher zu dumm gewesen war, um es zu begreifen – dass ich sie liebte.

Aber ich nahm nur ihre Hände in meine und drückte sie fest und bat sie, mir zu versprechen, dass sie diese Sache nicht noch einmal versuchen würde. Ich sagte ihr, dass sie vielleicht nie wieder etwas von Or-tis hören würde und dass es schrecklich wäre, sich selbst zu töten, solange es noch Hoffnung gäbe.

»Es ist nicht so, dass ich um mich selbst fürchte«, sagte sie. »Ich kann immer in letzter Minute einen Ausweg finden; aber ich fürchte um euch, die ihr so freundlich zu mir wart. Wenn ich jetzt gehe, seid ihr nicht mehr in Gefahr.«

»Ich wäre lieber in Gefahr, als dich gehen zu lassen«, sagte ich einfach. »Ich fürchte mich nicht.«

Und sie versprach mir, bevor ich sie verließ, dass sie es nicht wieder versuchen würde, solange es noch Hoffnung gäbe.

Als ich langsam nach Hause ging, waren meine Gedanken von Bitterkeit und Kummer erfüllt. Meine Seele war in Aufruhr wegen dieser grausamen Gesellschaftsordnung, die sogar die Jugend des Glücks und der Liebe beraubte. Obwohl ich nur wenig von beiden erfahren hatte, schrie etwas in meinem Inneren – ich vermute ein angeborener Instinkt – dass dies mein Geburtsrecht sei und dass Nachkommen von Mondeindringlingen mich dessen beraubt hätten.

Der Amerikanismus war sehr stark in mir – stärker vielleicht wegen der jahrhundertelangen Bemühungen unserer Unterdrücker, ihn zu zerschlagen, und weil wir immer jeden äußeren Beweis dafür verbergen mussten. Sie nannten uns voller Verachtung Yankees; aber diese Bezeichnung machte uns stolz. Und wir wiederum sprachen oft von ihnen als den Kaisern; aber nicht vor ihnen. Vater sagte, dass das Wort in der Antike eine sehr erhabene Bedeutung hatte, aber jetzt hatte es die niedrigste.

Als ich mich dem Haus näherte, sah ich, dass die Kerze im Wohnzimmer noch immer brannte. Ich war so eilig losgelaufen, dass ich nicht daran gedacht hatte, und als ich näherkam, sah ich noch etwas anderes. Ich ging sehr langsam, und im Staub des Weges machten meine weichen Stiefel kein Geräusch, sonst hätte ich vielleicht nicht gesehen, was ich sah – zwei Gestalten, verborgen im Schatten der Wand, die durch eines unserer kleinen Fenster in das Wohnzimmer blickten.

Ich schlich mich heimlich vorwärts, bis ich nahe genug war, um zu sehen, dass einer in der Uniform einer Kash-Garde und der andere wie jemand aus meiner Klasse gekleidet war. In letzterem erkannte ich die schlaksige Gestalt von Peter Johansen mit den hängenden Schultern. Ich war keineswegs überrascht über diese Bestätigung meines Verdachts.

Ich wusste, warum sie dort waren – sie hofften, das geheime Versteck der Flagge zu finden – aber ich wusste auch, dass, wenn sie es nicht bereits kannten, keine Gefahr bestand, dass sie es von außen entdecken würden. Denn es war, soweit ich wusste, nur einmal in meinem Leben aus seinem Versteck genommen worden, und dies würde vielleicht nie wieder geschehen, zumal wir wussten, dass wir verdächtigt wurden. Also versteckte ich mich und beobachtete sie eine Weile, umrundete dann das Haus und ging von vorne hinein, als ob ich nicht wüsste, dass sie dort waren, denn ich wollte sie nicht merken lassen, dass sie entdeckt worden waren.

Ich zog mich aus und ging ins Bett, nachdem ich die Kerze gelöscht hatte. Ich weiß nicht, wie lange sie geblieben sind – es genügte zu wissen, dass wir beobachtet wurden, und obwohl es nicht angenehm war, war ich froh, dass wir gewarnt waren. Am Morgen erzählte ich Vater und Mutter, was ich gesehen hatte. Mutter seufzte und schüttelte den Kopf.

»Es wird passieren«, sagte sie. »Ich wusste immer, dass es früher oder später passieren würde. Einer nach dem anderen kriegen sie uns – jetzt sind wir dran.«

Vater sagte nichts. Er beendete sein Frühstück schweigend, und als er das Haus verließ, ging er mit gesenktem Blick, die Schultern gebeugt und das Kinn auf der Brust – langsam, fast unsicher, wie ein Mann, dessen Herz und Geist gebrochen sind.

Ich sah, wie Mutter ein Schluchzen zurückhielt, als sie ihn gehen sah, und ich ging hin und legte meinen Arm um sie.

»Ich habe Angst um ihn, Julian«, sagte sie. »Ein Geist wie der seine leidet schrecklich unter der Ungerechtigkeit und Erniedrigung. Einige andere scheinen es nicht so schwer zu nehmen wie er; aber er ist ein stolzer Mann mit stolzen Vorfahren. Ich habe Angst …« sie hielt inne, als fürchte sie sich davor, ihre Ängste zu äußern – »ich habe Angst, dass er sich etwas antut.«

»Nein«, sagte ich, »dafür ist er ein zu mutiger Mann. Das wird sich alles legen – sie haben nur einen Verdacht – sie wissen es nicht, und wir werden vorsichtig sein, und dann wird alles wieder in Ordnung sein – so wie es auf dieser Welt immer ist.«

»Aber Or-tis?« fragte sie. »Es wird nicht aufhören, bis er seinen Willen hat.«

Ich wusste, dass sie Juana meinte.

»Er wird nie seinen Willen bekommen«, sagte ich. »Bin ich nicht auch noch da?«

Sie lächelte nachsichtig. »Du bist sehr stark, mein Junge«, sagte sie, »aber was sind schon zwei starke Arme gegen die Kash-Garde?«

»Sie würden reichen für Or-tis«, antwortete ich.

»Du willst ihn töten?«, flüsterte sie. »Sie würden dich in Stücke reißen!«

»Sie können mich nur einmal in Stücke reißen.«

Es war Markttag, und ich ging mit ein paar Hammeln, Fellen und mit Käse hin. Vater kam nicht mit – ich riet ihm sogar davon ab, da Soor und auch Hoffmeyer dort sein würden. Einen Käse nahm ich als Tribut an Soor mit. Gott, wie habe ich es gehasst, das zu tun! Aber sowohl Mutter als auch Vater hielten es für das Beste, den Burschen zu besänftigen, und ich nehme an, sie hatten recht. Bei einem Leben voller Leiden tendiert man nicht dazu, weitere Schwierigkeiten zu suchen.

Der Marktplatz war voll, denn ich war etwas spät dran. Es waren viele Kash-Garden anwesend – mehr als gewöhnlich. Es war ein warmer Tag – der erste wirklich warme Tag, den wir hatten – und eine Reihe von Männern saß unter einem Baldachin auf der einen Seite des Marktplatzes vor Hoffmeyers Büro. Als ich mich näherte, sah ich, dass Or-tis dort war, ebenso wie Pthav, der Kohlenbaron, und Hoffmeyer natürlich, sowie mehrere andere, darunter einige Kalkar Frauen und Kinder.

Ich erkannte die Frau von Pthav – eine abtrünnige Yankee, die freiwillig zu ihm gegangen war – und ihr kleines Kind, ein Mädchen von etwa sechs Jahren. Letztere spielte im Staub vor dem Baldachin einige hundert Fuß von der Gruppe entfernt, und ich hatte sie kaum erkannt, als ich etwas sah, das mein Herz für einen Augenblick fast zum Stillstand brachte.

Zwei Männer trieben auf der anderen Seite des Baldachins eine kleine Rinderherde auf den Marktplatz, als ich sah, wie plötzlich eines der Tiere, ein großer Stier, aus der Herde ausbrach und mit gesenktem Kopf auf die winzige spielende Gestalt losging, die sich der Gefahr nicht bewusst war. Die Männer versuchten, die Bestie abzuwehren, aber ihre Bemühungen waren vergeblich. Diejenigen unter dem Baldachin sahen die Gefahr zur gleichen Zeit wie ich und standen auf und riefen laut um Hilfe. Pthavs Frau kreischte und Or-tis schrie laut nach der Kasch-Garde; aber niemand stellte sich der wütenden Bestie entgegen, um das Kind zu retten.

Ich war ihr am nächsten, und im gleichen Moment, in dem ich die Gefahr bemerkte, machte ich mich auf den Weg; aber während ich rannte, gingen mir einige schreckliche Gedanken durch den Kopf. Sie ist eine Kalkar! Sie ist die Ausgeburt des Ungeheuers Pthav und der Frau, die sich als Verräterin erwiesen hatte, für ein Leben in Bequemlichkeit, Komfort und Sicherheit! So manches kleine Leben war wegen ihres Vaters und seiner Klasse ausgelöscht worden! Würden sie meine Schwester oder meine Tochter retten?

Ich dachte all diese Dinge, während ich rannte; aber ich hörte nicht auf zu rennen – etwas in mir trieb mich an, ihr zu helfen. Wahrscheinlich einfach deswegen, weil sie ein kleines Kind war und ich der Nachkomme amerikanischer Herren. Nein, ich habe nicht aufgehört zu rennen, obwohl mein Gerechtigkeitssinn aufschrie, dass ich das Kind sterben lassen sollte.

Ich erreichte sie nur einen Augenblick vor dem Stier, und als er mich dort zwischen sich und dem Kind sah, blieb er stehen, und scharrte mit gesenktem Kopf in der Erde, wirbelte Staubwolken auf und brüllte – und dann ging er auf mich los; aber ich kam ihm auf halbem Weg entgegen, entschlossen, ihn aufzuhalten, bis das Kind entkommen war, wenn es mir menschlich möglich wäre. Er war eine riesige Bestie und ganz offensichtlich ein bösartiges Tier, was möglicherweise erklärte, warum er auf den Markt gebracht wurde, und es schien, als ob er kurzen Prozess mit mir machen würde; aber ich wollte kämpfend sterben.

Ich rief dem kleinen Mädchen zu, wegzulaufen und dann prallten der Stier und ich zusammen. Ich ergriff seine Hörner, als er versuchte, mich aufzuspießen und setzte alle Kraft meines jungen Körpers ein. Ich hatte geglaubt, ich hätte die Höllenhunde an jenem Abend meine gesamte Kraft spüren lassen; aber jetzt wusste ich, dass ich noch mehr in Reserve hatte, denn zu meinem Erstaunen hielt ich diese große Bestie fest, und langsam, sehr langsam begann ich, ihren Kopf nach links zu verdrehen.

Das Tier wehrte sich, kämpfte und brüllte – ich spürte, wie sich die Muskeln meines Rückens und meiner Arme und Beine durch die Belastung, die auf sie ausgeübt wurde, verhärteten; aber fast vom ersten Augenblick an wusste ich, dass ich gewinnen würde.

Die Kash-Garden kamen jetzt angerannt, und ich konnte Or-tis hören, der ihnen zurief, den Stier zu erschießen; aber bevor sie mich erreichten, versetzte ich dem Tier einen letzten mächtigen Ruck, so dass es erst auf ein Knie und dann auf die Seite fiel, und dort hielt ich es, bis ein Sergeant kam und ihm eine Kugel durch den Kopf jagte.

Als es tot war, näherten sich Or-tis und Pthav und die anderen. Ich sah sie kommen, als ich zu meinen Hammeln, meinen Fellen und meinem Käse zurückkehrte. Or-tis rief mich, aber ich drehte mich nur um und schaute ihn an, denn ich hatte keine Lust, mit einem von ihnen Geschäfte zu machen, wenn es sich vermeiden ließ.

»Komm her, mein Freund«, rief er.

Ich ging mürrisch ein paar Schritte auf ihn zu und blieb wieder stehen.

»Was willst du von mir?« fragte ich.

»Wer bist du?« Er betrachtete mich jetzt genau. »Ich habe noch nie bei einem Mann eine solche Stärke gesehen. Du solltest in der Kash-Garde sein. Wie würde dir das gefallen?«

»Das würde mir nicht gefallen«, antwortete ich. Ungefähr zu diesem Zeitpunkt erkannte er mich wohl, denn sein Ausdruck verhärtete sich. »Nein«, sagte er, »solche wie dich wollen wir nicht unter loyalen Männern haben.« Er drehte sich um, wandte sich mir aber sofort wieder zu.

»Sieh zu, junger Mann«, schnauzte er mich an, »dass du deine Kraft weise und für gute Zwecke einsetzt.«

»Ich werde sie weise einsetzen«, antwortete ich, »und zwar für die wichtigsten aller Zwecke.«

Ich glaube, die Frau von Pthav wollte mir dafür danken, dass ich ihr Kind gerettet hatte, und Pthav vielleicht auch, denn sie waren beide auf mich zugekommen; aber als sie Ortis offensichtliche Feindseligkeit mir gegenüber sahen, wandten sie sich ab, wofür ich dankbar war. Ich sah, wie Soor mit einem spöttischen Grinsen auf den Lippen zu mir kam und Hoffmeyer mich mit seinem listigen Gesichtsausdruck beobachtete.

Ich sammelte meine Waren ein und begab mich zu dem Teil des Marktplatzes, wo wir gewöhnlich das ausstellten, was wir zu verkaufen hatten, nur um festzustellen, dass ein Mann namens Vonbulen mir zuvor gekommen war. Es gibt ein ungeschriebenes Gesetz, dass jede

Familie ihren eigenen Platz auf dem Markt hat. Ich war die dritte Generation von Julians, die Produkte an diesen Ort brachte – früher vor allem Pferde, denn wir waren eine Familie von Reitern; aber in jüngerer Zeit, seit die Regierung den Pferdehandel übernommen hatte, auch Ziegen. Obwohl Vater und ich immer noch gelegentlich Pferde für die Vierundzwanzig einritten, besaßen oder züchteten wir sie nicht mehr.

Vonbulen hatte einen kleinen Pferch in einer entfernten Ecke gehabt, wo der Handel nicht so rege war, wie es bei uns üblich war, und ich konnte nicht verstehen, was er bei uns machte, wo er drei oder vier klapprige Schweine und ein paar Säcke mit Getreide anbot. Als ich näherkam, fragte ich ihn, was er hier wolle.

»Das ist jetzt mein Pferch«, sagte er. »Der Steuereintreiber Soor riet mir, ihn zu benutzen.«

»Du wirst hier verschwinden«, antwortete ich. »Du weißt, dass er uns gehört – jeder im Teivos weiß, dass er uns gehört und das schon seit vielen Jahren. Mein Großvater hat ihn gebaut, und meine Familie hat ihn instand gehalten. Verschwinde!«

»Ich werde nicht verschwinden«, antwortete er aufsässig. Er war ein sehr großer Mann, und wenn er wütend war, sah er ziemlich grimmig aus, denn er hatte einen großen Schnurrbart, der auf beiden Seiten seiner Nase nach oben stand – wie die Stoßzähne eines seiner Schweine.

»Du wirst verschwinden oder rausgeworfen werden«, sagte ich; aber er legte seine Hand auf das Tor und versuchte, mir den Eingang zu versperren.

Da ich wusste, dass er schwerfällig und dumm war, plante ich, ihn zu überrumpeln, und das tat ich auch – ich legte eine Hand auf die oberste Geländerstange und stieß ich ihm das Tor direkt ins Gesicht, dann rammte ich ihm meine Knie gegen die Brust und schickte ich ihn rückwärts in den Dreck zu seinen Schweinen.

Ich schlug ihn so heftig, dass er sich rückwärts überschlug, und als er sich fluchend aufrappelte, sah ich Mordlust in seinen Augen. Und wie er sich auf mich stürzte! Es war wie der Angriff des großen Stiers, den ich gerade besiegt hatte, nur dass Vonbulen wütender war als der Stier und nicht so gut aussah.

Seine großen Fäuste fuchtelten wild herum, und sein Mund war offen, als wollte er mich bei lebendigem Leibe auffressen; aber aus irgendeinem Grund empfand ich keine Angst. Tatsächlich musste ich lächeln, als ich sein Gesicht und seinen grimmigen Schnurrbart mit Schmutz beschmiert sah.

Ich parierte seine ersten wilden Schläge und schlug ihm dann leicht ins Gesicht – ich bin sicher, dass ich ihn nicht hart geschlagen habe, denn das wollte ich nicht – ich wollte mit ihm spielen; aber das Ergebnis war für mich genauso erstaunlich, wie es für ihn gewesen sein musste, wenn auch nicht so schmerzhaft. Er prallte von meiner Faust ab und wurde einen Meter weit zurückgeschleudert, fiel wieder auf den Rücken und spuckte Blut und Zähne aus dem Mund.

Und dann packte ich ihn am Kragen und an der Hose, hob ihn hoch über meinen Kopf und schleuderte ihn aus dem Pferch auf den Marktplatz, wo ich zum ersten Mal die große Menge interessierter Zuschauer sah.

Vonbulen war keine beliebte Person im Teivos, und auf vielen Gesichtern von Menschen meiner Klasse sah man ein breites Lächeln; aber es gab auch andere, die nicht lächelten. Das waren Kalkar und Mischlinge.

Ich sah all dies mit einem einzigen Blick, und dann kehrte ich zu meiner Arbeit zurück, denn ich war noch nicht fertig. Vonbulen lag dort, wo er gelandet war, und vor ihn warf ich nun nacheinander seine Getreidesäcke und seine klapprige Schweine, dann öffnete ich das Tor und begann, meine eigenen Erzeugnisse und mein Vieh hineinzubringen. Als ich das tat, stieß ich beinahe mit Soor zusammen, der da stand und mich mit einem höchst bösartigen Ausdruck auf dem Gesicht beobachtete.

»Was hat das zu bedeuten?«, schrie er mich an.

»Das bedeutet«, antwortete ich, »dass niemand einem Julian so leicht den Platz stehlen kann, wie Vonbulen dachte.«

»Er hat ihn nicht gestohlen«, schrie Soor. »Ich habe ihn ihm gegeben. Verschwinde! Er gehört ihm.«

»Es steht dir nicht zu, den Platz zu vergeben«, antwortete ich. »Ich kenne meine Rechte, und niemand wird sie mir kampflos wegnehmen. Ist das klar?«

Und dann ging ich ohne einen weiteren Blick an ihm vorbei und trieb meine Hammel in den Pferch. Als ich das tat, sah ich, dass niemand mehr lächelte – meine Freunde sahen sehr bedrückt und sehr verängstigt aus; aber ein Mann kam von rechts und stellte sich an meine Seite, mit dem Gesicht zu Soor, und als ich in seine Richtung blickte, sah ich, dass es Jim war.

Dann wurde mir klar, wie ernst meine Tat gewesen sein musste, und es tat mir leid, dass Jim gekommen war und so stillschweigend bekundete, dass er bei dem, was ich getan hatte, an meiner Seite stand. Kein anderer kam, obwohl es viele gab, die die Kalkar genauso sehr hassten wie wir.

Soor war wütend; aber er konnte mich nicht aufhalten. Nur die Vierundzwanzig könnten mir den Platz wegnehmen. Er beschimpfte und bedrohte mich; aber ich bemerkte, dass er damit wartete, bis er etwas weiter entfernt war. Es war wie Nahrung für einen hungernden Mann, zu wissen, dass sogar einer unserer Unterdrücker mich fürchtete. Bisher war dies der glücklichste Tag meines Lebens gewesen.

Ich brachte die Ziegen schnell in den Pferch und rief dann, mit einem der Käse in der Hand, nach Soor. Er drehte sich um, um zu sehen, was ich wollte, und zeigte seine Zähne wie eine in die Enge getriebene Ratte.

»Du hast meinem Vater gesagt, er soll dir ein Geschenk mitbringen«, schrie ich mir die Lunge aus dem Leib, so dass alle es hörten und sich uns zuwandten. »Hier ist es«, rief ich. »Hier ist dein Bestechungsgeld!«, und ich schleuderte ihm den Käse mit aller Kraft ins Gesicht.

Er ging zu Boden wie ein erlegtes Rind, und die Menschen zerstreuten sich wie verängstigte Kaninchen. Dann ging ich zurück in den Pferch und begann, meine Felle auf der anderen Seite des Zauns auszubreiten, damit sie von potenziellen Käufern inspiziert werden konnten.

Jim, dessen Pferch neben unserem lag, schaute mir mehrere Minuten lang über den Zaun zu. Schließlich sagte er:

»Du hast etwas sehr Unüberlegtes getan, Julian«, sagte er, und dann: »Ich beneide dich.«

Mir war nicht ganz klar, was er meinte, und dennoch vermutete ich, dass auch er bereit gewesen wäre, für die Genugtuung, sich ihnen widersetzt zu haben, zu sterben. Ich hatte dies nicht nur in der Hitze des Zorns oder aus Stolz über meiner Stärke getan, sondern weil ich mich an den gebeugten Kopf meines Vaters und die Tränen meiner Mutter erinnert hatte – in der Erkenntnis, dass wir besser tot als lebendig wären, wenn wir nicht unsere Köpfe stolz erheben konnten, wie es sich für Männer gehört. Ja, ich sah noch immer das Kinn meines Vaters auf seiner Brust und seinen unsicheren Gang, und ich schämte mich für ihn und für mich selbst; aber ich hatte den Schandfleck teilweise weggewaschen, und schließlich hatte sich in meinem Gehirn etwas herauskristallisiert, das sich dort schon lange unbemerkt befunden haben musste – die Entschlossenheit, mit erhobenem Kopf und den Fäusten bereit durch den Rest meines Lebens zu gehen – als Mann – wie kurz mein Weg auch immer sein sollte.

VI. Das Kriegsgericht

An diesem Nachmittag sah ich eine kleine Abteilung der Kash-Garde über den Marktplatz gehen. Sie kamen direkt auf meinen Pferch zu und blieben vor ihm stehen. Der verantwortliche Sergeant sprach mich an: »Du bist Bruder Julian IX.?«, fragte er.

»Ich bin Julian IX.«, antwortete ich.

»Du solltest besser Bruder Julian IX. sein, wenn Bruder General Or-tis dich anspricht«, schnauzte er. »Du bist verhaftet – komm mit!«

»Warum?« fragte ich.

»Bruder Or-tis wird es dir sagen, wenn du es nicht weißt – du sollst zu ihm gebracht werden.«

So! Es war soweit und es war schnell geschehen. Mutter tat mir leid, aber in gewisser Weise war ich froh. Wenn es auf der Welt keine Person wie Juana St. John gegeben hätte, wäre ich fast glücklich gewesen, denn ich wusste, dass Mutter und Vater mir bald folgen würden und wir, wie sie mich immer gelehrt hatten, in einer glücklichen Welt auf der anderen Seite wieder vereint sein würden – einer Welt, in der es keine Kalkar und keine Steuern gab – aber hier gab es eine Juana St. John und ich war mir dieser Welt sehr sicher, während ich mir der anderen nicht ganz so sicher war, da weder ich noch irgendjemand sonst sie gesehen hatte.

Es gab keinen Grund für eine Weigerung, die Kasch-Garde zu begleiten. Sie hätten mich einfach mit ihren Kugeln getötet, und wenn ich mitgehen würde, hätte ich vielleicht die Gelegenheit, einige wichtigere Schweine auszulöschen als diese, bevor ich getötet wurde – wenn sie vorhatten, mich zu töten. Man weiß nie, was sie tun werden – abgesehen davon, dass es das Falsche sein wird.

Nun, sie brachten mich zum Hauptquartier des Teivos, ganz unten am Ufer des Sees; aber da sie mich in einem großen, von Pferden gezogenen Wagen mitnahmen, war es keine ermüdende Reise, und da ich mir keine Sorgen machte, genoss ich sie. Wir kamen an vielen Marktplätzen vorbei, denn zahlreiche Stadtviertel liegen zwischen unserem und dem Hauptquartier, und immer starrten mich die Leute an, so wie ich andere Gefangene angestarrt hatte, die weggebracht worden waren und niemand wusste, welches Schicksal ihnen bevorstand. Manchmal kamen sie zurück – manchmal nicht. Ich fragte mich, wie es bei mir sein würde.

Endlich kamen wir im Hauptquartier an, nachdem wir viele Meilen durch vornehme Ruinen gefahren waren, in denen ich als Kind gespielt und die ich erkundet hatte.

Ich wurde sofort zu Or-tis gebracht. Er saß in einem großen Raum am Kopfende eines langen Tisches, und ich sah, dass an den Seiten des Tisches noch andere Männer saßen, die örtlichen Vertreter der verhassten Behörde, die als die Vierundzwanzig bekannt war, die Regierungsform, die die Kalkar ein Jahrhundert zuvor vom Mond mitgebracht hatten. Die Vierundzwanzig bestanden ursprünglich aus einem Ausschuss dieser Anzahl Männer. Nun aber war es nur noch ein Name, der für Macht, für Regierung und für Tyrannei stand. Jarth der Jemadar war in Wirklichkeit das, worauf sein Mondtitel hindeutete – Kaiser.

Um ihn herum befand sich ein Komitee von vierundzwanzig Kalkar; aber da sie von ihm ernannt worden waren und von ihm nach Belieben entlassen werden konnten, waren sie nichts weiter als seine Werkzeuge. Und diese Gruppe, vor die ich gebracht worden war, hatte in unserem Teivos die gleiche Macht wie die Vierundzwanzig, die sie ins Leben gerufen hatte, und so nannten wir sie auch die Vierundzwanzig oder das Teivos.

Viele dieser Männer erkannte ich als Mitglieder des Teivos. Pthav und Hoffmeyer waren dort als Repräsentanten unseres Bezirks, oder als falsche Repräsentanten, wie Vater sie immer nannte, aber ich war mir im Moment sicher, dass dies kein Treffen des eigentlichen Teivos sein konnte, da diese in einem anderen Gebäude weiter südlich abgehalten wurden – ein prächtiges Gebäude mit Säulen aus alten Zeiten, das die Regierung teilweise restauriert hatte, als sie dort ihr Hauptquartier eingerichtet hatte, und das in früheren Zeiten ein wunderbares Gebäude war, mit seinen riesigen Löwen, die auf beiden Seiten des Haupteingangs Wache standen.

Nein, es war nicht das Teivos; aber was konnte es sein, und dann dämmerte es mir, dass es ein Arm des neuen Gesetzes sein musste, das Or-tis angekündigt hatte, und als solcher erwies es sich – ein besonderes Militärtribunal für besondere Straftäter. Dies war die erste Sitzung, und es war vielleicht mein Glück, dass ich meine Indiskretion gerade rechtzeitig begangen hatte, um vor dieses Gericht gebracht zu werden, da sie jemanden zum Experimentieren brauchten.

Ich musste unter Bewachung am Ende des Tisches stehen, und als ich die Reihen von Gesichtern auf beiden Seiten betrachtete, sah ich kein freundliches Gesicht – keine Person meiner Klasse oder Rasse – nur Schweine, Schweine, Schweine. Niederträchtige, grobschlächtige Männer, die krumm auf ihren Stühlen hingen, schlampig gekleidet, unkultiviert, ungewaschen, kränklich aussehend – das waren die Mitglieder des Gerichts, das über mich urteilen sollte – weswegen?

Or-tis fragte, wer mich beschuldigte und wie die Anklage lautete. Dann sah ich Soor zum ersten Mal. Er hätte in seinem Bezirk sein sollen, um seine Steuern einzutreiben, aber er war es nicht. Nein, er war hier wegen angenehmerer Geschäfte. Er beäugte mich böswillig und erklärte die Anklage: Widerstand gegen einen Gesetzeshüter in Ausübung seiner Pflicht und Angriff mit einer tödlichen Waffe mit der Absicht, einen Mord zu begehen.

Sie alle sahen mich wild an und erwarteten zweifellos, dass ich vor Angst zittern würde, wie die meisten meiner Klasse es vor ihnen taten; aber ich zitterte nicht – die Anklage erschien mir so lächerlich. Tatsächlich fürchte ich, dass ich gegrinst habe. Ich weiß, dass ich es tat.

»Was amüsiert dich so?«, fragte Or-tis.

»Die Anklage«, antwortete ich.

»Was ist daran so lustig?«, fragte er erneut. »Männer wurden schon für weniger erschossen – Männer, die nicht des Verrats verdächtigt wurden.«

»Ich habe mich einem Offizier bei der Erfüllung seiner Pflicht nicht widersetzt«, sagte ich. »Es gehört nicht zu den Pflichten eines Steuereintreibers, eine Familie auf dem Marktplatz von ihrem Platz zu vertreiben, nicht wahr? – Einem Platz, den sie seit drei Generationen benutzen. Ich frage dich, Or-tis, ist es nicht so?«

Or-tis erhob sich halb von seinem Stuhl. »Wie kannst du es wagen, mich so anzusprechen?«, rief er.

Die anderen wandten mir ihre finsteren Gesichter zu, schlugen mit ihren schmutzigen Fäusten auf den Tisch und schrien und brüllten mich alle gleichzeitig an; aber ich stand mit erhobenem Haupt da, wie ich es geschworen hatte zu tun, bis zum Tod.

Schließlich wurden sie ruhiger, und wieder richtete ich meine Frage an Or-tis, und ich möchte ihm zugutehalten, dass er sie fair beantwortet hat. »Nein«, sagte er, »nur das Teivos darf das tun – das Teivos oder der Kommandant.«

»Dann habe ich mich einem Offizier bei der Erfüllung seiner Pflicht nicht widersetzt«, gab ich zurück, »denn ich weigerte mich nur, den Pferch zu verlassen, der mir zusteht. Und nun eine andere Frage: Ist ein Käse eine tödliche Waffe?«

Sie mussten zugeben, dass dies nicht der Fall war. »Er verlangte ein Geschenk von meinem Vater«, erklärte ich, »und ich brachte ihm einen Käse. Er hatte nach dem Gesetz kein Recht, das zu verlangen, und so warf ich ihm den Käse zu, und er traf ihn ins Gesicht. Ich werde auf diese Weise jeden illegalen Zehnten abliefern, der von uns verlangt wird. Ich habe meine Rechte nach dem Gesetz und ich beabsichtige, dafür zu sorgen, dass sie respektiert werden.«

So hatte man noch nie mit ihnen gesprochen, und plötzlich wurde mir klar, dass ich rein zufällig auf die einzige Möglichkeit gestoßen war, diesen Kreaturen zu begegnen. Sie waren sowohl in moralischer als auch physischer Hinsicht Feiglinge. Sie konnten einem ehrlichen, furchtlosen Mann nicht in die Augen sehen – schon zeigten sie Anzeichen von Verlegenheit. Sie wussten, dass ich recht hatte, und obwohl sie mich hätten verurteilen können, wenn ich vor ihnen das Knie gebeugt hätte, hatten sie nicht den Mut, es zu tun.

Das logische Ergebnis war, dass sie einen Sündenbock suchten, und Or-tis hatte schnell einen gefunden – sein unheilvolles Auge richtete sich auf Soor.

»Spricht dieser Mann die Wahrheit?«, schrie er den Steuereintreiber an. »Hast du ihn aus seinem Pferch geworfen? Hat er nicht mehr getan, als einen Käse nach dir zu werfen?«

Soor, ein Feigling vor denjenigen, die über ihm stehen, errötete und stotterte.

»Er versuchte, mich zu töten«, murmelte er lahm, »und er hätte fast Bruder Vonbulen getötet.«

Da erzählte ich ihnen davon – immer in einem autoritären Tonfall und erhobenen Hauptes.

Ich hatte keine Angst vor ihnen und sie wussten es. Manchmal glaube ich, das sie das auf ein Wissen zurückführten, das ich besitzen könnte und das sie bedrohen könnte – denn sie hatten immer Angst vor einer Revolution. Das ist der Grund, warum sie uns so unterdrückten.

Das Ergebnis war, dass ich mit einer Verwarnung entlassen wurde – einer Verwarnung, dass ich bestraft werden würde, wenn ich meine Mitmenschen nicht als Bruder anredete, und selbst da behielt ich das letzte Wort und sagte, dass ich niemanden Bruder nennen würde, wenn er es nicht wäre.

Die ganze Angelegenheit war eine Farce; aber alle Prozesse waren eine Farce, nur in der Regel war es ein Witz auf Kosten des Angeklagten. Sie wurden nicht in einer würdevollen und angemessenen Weise durchgeführt, wie ich mir die Prozesse in der Antike vorgestellte. Es gab weder Ordnung noch System.

Ich musste den ganzen Weg nach Hause laufen – eine weitere Demonstration der Justiz – und ich kam dort ein oder zwei Stunden nach dem Abendessen an. Ich traf Jim, Mollie und Juana im Haus an, und ich konnte sehen, dass Mutter geweint hatte. Sie fing wieder an, als sie mich sah. Arme Mutter! Ich frage mich, ob es immer so schrecklich gewesen war, Mutter zu sein; aber nein, so kann es nicht gewesen sein, sonst wäre die Menschheit längst ausgestorben – was die Kalkar ohnehin bald schaffen würden.

Jim hatte ihnen von den Ereignissen auf dem Marktplatz erzählt – von der Episode mit dem Stier, der Begegnung mit Vonbulen und der Sache mit Soor. Zum ersten und einzigen Mal in meinem Leben hörte ich meinen Vater laut lachen. Juana lachte auch; aber da war immer noch ein Unterton des Schreckens, den ich spürte und den Mollie schließlich zum Ausdruck brachte.

»Sie werden uns noch kriegen, Julian«, sagte sie, »aber was du getan hast, ist es wert, dafür zu sterben.«

»Ja!«, rief mein Vater. »Jetzt kann ich mit einem Lächeln auf den Lippen zum Schlachter gehen. Er hat das getan, was ich immer tun wollte; aber ich habe mich nicht getraut. Wenn ich schon ein Feigling bin, dann kann ich wenigstens Gott danken, dass ein mutiger und furchtloser Mann meinen Lenden entsprungen ist.«

»Du bist kein Feigling!« rief ich und Mutter sah mich an und lächelte. Da war ich froh, dass ich das gesagt hatte.

Sie verstehen vielleicht nicht, was Vater mit „zum Schlachter gehen" meinte, aber es ist ganz einfach. Die Herstellung von Munition war eine verlorene Kunst – d. h. die von Hochleistungsmunition, die die Kasch-Garde gerne benutzte – und so horteten sie all die riesigen Munitionsvorräte, die in der Antike produziert worden waren – Millionen und Abermillionen Schuss – denn sonst könnten sie die Gewehre, die zusammen mit der Munition hinterlassen worden waren, nicht benutzen. Sie setzen diese Munition nur im äußersten Notfall ein, eine Tatsache, die das alte Erschießungskommando auf eine Stufe mit Flugapparaten und Automobilen stellte. Jetzt schneiden sie uns die Kehle durch, wenn sie uns töten, und der Mann, der das tut, ist als der Schlachter bekannt.

Ich begleitete Jim, Mollie und Juana nach Hause; vor allem aber Juana.

Wieder bemerkte ich diese seltsame magnetische Kraft, die mich zu ihr hinzog, so dass ich sie bei jedem Schritt oder jedem zweiten berührte, und absichtlich schwenkte ich den Arm, der ihr am nächsten war, in der Hoffnung, dass meine Hand die ihre berühren würde und ich wurde auch nicht enttäuscht, und bei jeder Berührung war ich elektrisiert. Ich konnte nicht umhin zu bemerken, dass Juana weder meine Ungeschicklichkeit erwähnte, noch versuchte, unseren Kontakt zu verhindern; aber dennoch hatte ich Angst – Angst, dass sie es merken würde, und auch Angst, dass sie es nicht merken würde. Ich konnte gut mit Pferden, Ziegen und Höllenhunden umgehen, aber mit Mädchen konnte ich nicht viel anfangen.

Wir hatten über viele Themen gesprochen, und ich kannte ihre Ansichten und Überzeugungen, und sie kannte meine, und als wir uns trennten und ich sie fragte, ob sie mich am nächsten Morgen, dem ersten Sonntag im Monat, begleiten würde, wusste sie, was ich meinte. Sie sagte ja, und ich ging sehr glücklich nach Hause, denn ich wusste, dass sie und ich Seite an Seite dem gemeinsamen Feind trotzen würden – dass wir Hand in Hand dem Sensenmann für die größte Sache der Welt entgegentreten würden.

Auf dem Heimweg überholte ich Peter Johansen, der in Richtung unseres Hauses ging. Ich konnte sehen, dass er keine Lust hatte, mich zu treffen, und er erklärte mir sofort ausführlich, warum er nachts unterwegs war, denn ich hatte ihn gefragt, welche seltsamen Geschäfte ihn in letzter Zeit so oft nach Sonnenuntergang aus dem Haus führten.

Ich konnte ihn sogar im Dunkeln rot werden sehen.

»Warum«, rief er, »das ist das erste Mal seit Monaten, dass ich nach dem Abendessen rausgehe«, und irgendetwas an dem Mann ließ mich dann die Beherrschung verlieren, und ich platzte mit dem heraus, was mir auf dem Herzen lag.

»Du lügst!« rief ich. »Du lügst, du verdammter Spion!«

Und dann wurde Peter Johansen blass und zog ohne Vorwarnung ein Messer aus seiner Kleidung und stürzte sich auf mich und versuchte, mit seiner Klinge irgendeine Stelle meines Körpers zu treffen.

Zuerst hätte er mich fast erwischt, so unerwartet und so hasserfüllt war der Angriff; aber obwohl ich zweimal am Arm getroffen und ein wenig verletzt wurde, gelang es mir, den Angriff von jeder wichtigen Stelle abzuwehren, und einen Augenblick später hatte ich sein Handgelenk, mit dem er das Messer hielt, ergriffen. Das war das Ende – ich hatte es nur ein wenig verdreht – ich wollte es nicht zu sehr verdrehen – und etwas knackte in seinem Handgelenk.

Peter stieß einen furchtbaren Schrei aus, sein Messer fiel ihm aus den Fingern, und ich schubste ihn von mir weg und versetzte ihm noch einen kräftigen Tritt – einen Tritt, an den er sich wohl noch eine Weile erinnern würde. Dann nahm ich sein Messer und schleuderte es so weit wie möglich in Richtung des Flusses, worin es, glaube ich, landete, und machte mich auf den Weg nach Hause – pfeifend.

Als ich das Haus betrat, kam Mutter aus ihrem Zimmer, legte ihre Arme um meinen Hals und zog mich eng an sich.

»Lieber Junge«, murmelte sie, »ich bin so glücklich, weil du glücklich bist. Sie ist ein liebes Mädchen, und ich liebe sie genauso sehr wie du.«

»Was ist los?« fragte ich. »Wovon sprichst du?«

»Ich habe dich pfeifen gehört«, sagte sie, »und ich weiß, was das bedeutet – erwachsene Männer pfeifen nur einmal in ihrem Leben.«

Ich nahm sie in meine Arme.

»Oh liebe Mutter«, rief ich. »Ich wünschte, es wäre wahr, und vielleicht wird es eines Tages so sein – wenn ich nicht zu feige bin; aber jetzt noch nicht.«

»Warum pfeifst du dann?«, fragte sie überrascht und auch ein wenig skeptisch, glaube ich.

»Ich habe gepfiffen«, erklärte ich, »weil ich gerade einem Spion das Handgelenk gebrochen und ihm einen Tritt versetzt habe.«

»Peter?«, fragte sie zitternd.

»Ja, Mutter, Peter. Ich nannte ihn einen Spion und er versuchte, mich zu erstechen.«

»Oh, mein Sohn!«, rief sie. »Du hast es nicht gewusst. Es ist meine Schuld, ich hätte es dir sagen sollen. Jetzt wird er nicht mehr im Dunkeln kämpfen, sondern er wird es offen tun, und wenn er das tut, bin ich verloren.«

»Wie meinst du das?« fragte ich.

»Es macht mir nichts aus, zu sterben«, sagte sie, »aber sie werden deinen Vater zuerst holen, wegen mir.«

»Was meinst du damit? Ich verstehe nichts von dem, was du da sagst.«

»Dann hör zu«, sagte sie. »Peter will mich. Das ist der Grund, warum er deinen Vater ausspioniert. Wenn er ihm etwas nachweisen kann und dein Vater in die Minen gebracht oder getötet wird, wird Peter mich beanspruchen.«

»Woher weißt du das?« fragte ich.

»Peter selbst hat mir gesagt, dass er mich will. Er hat versucht, mich dazu zu bringen, deinen lieben Vater zu verlassen und mit ihm zu gehen, und als ich mich weigerte, prahlte er damit, dass er in der Gunst der Kalkar stehe und dass er mich am Ende bekommen würde. Er hat versucht, meine Ehre mit dem Leben deines Vaters zu erkaufen. Deshalb hatte ich immer so viel Angst und war so unglücklich; aber ich wusste, dass du und dein Vater lieber sterben würdet, als mich so etwas tun zu lassen, und deshalb konnte ich widerstehen."

»Hast du es Vater gesagt?« fragte ich.

»Ich habe mich nicht getraut. Er hätte Peter getötet, und das wäre unser Ende gewesen, denn Peter steht hoch in der Gunst der Obrigkeit.«

»Ich werde ihn umbringen!« sagte ich.

Sie versuchte, mich davon abzubringen, und schließlich musste ich ihr versprechen, dass ich warten würde, bis ich einen Grund hätte, den die Behörden anerkennen würden. Aber Gott weiß, dass ich Gründe genug hatte.

Nach dem Frühstück am nächsten Tag machten wir uns einzeln und in verschiedene Richtungen auf den Weg, wie es immer am ersten Sonntag im Monat üblich war. Ich ging zuerst zu Jim, um Juana zu holen, da sie den Weg nicht kannte, weil sie noch nie mit uns gegangen war. Ich fand sie bereit und wartend und allein, da Jim und Mollie wenige Minuten zuvor losgegangen waren, und scheinbar freute sie sich sehr, mich zu sehen.

Ich erzählte ihr nichts von Peter, denn es gibt genug Ärger in der Welt, ohne die Menschen mit etwas zu belasten, das sie nicht direkt betrifft. Ich führte sie eine Meile flussaufwärts, und die ganze Zeit beobachteten wir, ob wir verfolgt wurden. Dann fanden wir das Ruderboot, wo ich es versteckt hatte und überquerten den Fluss. Nachdem wir es wieder versteckt hatten, gingen wir noch eine halbe Meile weiter. Hier war ein Floß, das ich selbst gebaut hatte, und auf diesem fuhren wir wieder ans andere Ufer – wenn uns jemand gefolgt wäre, müsste er geschwommen sein, denn auf diesem Teil des Flusses gab es keine anderen Boote.

Ich nahm diesen Weg schon seit mehreren Jahren – eigentlich seit meinem fünfzehnten Lebensjahr - und niemand hatte mich jemals verdächtigt oder verfolgt, aber ich ließ nie in meiner Wachsamkeit nach, was vielleicht der Grund dafür war, dass ich nie festgenommen wurde. Niemand hat mich je gesehen, wie ich das Boot oder das Floß bestieg, und niemand hätte mein Ziel auch nur erahnen können, so verworren war der Weg.

Eine Meile westlich des Flusses befand sich ein dichter Wald mit sehr alten Bäumen, und in diese Richtung führte ich Juana. Am Waldrand setzten wir uns, angeblich, um uns auszuruhen, aber in Wirklichkeit, um zu sehen, ob jemand in der Nähe war, der uns gefolgt sein könnte oder der zufällig unseren nächsten Schritt beobachten könnte. Es war niemand in Sicht, und so standen wir leichten Herzens auf und betraten den Wald.

Eine Viertelmeile lang liefen wir auf einem gewundenen Pfad, dann bog ich im rechten Winkel nach links ab und wir kamen in dichtes Gestrüpp, wo es keinen Weg gab. Wir machten es immer so und benutzten auf der letzten Viertelmeile niemals die gleiche Route, damit wir keinen Pfad hinterließen.

Nun kamen wir zu einem Reisighaufen, unter dem eine Öffnung befand, durch die man, wenn man sich tief bückte, eintreten konnte. Sie war durch einen umgestürzten Baum, über den sich abgebrochene Äste gehäuft hatten, abgeschirmt. Selbst im Winter und im zeitigen Frühjahr war die Öffnung in dem Gestrüpp dahinter für Passanten unsichtbar, falls es Passanten gegeben hätte. Ein Mann, der verlorenes Vieh verfolgte, könnte hierher kommen; aber niemand anderes, denn es war ein einsamer und wenig besuchter Ort. Während des Sommers, der Jahreszeit, in der die größte Entdeckungsgefahr bestand, war der gesamte Gestrüpphaufen mit seinem verworrenen Dach vollständig unter einer Masse von wilden Reben verborgen, so dass selbst wir ihn nur schwer finden konnten.

Durch diese Öffnung führte ich Juana – ich nahm sie an der Hand wie eine blinde Person, obwohl es innen nicht so dunkel war, dass sie nicht jeden Schritt, den sie machte, perfekt sehen könnte. Ich nahm sie trotzdem bei der Hand, eine schlechte Ausrede war besser als keine. Der gewundene Tunnel unter dem Gestrüpp war vielleicht hundert Yards lang – ich wünschte damals, es wären hundert Meilen gewesen. Er endete abrupt vor einer groben Steinmauer, in der sich eine schwere Tür befand. Die Eichenholzpaneele waren mit zunehmendem Alter schwarz geworden und durch die massiven Scharniere, die an drei Stellen über ihre gesamte Breite verliefen, grün gestreift, während von den großen Zugschrauben, mit denen sie an der Tür befestigt waren, bräunliche Roststreifen herunterliefen, die sich mit dem Grün und dem Schwarz vermischten. Auf der Türe wuchsen Mooskissen, so dass sie insgesamt sehr antik wirkte und selbst die Ältesten unter denjenigen, die von ihr wussten, konnten ihr Alter nur ahnen. Über der Tür befand sich ein in Stein gemeißelter Hirtenstab und die Worte „Dieu et mon droit".

Als ich vor diesem massiven Portal anhielt, klopfte ich mit meinen Knöcheln einmal an die Tür, zählte bis fünf und klopfte noch einmal; dann zählte ich bis drei und so klopfte im gleichen Rhythmus dreimal. Es war das Zeichen für diesen Tag – es war nie zweimal dasselbe. Sollte einer mit dem falschen Zeichen kommen und dann die Tür aufbrechen, würde er dahinter nur einen leeren Raum vorfinden.

Nun öffnete sich die Tür einen Spalt und ein Auge spähte hervor, dann schwang sie auf, und wir betraten einen langen, niedrigen Raum, der von brennenden, in Öl schwimmenden Dochten erleuchtet war. Über die gesamte Breite des Raumes erstreckten sich raue Holzbänke und am anderen Ende eine erhöhte Plattform, auf der Orrin Colby, der Schmied, hinter einem Altar stand, der aus dem abgesägten Stamm eines Baumes bestand, dessen Wurzeln der Legende nach noch immer im Boden unter der Kirche verliefen, welche angeblich um den Baum herum gebaut worden sein soll.

VII. Verraten

Als wir eintraten, saßen zwölf Personen auf den Bänken, so dass wir zusammen mit Orrin Colby, und dem Mann an der Tür insgesamt sechzehn waren. Colby war das Oberhaupt unserer Kirche; sein Urgroßvater war ein methodistischer Pfarrer gewesen. Vater und Mutter waren da, sie saßen neben Jim und Mollie, und da waren Samuels der Jude, Betty Worth, die Frau von Dennis Corrigan und all die anderen bekannten Gesichter.

Sie hatten auf uns gewartet, und sobald wir Platz genommen hatten, begann der Gottesdienst mit einem Gebet, wobei alle mit gesenktem Kopf standen. Orrin Colby sprach immer dasselbe kurze Gebet bei der Eröffnung des Gottesdienstes an jedem ersten Sonntag im Monat. Es lautete ungefähr so:

»Gott unserer Väter, seit Generationen der Verfolgung und Grausamkeit in einer Welt des Hasses, die sich gegen Dich gewandt hat, stehen wir zu Deiner Rechten, Dir und unserer Flagge treu ergeben. Für uns steht Dein Name für Gerechtigkeit, Menschlichkeit, Liebe, Glück und Recht, und die Flagge ist Dein Emblem. Einmal im Monat riskieren wir unser Leben, damit Dein Name nicht von der Erde verschwindet. Amen!«

Er holte einen Hirtenstab hinter den Altar hervor, an dem eine Fahne wie die meines Vaters befestigt war, und hielt sie hoch, worauf wir alle einige Sekunden lang schweigend knieten. Dann stellte er ihn zurück, und wir erhoben uns. Danach sangen wir ein Lied – es war ein sehr altes Lied, das so begann: »Onward, Christian Soldiers". Es war mein Lieblingslied. Mollie Sheehan spielte die Geige, während wir sangen.

Nach dem Lied sprach Orrin Colby zu uns – er sprach immer über praktische Dinge, die unser Leben und unsere Zukunft betrafen. Es war eine schlichte Rede, aber sie war voller Hoffnung auf bessere Zeiten. Ich denke, dass wir in unserem ganzen Leben bei diesen monatlichen Treffen die einzigen Worte der Hoffnung hörten. Orrin Colby hatte etwas an sich, das Vertrauen und Hoffnung weckte. Diese Tage waren die Lichtblicke in unserem tristen Dasein.

Nach der Rede sangen wir noch einmal und dann sprach Samuels der Jude ein Gebet, und der Gottesdienst war zu Ende. Daraufhin hielten verschiedene Mitglieder unserer Kirche kurze Vorträge. Darin ging es hauptsächlich um das Thema, das die Gemüter aller beherrschte – eine Revolution – aber über Worte ging es nie hinaus. Wie könnten wir auch? Wir waren wahrscheinlich das am schlimmsten unterjochte Volk, das die Welt je gekannt hat – wir fürchteten unsere Herren und wir fürchteten unsere Nachbarn. Wir wussten nicht, wem wir außerhalb unseres kleinen Kreises vertrauen konnten, und so wagten wir es nicht, Rekruten für unsere Sache zu suchen, obwohl wir wussten, dass es Tausende geben musste, die mit uns sympathisieren würden. Spione und Spitzel waren überall – sie, die Kasch-Garde und der Schlachter, waren die Mittel, durch die sie uns kontrollierten; aber von allen fürchteten wir die Spione und Spitzel am meisten. Für eine Frau, für das Haus eines Nachbarn und in einem Fall, von dem ich weiß, für ein Dutzend Eier, haben Männer ihre Freunde verraten – und sie in die Minen oder zum Schlachter geschickt.

Im Anschluss an die Reden, die wir gerade gemeinsam gehört hatten, tratschten wir ein oder zwei Stunden lang und genossen dabei das seltene Vergnügen, frei und furchtlos unsere Meinung sagen zu können. Ich musste mehrmals meine Erlebnisse vor dem neuen Kriegsgericht von Or-tis schildern, und ich weiß, dass sie nur schwer glauben konnten, dass ich solche Dinge zu unseren Herren gesagt hatte und dann frei und lebend davongekommen war. Sie konnten es einfach nicht verstehen.

Alle wurden vor Peter Johansen gewarnt, und die Namen von anderen, die verdächtigt wurden, Spitzel zu sein, wurden herumgereicht, damit wir uns alle vor ihnen in Acht nehmen konnten. Wir haben danach nicht noch ein Mal gesungen, denn selbst an den Tagen, an denen unsere Herzen leicht waren, waren sie zu schwer zum Singen. Gegen zwei Uhr wurde das geheime Zeichen für das nächste Treffen bekannt gegeben, und dann brachen wir einzeln oder zu zweit auf. Ich meldete mich freiwillig, zuletzt zu gehen, und sorgte zusammen mit Juana dafür, dass die Tür verschlossen wurde. Eine Stunde später brachen wir auf, etwa fünf Minuten nach Samuels dem Juden.

Juanas Mutter hatte eine für die damalige Zeit ungewöhnlich umfassende religiöse Ausbildung durch mündliche Überlieferung bekommen und sie ihrerseits an Juana weitergegeben. Es schien, dass auch sie eine Kirche in ihrem Bezirk hatten, die aber von den Behörden entdeckt und zerstört worden war, obwohl keines der Mitglieder der Organisation festgenommen worden war. Danach wurden sie so genau beobachtet, dass sie es nie gewagt hatten, einen anderen Treffpunkt zu suchen.

Sie erzählte mir, dass ihre Gemeinde, was die Mitglieder anbelangt der unseren sehr ähnlich war, und dass es ihr aufgrund ihrer Kenntnisse über alte religiöse Bräuche immer seltsam erschienen war, so unterschiedliche Glaubensrichtungen unter einem Dach in größter Harmonie vereint zu sehen, harmonischer als bei vielen Glaubensgemeinschaften derselben Kirche in alten Zeiten. Unter uns waren Nachkommen von Methodisten, Presbyterianern, Baptisten, Katholiken und Juden, von denen ich wusste, und viele mehr die ich nicht kannte, und es kümmerte niemanden von uns.

Wir verehrten ein Ideal und eine große Hoffnung, die beide göttliche Konzepte waren, und wir nannten sie Gott. Es war uns egal, was unsere Urgroßväter darüber dachten oder was jemand tausend Jahre zuvor gedacht oder getan hatte oder welchen Namen sie dem Höchsten Wesen gegeben hatten, denn wir wussten, dass es nur einen geben konnte, und ob wir ihn so oder so nannten, würde ihn in keiner Weise verändern. Zumindest etwas Gutes hatten die Kalkar also in die Welt gebracht; aber es war zu spät gekommen. Diejenigen, die einen Gott anbeteten, wurden immer weniger. Unsere eigene Kongregation war von etwa zweiundzwanzig im vorigen Jahr auf fünfzehn zurückgegangen – bis wir mit Juana nun sechzehn waren.

Einige waren eines natürlichen Todes gestorben, und einige waren in die Minen oder zum Schlachter gegangen; aber der Hauptgrund für unsere Reduzierung war die Tatsache, dass es zu wenige Kinder gab, um den Platz der verstorbenen Erwachsenen einzunehmen – das und unsere Angst, neue Anhänger zu suchen. Wir würden aussterben, daran gab es keinen Zweifel, und mit uns würde die gesamte Religion sterben. Das war es, was die lunare Philosophie der Welt angetan hat; aber das war es, was sowieso jeder erwartet hatte. Intelligente Männer und Frauen begriffen es fast von dem Augenblick an, als diese lunare Philosophie ihren hässlichen Kopf an unserem Horizont erhob – ein politischer Glaube, der alle Frauen zum Gemeingut der Männer machte, könnte für keine Religion der Antike auch nur den geringsten Respekt oder etwas anderes als Furcht empfinden. Und die Kalkar taten genau das, was jeder von ihnen erwartete – sie zerschlugen gezielt und öffentlich alle Kirchen.

Juana und ich waren aus dem Wald aufgetaucht, als wir einen Mann bemerkten, der vorsichtig im Schatten der Bäume vor uns ging.

Er schien jemandem zu folgen, und sofort schoss mir der naheliegende Verdacht in den Sinn – ein Spion.

Als der Weg eine Kurve machte und er außer Sichtweite war, rannten Juana und ich so schnell wie möglich, um ihn besser sehen zu können, und wir wurden auch nicht enttäuscht. Wir sahen ihn und erkannten ihn, und wir sahen auch, wen er beschattete. Es war Peter Johansen, der einen Arm in einer Schlinge trug und hinter Samuels her schlich.

Ich wusste, wenn man zuließ, dass Peter Samuels bis zu seinem Haus folgte, würde er merken, auf welchen verschlungenen Wegen der alte Mann ging, und sofort würde er wissen, auch wenn er zuvor nichts Bestimmtes vermutet hatte, dass Moses etwas vorhatte, von dem er nicht wollte, dass die Behörden es erfuhren. Das würde bedeuten, dass der Verdacht auf den alten Samuels fallen würde und ein Verdacht endete in der Regel in einer Verurteilung aufgrund der einen oder anderen Anklage. Wie weit er ihm gefolgt war, konnten wir nicht erraten, aber wir wussten, dass er viel zu nahe an der Kirche war. Ich war sehr beunruhigt.

Als ich in meinem Kopf nach einem Plan suchte, Peter von seinem Vorhaben abzubringen, fiel mir schließlich etwas ein, das ich sofort in die Tat umsetzte. Ich kannte den Weg, den der alte Mann zur Kirche und von der Kirche zurück nach Hause nahm, und ich wusste, dass er bald einen großen Umweg machen würde, der ihn eine Viertelmeile weiter zurück zum Fluss bringen würde. Juana und ich konnten direkt zu der Stelle gehen und lange vor Samuels ankommen. Und das taten wir dann auch.

Etwa eine halbe Stunde, bevor wir die Stelle erreichten, an der er auf den Fluss treffen würde, hörten wir ihn kommen und zogen uns in die Büsche zurück. Da kam er, ohne zu merken, dass eine Kreatur ihn verfolgte, und einen Augenblick später sahen wir Peter in Sichtweite kommen und am Rande der Bäume stehen bleiben. Da traten Juana und ich hinaus und begrüßten Samuels.

»Hast du irgendwas von ihnen gesehen?« Ich fragte in einem Tonfall, der laut genug war, um von Peter deutlich gehört zu werden, und bevor Samuels antworten konnte, fügte ich hinzu: »Wir haben weit flussaufwärts gesucht und kein Zeichen einer Ziege gesehen – ich glaube nicht, dass sie bis hierher gekommen sind; aber wenn doch, werden die Höllenhunde sie nach Einbruch der Dunkelheit erwischen. Komm, wir können genauso gut nach Hause gehen und die Suche aufgeben.«

Ich hatte so viel und so schnell geredet, dass Samuels ahnet, dass ich einen Grund dafür haben musste, und so schwieg er, außer zu sagen, dass er keine Ziegen gesehen hatte. Nicht ein einziges Mal verrieten Juana oder ich durch unsere Blicke, dass wir von Peters Anwesenheit wussten, obwohl ich doch bemerkt hatte, wie er in dem Moment, als er uns sah, hinter einem Baum verschwand.

Wir drei gingen dann auf kürzestem Wege nach Hause, und auf dem Weg flüsterte ich Samuels zu, was wir gesehen hatten. Der alte Mann kicherte, denn er dachte wie ich, dass meine List Johansen wohl tatsächlich getäuscht hatte – es sei denn, er war Moses weiter gefolgt, als wir ahnten. Wir wurden alle ein wenig blass, als die Folgen einer solchen Möglichkeit uns bewusst wurden. Wir wollten Peter nicht merken lassen, dass wir auch nur vermuteten, dass wir verfolgt wurden, und so schauten wir uns nicht ein einziges Mal um, nicht einmal Juana, was für eine Frau bemerkenswert war, und wir sahen ihn auch nicht mehr, obwohl wir das Gefühl hatten, dass er uns weiter folgte. Ich für meinen Teil war mir jedoch sicher, dass er uns in sichererer Entfernung folgte, seit wir uns Samuels angeschlossen hatten.

In der darauffolgenden Woche wurde mit den uns vertrauten Mitteln sehr vorsichtig verbreitet, dass Johansen Samuels aus der Kirche gefolgt war; da die Behörden Moses aber nicht mehr Aufmerksamkeit schenkten als zuvor, kamen wir schließlich zu dem Schluss, dass wir Peter getäuscht hatten.

Am Sonntag nach der Kirche saßen wir alle in Jims Hof unter einem seiner Bäume, an dem bereits junge Blätter sprießten und Schatten spendeten. Wir hatten über häusliche Dinge gesprochen – die kommenden Ernten, die neugeborenen Kinder, Mollies kleine Schweinchen. Die Welt schien ungewöhnlich freundlich zu sein. Die Behörden hatten uns in letzter Zeit nicht verfolgt. Eine Atempause von zwei Wochen erschien uns wie der Himmel. Wir waren uns zu diesem Zeitpunkt ziemlich sicher, dass Peter Johansen nichts entdeckt hatte und unsere Herzen waren so leicht wie schon lange nicht mehr.

Wir saßen also ruhig und zufrieden da, genossen die kurze Ruhepause von unserem Alltagstrott, als wir Pferdehufe auf der harten Erde des Weges hörten, der den Fluss hinunter in Richtung Marktplatz führt. Plötzlich änderte sich die ganze Atmosphäre – entspannte Nerven waren plötzlich angespannt; in friedlichen Augen zeigte sich wieder ein gejagter Ausdruck. Warum? Die Kash-Garde ritt.

Und so kamen sie – fünfzig von ihnen – und an ihrer Spitze ritt Bruder General Or-tis. Am Eingang von Jims Haus zügelten sie die Pferde und Or-tis stieg ab und betrat den Hof. Er schaute uns an, wie ein Mann Aas betrachten würde; und er begrüßte uns nicht, was uns recht war. Er ging direkt zu Juana, die auf einer kleinen Bank saß, neben der ich an einen Baumstamm gelehnt stand. Keiner von uns bewegte sich. Er blieb vor dem Mädchen stehen.

»Ich bin gekommen, um dir zu sagen«, sagte er zu ihr, »dass ich dir die Ehre erwiesen habe, dich zu meiner Frau zu wählen, um meine Kinder zu gebären und mein Haus in Ordnung zu halten.«

Dann stand er da und schaute sie an, und ich spürte, wie sich die Haare auf meinem Kopf sträubten und meine Mundwinkel zuckten – ich weiß nicht, warum. Ich weiß nur, dass ich ihm an die Kehle springen und ihn töten wollte, sein Fleisch mit meinen Zähnen zerreißen wollte – um ihn sterben zu sehen! Da sah er mich an, trat zurück und bedeutete einigen seiner Männer, näherzukommen. Als sie gekommen waren, wandte er sich erneut an Juana, die sich erhoben hatte und schwankend dastand, wie jemand, der einen schweren Schlag auf den Kopf erhalten hat und halb betäubt war.

»Du kannst jetzt mit mir kommen«, sagte er zu ihr, und da trat ich zwischen sie und stellte mich ihm gegenüber, und wieder trat er einen Schritt zurück.

»Sie wird nicht mit dir kommen, weder jetzt noch jemals«, sagte ich, und meine Stimme war sehr leise – nicht mehr als ein Flüstern. »Sie ist meine Frau – ich habe sie genommen!«

Es war eine Lüge – dieser letzte Teil, aber was ist eine Lüge für einen Mann, der in derselben Sache einen Mord begehen würde? Er stand jetzt zwischen seinen Männern – sie standen nahe bei ihm und ich nehme an, sie gaben ihm Mut, denn er sprach jetzt drohend zu mir.

»Es ist mir egal, wem sie gehört«, rief er, »ich will sie, und ich werde sie haben. Ich beanspruche sie jetzt, und ich beanspruche sie, wenn sie Witwe ist. Wenn du tot bist, habe ich die erste Wahl bei ihr, und Verräter leben nicht lange.«

»Ich bin noch nicht tot«, erinnerte ich ihn.

Er wandte sich an Juana: »Du hast dreißig Tage Zeit, wie es das Gesetz vorschreibt; aber du kannst deinen Freunden Ärger ersparen, wenn du jetzt kommst – sie werden dann nicht belästigt, und ich werde dafür sorgen, dass ihre Steuern gesenkt werden.«

Juana keuchte ein wenig und schaute uns an, dann straffte sie ihre Schultern und trat näher zu mir.

»Nein!«, sagte sie zu Or-tis. »Ich werde niemals gehen. Das ist mein Mann – er hat mich genommen. Frag ihn, ob er mich an dich ausliefert. Du wirst mich niemals bekommen ... lebend.«

»Sei dir dessen nicht zu sicher«, knurrte er. »Ich glaube, dass ihr beide mich anlügt, denn ich habe euch beobachten lassen und weiß, dass ihr nicht unter demselben Dach lebt. Und du!«, er blickte mich an. »Sei vorsichtig, denn die Augen des Gesetzes finden Verräter, wo andere sie nicht sehen.« Dann drehte er sich um und verließ den Hof. Eine Minute später waren sie in einer Staubwolke verschwunden. Nun waren unser Glück und unser Frieden verschwunden – so war es immer – und es gab keine Hoffnung mehr. Ich wagte es nicht, Juana nach dem, was ich gesagt hatte, anzuschauen; aber hatte sie nicht dasselbe gesagt? Wir unterhielten uns ein paar Minuten lang lustlos, dann standen Vater und Mutter auf, um zu gehen, und einen Augenblick später gingen Jim und Mollie ins Haus.

Ich wandte mich Juana zu. Sie stand da, die Augen auf den Boden gerichtet und mit einer hübschen Röte auf den Wangen. Ein Gefühl stieg in mir auf – eine mächtige Kraft, die ich nicht kannte, ergriff Besitz von mir, und bevor ich merkte, was ich tat, hatte ich Juana in die Arme genommen und bedeckte ihr Gesicht und ihre Lippen mit Küssen.

Sie kämpfte, um sich zu befreien, aber ich wollte sie nicht loslassen.

»Du bist mein!« rief ich. »Du bist meine Frau. Ich habe es gesagt – du hast es gesagt. Du bist meine Frau. Gott, wie sehr ich dich liebe!«

Da hielt sie still und ließ sich von mir küssen, und gleich darauf schlang sie ihre Arme um meinen Hals, und ihre Lippen suchten die meinen in dem kurzen Moment, in dem ich meine von ihren gelöst hatte, und sie liebkoste meinen Lippen sanft, aber leidenschaftlich. Dies war eine neue Juana – eine neue und sehr wunderbare Juana.

»Liebst du mich wirklich?«, fragte sie schließlich. »Ich habe es dich sagen hören!«

»Ich habe dich von dem Moment an geliebt, als ich sah, wie du unter dem Höllenhund heraus zu mir aufgeschaut hast«, antwortete ich.

»Dann hast du es aber sehr geheim gehalten«, neckte sie mich. »Wenn du mich so geliebt hast, warum hast du es mir dann nicht gesagt? Wolltest du mir das mein ganzes Leben lang vorenthalten oder hattest du Angst? Bruder Or-tis scheute sich nicht zu sagen, dass er mich will. Ist mein Mann weniger mutig als er?«

Ich wusste, dass sie mich nur neckte, und so verschloss ich ihren Mund mit Küssen und dann sagt ich: »Wärst du ein Höllenhund gewesen, oder Soor, oder sogar Or-tis, hätte ich dir sagen können, was ich über dich denke, aber da du Juana und ein kleines Mädchen bist, wollten die Worte nicht kommen. Ich bin ein großer Feigling.«

Wir unterhielten uns, bis es Zeit war, nach Hause zum Abendessen zu gehen, und ich nahm ihre Hand, um sie zu meinem Haus zu führen. »Aber zuerst«, sagte ich, »musst du Mollie und Jim erzählen, was passiert ist und dass du nicht zurückkommen wirst. Für eine Weile können wir unter dem Dach meines Vaters leben, aber sobald wie möglich werde ich vom Teivos die Erlaubnis erbitten, das angrenzende Land zu nutzen und zu bearbeiten, und dann werde ich ein Haus bauen.«

Sie zog sich zurück und errötete.

»Ich kann noch nicht mit dir gehen«, sagte sie.

»Wie meinst du das?« fragte ich. »Du bist mein!«

»Wir sind nicht verheiratet«, flüsterte sie.

»Aber niemand ist verheiratet«, erinnerte ich sie. »Die Ehe ist gegen das Gesetz.«

»Meine Mutter war verheiratet«, sagte sie zu mir. »Du und ich können heiraten. Wir haben eine Kirche und einen Prediger. Warum kann er uns nicht trauen? Er ist nicht ordiniert, weil es niemanden gibt, der ihn ordinieren könnte; aber da er das Oberhaupt der einzigen Kirche ist, die er kennt oder von der wir wissen, ist es offensichtlich, dass er nur von Gott ordiniert werden kann und wer weiß, ob Er das nicht schon getan hat.«

Ich versuchte, ihr das auszureden, denn jetzt, da der Himmel so nahe war, hatte ich keine Lust, drei Wochen zu warten, um ihn zu erreichen. Aber sie wollte nicht diskutieren – sie schüttelte nur den Kopf und ich sah schließlich ein, dass sie Recht hatte, und gab nach – wie ich es in jedem Fall getan hätte. Am nächsten Tag suchte ich Orrin Colby auf und sprach mit ihm über das Thema. Er war ganz begeistert davon und wunderte sich, dass noch niemand daran gedacht hatte. Natürlich hatte das niemand, weil die Ehe schon so viele Jahre überholt war, dass niemand die Zeremonie für notwendig erachtete, und sie war es tatsächlich auch nicht. Männer und Frauen waren einander ein ganzes Leben lang treu – keine Zeremonie und kein Ritual könnte sie dazu bringen, einander treuer zu sein. Aber wenn eine Frau es will, soll sie es haben. Und so wurde vereinbart, dass Juana und ich beim nächsten Treffen heiraten würden.

Die nächsten drei Wochen waren so ziemlich die längsten meines Lebens, und doch waren es sehr, sehr glückliche Wochen, denn Juana und ich waren viel zusammen, da endlich beschlossen worden war, dass sie unter unserem Dach leben sollte, um unsere Aussagen gegenüber Or-tis zu bestätigen. Sie schlief im Wohnzimmer und ich auf einem Haufen Ziegenfelle in der Küche. Wenn es Spione gab, die uns beobachteten, und ich weiß, dass es Spione gab, dann sahen sie, dass wir jede Nacht unter dem gleichen Dach schliefen.

Mutter arbeitete hart an einer neuen Tunika und einer neuen Hose für mich, während Mollie Juana bei ihrem Kleid half. Das arme Kind war nur mit den Kleidern zu uns gekommen, die sie auf dem Leib getragen hatte; doch die meisten von uns hatten nur wenige Kleider zum Wechseln – gerade genug, um uns anständig sauber zu halten.

Ich ging zu Pthav, einem unserer Vertreter im Teivos, und bat ihn, mir die Erlaubnis zu besorgen, das freie Land neben dem meines Vaters zu bewirtschaften. Das Land gehörte der Gemeinschaft, aber jeder Mann durfte bearbeiten, was er konnte, solange es genug davon gab, und es gab mehr als genug für uns alle.

Pthav zeigt sich sehr unfreundlich – er schien vergessen zu haben, dass ich seinem Kind das Leben gerettet hatte – und sagte, dass er nicht wisse, was er für mich tun könne, dass ich mich General Or-tis gegenüber sehr schlecht verhalten hatte und in Ungnade gefallen sei, abgesehen davon, dass ich auch in einer anderen Angelegenheit unter Verdacht stehe.

»Was hat General Or-tis mit der Landverteilung durch das Teivos zu tun?« fragte ich. »Weil er meine Frau will, wird mir das Teivos meine Rechte verweigern?«

Ich hatte vor keinem von ihnen mehr Angst, und ich sprach meine Meinung so frei aus, wie ich wollte – fast. Natürlich wollte ich ihnen keine Chance geben, mich vor Gericht zu stellen, wie sie es ganz sicher getan hätten, wenn ich ihnen wirklich alles gesagt hätte, was mir am Herzen lag, aber ich trat für meine Rechte ein und verlangte alles, was ihre faulen Gesetze mir erlaubten.

Die Frau von Pthav kam herein, während ich sprach, und erkannte mich, aber sie sagte nichts zu mir, außer, dass das Kind nach mir gefragt hatte. Pthav warf ihr einen finsteren Blick zu und befahl ihr, den Raum zu verlassen, so wie ein Mann ein Tier herumkommandieren würde. Aber das war mir egal, denn die Frau war ohnehin eine Abtrünnige.

Schließlich verlangte ich von Pthav, dass er die Konzession für mich einholen sollte, es sei denn, er könne mir einen triftigen Grund für die Ablehnung nennen.

»Ich werde sie beantragen«, sagte er schließlich, »aber du wirst sie nicht bekommen – da kannst du dir sicher sein.«

Ich sah, dass es nutzlos war, und so drehte ich mich um, verließ den Raum und fragte mich, was ich tun sollte. Natürlich könnten wir unter dem Dach meines Vaters bleiben, aber das schien mir nicht richtig zu sein, da jeder Mann ein Heim für sich selbst schaffen sollte. Nach dem Tod von Vater und Mutter würden wir in das alte Haus zurückkehren, wie es Vater nach dem Tod meines Großvaters getan hatte, aber ein junges Paar sollte sein gemeinsames Leben allein und auf seine eigene Art beginnen.

Als ich das Haus verließ, hielt mich die Frau von Pthav an. »Ich werde für dich tun, was ich kann«, flüsterte sie. Sie muss bemerkt haben, dass ich instinktiv zurückwich, wie vor etwas Schmutzigem, denn sie errötete, und sagte dann: »Bitte nicht! Ich habe genug gelitten. Ich habe den Preis für meinen Verrat bezahlt; aber wisse, Yankee«, und sie legte ihre Lippen an mein Ohr, »dass ich im Herzen jetzt mehr Yankee bin als zu der Zeit, als ich tat, was ich tat. Und«, fuhr sie fort, »ich habe nie ein Wort gesagt, das einem von euch schaden könnte. Sag ihnen das – bitte sag es ihnen! Ich will nicht, dass sie mich so hassen, und, Gott unserer Väter! Wie ich gelitten habe – die Erniedrigung, die Demütigung. Es war schlimmer als das, was man euch zugemutet hat. Diese Kreaturen sind niedriger als die Tiere des Waldes. Ich könnte ihn umbringen, wenn ich nicht so ein Feigling wäre. Ich habe gesehen, und ich weiß, wie sie jemanden vor dem Tod leiden lassen können.«

Ich konnte nicht umhin, Mitleid mit ihr zu haben, und das sagte ich ihr auch. Die arme Kreatur schien sehr dankbar und versicherte mir, dass sie mir helfen würde.

»Ich weiß ein paar Dinge über Pthav, von denen er nicht möchte, dass Or-tis sie erfährt«, sagte sie, »und auch wenn er mich dafür schlägt, werde ich dafür sorgen, dass er das Land für dich bekommt.«

Wieder dankte ich ihr und ging fort. Ich begriff, dass es andere gab, denen es schlechter ging als uns – dass das Leben umso schrecklicher wurde, je näher man den Kalkar kam.

Endlich kam der Tag, und wir machten uns auf den Weg zur Kirche. Wie zuvor ging ich mit Juana, obwohl sie versuchte, es anders zu orgaisieren; aber ich würde sie nicht dem Schutz eines anderen anvertrauen. Wir kamen ohne Probleme an – sechzehn von uns – und nachdem der Gottesdienst vorbei war, standen Juana und ich vor dem Altar und wurden getraut – ganz nach der Art der Alten, wie ich mir vorstellte.

Juana war die einzige von uns, die sich der Zeremonie überhaupt sicher war, und sie war es gewesen, die Orrin Colby angelernt hatte – er musste sich so viel merken, dass er eine Woche lang Kopfschmerzen hatte. Alles, woran ich mich erinnern kann, ist, dass er mich fragte, ob ich sie zu meiner rechtmäßig angetrauten Ehefrau nehmen würde – mir versagte die Stimme und ich brachte nur ein quietschiges schwaches „Ja" heraus – und dann erklärte er uns zu Mann und Frau und sagte etwas darüber, dass niemand das trennen dürfe, was Gott zusammengefügt hat. Ich fühlte mich sehr verheiratet und sehr glücklich, und dann, gerade als alles vorbei war und alle uns die Hand geschüttelt hatten, kam ein lautes Klopfen von der Tür und das Kommando: »Öffnet, im Namen des Gesetzes!«

Wir sahen einander an und schnappten nach Luft. Orrin Colby legte einen Finger auf die Lippen, damit wir schwiegen, und führte uns den Weg zur Rückseite der Kirche, wo eine grobe Nische mit einigen Regalen gebaut worden war, auf denen einige einfache Kerzenständer standen. Wir kannten unsere Aufgabe und folgten ihm schweigend, bis auf einen, der schnell die Lichter löschte. Das Klopfen an der Tür wurde immer hartnäckiger, und dann hörten wir die Schläge einer Axt, die auf die Paneele schlug. Schließlich wurde ein Schuss durch das schwere Holz abgefeuert, und wir wussten, dass es die Kash-Garde war.

Orrin griff das unterste Regal und zog es mit aller Kraft nach oben, so dass sich die gesamte Holzkonstruktion nach oben schob und eine Öffnung freigab. Wir gingen einer nach dem anderen eine Steintreppe nach unten in einen dunklen Tunnel. Als der letzte Mann vorbei war, ließ ich das Regal an seinen früheren Platz hinunter.

Dann drehte ich mich um und folgte den anderen, Juanas Hand in meiner. Wir tasteten uns in der Dunkelheit des Tunnels ein Stück weit vor, bis Orrin anhielt und mir zuflüsterte, ich solle zu ihm kommen. Ich ging zu ihm, stellte mich neben ihn und er sagte mir, was ich tun sollte. Er hatte sich an mich gewandt, weil ich der größte und stärkste der Männer war. Über uns war eine hölzerne Falltüre. Ich sollte sie öffnen.

Sie war seit Generationen nicht bewegt worden und sehr schwer durch die Erde und Pflanzen darauf; aber ich legte meine Schultern an die Türe, und sie würde nachgeben müssen – entweder sie oder der Boden unter meinen Füßen, und das konnte nicht geschehen. Endlich hatte ich sie geöffnet, und in wenigen Minuten hatte ich allen hinauf in einen dichten Wald geholfen. Auch hier wussten wir, was zu tun wart, denn viele Male waren wir für einen solchen Notfall vorbereitet worden, und einer nach dem anderen verstreuten die Leute sich in verschiedene Richtungen.

Wir erreichten unsere Häuser aus verschiedenen Richtungen und zu verschiedenen Zeiten, einige kamen erst nach Sonnenuntergang an, so dass, falls wir beobachtet würden, niemand sicher sein konnte, dass wir uns am selben Ort waren oder das gleiche getan hatten.

VIII. Die Verhaftung von Julian VIII.

Mutter hatte das Abendessen fertig, als Juana und ich ankamen. Vater sagte, sie hätten nichts von der Kash-Garde gesehen, und wir auch nicht; aber wir konnten uns vorstellen, was in der Kirche geschehen war. Die Tür musste schließlich ihren Schlägen nachgegeben haben. Wir konnten uns ihre Wut vorstellen, als sie feststellten, dass ihre Beute geflohen war und keine Spuren hinterlassen hatte. Selbst wenn sie den versteckten Tunnel gefunden hatten, was wir bezweifelten, würde ihnen die Entdeckung nur wenig nützen. Aber wir waren sehr traurig, denn wir hatten unsere Kirche verloren. In dieser Generation konnte sie nie wieder benutzt werden. Wir fügten dem wachsenden Punktestand gegen Johansen einen weiteren hinzu.

Am nächsten Morgen, als ich mit Milch bei den Bewohnern in der Nähe des Marktplatzes hausieren ging, kam der alte Samuels aus seinem kleinen Häuschen und begrüßte mich.

»Ein bisschen Milch heute Morgen, Julian«, rief er, und als ich mein Gefäß hinübertrug, bat er mich hinein. Seine Wohnung war sehr klein und sehr einfach eingerichtet, wie es bei all jenen der Fall war, die wenig Wert auf Möbel jeglicher Art legten, einige hatten nur einen Haufen Lumpen oder Felle in einer Ecke als Bett und vielleicht ein oder zwei Bänke, die als Sitz und Tisch dienten. Auf dem Hof hinter seiner Hütte gerbte er seine Felle, und es gab auch einen kleinen Schuppen, den er sein Geschäft nannte, in dem er verschiedene Artikel aus den gegerbten Häuten herstellte – Gürtel, Stirnbänder, Beutel und dergleichen.

Er führte mich durch die Hütte und hinaus zu seinem Schuppen, und als wir dort waren, schaute er durch die Fenster, um zu sehen, ob jemand in der Nähe war.

»Ich habe hier etwas«, sagte er, »das ich Juana gestern als Hochzeitsgeschenk bringen wollte; aber ich bin ein alter Mann und vergesslich, und so habe ich es vergessen. Du kannst es ihr aber mit den besten

Wünschen vom alten Samuels, dem Juden, bringen. Es ist seit dem Ersten Weltkrieg, in dem mein Volk an der Seite deines Volkes kämpfte, im Besitz meiner Familie. Einer meiner Vorfahren wurde auf einem Schlachtfeld in Frankreich verwundet und später von einer römisch-katholischen Krankenschwester wieder gesund gepflegt, die ihm diese Figur gab, damit er sie nicht vergessen sollte. Es wird erzählt, dass sie ihn liebte, aber als Nonne konnte sie nicht heiraten. Die Figur wurde vom Vater an den Sohn weitergegeben – es ist mein wertvollster Besitz, Julian; aber da ich ein alter Mann bin und der Letzte meiner Linie, wünsche ich, dass es an diejenigen geht, die ich am meisten liebe, denn ich bezweifle, dass ich noch lange zu leben habe. Auch gestern wurde ich wieder von der Kirche aus verfolgt.«

Er wandte sich einem kleinen Schränkchen an der Wand zu und entfernte einen doppelten Boden aus einer Schublade, aus der er eine kleine Ledertasche nahm, die er mir reichte.

»Schau es dir an«, sagte er, »und dann steck es dir in dein Hemd, so dass niemand sieht, dass du es hast.«

Als ich den Beutel öffnete, brachte ich eine winzige Figur zum Vorschein, die scheinbar aus einem sehr harten Knochen geschnitzt war – die Gestalt eines Mannes, der an ein Kreuz genagelt war – ein Mann mit einem Kranz aus Dornen um seinen Kopf. Es war ein sehr wunderbares Werk – ich hatte so etwas noch nie in meinem Leben gesehen.

»Es ist sehr schön«, sagte ich. »Juana wird wirklich dankbar sein.«

»Weißt du, was das ist?«, fragte er, und ich musste zugeben, dass ich es nicht wusste.

»Es ist die Gestalt von Gottes Sohn am Kreuz«, erklärte er, »und sie ist aus dem Stoßzahn eines Elefanten geschnitzt. Juana wird ...« Aber er kam nicht weiter. »Schnell!«, flüsterte er, »versteckt es. Jemand kommt!«

Ich steckte die kleine Figur in mein Hemd, gerade als mehrere Männer von Samuels Hütte zu seinem Laden kamen. Sie kamen direkt an die Tür, und dann sahen wir, dass sie Kash-Garden waren. Ein Captain befehligte sie. Er war einer der Offiziere, die mit Or-tis gekommen waren, und ich kannte ihn nicht.

Er schaute zuerst mich und dann Samuels an und wandte sich schließlich an letzteren.

»Nach der Beschreibung«, sagte er, »bist du der Mann, den ich suche – bist du Samuels, der Jude?«

Moses nickte zustimmend.

»Ich bin geschickt worden, um dich zu befragen«, sagte der Offizier, »und wenn du weißt, was gut für dich ist, wirst du mir nichts als die Wahrheit sagen.«

Moses antwortete nicht – er stand einfach nur da, ein kleiner, vertrockneter alter Mann, der in den kurzen Augenblicken, seit der Offizier eingetreten war, noch geschrumpft zu sein schien. Dann drehte sich der Offizier zu mir um und betrachtete mich von Kopf bis Fuß.

»Wer bist du und was tust du hier?«, fragte er.

»Ich bin Julian IX.«, antwortete ich. »Ich war gerade mit Milch hausieren, als ich anhielt, um mit meinem Freund zu sprechen.

»Du solltest vorsichtig sein mit deinen Freunden, junger Mann«, schnauzte er. »Ich hatte beabsichtigt, dich deinen Geschäften nachgehen zu lassen; aber jetzt, wo du sagst, dass du ein Freund von ihm bist, behalten wir dich einfach auch. Möglicherweise kannst du uns helfen.«

Ich wusste nicht, was er wollte; aber ich wusste, dass, was immer es war, er von Julian IX. nur sehr wenig Hilfe bekommen würde. Er wandte sich an Moses.

»Lüg mich nicht an! Du bist gestern zu einem verbotenen Treffen gegangen, um irgendeinen Gott anzubeten und dich gegen das Teivos zu verschwören. Vor vier Wochen bist du zu dem gleichen Ort gegangen. Wer war gestern noch dort?«

Samuels sah dem Captain direkt in die Augen und schwieg.

»Antworte mir, du dreckiger Jude«, schrie der Offizier, »oder ich werde einen Weg finden, dich zu zwingen. Wer war bei dir?«

»Ich werde nicht antworten«, sagte Samuels.

Der Hauptmann drehte sich zu einem Sergeant um, der hinter ihm stand. »Gib ihm den ersten Grund, warum er antworten sollte«, wies er an.

Der Sergeant, der ein an seinem Gewehr befestigtes Bajonett trug, senkte die Spitze, bis sie Samuels Bein berührte, und dann stieß er sie mit einem plötzlichen Hieb ins Fleisch. Der alte Mann schrie vor Schmerzen auf und wankte zurück gegen seine kleine Bank. Ich sprang nach vorne, weiß vor Wut, und packte den Sergeant am Kragen seiner Tunika und schleuderte ihn durch den Laden. Es war alles in weniger als einer Sekunde erledigt, und dann sah ich mich so vielen geladenen Gewehren gegenüber, wie in die kleine Türöffnung passten. Der Captain hatte seine Pistole gezogen und sie auf meinen Kopf gerichtet.

Sie fesselten mich und setzten mich in eine Ecke des Ladens, und das taten sie nicht gerade sanftmütig. Der Captain war wütend und hätte mich auf der Stelle erschossen, wenn ihm der Sergeant nicht etwas zugeflüstert hätte. Also befahl er diesem, uns beide nach Waffen zu durchsuchen, und als er das tat, entdeckte er die kleine Figur bei mir. Bei ihrem Anblick kräuselte ein triumphierendes Lächeln die Lippe des Offiziers.

»So, so!« rief er aus. »Hier ist Beweis genug. Jetzt kennen wir zumindest einen, der verbotene Götter anbetet und gegen die Gesetze seines Landes intrigiert!«

»Es gehört ihm nicht«, sagte Samuels. »Es gehört mir. Er weiß nicht einmal, was es ist. Ich zeigte es ihm, als wir euch kommen hörten, und ich sagte ihm, er solle es in seinem Hemd verstecken. Es ist nur ein seltsames Relikt, das ich ihm gezeigt habe.

»Dann bist du also doch der Anbeter«, sagte der Captain.

Der alte Samuels lächelte ein schiefes Lächeln. »Wer hat je von einem Juden gehört, der Christus anbetet«, fragte er.

Der Offizier schaute ihn scharf an. »Das ist richtig«, gab er zu, »ihr würdet Christus nicht anbeten; aber ihr habt etwas angebetet – es ist alles dasselbe – sie sind alle gleich. Dies ist für sie alle ...«, und er schleuderte die Figur auf den Boden und stampfte die Bruchstücke mit der Ferse in den Schmutz.

Der alte Samuels wurde sehr weiß, und seine Augen groß und rund; aber er biss sich auf die Zunge. Dann fingen sie wieder an und forderten ihn auf, diejenigen zu nennen, die am Tag zuvor mit ihm zusammen waren, und jedes Mal, wenn sie ihn fragten, stießen sie ihn mit einem Bajonett, bis sein armer alter Körper aus einem Dutzend furchtbarer Wunden blutete. Aber er wollte ihnen keinen einzigen Namen geben, und da befahl der Offizier, ein Feuer zu machen und ein Bajonett zu erhitzen.

»Manchmal ist heißer Stahl besser als kalter«, sagte er. »Du solltest mir besser die Wahrheit sagen.«

»Ich werde dir nichts sagen«, stöhnte Samuels mit schwacher Stimme. »Du kannst mich töten, aber du wirst nichts von mir erfahren.«

»Aber du hast noch nie glühenden Stahl gespürt«, verspottete ihn der Captain. »Er hat die Geheimnisse aus stärkeren Herzen herausgerissen als das in dem dreckigen Körper eines schmutzigen alten Juden. Also komm, erspar dir die Qual und sag mir, wer dort war, denn am Ende wirst du es doch sagen.«

Aber der alte Mann verriet nichts, und dann taten sie das Schreckliche, das sie angedroht hatten – mit glühendem Stahl verbrannten sie ihn, nachdem sie ihn an seine Bank gefesselt hatten.

Seine Schreie und sein Stöhnen waren erbärmlich – ich glaube, dass sie Steine erweicht hätten; aber die Herzen dieser Bestien waren härter als Stein.

Er hat gelitten! Gott unserer Väter, wie er gelitten hat; aber sie konnten ihn nicht zwingen, zu reden. Schließlich verlor er das Bewusstsein, und daraufhin durchquerte der Rohling in der Uniform des Captains den Raum, wütend darüber, dass er versagt hatte, und schlug dem armen, bewusstlosen alten Mann ins Gesicht.

Danach war ich an der Reihe. Er kam zu mir.

»Sag mir, was du weißt, du Schwein von einem Yankee!«, rief er.

»Wie er starb, so kann ich auch sterben«, sagte ich, denn ich dachte, Samuels sei tot.

»Du wirst sprechen«, schrie er, fast wahnsinnig vor Wut. »Du wirst sprechen, oder man wird dir die Augen aus den Höhlen brennen.«

Er rief den Unhold mit dem Bajonett – nun schien es weiß, so entsetzlich glühte es.

Als der Bursche auf mich zukam, versetzte das Grauen über das, was sie mir antun würden, mein Gehirn in eine Angst, die fast so schmerzhaft war wie die, die das heiße Eisen dem Fleisch zufügen konnte. Ich hatte gekämpft, um mich von meinen Fesseln zu befreien, während sie Samuels folterten, damit ich ihm zu Hilfe kommen könnte; aber ich hatte versagt. Doch jetzt erhob ich mich, ohne zu merken, dass ich mich anstrengte, und die Fesseln rissen. Ich sah sie staunend zurücktreten, als ich ihnen gegenüberstand.

»Geht«, sagte ich zu ihnen. »Geht, bevor ich euch alle töte. Selbst das Teivos, so verdorben es auch ist, wird diese widerrechtliche Aneignung seiner Autorität nicht hinnehmen. Ihr habt kein Recht, Strafen zu verhängen. Ihr seid zu weit gegangen.«

Der Sergeant flüsterte seinem Vorgesetzten etwas zu, der schließlich widerwillig dem Vorschlag zuzustimmen schien und sich dann umdrehte und den kleinen Laden verließ.

»Wir haben keine Beweise gegen dich«, sagte der Sergeant zu mir. »Wir hatten nicht die Absicht, dir etwas anzutun. Alles, was wir wollten, war, die Wahrheit aus dir heraus zu pressen; aber was das betrifft«, und zeigte mit dem Daumen zu Samuels, »wir haben Beweise gegen ihn, und was wir getan haben, haben wir auf Befehl getan. Zügle deine Zunge, sonst wird es dir schlecht ergehen, und danke dem Stern, unter dem du geboren wurdest, dass es dir nicht schlimmer ergangen ist als ihm.«

Dann ging auch er und nahm die Soldaten mit. Ich sah, wie sie durch die Hintertür von Samuels Häuschen gingen und einen Augenblick später hörte ich die Hufe ihrer Pferde auf dem Marktplatz. Ich konnte kaum glauben, dass ich entkommen war. Damals ich kannte den Grund dafür nicht; aber später sollte ich erfahren, dass es doch kein Wunder war.

Ich ging direkt zum armen alten Samuels. Er atmete noch, war aber bewusstlos – gnädigerweise. Der vertrocknete alte Körper war scheußlich verbrannt und verstümmelt und ein Auge – aber warum ihre grauenhafte Welt beschreiben? Ich trug ihn in seine Hütte und legte ihn auf sein Bett, dann fand ich etwas Mehl und bedeckte damit seine Verbrennungen – das war alles, was ich für ihn tun konnte. Es gab keine Ärzte wie in der Antike, denn es gab keine Orte mehr, an denen sie ausgebildet werden konnten. Es gab diejenigen, die behaupteten, heilen zu können. Sie verabreichten Kräuter und seltsame Mixturen; aber da ihre Patienten in der Regel sofort starben, hatten wir wenig Vertrauen in sie.

Nachdem ich das Mehl auf seine Wunden gestreut hatte, stellte ich eine Bank auf und setzte mich neben ihn, damit er, wenn er wieder zu sich kommen würde, dort einen Freund finden würde, der auf ihn wartete. Als ich dort saß und ihn ansah, starb er. Mir stiegen die Tränen in die Augen, das war alles, was ich tun konnte, denn Freunde gab es nur wenige, und ich hatte diesen alten Juden geliebt, wie wir alle, die ihn kannten. Er war ein sanfter Charakter gewesen, loyal gegenüber seinen Freunden und bereit, seinen Feinden gegenüber – sogar den Kalkar – ein wenig zu nachsichtig zu sein. Dass er mutig war, bewies sein Tod.

Ich setzte einen weiteren Minus-Punkt auf dieListe von Peter Johansen.

Am nächsten Tag begruben Vater, Jim und ich den alten Samuels; die Behörden kamen und nahmen all seine armseligen kleinen Besitztümer mit, und sein Häuschen wurde einem anderen übergeben. Aber ich hatte seinen wertvollsten Besitz, den sie nicht bekommen würden, denn bevor ich ihn nach seinem Tod verlassen hatte, war ich zurück in seinen Laden gegangen, hatte die Bruchstücke des Mannes am Kreuz eingesammelt und sie in die kleine Ledertasche gesteckt, in der er sie aufbewahrt hatte.

Als ich sie Juana gab und ihr die Geschichte darüber erzählte, weinte sie und küsste die Bruchstücke, und mit etwas Klebstoff, den wir aus Ziegenhäuten und Sehnen herstellten, flickten wir die Figur, so dass es schwer zu sagen war, wo sie zerbrochen war. Nachdem sie getrocknet war, trug Juana sie in ihrer kleinen Tasche um den Hals unter ihrer Kleidung.

Eine Woche nach dem Tod von Samuels schickte Pthav nach mir und teilte mir sehr unwirsch mit, dass das Teivos mir eine Genehmigung für die Nutzung des Landes erteilt hatte, das neben dem meines Vaters lag. Wie zuvor hielt mich seine Frau an, als ich gehen wollte.

»Es war einfacher, als ich dachte«, sagte sie mir, »denn Or-tis hat das Teivos verärgert, indem er versucht hat, sich all seine Macht anzueignen, und in dem Wissen, dass er dich hasst, waren sie gern bereit, deiner Petition gegen seinen Willen stattzugeben.

Ich hatte in letzter Zeit Gerüchte über die wachsenden Streitigkeiten zwischen Or-tis und dem Teivos gehört und erfahren, dass es das war, das mich an jenem Tag vor der Kash-Garde gerettet hatte – der Sergeant hatte seinen Vorgesetzten gewarnt, dass das Teivos, falls sie mich ohne guten und ausreichenden Grund misshandelten, die Tatsache ausnutzen könnte, um die Garde zu disziplinieren, und sie waren noch nicht bereit für den Härtetest– das sollte später kommen.

Während der nächsten zwei oder drei Monate war ich damit beschäftigt, unser Haus zu bauen und alles in Ordnung zu bringen. Ich hatte beschlossen, Pferde zu züchten, und die Erlaubnis des Teivos eingeholt, dies zu tun – wiederum gegen die Einwände von Or-tis. Natürlich kontrollierte die Regierung den gesamten Pferdehandel; aber es gab einige wenige geschickte Reiter, die sie züchten durften, obwohl ihre Herden jederzeit von den Behörden beschlagnahmt werden konnten.

Ich wusste, dass es vielleicht kein sehr profitables Geschäft sein würde, aber ich liebte Pferde und wollte nur ein paar haben – einen Hengst und zwei oder drei Stuten. Diese könnte ich bei der Bestellung meiner Felder und beim Transport von schweren Dingen einsetzen, und gleichzeitig würde ich ein paar Ziegen, Schweine und Hühner halten, um unseren Lebensunterhalt zu sichern.

Vater gab mir die Hälfte seiner Ziegen und ein paar Hühner, und von Jim kaufte ich zwei junge Sauen und einen Eber. Später tauschte ich ein paar Ziegen beim Teivos gegen zwei alte Stuten, die sie nicht mehr länger behalten wollten, und am selben Tag erfuhr ich von einem Hengst – ein junges wildes Tier – den Hoffmeyer besaß. Das Tier war fünf Jahre alt und so bösartig, dass niemand wagte, sich ihm zu nähern, und sie waren kurz davor, es zu töten.

Ich ging zu Hoffmeyer und fragte, ob ich das Pferd kaufen könne – ich bot ihm eine Ziege dafür an, die er gerne annahm, und dann nahm ich ein starkes Seil und ging, um mein Eigentum zu holen. Ich fand einen schönen Braunen mit dem Temperament eines Höllenhundes. Als ich versuchte, den Pferch zu betreten, galoppierte er mit angelegten Ohren und geblähten Nüstern auf mich zu, aber ich wusste, dass ich ihn jetzt oder nie besiegen musste, und so stellte ich mich ihm nur mit einem Seil in der Hand.

Ich wartete nicht auf ihn, stattdessen rannte ich ihm entgegen, und als er in Reichweite war, schlug ich ihm einmal mit dem Seil über das Gesicht, woraufhin er sich umdrehte und mit beiden Hinterfüßen nach mir ausschlug. Dann warf ich ihm die Schlinge, die sich an einem Ende des Seils befand, um den Hals, und eine halbe Stunde lang lieferten wir uns einen Kampf.

Ich schlug ihn nicht, es sei denn, er versuchte, mich zu beißen oder zu treten, und schließlich muss ich ihn davon überzeugt haben, dass ich der Meister war, denn er ließ mich nah genug herankommen, um seinen glänzenden Hals zu streicheln, obwohl er die ganze Zeit laut schnaubte. Als ich ihn ein wenig beruhigt hatte, gelang es mir, eine Schlinge um sein Maul zu knoten, und danach hatte ich keine Schwierigkeiten, ihn aus dem Pferch zu führen. Einmal im Freien nahm ich das aufgewickelte Seil in die linke Hand, und bevor das Tier wusste, was geschah, war ich auf seinem Rücken.

Er kämpfte ordentlich, das muss ich ihm zugutehalten; eine Viertelstunde lang wandte er jedes Pferde-Kunststück an, um einen Reiter aus dem Sattel zu heben. Nur mein Können und meine große Kraft hielten mich auf seinem Rücken, und sogar die zuschauenden Kalkar applaudierten.

Danach war es einfach. Ich behandelte ihn mit Freundlichkeit, etwas, das er nie zuvor gekannt hatte, und da er ein ungewöhnlich intelligentes Tier war, lernte er bald, dass ich nicht nur sein Meister, sondern auch sein Freund war. Von einer Bestie wurde er zu einem der freundlichsten und fügsamsten Tiere, die ich je gesehen hatte, und zwar so sehr, dass Juana ihn immer ohne Sattel ritt.

Ich liebte alle Pferde und habe sie immer geliebt, aber ich glaube, ich habe nie ein Tier so geliebt wie Roter Blitz, wie wir ihn genannt haben.

Die Behörden ließen uns einige Zeit lang ziemlich in Ruhe, weil sie untereinander zerstritten waren. Jim sagte, es gäbe ein altes Sprichwort, das besagt, dass ehrliche Männer ein wenig Frieden finden, wenn Diebe streiten, und das passte sicherlich perfekt in unserem Fall. Aber der Frieden währte nicht ewig, und als er mit einem Schlag endete, geschah das größte Unglück, das uns je widerfahren ist.

Eines Abends wurde Vater wegen nächtlichen Handels verhaftet und von der Kash-Garde abgeführt. Sie erwischten ihn, als er aus den Ziegenställen ins Haus zurückkehrte, und erlaubten ihm nicht einmal, sich von Mutter zu verabschieden. Juana und ich aßen in unserem eigenen Haus zu Abend, etwa dreihundert Meter entfernt, und wir wussten nichts davon, bis Mutter zu uns kam und es uns erzählte. Sie sagte, es sei alles so schnell gegangen, dass sie Vater ergriffen hatten und weg waren, bevor sie aus dem Haus und dorthin rennen konnte, wo sie ihn verhaftet hatten. Sie hatten ein Ersatzpferd dabei und zwangen ihn aufzusteigen – dann galoppierten sie weg in Richtung Seeufer. Es scheint seltsam, dass weder Juana noch ich die Hufschläge der Pferde gehört hatten, aber so war es.

Ich ging sofort zu Pthav und verlangte zu erfahren, warum Vater verhaftet worden war, aber er versicherte, von der ganzen Angelegenheit nichts zu wissen. Ich war auf Roter Blitz zu ihm geritten, und von dort aus weiter zu den Kasernen der Kash-Garde, wo das Militärgefängnis war. Es war gesetzeswidrig, sich nach Sonnenuntergang ohne Erlaubnis den Baracken zu nähern, also ließ ich Roter Blitz im Schatten einiger Ruinen hundert Yards entfernt stehen und machte mich zu Fuß auf den Weg dorthin, wo ich wusste, dass sich das Gefängnis befand. Es bestand aus einem hohen Palisadenzaun, hinter dem grobe Bauten standen.

Auf den Dächern patrouillierten bewaffnete Wachen. In der Mitte des Bereichs befand sich ein offener Hof, in dem die Gefangenen Sport trieben, ihr Essen kochten und ihre Kleidung wuschen – sofern sie sich darum kümmerten.

Selten wurden dort mehr als fünfzig Personen auf einmal eingesperrt, da es sich nur um ein Gefangenenlager handelte, in dem diejenigen untergebracht waren, die auf ihren Prozess warteten oder zur Arbeit in den Minen verurteilt wurden. Letztere wurden in der Regel weggebracht, wenn es fünfundzwanzig bis vierzig waren.

Sie musste vor den berittenen Wachen etwa fünfzig Meilen bis zu den nächstgelegenen Minen marschieren, die südwestlich unseres Teivos lagen, und wurden wie Vieh, mit Peitschenhieben aus Stierleder angetrieben. Sie waren einer so großen Grausamkeit ausgesetzt, dass uns entkommene Sträflinge erzählten, dass immer mindestens einer von zehn auf dem Marsch starb.

Obwohl Männer manchmal auch zu kurzen Haftstrafen von bis zu fünf Jahren in den Minen verurteilt wurden, kehrte niemand zurück, mit Ausnahme der wenigen, die entkamen, so brutal wurden sie behandelt und so schlecht ernährt. Sie arbeiteten zwölf Stunden am Tag.

Ich schaffte es, den Schatten des Zauns zu erreichen, ohne gesehen zu werden, denn die Kasch-Garde war ein fauler, ineffizienter, ungehorsamer Soldat. Er tat, was ihm gefiel, obwohl ich glaube, dass unter Jarths Regime versucht wurde, Disziplin durchzusetzen, da er versuchte, eine militärische Oligarchie einzuführen. Seit Or-tis da war, hatten sie versucht, den alten Militärgruß und die Verwendung von Titeln anstelle des üblichen „Bruders" wiederzubeleben.

Alls ich den Zaun erreicht hatte, war ich aber nicht in der Lage, mit meinem Vater in Kontakt zu treten, da jeder Lärm, den ich verursachen würde, zweifellos die Aufmerksamkeit der Wache erregen würde. Schließlich konnte ich durch einen Riss zwischen zwei Brettern die Aufmerksamkeit eines Häftlings erregen. Der Mann kam nahe an den Zaun, und ich flüsterte ihm zu, dass ich mit Julian VIII. sprechen wolle. Durch Zufall war ich auf einen anständigen Burschen gestoßen, und es dauerte nicht lange, bis er Vater geholt hatte. Ich unterhielt mich flüsternd mit ihm.

Er teilte mir mit, dass er wegen nächtlichen Handels verhaftet worden sei und dass er am nächsten Morgen vor Gericht gestellt werden solle. Ich fragte ihn, ob er fliehen wolle – dass ich eine Möglichkeit finden würde, wenn er es wünsche, aber er sagte, dass er unschuldig sei, da er seit Monaten nachts nicht mehr unserem Hof verlassen hätte, dass es sich zweifellos um eine Verwechslung handele und dass er morgen früh freigelassen werde.

Ich hatte meine Zweifel, aber er wollte nichts von einer Flucht hören, da er argumentierte, dies würde seine Schuld beweisen und sie würden ihn sicher erwischen.

»Wohin sollte ich gehen«, fragte er, »wenn ich fliehe? Vielleicht könnte ich mich im Wald verstecken, aber was für ein Leben! Ich könnte nie zu deiner Mutter zurückkehren, und ich bin mir so sicher, dass sie mir nichts beweisen können, dass ich lieber vor Gericht gehe, anstatt ein Gesetzloser zu werden.

Ich denke jetzt, dass er mein Hilfsangebot nicht deshalb abgelehnt hat, weil er mit seiner Freilassung rechnete, sondern weil er befürchtete, dass mir etwas zustoßen könnte, wenn ich ihm helfen würde zu flüchten. Jedenfalls tat ich nichts, da er es nicht wollte, und ging schweren Herzens und mit düsteren Vorahnungen wieder nach Hause.

Die Gerichtsverhandlungen vor dem Teivos waren öffentlich oder sollten es zumindest sein, denn sie waren für die Zuschauer so unangenehm, dass nur wenige, wenn überhaupt, die Kühnheit besaßen, daran teilzunehmen. Aber unter Jarths neuer Herrschaft waren die Verhandlungen der Militärgerichte geheim, und Vater wurde vor ein solches Gericht gestellt.

IX. Ich peitschte einen Offizier

Wir verbrachten Tage voller seelischer Qualen, in denen wir nichts hörten und nichts wussten – und dann, eines Abends, ritt eine einzelne Kash-Garde zu Vaters Haus. Juana und ich waren mit meiner Mutter dort. Der Bursche stieg ab und klopfte an die Tür – eine höchst ungewöhnliche Höflichkeit von einem von ihnen. Er trat auf mein Geheiß hin ein und stand einen Moment lang da und sah Mutter an. Er war nur ein Junge – ein großer, hochgewachsener Junge, und es gab weder Grausamkeit in seinen Augen noch bestialische Züge in seinem Gesicht. Offensichtlich überwog das Blut seiner Mutter, und er war zweifellos nicht ganz Kalkar. Dann sprach er.

»Wer ist die Frau von Julian VIII.«, fragte er, aber er sah Mutter an, als hätte er es schon erraten.

»Das bin ich«, sagte Mutter.

Der Junge bewegte nervös seine Füße und holte Luft – es war wie ein ersticktes Schluchzen.

»Es tut mir leid«, sagte er, »dass ich dir so traurige Nachrichten überbringe.« Da ahnten wir, dass das Schlimmste passiert war.

»Die Minen?«, fragte Mutter, und er nickte zustimmend.

»Zehn Jahre!« rief er, wie man ein Todesurteil verkünden würde, denn nichts anderes war es. »Er hatte nie eine Chance«, sagte er freiwillig. »Es war eine schreckliche Sache. Sie sind Bestien!«

Ich konnte nicht umhin, mein Erstaunen darüber zu zeigen, dass ein Kash-Gardist so von seiner eigenen Art spricht, und er muss es in meinem Gesicht gesehen haben.

»Wir sind nicht alle Bestien«, rief er hastig.

Da begann ich, ihn zu befragen, und ich stellte fest, dass er während des Prozesses Wache vor der Tür gestanden und alles gehört hatte. Es hatte nur einen einzigen Zeugen gegeben – den Mann, der Vater verraten hatte, und Vater hatte keine Chance gehabt, sich zu verteidigen.

Ich fragte ihn, wer der Informant sei.

»Bei dem Mann bin ich mir nicht sicher«, antwortete er, »er war ein großer Mann mit gebeugten Schultern. Ich glaube, er wurde Peter genannt.«

Aber ich wusste es schon, bevor ich gefragt hatte. Ich schaute Mutter an und sah, dass sie trockene Augen hatte und dass ihr Mund plötzlich einen Ausdruck von Entschlossenheit zeigte, wie ich es mir nie hätte träumen lassen.

»Ist das alles?«, fragte sie.

»Nein«, antwortete der Jugendliche, »das ist es nicht. Ich bin angewiesen, dir mitzuteilen, dass du dreißig Tage Zeit hast, einen anderen Mann zu nehmen oder diese Räume zu verlassen«, und dann ging er einen Schritt auf Mutter zu.

»Es tut mir leid, Madam«, sagte er. »Es ist sehr grausam; aber was sollen wir tun? Es wird von Tag zu Tag schlimmer. Jetzt drangsalieren sie sogar die Kash-Garde so sehr, dass es viele von uns gibt, die ...« aber er hielt plötzlich inne, als ob er begriffen hätte, dass er kurz davor war, Verrat zu begehen, und dann drehte er sich auf dem Absatz um, verließ das Haus und galoppierte einen Moment später davon.

Ich erwartete, dass meine Mutter zusammenbrechen würde, aber das tat sie nicht. Sie war sehr tapfer; aber es war ein neuer und schrecklicher Ausdruck in ihren Augen – in jenen Augen, die immer vor Liebe gestrahlt hatten. Jetzt waren es bittere, hasserfüllte Augen. Sie weinte nicht – ich wünschte bei Gott, sie hätte geweint – stattdessen tat sie etwas, was ich von ihr noch nie zuvor gehört hatte – sie lachte laut. Sie lachte grundlos, oder ohne erkennbaren Anlass. Wir hatten Angst um sie.

Die Andeutung, die der Kash-Gardist gemacht hatte, löste in meinem Kopf eine Reihe von Gedanken aus, über den ich mit Mutter und Juana sprach. Danach schien Mutter für eine Weile normaler zu sein, als hätte ich eine Hoffnung in ihr geweckt, wo es vorher keine Hoffnung gab, so schwach sie sein mochte. Ich wies darauf hin, dass die Zeit reif für eine Revolution wäre, wenn die Kasch-Garde unzufrieden war, denn wenn wir nur einen Teil von ihnen dazu bringen könnten, sich uns anzuschließen, wären wir sicher genug, um diejenigen zu stürzen, die noch loyal waren. Dann würden wir alle Gefangenen befreien und eine eigene Republik errichten, wie sie die Alten hatten.

Gott unserer Väter! Wie oft – wie viele tausend Mal hatte ich zugehört, wie dieser Plan wieder und wieder diskutiert wurde! Wir würden alle Kalkar der Welt erschlagen, und wir würden das Land wieder verkaufen, damit die Menschen den Stolz eines Eigentümers empfinden könnten und einen Anreiz hätten, hart zu arbeiten und ihren Boden für ihre Kinder zu erschließen, denn wir wussten aus langer Erfahrung, dass kein Mensch Land erschließen will, das bei seinem Tod an die Regierung zurückfällt oder das ihm die Regierung jederzeit wegnehmen kann. Wir würden Manufakturen fördern; wir würden Schulen und Kirchen bauen; wir würden Musik und Tanz haben; wir würden wieder so leben, wie unsere Väter gelebt hatten.

Wir suchten nicht nach einer perfekten Regierungsform, denn wir erkannten, dass Vollkommenheit für sterbliche Menschen unerreichbar ist – wir würden lediglich zu den glücklichen Tagen unserer Vorfahren zurückkehren.

Es dauerte eine Weile, meinen Plan zu entwickeln. Ich sprach mit allen, denen ich vertrauen konnte, und fand sie alle bereit, sich mir anzuschließen, wenn wir genug wären. In der Zwischenzeit kümmerte ich mich um mein eigenes Land und auch um das meines Vaters – ich war sehr beschäftigt und die Zeit verging wie im Fluge.

Etwa einen Monat, nachdem Vater weggebracht worden war, kam ich eines Tages nach Hause, zusammen mit Juana, die mich flussaufwärts auf der Suche nach einer verirrten Ziege begleitet hatte. Wir hatten ihren Kadaver, oder besser gesagt ihre Knochen, dort gefunden, wo die Höllenhunde sie zurückgelassen hatten. Mutter war nicht in unserem Haus, wo sie jetzt die meiste Zeit verbrachte, also ging ich zum Haus meines Vaters, um sie zu holen. Als ich mich der Tür näherte, hörte ich Geräusche einer Auseinandersetzung und eines Handgemenges, die mich dazu brachten, die wenigen verbleibenden Yards in schnellem Lauf zurückzulegen.

Ohne anzuklopfen, wie es Mutter mich immer gelehrt hatte, stürmte ich ins Wohnzimmer und fand Mutter in den Fängen von Peter Johansen. Sie versuchte, ihn abzuwehren; aber er war ein großer und kräftiger Mann. Er hörte mich, gerade als ich mich auf ihn stürzte, drehte sich um und wehrte mich ab. Dann versuchte er, mich mit einer Hand abzuwehren, während er sein Messer zog; aber ich schlug ihm mit einer Faust ins Gesicht und schleuderte ihn von mir weg, quer durch den Raum. Im Nu war er wieder aufgestanden, blutete aus Nase und Mund und kam mit seinem Messer in der Hand auf mich zu und schlug wütend um sich. Wieder schlug ich ihn nieder, und als er sich erhob und wiederkam, ergriff ich seine Messerhand und entriss ihm die Waffe. Er hatte nicht die geringste Chance gegen mich, und das begriff er bald, denn er begann, sich zurückzuziehen und um Gnade zu betteln.

»Töte ihn, Julian«, sagte Mutter. »Töte den Mörder deines Vaters.«

Ich brauchte ihren Ansporn nicht, denn in dem Moment, in dem ich Peter dort gesehen hatte, wusste ich, dass die lang erwartete Zeit gekommen war, ihn zu töten. Da begann er zu weinen – große Tränen liefen ihm über die Wangen, er rannte zur Tür und versuchte zu fliehen. Es bereitete mir Vergnügen, mit ihm zu spielen, wie eine Katze mit einer Maus spielt.

Ich zog ihn von der Tür weg, packte ihn und schleuderte ihn durch den Raum. Dann ließ ich ihn das Fenster erreichen, durch das er zu krabbeln versuchte. Ich erlaubte ihm, so weit zu kommen, dass er glaubte, er würde entkommen, und dann ergriff ich ihn erneut und schleifte ihn zurück auf den Boden, und als ich ihn auf die Füße hob, zwang ich ihn zu kämpfen.

Ich schlug ihm viele Male leicht ins Gesicht, dann legte ich ihn rücklings auf den Tisch und auf seiner Brust kniend, sagte ich leise zu ihm.

»Du hast meinen Freund, den alten Samuels, ermorden lassen, und auch meinen Vater, und jetzt kommst du, um meine Mutter anzugreifen. Was hast du anderes erwartet, du Schwein, als das hier? Hast du keine Intelligenz? Du musst gewusst haben, dass ich dich töten würde – sprich!«

»Sie sagten, dass sie dich heute holen würden«, wimmerte er. »Sie haben mich angelogen. Sie haben mich angesprochen. Sie sagten mir, dass du im Gefängnis in der Kaserne sein würdest, noch bevor es Mittag wäre. Verdammt sollen sie sein, sie haben mich angelogen!«

So war das also! Und der glückliche Umstand der verirrten Ziege hatte mich gerettet, um meinen Vater zu rächen und meiner Mutter beizustehen; aber sie würden noch kommen. Ich musste mich beeilen, sonst würden sie kommen, bevor ich fertig wäre. Also nahm ich seinen Kopf zwischen meine Hände und bog seinen Hals so weit nach hinten über die Tischkante, bis ich hörte, wie die Wirbelsäule brach, und das war das Ende des übelsten Verräters, der je gelebt hat – einer, der sich offen zur Freundschaft bekannte und sich heimlich gegen uns verschworen hat, um uns zu ruinieren. Am helllichten Tag trug ich seine Leiche zum Fluss und warf sie hinein. Ich kümmerte mich nicht mehr darum, was sie wussten. Sie waren hinter mir her, und es machte keinen Unterschied, ob sie nun einen Vorwand hatten oder nicht. Aber sie würden einen Preis dafür zahlen müssen, das hatte ich mir vorgenommen, und ich nahm mein Messer und band es mir unter meinem Hemd um die Taille. Aber sie kamen nicht – sie hatten Peter genauso belogen, wie sie alle belogen hatten.

Der nächste Tag war Markttag und Steuertag, also ging ich mit den notwendigen Ziegen und Produkten auf den Markt, um meine Handelsgeschäfte zu tätigen und meine Steuern zu bezahlen. Als Soor auf den Markt kam, um seine Steuern einzutreiben, oder besser gesagt, seine Beschlagnahmungen, verstand ich aus den aufgeregten Gesprächen derer, bei denen ich vorbeikam, dass er unter den Leuten der Gemeinde Empörung verbreitete.

Ich fragte mich, worum es wohl gehen mochte, und ich musste nicht lange warten, bis ich es herausfand, denn bald kam er auch zu mir. Er konnte weder lesen noch schreiben; aber er hatte ein von der Regierung bereitgestelltes Formular, auf dem Zahlen standen, die die Agenten zu lesen lernen mussten und die für verschiedene Klassen von Erzeugnissen, Vieh und Produkten standen. In Spalten unter diesen Zahlen machte er im Laufe des Monats Markierungen für die

Menge meiner Verkäufe in jedem Bereich – es war natürlich alles grob und ungenau; aber da sie uns immer zu viel berechneten und dann noch etwas hinzufügten, um eventuelle Fehler, die sie zu unseren Gunsten gemacht haben könnten, auszugleichen, war die Regierung zufrieden, auch wenn wir es nicht waren.

Da ich sowohl lesen, schreiben als auch rechnen konnte, wusste ich immer genau, was ich an Steuern zu zahlen hatte, und ich hatte immer Streit mit Soor, aus dem die Regierung jedes Mal als Sieger hervorging.

Diesen Monat hätte ich ihm eine Ziege schulden sollen; aber er verlangte drei.

»Wie kommt das?« fragte ich.

»Nach dem alten Satz schuldest du mir den Wert von anderthalb Ziegen; aber da die Steuer nach dem neuen Gesetz verdoppelt wurde, schuldest du mir drei Ziegen.«

Da wusste ich, was die Ursache für die Aufregung auf dem Markt war.

»Wie sollen wir leben, wenn ihr uns alles wegnehmt?« fragte ich.

»Der Regierung ist es egal, ob ihr lebt oder nicht«, antwortete er, »wenn ihr nur Steuern zahlt, solange ihr lebt.«

»Ich werde die drei Ziegen bezahlen«, sagte ich, »weil ich muss; aber am nächsten Markttag bringe ich dir als Geschenk den härtesten Käse, den ich finden kann.«

Er sagte nichts, denn er hatte Angst vor mir, es sei denn, er war von Kash-Garden umgeben, aber er warf mir einen bösen Blick zu. Nachdem er zum nächsten Opfer weiter gegangen war, ging ich hinüber zu einer Gruppe von Männern, die über die neue Steuer diskutierten. Es waren etwa fünfzehn oder zwanzig von ihnen, meist Yankees, und sie waren wütend – das konnte ich sehen, bevor ich nahe genug kam, um zu hören, was sie sagten. Als ich mich ihnen anschloss, fragte man mich, was ich über dieser neue Unverschämtheit denke.

»Was ich darüber denke!« rief ich. »Ich denke, was ich immer gedacht habe – dass sie, solange wir uns ohne Murren unterwerfen, unsere Belastungen weiter erhöhen werden, die jetzt schon mehr ist, als wir aushalten können.

»Sie haben mir sogar meine Bohnensamen weggenommen«, sagte einer, der fast ausschließlich Bohnen anbaute. »Wie ihr alle wisst, war die letztjährige Ernte gering und die Bohnen brachten einen hohen Preis, also besteuerten sie meinen Handel mit dem hohen Preis und kassierten dann die Steuer in Bohnen zum niedrigen Preis des Vorjahres. Das haben sie das ganze Jahr über getan; aber ich hatte gehofft, genug für Saatgut zu sparen, aber jetzt haben sie die Steuer verdoppelt, so dass ich nächstes Jahr keine Bohnen zum Pflanzen haben werde.«

»Was können wir dagegen tun?« fragte ein anderer hoffnungslos. »Was können wir dagegen tun?«

»Wir können die Zahlung der Steuer verweigern«, antwortete ich.

Sie sahen mich genauso an, wie Männer jemanden anschauen würden, der sagt: »Wenn es dir nicht gefällt, kannst du Selbstmord begehen.«

»Die Kasch-Garde würde die Steuer einziehen, und es wäre noch schlimmer, denn sie würden uns töten und unsere Frauen und alles, was wir besitzen, mitnehmen«, sagte einer.

»Wir sind ihnen zahlenmäßig überlegen«, sagte ich.

»Aber wir können den Gewehren nicht mit bloßen Händen entgegentreten.«

»Es ist schon einmal geschehen«, betonte ich, »und es ist besser, wie Männer zu sterben und den Kugeln ins Gesicht zu sehen, als wie rückgratlose Würmer zu verhungern.

Wir sind hundert, ja, tausend zu eins, und wir haben unsere Messer, und es gibt Mistgabeln und Äxte, neben den Knüppeln, die wir sammeln können. Gott unserer Väter! Lieber würde ich sterben, rot vom Blut dieser Schweine, als so zu leben, wie sie uns zwingen zu leben!«

Ich sah, wie einige sich umsahen, ob mich vielleicht jemand gehört haben könnte, denn ich hatte aufgeregt meine Stimme erhoben; aber es gab nur einige wenige, die mich aufmerksam ansahen und zustimmend mit dem Kopf nickten.

»Wenn wir genug überzeugen können, sich uns anzuschließen, dann lasst es uns tun«, rief einer.

»Wir müssen nur anfangen«, sagte ich, »und sie werden sich um uns scharen.«

»Wo sollen wir anfangen?« fragte ein anderer.

»Ich sollte mit Soor beginnen«, antwortete ich. »Ich sollte ihn und Pthav und Hoffmeyer zuerst töten und dann eine Runde durch die Häuser der Kalkar machen, wo wir möglicherweise Gewehre finden und sie dann alle erschießen können. Bis die Kasch-Garde davon erfährt und reagieren kann, werden wir eine große Anhängerschaft haben. Wenn es uns gelingt, sie zu überwältigen und ihre Kasernen einzunehmen, werden wir zu stark für sie sein, außer für eine größere Truppe, und es wird einen Monat dauern, bis viele Soldaten aus dem Osten hierher kommen. Viele von der Kasch-Garde werden sich uns anschließen – sie sind unzufrieden – einer von ihnen hat mir das gesagt. Es wird leicht sein, wenn wir nur mutig sind.«

Sie fingen an, großes Interesse zu zeigen, und es gab sogar den Ruf „Nieder mit den Kalkar!", aber ich habe das schnell unterbunden, da unsere größte Hoffnung auf Erfolg in einem Überraschungsangriff lag.

»Wann tun wir es?«, fragten sie.

»Jetzt«, antwortete ich, »wenn wir sie überraschen, werden wir gleich zu Anfang erfolgreich sein, und das wird die anderen ermutigen, sich uns anzuschließen. Nur aufgrund unserer Zahl, unserer Überzahl, werden wir Erfolg haben."

»Sehr gut!«, riefen sie. »Los! Wohin zuerst?«

»Soor«, sagte ich. »Er ist am äußersten Ende des Marktplatzes. Wir werden ihn zuerst töten und seinen Kopf auf einen Pfahl spießen. Wir werden ihn mit uns tragen, und wenn wir töten, werden wir jeden Kopf auf einen Pfahl spießen und ihn mitnehmen. So werden wir andere dazu inspirieren, uns zu folgen und Angst in den Herzen unserer Feinde verbreiten.«

»Führ uns an, Julian IX.!«, riefen sie. »Wir werden dir folgen!«

Ich drehte mich um und ging los in Richtung Soor, und wir hatten etwa die Hälfte der Strecke zurückgelegt, als eine Kompanie der Kash-Garde auf den Marktplatz ritt, genau zu dem Ort, an dem Soor arbeitete. Sie hätten meine Armee sehen sollen. Wie Nebel in der heißen

Sonne verschwand sie aus dem Blickfeld und ließ mich ganz allein in der Mitte des Marktplatzes stehen.

Der Commander der Kompanie der Kash-Garde muss die Menschenmenge und ihre plötzliche Zerstreuung bemerkt haben, denn er ritt direkt auf mich zu, allein. Ich wollte ihm nicht die Genugtuung geben, zu denken, dass ich ihn fürchtete, und so stand ich da und wartete. Meine Gedanken waren düster – nicht wegen mir selbst, sondern wegen des traurigen Zustandes, in den das Kalkar System den Amerikanismus gebracht hatte. Diese Männer, die mich im Stich gelassen hatten, wären in glücklicheren Tagen die Blüte der amerikanischen Männlichkeit gewesen; aber Generationen der Unterdrückung und Knechtschaft hatten ihr Blut in Wasser verwandelt. Heute hatten sie den Schwanz eingezogen und waren vor einer Handvoll halb bewaffneter, schlecht disziplinierter Soldaten geflohen. Der Schrecken der lunaren Täuschung war in ihre Herzen eingedrungen und hatte sie verfaulen lassen.

Der Offizier hielt vor mir an, und da erkannte ich ihn – die Bestie, die den alten Samuels gefoltert und ermordet hatte.

»Was machst du hier?«, bellte er.

Ich antwortete: »Ich kümmere mich um meine Angelegenheiten, was du besser auch tun solltest.«

»Ihr Schweine werdet unerträglich«, rief er. »Geh in deinen Pferch, wo du hingehörst – ich dulde keinen Mob und keine Unverschämtheit.«

Ich stand nur da und sah ihn an; aber in meinem Herzen war Mordlust. Er lockerte die Peitsche, die am Knauf seines Sattels hing.

»Du musst angetrieben werden, nicht wahr?« Er war blass vor plötzlicher Wut und seine Stimme fast wie ein Schrei. Dann schlug er nach mir – ein brutaler Schlag mit der schweren Peitsche – er schlug nach meinem Gesicht. Ich wich der Peitsche aus, ergriff sie und riss sie aus seinem mickrigen Griff. Dann erwischte ich das Zaumzeug seines Pferdes, und obwohl es stürzte und kämpfte, peitschte ich den Reiter mit all meiner Kraft ein Dutzend Mal, bevor er vom Sattel auf die zertrampelte Erde des Marktplatzes stürzte.

Dann waren seine Männer über mir, und ich ging von einem Schlag auf den Kopf zu Boden. Sie fesselten meine Hände, während ich bewusstlos war, und schoben mich dann grob auf einen Sattel. Ich war halb benommen während des schrecklichen Ritts, der darauf folgte – wir ritten zum Militärgefängnis in der Kaserne und den ganzen Weg über ritt dieser Unmensch von einem Captain neben mir her und peitschte mich aus.

X. Revolution

Dann warfen sie mich in den Pferch, in dem die Gefangenen untergebracht waren, und nachdem sie gegangen waren, wurde ich von den anderen dort eingesperrten Unglücklichen umringt. Als sie erfuhren, was ich getan hatte, schüttelten sie den Kopf und seufzten. Morgen früh sei für mich alles vorbei, sagten sie – nichts Geringeres als der Schlachter erwarte mich für ein solches Vergehen, wie das meine.

Ich lag auf dem harten Boden, zerschrammt und wund, und dachte nicht an meine Zukunft, sondern daran, was Juana und Mutter widerfahren würde, wenn auch ich ihnen genommen würde. Der Gedanke gab mir neue Kraft und ließ mich meine Verletzungen vergessen, denn mein Verstand war mit Plänen beschäftigt, meist unmöglichen Plänen – mit Flucht- und Racheplänen. Rache stand für mich oft an erster Stelle.

Über meinem Kopf hörte ich in Abständen die Schritte des Wachpostens auf dem Dach. Ich konnte genau sagen, wann er vorbeikommen und in welche Richtung er gehen würde. Er brauchte etwa fünf Minuten, um über mir vorbeizugehen, das Ende seines zu Postens erreichen und zurückzukehren – so war es, wenn er nach Westen ging. In Richtung Osten benötigte er nur wenig mehr als zwei Minuten. Wenn er in westlicher Richtung an mir vorbeiging, zeigte er mir etwa zweieinhalb Minuten lang seinen Rücken; aber wenn er in östlicher Richtung ging, war sein Gesicht nur etwa eine Minute lang von der Stelle abgewandt, an der ich lag.

Natürlich konnte er mich nicht sehen, während ich in dem Verschlag lag; aber mein Plan – derjenige, für den ich mich schließlich entschied – sah nicht vor, in dem Verschlag zu bleiben. Ich hatte mehrere ausgeklügelte Fluchtpläne entwickelt, aber schließlich verwarf ich sie alle und wählte stattdessen den kühnsten, der mir einfiel. Ich wusste, dass die Chancen, dass ich mit meinem Plan Erfolg haben würde, bestenfalls gering waren, und daher schien der mutigste Plan so gut zu sein wie jeder andere auch, und er hatte zumindest den Vorteil schneller Ergebnisse. Ich wäre frei oder ich wäre wenige Augenblicken, nachdem ich mit der Ausführung begonnen hatte, tot.

Ich wartete also, bis sich die anderen Gefangenen beruhigt hatten und die Stille in den Baracken und dem Hof versicherte mir, dass es nur wenige Wachen gab. Der Wächter kam und ging und kam wieder auf seiner eintönigen Runde. Jetzt kam er von Osten auf mich zu, und ich war bereit, stand direkt vor dem Verschlag unter dem niedrigen Dachvorsprung, den ich durch einen Sprung erreichen konnte. Ich hörte ihn vorbeigehen und gab ihm eine volle Minute, um die Distanz zu gewinnen, die ich für nötig hielt, damit er die Geräusche meines Versuchs nicht hörte. Dann sprang ich nach der Dachrinne, erwischte sie mit meinen Fingern und zog mich schnell auf das Dach.

Ich dachte, ich hätte es sehr leise getan, aber der Bursche muss Ohren wie ein Höllenhund gehabt haben, denn ich hatte kaum einen Fuß auf das Dach des Schuppens gesetzt, als ein Warnruf aus Richtung der Wache und fast gleichzeitig ein Gewehrschuss ertönte.

Sofort war alles ein Pandämonium. Die Wachen rannten schreiend in alle Richtungen, Lichter gingen in den Baracken an, Gewehre schossen von beiden Seiten und von hinten, während sich von unten das trostlose Geschrei der Gefangenen erhob. Es schien, als hätten hundert Männer von meinem Plan gewusst und auf mich gewartet; aber ich hatte begonnen, und obwohl ich es bedauerte, blieb mir nichts anderes übrig, als ihn bis zum vorgesehenen Ende durchzuziehen.

Es war ein Wunder, dass mich keine der Kugeln traf; aber natürlich war es dunkel, und ich bewegte mich schnell. Es dauert einige Sekunden, um davon zu erzählen; aber ich brauchte weniger als eine Sekunde, um über das Dach zu rennen und auf den Boden jenseits des Gefängnisses zu springen. Ich sah Lichter, die sich westlich von mir bewegten, und so lief ich nach Osten in Richtung des Sees, und die Schüsse hörten sofort auf, als sie mich aus den Augen verloren, obwohl ich die Geräusche der Verfolger noch hören konnte. Nichtsdestotrotz hatte ich das Gefühl, gesiegt zu haben, und beglückwünschte mich dafür, wie einfach ich das scheinbar Unmögliche erreicht hatte, als sich plötzlich vor mir aus der schwarzen Nacht die Gestalt eines riesigen

Soldaten erhob, der mit seinem Gewehr auf mich zielte. Weder warnte er mich, noch stellte er Fragen – er drückte einfach nur den Abzug. Ich konnte hören, wie der Schlagbolzen die Patrone traf, aber es gab keinen Schuss. Ich wusste nicht, was der Grund dafür war, und ich erfuhr es auch nie. Das Wahrscheinlichste war, dass das Gewehr eine Fehlzündung gehabt hatte, und dann zog er sein Bajonett, als ich ihn angriff.

Törichter Mann! Aber er wusste nicht, dass es Julian IX. war, dem er gegenüberstand. Kläglich und vergeblich stieß er nach mir, aber ich ergriff ich das Gewehr und entriss es ihm. In einer Bewegung schwang ich es nach hinten über meinen Kopf und schlug es ihm mit ganzer Kraft auf seinen dicken Schädel. Wie ein gefällter Ochse ging er auf die Knie und stürzte dann direkt auf das Gesicht. Er wusste nicht, wie er starb.

Hinter mir hörte ich sie kommen, und sie müssen mich gesehen haben, denn sie eröffneten erneut das Feuer, und ich hörte das Geräusch der Pferdehufe rechts und links von mir. Sie umzingelten mich von drei Seiten, und auf der vierten Seite war der große See. Einen Augenblick später stand ich am Rand des alten Wellenbrechers, während sich hinter mir die triumphierenden Schreie meiner Verfolger erhoben. Sie hatten mich gesehen und wussten, dass ich ihnen gehörte.

Zumindest dachten sie, sie wüssten es. Ich wartete nicht darauf, dass sie näherkamen; ich hob meine Arme und tauchte mit dem Kopf voran in das kühle Wasser des Sees. Ich schwamm schnell unter der Oberfläche, blieb dicht im Schatten und bewegte mich nach Norden.

Ich hatte im Sommer einen großen Teil meines Lebens im Wasser des Flusses verbracht, so dass ich mich in diesem flüssigen Element genauso wohl fühlte wie an Land, aber das wussten die Kash-Garden natürlich nicht, denn selbst wenn sie gewusst hätten, dass Julian IX. schwimmen konnte, konnten sie zu diesem Zeitpunkt nicht wissen, welcher Gefangene entkommen war, und so glaube ich, dass sie das gedacht haben, was ich sie denken lassen wollte – dass ich mich entschieden hätte, lieber zu ertrinken, als mich wieder einfangen zu lassen.

Ich war mir jedoch sicher, dass sie das Ufer in beiden Richtungen absuchen würden, und so blieb ich im Wasser, nachdem ich an die Oberfläche gekommen war. Ich schwamm weiter hinaus, bis ich wusste, dass die Gefahr, vom Ufer aus gesehen zu werden, gering war, denn es war eine dunkle Nacht. Und so schwamm ich weiter, bis ich meinte, bei der Mündung des Flusses zu sein, dann wandte ich mich nach Westen und suchte nach dem Fluss.

Das Glück war mir hold. Ich schwamm direkt hinein und ein kurzes Stück den trägen Strom hinauf, bis ich sicher war, dass der See hinter mir lag; aber selbst dann ging ich nicht ans Ufer, sondern zog es vor, das Herz der alten Stadt zu passieren, bevor ich mich traute, an Land zu gehen.

Schließlich kam ich am Nordufer heraus, das am weitesten von den Kasernen der Kasch-Garde entfernt war, und machte mich so schnell wie möglich stromaufwärts in Richtung meiner Heimat auf den Weg. Hier fand ich Stunden später eine ängstliche Juana, die mich erwartete, denn sie hatte bereits gehört, was auf dem Marktplatz geschehen war. Ich hatte meine Pläne gemacht und sie bald Juana und Mutter erklärt. Für sie gab es keine andere Möglichkeit, als sich damit abzufinden, denn nur der Tod konnte unser Los sein, wenn wir einen weiteren Tag in unseren Häusern blieben. Ich war erstaunt, dass sie nicht schon über Juana und Mutter hergefallen waren. Wie dem auch sei, sie könnten jeden Moment kommen. Wir hatten keine Zeit zu verlieren.

In aller Eile packte ich ein paar Habseligkeiten ein, nahm die Flagge aus ihrem Versteck über dem Kaminsims und steckte sie in mein Hemd – dann waren wir bereit. Wir gingen zu den Pferchen und fingen Roter Blitz und die zwei Stuten und drei meiner besten Milchziegen ein. Letztere fesselten wir, und nachdem Juana und Mutter die Stuten bestiegen hatten, legte ich je eine Ziege über den Widerrist ihre Stuten und die dritte vor mir auf Roter Blitz, der die seltsame Last nicht mochte und mir anfangs erhebliche Schwierigkeiten bereitete.

Wir ritten flussaufwärts und ließen die Pferche offen, damit die Ziegen sich zerstreuen und möglicherweise unsere Spur verwischen konnten, bis wir den staubigen Pfad hinter Jims Haus verlassen konnten. Wir hatten nicht gewagt, Jim und Mollie Lebewohl zu sagen, damit wir dort nicht von unseren Feinden gefasst werden und unseren guten Freunden Ärger bringen konnten. Es war traurig für Mutter, so ihr Haus und die lieben Nachbarn zu verlassen, die ihr so nahe gestanden hatten; aber sie war genauso tapfer wie Juana.

Keine von ihnen hat auch nur einmal versucht, mich von dem wilden Plan abzubringen, den ich ihnen beschrieben hatte. Stattdessen ermutigten sie mich, und Juana legte ihre Hand auf meinen Arm, als ich neben ihr ritt, und sagte: »Ich möchte lieber, dass wir so sterben, als unterdrückt und als Leibeigene weiterzuleben, ohne Glück und ohne Hoffnung.«

»Wir werden nicht sterben«, sagte ich, »zumindest nicht, bis meine Arbeit getan ist. Wenn ich dann sterben muss, werde ich mich damit zufriedengeben zu wissen, dass ich ein glücklicheres Land hinterlasse für meine Mitmenschen.

»Amen!«, flüsterte Juana.

In dieser Nacht versteckte ich sie in den Ruinen der alten Kirche, die, wie wir herausfanden, von den Kalkar teilweise niedergebrannt worden war. Einen Moment lang hielt ich sie in meinen Armen – meine Mutter und meine Frau – und dann verließ ich sie, um in Richtung Südwesten und zu den Kohleminen zu reiten. Die Minen lagen nach dem, was ich gehört hatte, etwa fünfzig Meilen südwestlich entfernt. Ich war noch nie dort gewesen; aber ich wusste, dass ich das Bett eines alten Kanals finden und ihm durch den Bezirk Joliet und etwa fünfzehn und zwanzig Meilen darüber hinaus folgen musste, wo ich dann nach Süden abbiegen musste und, nachdem ich einen großen See passiert hatte, bald zu den Minen kommen würde. Ich ritt den Rest der Nacht und bis in den Morgen hinein, bis ich in dem dünn besiedelten Land, das ich durchquerte, auf arbeitende Menschen traf.

Dann versteckte ich mich in einem Wald, durch den sich ein Bach schlängelte, und hier fand ich eine Weide für Roter Blitz und Ruhe für mich selbst. Ich hatte kein Essen mitgebracht, das wenige Brot und den Käse, den wir von zu Hause mitgenommen hatten, hatte ich für Mutter und Juana gelassen. Ich rechnete nicht damit, länger als eine Woche weg zu sein, und ich wusste, dass mit Ziegenmilch, dem, was sie hatten und dem, was sie wild wachsend vorfanden, keine Gefahr des Verhungerns bestand, bevor ich zurückkehrte – danach hofften wir, dass wir für den Rest unserer Tage in Frieden und in Fülle leben würden.

Meine Reise war weniger ereignisreich, als ich erwartet hatte. Ich passierte ein paar zerstörte Dörfer und Städte aus mehr oder weniger alter Zeit, von denen die größte Stadt das antike Joliet war, das während der Pest vor fünfzig Jahren verlassen worden war, wobei das

Hauptquartier des Teivos und der Bahnhof einige Meilen nach Westen verlegt worden war, bis an das Ufer eines kleinen Flusses. Ein großer Teil des durchquerten Gebietes war mit dichten Wäldern bedeckt, obwohl es hier und da Reste von Lichtungen gab, die von der Natur noch nicht vollständig zurückerobert worden waren. Hin und wieder kam ich an jenen kargen und einsamen Türmen vorbei, in denen die Menschen der Antike das Winterfutter für ihre Tiere gelagert hatten. Diejenigen, die überdauert hatten, waren aus Beton, und einige davon waren kaum verfallen, abgesehen von den dichten Reben, die sie oft von der Basis bis zur Spitze bedeckten, während andere inmitten dichter Wälder lagen und von alten Bäumen fast überwuchert waren, so schnell holt sich die Natur ihr Eigentum zurück, wenn der Mensch vertrieben wurde.

Nachdem ich Joliet hinter mir gelassen hatte, musste ich Erkundigungen einziehen. Dies tat ich kühn bei den wenigen Männern, die ich bei der Arbeit auf den winzigen Feldern entlang meiner Route sah. Sie waren arme Kerle, diese Nachkommen der reichen und mächtigen Bauernschicht des alten Amerikas.

Am frühen Morgen des zweiten Tages kam ich in Sichtweite der Umzäunung der Minen. Schon von Weitem konnte ich erkennen, dass es sich um ein schwaches, baufälliges Ding handelte und dass die Wachen, das Einzige waren, was die Gefangenen im Inneren hielt.

Tatsächlich entkamen viele von ihnen; aber sie wurden gejagt und getötet, da die Bauern in der Nachbarschaft sie immer verrieten. Der Gefängniskommandant hatte den teuflischen Plan ausgeheckt, für jeden Gefangenen, der entkam und nicht wieder eingefangen wurde, einen Bauern zu töten.

Ich versteckte mich bis in die Nacht, dann näherte ich mich vorsichtig dem Palisadenzaun. Roter Blitz ließ ich sicher angebunden im Wald zurück. Es war nicht schwer, den Zaun zu erreichen, so gut wurde ich von der üppigen Vegetation, die auf der Außenseite wuchs, verdeckt. Von meinem Versteck aus beobachtete ich den Wachposten, ein großer aber anscheinend abgestumpfter Kerl, der mit dem Kinn auf der Brust herumlief und halb zu schlafen schien.

Die Umzäunung war nicht hoch, und die gesamte Konstruktion ähnelte der des Gefängnisses in Chicago, das offenbar vom gleichen Kommandanten entworfen worden war. Ich konnte hören, wie sich die

Gefangenen im Schuppen jenseits der Mauer unterhielten, und als sich einer näherte, versuchte ich, seine Aufmerksamkeit durch ein zischendes Geräusch zu erregen.

Nach längerer Zeit, hörte er mich; aber selbst dann dauerte es noch einige Zeit, bis er zu begreifen schien, dass jemand versuchte, seine Aufmerksamkeit auf sich zu lenken. Er kam näher und versuchte, durch einen der Risse zu spähen; aber da es dunkel war, konnte er nichts sehen.

»Bist du ein Yankee?« fragte ich. »Wenn du einer bist, bin ich ein Freund.«

»Ich bin ein Yankee«, antwortete er. »Hast du erwartet, einen Kalkar in den Minen arbeiten zu sehen?«

»Kennst du einen Gefangenen namens Julian VIII.?« fragte ich nach.

Er schien einen Moment lang nachzudenken, und dann sagte er: »Ich glaube den Namen gehört zu haben. Was willst du von ihm?«

»Ich will mit ihm sprechen – ich bin sein Sohn.«

»Warte!«, flüsterte er. »Ich glaube, ich habe heute einen Mann diesen Namen sagen hören. Ich werde es herausfinden – er ist ganz in der Nähe.«

Ich wartete vielleicht zehn Minuten, bis ich hörte, wie sich jemand von innen näherte, und gleich darauf fragte mich eine Stimme, ob ich noch da sei.

»Ja«, sagte ich. »Bist du das, Vater?«, denn ich glaubte seine Stimme zu erkennen.

»Julian, mein Sohn!« sagte er fast schluchzend. »Was machst du hier?«

Schnell erzählte ich ihm von meinem Plan. »Haben die Verurteilten den Mut, es zu versuchen?« fragte ich abschließend.

»Ich weiß es nicht«, sagte er, und ich konnte nicht umhin, den Tonfall der völligen Hoffnungslosigkeit in seiner Stimme zu bemerken. »Sie würden es bestimmt wollen; aber hier werden Geist und Körper gebrochen. Ich weiß nicht, wie viele den Mut hätten, es zu versuchen. Warte, ich werde mit einigen von ihnen sprechen – alle sind loyal, aber schwach durch Überarbeitung, Hunger und Misshandlung.

Ich wartete fast eine Stunde, bevor er zurückkam. »Einige werden von Anfang an helfen«, sagte er, »und andere, wenn wir erfolgreich sind. Glaubst du, dass es das Risiko wert ist – sie werden dich töten, wenn du versagst – sie werden uns alle töten.«

»Und was ist der Tod im Vergleich zu dem, was ihr erleidet?« fragte ich.

»Ich weiß«, sagte er, »aber der auf den Haken gespießte Wurm kämpft und hofft immer noch auf Leben. Kehr um, mein Sohn; wir können nichts gegen sie tun.«

»Ich werde nicht umkehren«, flüsterte ich. »Ich kehre nicht um.«

»Ich werde dir helfen, aber ich kann nicht für die anderen sprechen. Möglicherweise tun sie es und möglicherweise tun sie es nicht.«

Wir hatten nur gesprochen, wenn der Wächter weit entfernt war und jedes Mal, wenn er sich dem Punkt näherte, an dem wir standen, schwiegen wir. In den Momenten, wenn wir schwiegen, konnte ich die wachsende Unruhe der Gefangenen hören, und ich ahnte, dass das, was ich zu dem ersten Mann gesagt hatte, von einem zum anderen weitergegeben wurde, bis der ganze Schuppen vor Aufregung brodelte. Ich fragte mich, ob es ihren Geist genügend entfachen würde, um sie durch die nächsten zehn Minuten zu tragen. Falls ja, war der Erfolg sicher.

Vater hatte mir alles gesagt, was ich wissen wollte – die Lage des Wachhauses und der Baracken und die Anzahl der hier postierten Kash-Garde – nur fünfzig Mann zur Bewachung von fünftausend! Wie viel beredter als Worte drückte diese Tatsache die Erniedrigung des amerikanischen Volkes und die äußerste Verachtung aus, die uns diese niederträchtigen Herren entgegenbrachten – fünfzig Mann, um fünftausend zu bewachen!

Und dann begann ich, meinen Plan in die Tat umzusetzen – ein verzweifelter Plan, gezeichnet von schierer Verrücktheit. Der Wachposten näherte sich bis zur Stelle gegenüber von meiner; ich sprang, um die Dachrinne zu ergreifen, wie ich es im Gefängnis von Chicago getan hatte, nur dass ich diesmal von außen sprang, wo die Dachrinne näher am Boden war, und so war die Aufgabe leichter. Ich sprang und fand Halt. Dann kletterte ich hinter dem Wächter nach oben, und bevor sein stumpfer Verstand ihm sagte, dass da jemand hinter ihm war, war ich auf seinem Rücken und dieselben Finger, die einen wütenden Stier niedergestreckt hatten, schlossen sich um seinen Hals. Der Kampf war kurz – er starb schnell, und ich ließ ihn auf dem Dach liegen. Dann nahm ich ihm seine Uniform ab, zog sie an, mitsamt seinem Munitionsgürtel, nahm sein Gewehr und machte mich auf den Weg zu seinem Posten, wobei ich mit langsamen Schritten und dem Kinn auf der Brust ging, so wie er gelaufen war.

Am Ende meines Postens wartete ich auf den anderen Wachposten, und als er nahe genug war, wandte ich mich um, und er tat dasselbe. Dann drehte ich mich um und versetzte ihm mit meinem Gewehr einen furchtbaren Schlag auf den Kopf. Er starb schneller als der andere – auf der Stelle, würde ich sagen.

Ich nahm ihm sein Gewehr und seine Munition ab und ließ sie in den Pferch zu wartenden Händen hinunter. Dann ging ich weiter zur nächsten Wache und zur nächsten, bis ich fünf weitere getötet und ihre Gewehre an die Gefangenen unten weitergegeben hatte. Während ich dies tat, kletterten fünf Gefangene, die sich freiwillig bei Vater gemeldet hatten, auf das Dach des Schuppens, entkleideten die toten Männer und zogen die Uniformen an.

All das geschah in Stille und in der schwarzen Nacht konnte niemand sehen, was ein paar Fuß entfernt vor sich ging. Ich musste anhalten, als ich mich dem Wachhaus näherte. Dann kehrte ich zurück und ließ mich hinab in den Pferch, zusammen mit meinen Komplizen, die mit meinem Vater zu den anderen Gefangenen gingen und sie zur Meuterei aufwiegelten. Nun waren die meisten von ihnen bereit, mir zu folgen, denn bisher hatte sich mein Plan als erfolgreich erwiesen. Mit der gleichen Ruhe überwältigten wir die Männer im Wachhaus und zogen dann gemeinsam in Richtung der Baracken weiter.

Unser Angriff kam so plötzlich und so unerwartet, dass wir auf wenig Widerstand stießen. Wir waren jetzt fast fünftausend gegen vierzig. Wir fielen über sie her wie wilde Tiere und erschossen und bajonettierten sie, bis keiner mehr am Leben war. Kein einziger entkam. Wir waren so euphorisch, dass selbst der lahmste Gefangene zu einem mutigen Löwen wurde.

Wir, die wir die Uniform der Kasch-Garde angezogen hatten, tauschten sie wieder gegen unsere eigene Kleidung, da wir keine Lust hatten, in der verhassten Uniform unserer Unterdrücker hinauszugehen. Noch in der gleichen Nacht sattelten wir ihre Pferde mit den fünfzig Sätteln, die da waren, und fünfzig Männer ritten die restlichen Pferde ohne Sattel. Das machte hundert berittene Männer, und die anderen sollten zu Fuß folgen – nach Chicago. »Auf nach Chicago!« war unser Slogan.

Wir bewegten uns vorsichtig, obwohl es mir schwerfiel, sie dazu zu bewegen, so berauscht waren sie von ihrem ersten Erfolg. Ich wollte die Pferde retten, und ich wollte so viele Männer wie möglich nach Chicago bringen, also ließen wir die Schwächsten reiten, während die Starken zu Fuß gingen, obwohl ich eine Zeit lang Zeit brauchte, Roter Blitz dazu zu bringen, einen anderen als mich auf seinem schlanken Rücken zu tragen.

Einige blieben aus Erschöpfung oder aus Angst zurück, denn je mehr wir uns Chicago näherten, desto mehr ließ ihr Mut nach. Der bloße Gedanke an die gefürchteten Kalkar und ihre Kash-Garde ließ vielen das Mark in den Knochen gefrieren. Ich weiß nicht, ob man ihnen daraus einen Vorwurf machen kann, denn der menschliche Geist kann nur ein bestimmtes Maß ertragen, und wenn er gebrochen ist, kann ihn in derselben Generation nur ein Wunder heilen.

Wir erreichten die zerstörte Kirche eine Woche nach dem Tag, an dem ich Mutter und Juana dort zurückgelassen hatte. Wir erreichten sie mit weniger als zweitausend Männern, so viele waren desertiert in den letzten Meilen, bevor wir den Distrikt erreichten.

Vater und ich konnten es kaum erwarten, unsere Lieben zu sehen, und so ritten wir voraus, um sie zu begrüßen. In der Kirche fanden wir drei tote Ziegen und eine sterbende Frau – meine Mutter mit einem Messer, das aus ihrer Brust ragte. Sie war noch bei Bewusstsein, als wir eintraten, und ich sah Glück in ihren Augen aufleuchten, als sie Vater und mich sah. Ich sah mich nach Juana um, und mein Herz stand still, aus Angst, sie nicht zu finden – und aus Angst, sie zu finden.

Mutter konnte noch sprechen, und als wir uns über sie beugten, als Vater sie in seinen Armen hielt, erzählte sie schwach die Geschichte, die ihnen widerfahren war. Sie hatten in Frieden gelebt bis zu dem Tag, an dem die Kasch-Garde über sie gestolpert war – eine große Abteilung unter Or-tis Befehl. Sie hatten sie ergriffen, um sie mitzunehmen, aber Mutter hatte ein Messer in ihrer Kleidung versteckt und hatte es, wie wir sahen, benutzt, anstatt das Schicksal zu erleiden, von dem sie wusste, dass es sie erwartete. Das war alles, außer dass Juana kein Messer hatte und Or-tis sie weggebracht hatte.

Ich sah Mutter in den Armen meines Vaters sterben, und ich half ihm, sie zu begraben, nachdem unsere Männer gekommen waren und wir ihnen gezeigt hatten, was die Bestien getan hatten, obwohl sie selbst genug wussten und genug gelitten hatten, um zu wissen, was von den Schweinen zu erwarten war.

XI. Der Schlachter

Dann marschierten wir weiter, Vater und ich erfüllt von Trauer, Bitterkeit und Hass, der noch größer war, als zuvor. Wir marschierten zum Marktplatz unseres Distrikts, und auf dem Weg dorthin hielten wir bei Jim an, der sich uns anschloss. Mollie weinte, als sie hörte, was Mutter und Juana zugestoßen war, aber sie beherrschte sich und drängte Jim, sich uns anzuschließen, obwohl Jim kein Drängen brauchte. Sie küsste ihn zum Abschied mit Tränen und Stolz in den Augen, und alles, was er sagte, war: »Auf Wiedersehen, Mädchen. Behalte dein Messer immer bei dir.«

Und so ritten wir davon mit Mollies „Mögen die Heiligen mit euch sein!" in den Ohren. Wir hielten noch einmal bei unseren verlassenen Ziegenställen an, und dort gruben wir das Gewehr, den Gürtel und die Munition des Soldaten aus, den Vater Jahre zuvor getötet hatte, und gaben sie Jim.

Bevor wir den Marktplatz erreichten, begann unsere Truppe wieder zu schwinden – die meisten von ihnen konnten die Angst vor der Kash-Garde nicht ertragen, eine Angst, der seit ihrer Kindheit durch geflüsterte Geschichten und eigene Erfahrungen genährt worden war. Ich sage nicht, dass diese Männer Feiglinge waren – ich glaube nicht, dass sie Feiglinge waren, und doch haben sie sich wie Feiglinge verhalten. Es mag sein, dass sie durch lebenslange Konditionierung so gründlich gelernt hatten, vor der Kash-Garde zu fliehen, dass jetzt kein noch so großes Drängen sie dazu bringen könnte, sich ihr zu stellen. Diese Angst war ebenso instinktiv geworden wie die natürliche Abscheu des Menschen vor Schlangen. Sie könnten der Kash-Garde genauso wenig entgegentreten, wie manche Männer keine Klapperschlange berühren können, auch wenn sie tot ist.

Es war Markttag, und der Platz war überfüllt. Ich hatte meine Truppe so aufgeteilt, dass wir aus zwei Richtungen in breiten Fronten, etwa fünfhundert Mann in jeder Gruppe, einmarschierten und den Marktplatz umzingelten. Da nur wenige Männer aus unserem Distrikt unter uns waren, hatte ich den Befehl gegeben, dass nur die Kash-Garden getötet werden sollten, bis wir, die wir die Bevölkerung kannten, die richtigen Männer aussuchen konnten.

Als die Menschen uns zum ersten Mal sahen, wussten sie nicht, was sie davon halten sollten, so vollkommen war die Überraschung. Noch nie in ihrem Leben hatten sie Männer ihrer eigenen Klasse bewaffnet gesehen, und wir waren zu Hunderten und auf Pferden. Auf der anderen Seite des Platzes hingen eine Handvoll Kash-Garden vor Hoffmeyers Büro herum. Sie sahen zuerst meine Truppe, da die andere von hinten kam, und stiegen auf und ritten uns entgegen. Im selben Augenblick zog ich die Fahne aus meinem Hemd, spornte Roter Blitz an und schrie, die Fahne über meinem Kopf schwenkend: »Tod der Kash-Garde! Tod den Kalkar!«

Und da schien die Kasch-Garde plötzlich zu begreifen, dass sie tatsächlich es mit einer Streitmacht bewaffneter Männer zu tun hatte, und ihr wahres Gesicht zeigt sich – absolute Feigheit. Sie drehten um, um zu fliehen und sahen eine weitere Truppe hinter sich. Die Menschen hatten nun die Idee und den Geist unserer Absicht erfasst, und sie umringten uns schreiend, rufend, lachend und weinend.

»Tod der Kash-Garde!« »Tod den Kalkar!« »Die Flagge!«, hörte ich mehr als einmal.

Dutzende Männer eilten an meine Seite, ergriffen die wehende Flagge und drückten sie an ihre Lippen, während Tränen über ihre Wangen liefen. »Die Flagge! Die Flagge!« riefen sie. »Die Fahne unserer Väter!«

Dann, noch bevor ein Schuss fiel, ritt einer von der Kash-Garde mit einem weißen Tuch über dem Kopf auf mich zu. Ich erkannte ihn sofort als den Jugendlichen, der Mutter die grausame Nachricht überbracht und Trauer über die Taten seiner Vorgesetzten gezeigt hatte.

»Tötet uns nicht«, sagte er, »und wir werden uns euch anschließen. Viele der Kash-Garde in der Kaserne werden sich ebenfalls anschließen.«

Und so gesellte sich das Dutzend Soldaten auf dem Marktplatz zu uns, und eine Frau lief aus ihrem Haus mit dem aufgespießten Kopf eines Mannes auf einer Stange und schrie ihren Hass gegen die Kalkar heraus – den Hass, der das gemeinsame Band zwischen uns allen war. Als sie näherkam, sah ich, dass es die Frau von Pthav war, und der Kopf auf der Stange war der Kopf von Pthav. Das war der Anfang – das war der kleine Funke, der notwendig war. Wie Wahnsinnige, grausam lachend, stürmten die Menschen die Häuser der Kalkar und schleppten sie heraus um sie zu töten.

Über dem Schreien und Stöhnen und dem Lärm waren die Rufe nach der Flagge und den Namen geliebter Menschen zu hören, die gerächt werden sollten. Mehr als einmal hörte ich den Namen des Juden Samuels. Noch nie wurde ein Mann so sehr gerächt wie er an diesem Tag.

Dennis Corrigan war bei uns, befreit aus den Minen und Betty Worth, seine Frau fand ihn hier, die Arme bis zu den Ellbogen rot vom Blut unserer Unterdrücker. Sie hätte nie gedacht, ihn lebend wiederzusehen, und als sie seine Geschichte hörte und wie sie entkommen waren, rannte sie zu mir und zog mich fast vom Rücken von Roter Blitz, als sie versuchte, mich zu umarmen und zu küssen.

Sie war es, die die Leute anspornte, meinen Namen zu rufen, bis mich ein wahnsinniger, wirbelnder Mob freudestrahlender Menschen umgab. Ich versuchte, sie zu beruhigen, denn ich wusste, dass dies kein Weg war, um unsere Sache voranzubringen, und schließlich gelang es mir teilweise. Dann sagte ich ihnen, dass dieser Wahnsinn aufhören müsse, dass wir noch nicht gesiegt hätten, dass wir nur einen einzigen kleinen Distrikt gewonnen hätten und dass wir ruhig und nach einem vernünftigen Plan vorgehen müssten, wenn wir siegreich sein wollten.

»Denkt daran«, ermahnte ich sie, »dass noch Tausende bewaffneter Männer in der Stadt sind und dass wir sie alle stürzen müssen, und dann gibt es noch Tausende, die die Vierundzwanzig gegen uns mobilmachen werden, denn sie werden dieses Gebiet nicht aufgeben, solange sie nicht von hier bis Washington hoffnungslos besiegt sind – und das wird Monate und vielleicht Jahre dauern.«

Sie wurden etwas ruhiger, und wir schmiedeten Pläne für einen sofortigen Marsch auf die Kaserne, um die Kash-Garde zu überrumpeln. Etwa zu dieser Zeit fand Vater Soor und tötete ihn.

»Ich habe dir gesagt«, sagte Vater, kurz bevor er ein Bajonett in den Steuereintreiber stieß, »dass ich eines Tages meinen Spaß werde, und dies ist der Tag.«

Dann schleifte ein Mann Hoffmeyer aus irgendeinem Versteck, und die Leute rissen ihn buchstäblich in Stücke, und damit begann das Pandämonium von Neuem. Es gab Schreie wie „Auf zu den Baracken!" und »Tötet die Kash-Garde!«, gefolgt von einer gemeinsamen Bewegung in Richtung Seeufer. Unterwegs erhöhte sich unsere Zahl durch Freiwillige – kämpfende Männer und Frauen aus den Häusern unserer Klasse kamen aus den Häusern und trugen blutige aufgespießte Köpfe der Kalkar mit sich. Ich ritt an der Spitze und schwenkte das Sternenbanner an einem Stab.

Ich versuchte, eine gewisse Ordnung aufrechtzuerhalten, aber es war unmöglich, und so zogen wir weiter, schrien und töteten, lachten und weinten, jeder so, wie er es fühlte. Die Frauen schienen die Verrücktesten zu sein, möglicherweise, weil sie am meisten gelitten hatten, und Pthavs Frau führte sie an. Ich sah manche, die mit einer Hand ein säugendes Baby an eine nackte Brust drückten, während die andere den tropfenden Kopf eines Kalkars, eines Spitzels oder eines Spions hochhielt. Man konnte es ihnen nicht verübeln, die ein Leben voller Schrecken und Hoffnungslosigkeit geführt hatten.

Wir hatten gerade die neue Brücke überquert, die in das Herz der großen, zerstörten Stadt führte, als die Kasch-Garde aus dem Hinterhalt mit voller Stärke über uns herfiel. Sie waren schlecht diszipliniert, aber sie waren bewaffnet, während wir überhaupt nicht diszipliniert und kaum bewaffnet waren. Wir waren nichts weiter als ein wütender Mob, in den sie aus nächster Nähe eine Salve nach der anderen schossen.

Männer, Frauen und Babys stürzten zu Boden, und viele drehten sich um und flohen; aber es gab auch andere, die voranstürmten und Mann gegen Mann gegen die Kasch-Garde kämpften und ihnen die Gewehre entrissen. Die Berittenen von uns ritten zwischen sie. Ich konnte nicht gleichzeitig die Fahne tragen und kämpfen, also nahm ich sie vom Stab und steckte sie in mein Hemd, dann benutzte ich mein

Gewehr als Keule und lenkte Roter Blitz mit den Knien mitten in den Kampf.

Gott unserer Väter! Aber es war ein guter Kampf. Hätte ich gewusst, dass ich in der nächsten Minute sterben würde, wäre ich gerne gestorben für die Freude, die ich in diesen wenigen Minuten hatte. Sie gingen vor mir zu Boden, rechts und links fielen sie mit zerschmetterten Schädeln und zerbrochenen Körpern aus ihren Sätteln, denn wo ich sie traf, machte keinen Unterschied – sie starben, wenn sie in die Reichweite meines Gewehrs kamen, das bald nur noch ein verbogenes und verdrehtes Rohr aus blutigem Metall war.

Und so ritt ich hindurch, mit einer Handvoll Männer hinter mir. Wir wendeten schließlich, um über die Ruinen zurückzureiten, die an dieser Stelle nur noch Trümmer waren, und von einem dieser Hügel aus der toten Vergangenheit sah ich die Schlacht unten am Fluss, und es schnürte mir die Kehle zu. Es war alles vorbei – bis auf das blutige Massaker. Mein armer Mob hatte sich schließlich umgedreht, um zu fliehen. Sie waren eingeklemmt und steckten auf der schmalen Brücke fest, und die Kash-Garde feuerte Salven in diese verkeilte Masse aus Menschenfleisch. Hunderte sprangen in den Fluss, nur um von den Soldaten vom Ufer aus erschossen zu werden.

Fünfundzwanzig berittene Männer begleiteten mich – alles, was von meiner Kampftruppe übrig geblieben war – und mindestens zweitausend Kash-Garden lagen zwischen uns und dem Fluss. Selbst wenn wir uns hätten zurückkämpfen können, hätten wir nichts tun können, um den Tag oder unser eigenes Volk zu retten. Wir waren dem Tode geweiht, aber wir beschlossen, vor unserem Tod so viel Schaden wie möglich anzurichten.

Ich dachte an Juana in den Fängen von Or-tis – nicht ein einziges Mal hatte der schreckliche Gedanke mich verlassen – und so sagte ich ihnen, dass ich zum Hauptquartier reiten und nach ihr suchen würde, und sie erwiderten, dass sie mit mir reiten würden und dass wir so viele wie möglich töten würden, bevor die Soldaten zurückkehrten.

Unser Traum war geplatzt, unsere Hoffnungen waren tot. Schweigend ritten wir durch die Straßen auf die Kaserne zu. Die Kasch-Garde war nicht, wie wir gehofft hatten, zu uns übergelaufen – möglicherweise hätten sie es getan, wenn wir in der Stadt ein gewisses

Maß an Erfolg gehabt hätten; aber ein Mob von Männern, Frauen und Kindern konnte keinen Erfolg gegen bewaffnete Truppen haben.

Mir wurde zu spät klar, dass wir nicht ausreichend geplant hatten, und vielleicht hätten wir noch gewinnen können, wenn nicht jemand entkommen und vorausgeritten wäre, um die Kash-Garde zu benachrichtigen. Hätten wir sie in den Kasernen überraschen können, wäre das Ergebnis vielleicht so gewesen, wie auf den Marktplätzen. Ich war mir unserer Schwäche bewusst gewesen und der Tatsache, dass, wenn wir uns die Zeit genommen hätten, um zu planen und vorzubereiten, ein Spion oder Spitzel den Behörden alles verraten hätte können, lange bevor wir unsere Pläne in die Tat umsetzen konnten. Es hatte tatsächlich keine andere Möglichkeit gegeben, als auf einen Überraschungsangriff und die Wucht unseres ersten Schlages zu vertrauen.

Ich schaute meine Mitstreiter an, während wir ritten.

Jim war da, aber nicht Vater – ich habe ihn nie wieder gesehen. Wahrscheinlich war er in der Schlacht an der neuen Brücke gefallen. Orrin Colby, der Schmied und Prediger, ritt an meiner Seite, mit Blut bedeckt – seinem eigenen und dem der Kash-Garde. Dennis Corrigan war auch dabei.

Wir ritten direkt auf den Kasernenhof, denn wegen ihres Mangels an Disziplin und militärischer Effizienz hatten sie ihre gesamte Truppe gegen uns geschickt, mit Ausnahme einiger weniger Männer, die zur Bewachung der Gefangenen zurückgeblieben waren und einer Handvoll im Gebäude des Hauptquartiers. Letztere wurden fast ohne Kampf überwältigt, und von einem, den ich gefangen nahm, erfuhr ich, wo sich die Schlafquartiere von Or-tis befanden.

Ich sagte meinen Männern, dass unsere Arbeit getan sei, und befahl ihnen, sich zu zerstreuen und zu fliehen, aber sie erklärten, sie würden bei mir bleiben. Ich sagte ihnen, dass ich mich allein um diese Angelegenheit kümmern müsse, und bat sie, die Gefangenen zu befreien, während ich nach Juana suchte. Sie meinten, sie würden draußen auf mich warten, und wir trennten uns.

Die Unterkünfte von Or-tis befanden sich im zweiten Stock des Gebäudes im Ostflügel, und ich hatte keine Schwierigkeiten, sie zu finden. Als ich mich der Tür näherte, hörte ich den Klang von wütenden Stimmen im Inneren und Geräusche, als ob jemand hin und her laufen würde. Ich erkannte die Stimme von Or-tis, der auf übelste Weise fluchte und dann hörte ich den Schrei einer Frau, und wusste, es war Juana.

Ich versuchte die Tür zu öffnen, aber sie war abgeschlossen. Es war eine massive Tür, wie sie die Alten in ihren großen öffentlichen Gebäuden wie diesem ursprünglich gebaut hatten, und ich zweifelte an meiner Fähigkeit, sie aufzubrechen. Ich war wahnsinnig vor Angst und Rachegelüsten, und wenn Wahnsinnige zehn Mal stärker werden, wenn der Irrsinn über sie hereinbricht, dann muss ich in diesem Moment ein Wahnsinniger gewesen sein, denn als ich ein paar Meter zurücktrat, und mich gegen die Tür warf, riss der Bolzen aus dem Rahmen und die Türe öffnete sich mit einem lauten Knall.

Vor mir, in der Mitte des Raumes, stand Or-tis mit Juana in seinen Fängen. Sie lag über einem Tisch und Or-tis würgte sie mit seiner behaarten Hand. Als er den Lärm hörte, blickte er auf, und als er mich sah, wurde er blass und ließ Juana los. Gleichzeitig zog er seine Pistole aus dem Holster. Juana sah mich auch, griff nach seinem Arm und zog ihn nach unten, so dass die Kugel in den Boden einschlug, als er den Abzug drückte.

Bevor er Juana abwehren konnte, war ich bei ihm und hatte ihm die Waffe aus der Hand gerissen. Ich hielt ihn mit einer Hand fest wie ein kleines Kind – er war völlig hilflos in meinem Griff – und ich fragte Juana, ob er ihr Unrecht zugefügt habe.

»Noch nicht«, sagte sie, »er kam herein, nachdem er die Kash-Garde weggeschickt hatte. Irgendetwas ist geschehen. Es wird eine Schlacht geben, aber er hat sich in die Sicherheit seines Quartiers zurückgeschlichen.«

Dann schien sie zum ersten Mal zu bemerken, dass ich mit Blut bedeckt war. »Es hat einen Kampf gegeben!«, rief sie, »und du warst dabei.«

Ich sagte ihr, dass es so war und dass ich ihr davon erzählen würde, wenn ich mit Or-tis fertig wäre. Er begann zu flehen und zu wimmern. Er versprach mir Freiheit und Immunität vor Strafe und Verfolgung, wenn ich ihn am Leben lassen würde. Er versprach, Juana nie wieder zu belästigen und uns Schutz und Unterstützung zu gewähren. Er hätte mir die Sonne und den Mond und all die kleinen Sterne versprochen, wenn er gedacht hätte, dass ich sie mir wünsche, aber ich wünschte mir nur eines, und das sagte ich ihm auch – ihn sterben zu sehen.

»Hättest du ihr etwas angetan«, sagte ich, »wärst du einen langsamen und schrecklichen Tod gestorben; aber ich kam rechtzeitig, um sie zu retten, und so ist dir dieses Leiden erspart geblieben.«

Als er merkte, dass nichts ihn retten konnte, fing er an zu weinen, und seine Knie zitterten so sehr, dass er nicht mehr stehen konnte, ich musste ihn mit einer Hand festhalten, und mit der anderen versetzte ich ihm einen einzigen furchtbaren Schlag zwischen die Augen – einen Schlag, der ihm das Genick brach und seinen Schädel zertrümmerte. Dann ließ ich ihn zu Boden fallen und nahm Juana in meine Arme.

Als wir zum Eingang des Gebäudes eilten, erzählte ich ihr schnell, was seit unserer Trennung geschehen war, und dass sie nun eine Weile allein zurückbleiben müsste, bis ich wieder bei ihr sein könnte. Ich sagte ihr, wo sie hingehen und auf mich warten sollte – zu einem vergessenen Ort, den ich auf meiner Reise zu den Minen am Ufer des alten Kanals entdeckt hatte. Sie weinte und klammerte sich an mich, bettelte darum, bei mir bleiben zu dürfen, aber ich wusste, dass es nicht sein konnte, denn schon jetzt konnte ich Kämpfe unten im Hof hören. Wir könnten uns wirklich glücklich schätzen, wenn einem von uns die Flucht gelänge. Endlich versprach sie es, unter der Bedingung, dass ich sofort zu ihr kommen würde, was ich natürlich vorhatte, sobald ich die Gelegenheit hätte.

Roter Blitz stand dort, wo ich ihn vor der Tür zurückgelassen hatte. Eine Kompanie der Kash-Garde, die offensichtlich von der Schlacht zurückkehrte, war mit meiner kleinen Truppe beschäftigt, die sich langsam in Richtung Hauptquartier zurückzog. Es gab keine Zeit zu verlieren, wenn Juana entkommen sollte. Ich hob sie auf den Rücken von Roter Blitz, von wo aus sie sich herunterbeugte, ihre lieben Arme um meinen Hals legte und meine Lippen mit Küssen bedeckte.

»Komm bald zu mir zurück«, flehte sie, »ich brauche dich so sehr – und es wird nicht lange dauern, bis es noch jemand anderen geben wird, der dich auch braucht.

Ich drückte sie an meine Brust. »Und wenn ich nicht zurückkomme«, sagte ich, »dann nimm dies und gib es meinem Sohn, damit er es bewachen kann, wie es seine Väter vor ihm getan haben." Ich legte die Fahne in ihre Hände.

Die Kugeln pfiffen um uns herum, und ich zwang sie zu gehen und beobachtete, wie das edle Pferd schnell über den Hof galoppierte und zwischen den Ruinen im Westen verschwand. Dann wandte ich mich dem Kampf zu, und stellte fest, dass nur noch zehn Männer übrig waren. Orrin Colby war tot und auch Dennis Corrigan. Jim war übrig geblieben und neun weitere. Wir kämpften, so gut wir konnten, aber jetzt waren wir in die Enge getrieben, denn andere Wachen strömten aus allen Richtungen auf den Hof, und unsere Munition war verbraucht.

Sie stürzten sich auf uns – zwanzig zu eins – und obwohl wir unser Bestes taten, überwältigten sie uns. Jim wurde glücklicherweise auf der Stelle getötet, aber ich wurde nur durch einen Schlag auf den Kopf betäubt.

In dieser Nacht wurde ich vor ein Kriegsgericht gestellt und gefoltert, um mich dazu zu bringen, die Namen meiner Komplizen preiszugeben. Aber es waren keine mehr am Leben, von denen ich wusste, selbst wenn ich sie verraten wollte. Aber ich weigerte mich zu sprechen. Nachdem ich mich von Juana verabschiedet hatte, habe ich nie wieder gesprochen, abgesehen von den wenigen Worten der Ermutigung, die zwischen uns, die wir bis zuletzt kämpften, gewechselt wurden.

Früh am nächsten Morgen wurde ich zum Schlachter geführt.

Ich erinnere mich an jedes Detail bis zu dem Moment, als das Messer meine Kehle berührte – es gab ein leichtes Stechen, gefolgt von sofortigem Vergessen.

* * *

Es war helllichter Tag, als er fertig war – so schnell war die Nacht vergangen – und ich konnte im Licht, das aus dem Bullauge kam, erkennen, dass sein Gesicht gezeichnet und verhärmt aussah und dass er selbst jetzt noch unter den Sorgen und Enttäuschungen des bitteren, hoffnungslosen Lebens litt, das er gerade beschrieben hatte.

Ich stand auf, um mich zurückzuziehen. »Das ist alles?« fragte ich.

»Ja«, antwortete er, »das ist alles von jener Reinkarnation.«

»Aber sie erinnern sich noch an andere?« beharrte ich. Er lächelte nur, als ich die Tür schloss.

Ende

Der rote Falke

I. Die Flagge

Die Januarsonne brannte heiß, als ich Roter Blitz auf dem Gipfel eines kahlen Hügels zügelte und auf das Land des Überflusses hinunterblickte, das sich unter mir erstreckte, so weit das Auge reichte. In dieser Richtung lag das mächtige Meer, vielleicht einen Tagesritt westwärts – das Meer, das keiner von uns je gesehen hatte; jenes Meer, das in den Legenden der Antike zu einer Fabel geworden war in den fast vierhundert Jahren, die vergangen waren, seit die Menschen des Mondes in ihrem wahnsinnigen, blutigen revolutionären Karneval über uns hergefallen waren und die Erde besiegt hatten.

In der Ferne verhöhnte uns das Grün der Orangenhaine zusammen mit Walnussbäumen, die ihre Blätter verloren hatten, während man weiter südlich die erdigen Bereiche der Weinberge sehen konnte, die auf die heiße Sonne im April und Mai warteten, um ebenfalls ihr unbändiges und üppiges Grün zu entfalten. Und von diesem Schlaraffenland schlängelte sich ein gewundener Pfad den Berghang herauf bis zu der Ebene, auf der wir saßen und auf diese letzte Hochburg unserer Feinde hinunterblickten.

Als die Menschen der Antike diesen Pfad gebaut haben, muss er breit und schön gewesen sein, aber in den vergangenen Jahrhunderten haben der Mensch und die Elemente ihn leider verwüstet. Die Regenfälle haben ihn stellenweise weggespült, und die Kalkar haben tiefe Gräben gebaut, um uns, ihre Feinde, davon abzuhalten, in ihr verbliebenes Land einzudringen und sie ins Meer zu treiben; und auf ihrer Seite der Gräben hatten sie Festungen gebaut, in denen immer Krieger wachten. So war es bei jedem Pass, der in ihr Land hinunterführte. Und sie hatten recht, sich so gut zu schützen!

Seit dem Tod meines großen Vorfahren, Julian IX. im Jahr 2122, am Ende des ersten Aufstandes gegen die Kalkar, haben wir sie langsam wieder zurückgedrängt. Das ist mehr als dreihundert Jahre her. Seit hundert Jahren halten sie uns hier fest, nur einen Tagesritt vom Ozean entfernt. Wie weit es genau ist, wissen wir nicht; aber im Jahre 2408 ritt mein Großvater, Julian XVIII. allein fast bis ans Meer.

Er war fast wieder in Sicherheit, als er entdeckt wurde und fast bis zu den Zelten seiner Leute verfolgt wurde. Es gab eine Schlacht, und die Kalkar, die es gewagt hatten, in unser Land einzufallen, wurden vernichtet, aber Julian XVIII. starb an seinen Wunden, ohne mehr sagen zu können, als dass zwischen uns und dem Meer, das nicht mehr als einen Tagesritt entfernt war, ein wundersames reiches Land lag. Ein Tagesritt kann für uns alles unter hundert Meilen sein.

Wir sind ein Wüstenvolk. Unsere Herden weiden auf einem riesigen Gebiet, in dem Futter knapp ist, damit wir dem Ziel, das uns unsere Vorfahren vor drei Jahrhunderten gesetzt hatten, immer nahe sind – dem Ufer des westlichen Meeres. Denn es ist unser Schicksal, die Übriggebliebenen unserer früheren Unterdrücker in dieses Gewässer zu treiben.

In den Wäldern und Bergen Arizonas gibt es üppiges Weideland, aber es ist weit entfernt vom Land der Kalkar, wo die Letzten des Stammes von Or-tis noch Widerstand leisten, und so ziehen wir es vor, in der Wüste in der Nähe unserer Feinde zu leben und unsere Herden bei Bedarf über weite Strecken auf die Weide zu treiben, anstatt uns in einem vergleichsweise reichen Land niederzulassen und den uralten Kampf, die alte Fehde zwischen dem Haus Julian und dem Haus Or-tis, aufzugeben.

Eine leichte Brise bewegt die schwarze Mähne des hellbraunen Hengstes unter mir. Sie bewegt auch meine eigene schwarze Mähne, die von einem Stirnband aus Leder gebändigt wird. Sie bewegt die herabhängenden Enden der Häuptlingsdecke, die hinter dem Sattel festgeschnallt ist.

Am zwölften Tag des achten Monats des gerade vergangenen Jahres schützte diese Häuptlingsdecke die Schultern meines Vaters, Julian XIX., vor den brennenden Strahlen der sommerlichen Wüstensonne. Ich war an diesem Tag zwanzig Jahre alt geworden, und an diesem Tag fiel mein Vater durch die Lanze eines Or-tis in der Großen Schlacht, und ich wurde zum Oberhäuptling.

Nun, da ich hier sitze und auf das Land meiner Feinde hinunterschaue, bin ich von fünfzig der stärksten Häuptlinge der hundert Clans umgeben, die dem Haus Julian die Treue schworen. Es sind gebräunte und zum größten Teil bartlose Männer.

Die Insignien ihrer Clans sind in verschiedenen Farben auf ihre Stirn, ihre Wangen und ihre Brust gemalt. Sie verwenden Ocker, Blau, Weiß und Scharlachrot. Die Stirnbänder, die ihr Haar bändigen, sind mit Federn verziert – Federn des Geiers, des Falken und des Adlers. Ich, Julian XX., trage eine einzige Feder. Sie stammt von einem rotschwänzigen Falken – dem Clanzeichen meiner Familie.

Wir sind alle ähnlich gekleidet. Lassen sie mich Wolf beschreiben, und durch diese Schilderung werden sie eine Idee von uns allen bekommen. Er ist ein sehniger, gut gebauter Mann von fünfzig Jahren, mit stechenden grau-blauen Augen unter geraden Brauen. Sein Kopf ist wohlgeformt, was auf große Intelligenz hinweist. Seine Gesichtszüge sind markant und kraftvoll und von einer gewissen Wildheit, die das Herz eines Feindes in Schrecken versetzen könnte – und das geschieht oft, wie die Skalpe der Kalkar, die seine Zeremoniendecke säumen, beweisen.

Seine Reithosen, die an der Hüfte weit und von den Knien abwärts eng anliegend sind, bestehen aus der Haut des Rehbocks. Seine weichen Stiefel, die eng um die Wade jedes Beins gebunden sind, sind ebenfalls aus Rehhaut. Oberhalb der Taille trägt er eine ärmellose Weste aus pelzgegerbtem Kalbsleder. Die von Wolf ist rehbraun und weiß.

Manchmal sind diese Westen mit Stücken aus farbigem Stein oder Metall verziert, die in verschiedenen Mustern auf das Leder genäht sind. Vom Stirnband des Wolfes, knapp über dem rechten Ohr, hängt der Schwanz eines Grauwolfs – das Clanzeichen seiner Familie.

Ein ovaler Schild, auf dem der Kopf eines Wolfes gemalt ist, hängt um den Hals dieses Häuptlings und bedeckt seinen Rücken vom Nacken bis zu den Nieren. Es handelt sich um einen starken, leichten Schild – ein mit Stierfell bespannter Hartholzrahmen. An seinem Rand sind die Schwänze von Wölfen befestigt. In diesen Angelegenheiten lässt jeder Mann mithilfe der Frauen seines Clans seiner Fantasie in Sachen Ornamentik freien Lauf.

Clanzeichen und Häuptlingszeichen sind jedoch heilig. Die Verwendung eines dieser Zeichen durch jemanden, der kein Anrecht darauf hat, könnte den Tod bedeuten. Ich sage »könnte«, weil wir keine starren Gesetze haben. Wir haben nur wenige Gesetze.

Die Kalkar haben ständig Gesetze gemacht, deshalb hassen wir sie. Wir beurteilen jeden Fall gesondert, und wir achten mehr darauf, was ein Mann zu tun beabsichtigte, als darauf, was er tat.

Wolf ist, wie wir alle, mit einer leichten Lanze von etwa zwei Fuß Länge, einem Messer und einem geraden zweischneidigen Schwert bewaffnet. Ein kurzer, kräftiger Bogen ist an seinem rechten Steigbügelriemen befestigt, und ein Pfeilköcher an seinem Sattelbogen.

Die Klingen seines Schwertes und seines Messers und das Metall seiner Lanzenspitze stammen aus einem weit entfernten Ort namens Kolrado und werden von einem Stamm hergestellt, der wegen der Härte des Metalls seiner Klingen berühmt ist. Die Utaws bringen uns auch Metall, aber ihres ist minderwertig, und wir verwenden es nur für die Hufeisen, die die Hufe unserer Pferde vor dem scharfen Sand und den Felsen unseres harten und unfruchtbaren Landes schützen.

Die Kolrados reisen viele Tage, um uns zu erreichen, und sie kommen einmal in zwei Jahren. Sie ziehen unbehelligt durch die Länder vieler Stämme, weil sie das bringen, was ansonsten keiner hätte und was wir in unserem nicht enden wollenden Kreuzzug gegen die Kalkar brauchen.

Das ist das Einzige, was die verstreuten Clans und Stämme zusammenhält, die sich nach Osten, Norden und Süden ausbreiten. Alle sind von der gleichen Absicht beseelt – den letzten Kalkar ins Meer zu treiben.

Von den Kolrados erhalten wir dürftige Nachrichten von Clans, die in Richtung der aufgehenden Sonne leben. Weit, weit im Osten, sagen sie, so weit, dass es in einem Leben kein Mensch erreichen könnte – liegt ein anderes großes Meer, und dort, wie auch hier am westlichen Rand der Welt, leisten die Kalkar ihren letzten Widerstand. Der ganze Rest der Welt wurde von den Menschen unseres eigenen Blutes zurückgewonnen.

Wir freuen uns immer, wenn die Kolrados kommen, denn sie bringen uns Nachrichten von anderen Völkern; und wir begrüßen auch die Utaws freundlich, obwohl wir kein freundliches Volk sind und alle anderen, die zu uns kommen, töten, vor allem aus Furcht, dass sie Spione der Kalkar sein könnten.

Es wird vom Vater an den Sohn weitergegeben, dass dies nicht immer so war, und dass die Menschen der Welt einst sicher von Ort zu Ort hin und her reisten, und dass damals alle dieselbe Sprache sprachen; aber jetzt ist es anders. Die Kalkar brachten Hass und Misstrauen unter uns, bis jetzt vertrauen wir nur den Mitgliedern unserer eigenen Clans und Stämme.

Mit den Kolrados, die oft bei uns sind, können wir uns mit wenigen Worten und vielen Zeichen verständigen, obwohl wir sie nicht verstehen, wenn sie untereinander ihre eigene Sprache sprechen, abgesehen von einem gelegentlichen Wort, das wie eines der unseren ist. Sie sagen, wenn der letzte Kalkar aus der Welt vertrieben ist, werden wir in Frieden miteinander leben; aber ich fürchte, das wird nie geschehen, denn wer würde durchs Leben gehen, ohne eine Lanze zu brechen oder seine Schwertspitze hin und wieder in das Blut eines Fremden zu tauchen? Nicht der Wolf, das schwöre ich; und noch weniger Roter Falke.

Bei der Flagge! Es bereitet mir mehr Freude, einem Fremden auf einem einsamen Pfad zu begegnen als einem Freund, denn ich kann meine Lanze nicht gegen einen Freund richten und das Rauschen des Windes spüren, wenn Roter Blitz mich schnell zu der Beute trägt und ich mich im Sattel ducke und den Nervenkitzel spüre, wenn wir zuschlagen.

Ich bin Roter Falke. Ich bin erst zwanzig, und doch beugen sich die wilden Häuptlinge von hundert kämpferischen Clans meinem Willen. Ich bin ein Julian – der zwanzigste Julian – und von diesem Jahr 2430 kann ich meine Linie fünfhundertvierunddreißig Jahre bis zu Julian I., der 1896 geboren wurde, zurückverfolgen. Von Vater zu Sohn, von Mund zu Mund wurde die Geschichte eines jeden Julian überliefert, und es gab in dieser ganzen langen Abstammungslinie keinen einzigen Schandfleck auf dem Schild eines einzigen von ihnen, und auch auf dem Schild von Julian XX. wird nie ein Schandfleck sein.

Von meinem fünften bis zu meinem zehnten Lebensjahr lernte ich, Wort für Wort, wie schon mein Vater vor mir, alles über die Taten meiner Vorfahren und den Hass auf die Kalkar und den Stamm der Or-tis. Dies und das Reiten war meine Ausbildung. Von zehn bis fünfzehn lernte ich den Umgang mit Lanze, Schwert und Messer, und an meinem sechzehnten Geburtstag ritt ich mit den anderen Männern – als Krieger.

Als ich an diesem Tag dort saß und auf das Land der verfluchten Kalkar hinunterblickte, wanderten mein Gedanken zurück zu den

Taten des fünfzehnten Julian, der die Kalkar durch die Wüste und über den Rand dieser Berge in das Tal unter mir getrieben hat, nur hundert Jahre vor meiner Geburt, und ich wandte mich Wolf zu und zeigte hinunter zu den grünen Hainen und den fernen Hügeln und dorthin, wo der geheimnisvolle Ozean lag.

»Seit hundert Jahren halten sie uns hier fest«, sagte ich. »Das ist zu lange.«

»Es ist zu lange«, stimmte Wolf zu.

»Wenn die Regenzeit vorbei ist, führt Roter Falke sein Volk in das Land des Überflusses.«

Fels erhob seinen Speer und schüttelte ihn wild in Richtung des Tales weit unten. Der Skalp, der direkt unter der metallenen Spitze befestigte war, zitterte im Wind. »Wenn der Regen vorbei ist!«, rief Fels. Seine grimmigen Augen glühten fanatisch.

»Das Grün der Haine werden wir rot färben mit ihrem Blut«, rief Klapperschlange.

»Mit unseren Schwertern, nicht mit unseren Mündern«, sagte ich und drehte Roter Blitz nach Osten.

Kojote lachte, und die anderen schlossen sich ihm an, als wir uns abwärts von den Hügeln in Richtung Wüste bewegten.

Am Nachmittag des folgenden Tages kamen wir in Sichtweite unserer Zelte, die neben den gelben Fluten des Flusses errichtet waren. Fünf Meilen zuvor hatten wir Rauchwolken von der Spitze eines Hügels nördlich von uns aufsteigen sehen. Dies sagte uns, dass sich eine Gruppe von Reitern aus dem Westen näherte. Es sagte uns, dass unsere Wache aufmerksam war und dass zweifellos alles in Ordnung war.

Auf ein Signal hin formierten sich meine Krieger in zwei geraden Linien, die sich in der Mitte kreuzten. Einen Augenblick später erhob sich ein weiteres Rauchsignal, das das Lager darüber informierte, dass wir Freunde waren und dass unser Signal richtig gelesen worden war.

Daraufhin galoppierten wir schreiend und unsere Speere schwingend zwischen die Zelte.

Hunde, Kinder und Sklaven brachten sich in Sicherheit, die Hunde bellten, die Kinder und Sklaven schrien und lachten. Als wir uns vor unseren Zelten von den Pferden schwangen, stürzten Sklaven heraus, um die Zügel zu ergreifen, die Hunde sprangen bellend und ausgelassen an uns hoch, während die Kinder sich auf ihre Väter, Onkel oder Brüder stürzten und die Neuigkeiten vom Ritt oder einen Anteil an der Beute des Kampfes oder der Jagd verlangten. Dann begrüßten wir unsere Frauen.

Ich hatte keine Ehefrau, aber da waren meine Mutter und meine beiden Schwestern, und ich fand sie im Innenzelt auf einer niedrigen Liege sitzend, die ebenso wie der Boden mit den hellen Decken bedeckt war, die unsere Sklaven aus der Wolle von Schafen webten. Ich kniete nieder, nahm die Hand meiner Mutter und küsste sie, dann küsste ich sie auf die Lippen, und auf die gleiche Weise grüßte ich meine Schwestern, die Ältere zuerst.

Das ist Brauch bei uns; aber es ist auch eine Freude, denn wir respektieren und lieben unsere Frauen. Selbst wenn es nicht so wäre, würden wir den Schein wahren, schon allein deshalb, weil die Kalkar anders handeln. Sie sind Rüpel und Schweine.

Wir gestatten unseren Frauen keine Stimme in den Räten der Männer, aber nichtsdestotrotz beeinflussen sie unsere Räte aus der Abgeschiedenheit ihrer inneren Zelte heraus. Es ist bei uns in der Tat ungewöhnlich für eine Mutter, sich im Rat nicht durch ihren Mann oder ihre Söhne Gehör zu verschaffen, und sie tut dies durch die Liebe und den Respekt, den ihre Männer ihr entgegenbringen, und nicht durch Tadel und Nörgelei.

Sie sind wunderbar, unsere Frauen. Für sie und die Fahne haben wir dreihundert Jahre lang auf der ganzen Welt gegen den Feind gekämpft. Für sie werden wir weitermachen und ihn ins Meer treiben.

Während die Sklaven das Abendessen vorbereiteten, unterhielt ich mich mit meiner Mutter und meinen Schwestern. Meine beiden Brüder, Geier und Regenwolke, saßen zu Mutters Füßen. Geier war achtzehn Jahre alt, ein prächtiger Krieger, ein wahrer Julian.

Regenwolke war damals sechzehn Jahre alt, und ich glaube, er war das schönste Geschöpf, das ich je gesehen hatte. Er war gerade erst ein Krieger geworden, aber sein Temperament war so sanft und liebenswert, dass das Töten von Menschen für ihn eine höchst unpassende Bestimmung zu sein schien; dennoch war er ein Julian, und es gab keine Alternative.

Alle liebten und respektierten ihn, auch wenn er sich nie mit Waffengewalt hervorgetan hatte, woran er auch keinen Gefallen fand; aber sie respektierten ihn, weil sie wussten, dass er mutig war und dass er genauso mutig kämpfen würde wie jeder von ihnen, auch wenn er es vielleicht nicht tun wollte. Ich persönlich hielt Regenwolke für mutiger als mich, denn ich wusste, dass er etwas, was er hasste, gut machen würde, während ich nur das gut machte, was ich liebte.

Geier ähnelte mir im Aussehen und in der Liebe zum Blut, also ließen wir Regenwolke zu Hause, um die Frauen und Kinder zu bewachen, was keine Schande war, da es sich um eine höchst ehrenwerte und heilige Verantwortung handelte, und wir gingen zu den Kämpfen, wenn es welche gab, und wenn es keine gab, gingen wir hinaus und suchten sie. Wie oft ritt ich auf Pfaden, die weit über unsere Grenzen führten, und sehnte mich danach, einen fremden Reiter zu treffen, gegen den ich meine Lanze richten könnte!

Wir stellten damals keine Fragen, wenn wir einem Fremden nahe genug kamen, um sein Clanzeichen zu sehen und zu erkennen, dass er einem anderen Stamm angehörte und wahrscheinlich genauso erpicht auf den Kampf war wie wir, sonst hätte er versucht, uns auszuweichen. Wir zügelten die Pferde bei einer bestimmten Entfernung und machten unsere Lanze bereit, dann rief jeder laut seinen Namen und wir stürzten uns mit einem Fluch auf den anderen. Am Ende ritt einer mit einem frischen Skalp und einem neuen Pferd weiter, um seine Herde zu vergrößern, während der andere blieb, um die Geier und Kojoten zu ernähren.

Zwei oder drei unserer großen, zotteligen Hunde kamen herein und legten sich zu uns, während wir mit Mutter und den beiden Mädchen Nallah und Neeta sprachen. Hinter meiner Mutter und meinen Schwestern hockten drei Sklavinnen, bereit ihre Wünsche zu erfüllen, denn unsere Frauen arbeiten nicht. Sie reiten und laufen und schwimmen und halten ihren Körper stark und fit, damit sie mächtige Krieger gebären können, aber Arbeit ist unter ihrer Würde, so wie es auch bei uns ist.

Wir jagen und kämpfen und hüten unsere eigenen Herden, denn das ist keine niedere Arbeit, aber alle anderen Arbeiten verrichten die

Sklaven. Wir fanden sie hier, als wir kamen. Sie waren schon immer hier – ein schwerfälliges, dunkelhäutiges Volk, Weber von Decken, Flechter von Körben, Töpfer und Bauern. Wir sind freundlich zu ihnen, und sie sind glücklich.

Die Kalkar, die vor uns da waren, waren nicht freundlich zu ihnen. Seit mehr als hundert Jahren wurde bei ihnen von Vater zu Sohn überliefert, dass die Kalkar grausam zu ihnen waren, und sie hassen die Erinnerung an sie; doch wenn wir von den Kalkar vertrieben würden, würden diese einfachen Leute bleiben und ihren grausamen Herren erneut dienen, denn sie werden ihr Land nie verlassen.

Sie haben seltsame Legenden aus einer fernen Zeit, als große eiserne Pferde durch die Wüste rannten und eiserne Zelte voller Menschen hinter sich herzogen, und sie zeigen auf Löcher in den Berghängen, durch die diese eisernen Ungeheuer ihren Weg in die grünen Täler am Meer fanden, und sie erzählen von Männern, die flogen wie Vögel und genauso schnell; aber natürlich wissen wir, dass es solche Dinge nie gab und dass es nur Geschichten sind, die die alten Männer und die Frauen den Kindern zur Unterhaltung erzählten. Wir hören ihnen jedoch gerne zu.

Ich erzählte meiner Mutter von meinen Plänen, nach den Regenfällen ins Tal der Kalkar zu ziehen.

Sie schwieg einige Zeit, bevor sie eine Antwort gab.

»Ja, natürlich«, sagte sie: »Du wärst kein Julian, wenn du es nicht versuchen würdest. Mindestens zwanzig Mal in hundert Jahren sind unsere Krieger in großer Zahl in das Tal der Kalkar hinabgestiegen und zurückgedrängt worden. Ich wünschte, du hättest dir eine Frau genommen und würdest einen Sohn – Julian XXI. – hinterlassen, bevor du zu dieser Expedition aufbrichst, von der du vielleicht nicht zurückkehren wirst. Denke gut darüber nach, mein Sohn, bevor du aufbrichst. Ein oder zwei Jahre werden keinen großen Unterschied machen. Aber du bist der Große Häuptling, und wenn du dich entscheidest zu gehen, können wir hier nur auf deine Rückkehr warten und beten, dass es dir gut geht.«

»Aber du verstehst nicht, Mutter«, antwortete ich. »Ich sagte, dass wir nach den Regenfällen ins Tal der Kalkar ziehen werden. Ich habe nicht gesagt, dass wir wiederkommen werden. Ich habe nicht gesagt, dass ihr hier bleiben und auf unsere Rückkehr warten werdet. Ihr werdet uns begleiten. Der Stamm Julian zieht in das Tal der Kalkar hinunter, wenn die Regenzeit vorüber ist, und sie nehmen ihre Frauen und Kinder, ihre Zelte, ihre Herden und Bestände und alle anderen beweglichen Besitztümer mit sich, und – sie kehren nicht mehr zurück, und werden nie mehr in der Wüste leben.«

Sie antwortete nicht, sondern saß nur in Gedanken da.

Da kam ein Sklave, um uns Krieger zum Abendessen zu holen. Die Frauen und Kinder nehmen diese Mahlzeit in ihren Zelten ein, aber die Krieger versammeln sich um einen großen runden Tisch, den sogenannten Kreis der Räte.

Wir waren hundert an diesem Abend. Fackeln in den Händen von Sklaven spendeten uns Licht, und es gab Licht vom Kochfeuer, das in der Mitte des Kreises brannte, den die Tische bildeten. Die anderen blieben stehen, bis ich meinen Platz eingenommen hatte, was das Signal war, dass das Essen beginnen konnte.

Die Sklaven brachten Fleisch und Gemüse – Rindfleisch und Hammelfleisch, sowohl gekocht als auch gegrillt, Kartoffeln, Bohnen und Mais, und es gab Schalen mit Feigen und getrockneten Trauben und Pflaumen. Es gab auch Hirsch- und Bärenfleisch und Fisch.

Es wurde viel geredet und viel gelacht, laut und ausgelassen, denn das Abendessen im Heimatlager ist immer eine Galaveranstaltung. Wir reiten hart und wir reiten oft und wir reiten lange, oft kämpfen wir, und die meiste Zeit sind wir weit weg von zu Hause. Dann haben wir wenig zu essen und nichts zu trinken außer Wasser, das oft warm und unrein und in unserem Land immer knapp ist.

Wir saßen auf einer langen Bank, die den Tisch außen umgab, und nachdem ich Platz genommen habe, gingen die Sklaven mit den Fleischplatten am inneren Rand des Tisches entlang. Wenn sie einem Krieger gegenüberstanden, erhob dieser sich, lehnte sich weit über den Tisch, ergriff eine Portion Fleisch mit Daumen und Finger und schnitt sie mit seinem scharfen Messer geschickt ab. Die Sklaven bewegten sich in langsamer Prozession ohne Pause, und man sah ein ständiges Aufblitzen von Klingen und Bewegungen und verschiedene Farben, wenn die bemalten Krieger aufstanden und sich über den Tisch lehnten, wobei das Licht des Feuers auf ihren Perlen, Metallverzierungen und den fröhlichen Federn ihres Kopfschmucks tanzte. Und der Lärm!

Hinter den Kriegern liefen vierzig zottelige Hunde hin und her, die auf die Reste warteten, die ihnen zugeworfen wurden – große, wilde Bestien, die gezüchtet wurden, um unsere Herden vor Kojoten, Wölfen, Höllenhunden und Löwen zu schützen; und sie waren durchaus in der Lage, dies auch zu tun.

Als die Krieger zu essen begannen, ließ der Lärm nach, und auf ein Wort von mir hin schlug ein Jüngling an meiner Seite einen tiefen Ton auf einer Trommel. Sofort herrschte Stille. Dann sprach ich:

»Seit hundert Jahre leben wir in der Hitze dieser unfruchtbaren Einöde, während unsere Feinde einen blühenden Garten bewohnen und ihre Wangen von der frischen Brise des Meeres gekühlt werden. Sie leben im Überfluss; ihre Frauen essen köstliche Früchte, frisch von den Bäumen, während unsere sich mit dem vertrockneten und verschrumpelten Schein des Realen zufriedengeben müssen.

Sie haben zehn Sklaven, um ihre Arbeit zu verrichten, für jeden, den wir besitzen; ihre Herden finden üppiges Weideland und sprudelndes Wasser neben den Zelten ihrer Herren, während unsere ein spärliches Dasein in vierzigtausend Quadratmeilen sandiger, felsiger Wüste fristen. Aber diese Dinge verletzen die Seele von Roter Falke am wenigsten. Der Wein wird bitter in meinem Mund, wenn ich vor meinem geistigen Auge auf die reichen Täler der Kalkar blicke und mich daran erinnere, dass in der ganzen Welt, von der wir wissen, nur dort die Flagge nicht weht.«

Ein lautes Knurren stieg aus den wilden Kehlen auf.

»Seit meiner Jugend hielt ich einen Gedanken in meiner Brust verborgen für den Tag, an dem die Decke des Großen Häuptlings auf meine Schultern fallen sollte. Dieser Tag ist gekommen, und ich warte nur noch auf die Zeit, in der der Regen sicher vorbei sein wird, bevor ich diesen Gedanken in die Tat umsetze. Zwanzig Mal in hundert Jahren sind die julianischen Krieger in großer Zahl in das Land der Kalkar hinabgeritten, aber ihre Frauen und Kinder und ihre Herden blieben in der Wüste zurück – ein unbestreitbares Argument für ihre Rückkehr.

So soll es nicht wieder sein. Im April verlässt der Stamm der Julian die Wüste für immer. Mit unseren Zelten und unseren Frauen und all unseren Herden werden wir hinabsteigen und zwischen den Orangenhainen leben. Diesmal gibt es keine Rückkehr. Ich, Roter Falke, habe gesprochen.«

Wolf sprang auf die Füße, seine nackte Klinge blitzte im Fackelschein.

»Für die Flagge!«, rief er.

Hundert Krieger sprangen auf, hundert Schwerter erhoben sich schimmernd über unseren Köpfen.

»Für die Flagge! Für die Flagge!«

Ich trat an den Tisch und erhob einen Krug mit Wein.

»Für die Flagge!« wiederholte ich und wir nahmen alle einen tiefen Schluck.

Und dann kamen die Frauen, meine Mutter trug die Flagge, zusammengerollt an einem langen Stab. Sie blieb am Ende des Tisches stehen, die anderen Frauen versammelten sich hinter ihr, und sie löste die Schnüre und ließ die Fahne im Wüstenwind wehen. Wir alle knieten nieder und beugten unsere Köpfe vor dem verblichenen Stück Stoff, das vom Vater an den Sohn weitergegeben wurde, während all der Widrigkeiten, Nöte und Blutvergießen von mehr als fünfhundert Jahren, seit dem Tag, an dem es von Julian I. in einem längst vergessenen Krieg zum Sieg geführt wurde.

Diese Flagge ist unter allen anderen als Flagge der Argonnen bekannt, obwohl ihr Ursprung und die Bedeutung des Wortes im Nebel der Zeit verloren gegangen sind. Sie besteht aus abwechselnd roten und weißen Streifen, mit einem blauen Quadrat in einer Ecke, auf das viele weiße Sterne aufgenäht sind. Das Weiß wurde mit zunehmendem Alter gelb, das Blau und Rot ist verblasst; sie ist stellenweise zerrissen, und es sind braune Flecken darauf – das Blut der Julians, die gestorben sind, um sie zu schützen, und das Blut ihrer Feinde. Sie erfüllt uns mit Ehrfurcht, denn sie hat die Macht über Leben und Tod, und sie bringt den Regen, den Wind und den Donner. Deshalb verneigen wir uns vor ihr.

II. Exodus

Der April kam, und mit ihm die Clans, die ich gerufen hatte. Bald würde es in den Küstentälern kaum noch die Gefahr von starken Regenfällen geben. Es wäre tödlich gewesen, mit einer Armee dort in einer Regenwoche überrascht zu werden, denn der Schlamm ist tief und klebrig, und unsere Pferde wären stecken geblieben und die Kalkar wären über uns hergefallen und hätten uns vernichtet.

Sie sind uns zahlenmäßig weit überlegen, so dass unsere einzige Hoffnung in unserer Mobilität liegt. Wir sind uns bewusst, dass es eine Einschränkung ist, wenn wir unsere Frauen und unsere Herden mitnehmen; aber wir glauben, dass unsere Lage so verzweifelt sein wird, dass wir siegen müssen, da die einzige Alternative zum Sieg der Tod ist – der Tod für uns und Schlimmeres für unsere Frauen und Kinder.

Die Clans versammeln sich seit zwei Tagen, und alle sind da – etwa fünfzigtausend Seelen; und es müssen tausend mal tausend Pferde, Rinder und Schafe sein, denn wir sind reich an Vieh. In den letzten zwei Monaten sind auf meinen Befehl hin alle unsere Schweine geschlachtet und geräuchert worden, denn wir können uns auf dem langen Wüstenmarsch von ihnen nicht behindern lassen, auch wenn sie ihn überleben könnten.

Zu dieser Jahreszeit gibt es in der Wüste Wasser und etwas Futter, aber es wird ein harter, ein schrecklicher Marsch sein. Wir werden einen großen Teil unserer Bestände verlieren, vielleicht einen von zehn; Wolf meint, es könnten sogar fünf von zehn sein.

Wir werden morgen eine Stunde vor Sonnenuntergang aufbrechen und einen kurzen Marsch von etwa zehn Meilen zu einem Ort machen, an dem es bei einem Weg, den die Menschen früher benutzten, eine Quelle gibt. Es ist seltsam, überall in der Wüste Beweise der großartigen Arbeit zu sehen, die sie geleistet haben. Nach fünfhundert Jahren ist die Lage ihres gut geebneten Weges mit seinen langen, geschwungenen Kurven noch deutlich erkennbar. Es ist ein schmaler Pfad, aber es gibt Anzeichen für einen viel breiteren, die wir gelegentlich entdecken. Er folgt der allgemeinen Richtung des anderen und kreuzt ihn immer wieder, ohne ersichtlichen Grund. Er ist durch Flugsand fast verdeckt oder durch den Regen der Jahrhunderte weggespült. Nur dort, wo er aus Material wie Stein ist, hat er überdauert.

Die Mühe, die sich diese Alten mit den Dingen gemacht haben! Die Zeit, die Menschen und die Mühe, die sie aufgewendet haben! Und wofür? Sie sind verschwunden, und ihre Werke mit ihnen.

Als wir in dieser ersten Nacht ritten, war Regenwolke oft an meiner Seite, und wie immer blickte er zu den Sternen.

»Bald wirst du alles über sie wissen«, sagte ich lachend, »da du sie immer studierst. Erzähl mir einige ihrer Geheimnisse.«

»Ich lerne noch«, antwortete er ernsthaft.

»Nur die Flagge, die sie dort hingestellt hat, um uns nachts den Weg zu erleuchten, kennt sie alle«, erinnerte ich ihn.

Er schüttelte den Kopf. »Ich glaube, sie waren schon da, lange bevor es die Flagge gab.«

»Still!« ermahnte ich ihn. »Sprich nicht schlecht über die Flagge.«

»Ich spreche nicht schlecht über sie«, antwortete er. »Sie steht für mich für alles. Ich bete sie an, genau wie du; aber dennoch denke ich, dass die Sterne älter sind als die Flagge, denn die Erde muss älter sein als die Flagge.«

»Die Flagge hat die Erde gemacht«, erinnerte ich ihn.

Er fragte: »Wo war sie dann, bevor sie die Erde erschaffen hat?

Ich kratzte mich am Kopf. »Es steht uns nicht zu, zu fragen«, antwortete ich. »Es genügt, dass unsere Väter uns diese Dinge gesagt haben. Warum stellst du sie infrage?«

»Ich möchte die Wahrheit erfahren.«

»Was hast du davon?« fragte ich.

Diesmal war es Regenwolke, die sich am Kopf kratzte.

»Es ist nicht gut, unwissend zu sein«, antwortete er schließlich. »Jenseits der Wüste, wo immer ich geritten bin, habe ich Hügel gesehen. Ich weiß nicht, was jenseits dieser Hügel liegt. Ich würde es gerne sehen.

Im Westen liegt der Ozean. Vielleicht werden wir ihn noch zu meinen Lebzeiten erreichen. Ich werde ein Kanu bauen und auf den Ozean hinausfahren und sehen, was dahinter liegt.“

»Du wirst an den Rand der Welt kommen und hinunterstürzen, und das wird das Ende für dich und dein Kanu sein.«

»Ich weiß nicht«, antwortete er. »Du glaubst, die Erde ist flach.«

»Und wen gibt es, der nicht so denkt? Können wir nicht sehen, dass sie flach ist? Sieh dich um – sie ist wie ein großer, runder, flacher Kuchen.«

»Mit Land in der Mitte und Wasser darum herum?«, fragte er.

»Selbstverständlich.«

»Was hält das Wasser davon ab, über die Kante zu laufen«, wollte er wissen.

Darüber hatte ich nie nachgedacht, und so gab ich die einzige Antwort, die mir damals einfiel.

»Die Flagge, natürlich«, sagte ich.

»Sei kein Narr, mein Bruder«, sagte Regenwolke. »Du bist ein großer Krieger und ein mächtiger Häuptling; du solltest weise sein, und der Weise weiß, dass nichts, nicht einmal die Flagge, das Wasser davon abhalten kann, den Berg hinunter zu fließen, wenn es nicht blockiert wird.«

»Dann muss es blockiert werden«, argumentierte ich. »Es muss Land geben, um das Wasser davon abzuhalten, über den Rand der Welt zu fließen.«

»Und was ist jenseits dieses Landes?«

»Nichts«, antwortete ich selbstbewusst.

»Worauf stehen die Hügel? Worauf steht die Erde?«

»Sie schwimmt auf einem großen Ozean«, erklärte ich.

»Mit Hügeln darum herum, damit das Wasser nicht über den Rand läuft?«

»Das nehme ich an.«

»Und was hält diesen Ozean und diese Hügel?« fuhr er fort.

»Sei nicht töricht«, sagte ich zu ihm. »Ich nehme an, unter diesem Ozean muss noch ein anderer liegen.«

»Und was trägt dies alles?«

Ich dachte, er würde nie aufhören. Es macht mir keinen Spaß, über solche nutzlosen Dinge nachzudenken. Es ist Zeitverschwendung, doch jetzt, da er mich zum Nachdenken gebracht hatte, sah ich, dass ich so lange weitermachen musste, bis ich ihn zufriedengestellt hatte. Irgendwie hatte ich den Verdacht, dass der nette kleine Regenwolke sich über mich lustig machte, und so beschäftigte ich mich mit dieser Sache und dachte wirklich nach, und ich erkannte schließlich, wie töricht der Glaube ist, an dem wir alle festhalten.

»Wir wissen nur etwas über das Land, das wir sehen können, und die Ozeane, von denen wir wissen, dass es sie gibt, weil andere sie gesehen haben«, sagte ich schließlich. »Diese Dinge also, von denen wir wissen, dass sie die Erde ausmachen. Was die Erde trägt, wissen wir nicht, aber zweifellos schwebt sie in der Luft, so wie die Wolken. Bist du zufrieden?«

»Jetzt werde ich dir sagen, was ich denke«, sagte er. »Ich beobachte die Sonne und den Mond und die Sterne jede Nacht, seit ich alt genug bin, um einen Gedanken jenseits der Brust meiner Mutter zu haben. Ich habe, wie du sehen kannst, wie jeder, der Augen hat, sehen kann, gesehen, dass die Sonne, der Mond und die Sterne rund sind wie Orangen. Sie bewegen sich immer auf den gleichen Bahnen durch die Luft, wenn auch nicht alle auf dem gleichen Weg. Warum sollte die Erde anders sein? Wahrscheinlich ist sie es nicht. Auch sie ist rund, und sie bewegt sich auf ihrem Weg. Was sie alle am Fallen hindert, weiß ich nicht.

Ich lachte darüber und rief Nallah, unserer Schwester, die in der Nähe ritt zu, »Regenwolke denkt, dass die Erde rund ist wie eine Orange.«

»Wir würden herunterrutschen, wenn das wahr wäre«, sagte sie.

»Ja, und das ganze Wasser würde herunterlaufen«, fügte ich hinzu.

»Es gibt da etwas, das ich nicht verstehe«, räumte Regenwolke ein, »und dennoch denke ich, dass ich recht habe. Es gibt so viel, das keiner von uns weiß. Nallah sprach von dem Wasser, das von der Erde abfließen würde, wenn sie rund wäre. Hast du jemals daran gedacht, dass all das Wasser, von dem wir wissen, immer von den höher gelegenen Orten herunterläuft? Wie kommt es wieder zurück?«

»Der Regen und der Schnee«, antwortete ich schnell.

»Wo kommen sie her?«

»Ich weiß es nicht.«

»Es gibt so viel, das wir nicht wissen«, seufzte Regenwolke; »doch alles, wofür wir Zeit unsere nutzen, sind Gedanken an den Kampf. Ich werde froh sein, wenn wir die letzten Kalkar ins Meer gejagt haben, damit sich einige von uns in Ruhe hinsetzen und nachdenken können.«

»Es ist überliefert, dass die Alten stolz auf ihr Wissen waren, aber was hat es ihnen gebracht? Ich glaube, wir sind glücklicher. Sie mussten ihr ganzes Leben lang arbeiten, um die Dinge zu tun, die sie taten, und um all das zu lernen, was sie wussten, und doch konnten sie in einem Leben nicht mehr essen, nicht mehr schlafen und nicht mehr trinken, als wir es können. Und nun sind sie für immer von der Erde verschwunden und all ihre Werke mit ihnen, und all ihr Wissen ist verloren.«

»Und schon bald werden wir weg sein«, sagte Regenwolke.

»Und wir werden denen, die uns folgen, so viel hinterlassen, wie sie uns hinterlassen haben«, antwortete ich.

»Vielleicht hast du recht, Roter Falke«, sagte Regenwolke, »aber ich kann nicht anders, als mehr wissen zu wollen, als ich weiß.“

Der zweite Marsch fand ebenfalls nachts statt und war etwas länger als der erste. Wir hatten einen guten Mond, und die Wüstennacht war hell. Der dritte Marsch war etwa fünfundzwanzig Meilen lang, und der vierte war ein kurzer, nur zehn Meilen langer Marsch. Und dort verließen wir den Weg der Alten und gingen in südwestlicher Richtung weiter zu einem Pfad, der einer Reihe von Quellen folgte und der uns in kurzen Märschen zu einem See führte, den unsere Sklaven Bär nannten.

Der Weg war uns natürlich allen bekannt, und so wussten wir genau, was vor uns lag, und fürchteten den fünften Marsch, der ein schrecklicher Marsch sein würde, bei Weitem der schlimmste von allen. Er führte durch ein raues und zerklüftetes Wüstengebiet und überquerte eine Reihe von kargen Bergen. Fünfundvierzig Meilen lang schlängelte er sich auf ausgedörrten Pfaden von Wasserloch zu Wasserloch.

Schon für Reiter wäre es ein harter Marsch gewesen, aber mit Rindern und Schafen, die über diese wasserlose Einöde getrieben wurden, wurde er zu einem schrecklichen Unterfangen. Jedes Tier, das stark genug war, trug Heu, Hafer oder Gerste in Säcken, denn wir konnten uns bei einer so großen Karawane nicht ganz auf das spärliche Futter der Wüste verlassen; aber Wasser konnten wir nicht in ausreichender Menge für alle mitnehmen. Wir transportierten jedoch auf den längeren Märschen genug, um die Versorgung der Frauen und aller Kinder unter sechzehn Jahren zu sichern, und auf den kurzen Märschen genug für stillende Mütter und Kinder unter zehn Jahren.

Wir ruhten uns den ganzen Tag aus, bevor der fünfte Marsch begann, und brachen etwa drei Stunden vor Sonnenuntergang auf. Wir brachen von fünfzig Lagern in fünfzig parallelen Reihen auf. Jeder Mann, jede Frau und jedes Kind war beritten. Die Frauen trugen alle Kinder unter fünf Jahren; in der Regel saßen sie rittlings auf einer Decke hinter der Mutter auf dem Hinterteil des Pferdes. Der Rest ritt allein. Der Großteil der Krieger und alle Frauen und Kinder brachen vor den Herden auf, die langsam dahinter folgten, wobei jede Gruppe von Reitern begleitet wurde, gefolgt von einer Nachhut aus Kriegern.

Hundert Mann auf schnellen Pferden ritten an der Spitze der Kolonne und vergrößerten mit fortschreitender Nacht allmählich ihren Vorsprung, bis sie außer Sichtweite der Karawane waren. Ihre Aufgabe war es, den Lagerplatz vor den anderen zu erreichen und die Wassertanks zu füllen, die die Sklaven in den letzten zwei Monaten hergestellt hatten.

Wir nahmen nur ein paar Sklaven mit, nur persönliche Begleiter für die Frauen und solche, die nicht von ihren Herren getrennt werden wollten und sich entschieden hatten, uns zu begleiten. Der größte Teil der Sklaven zog es vor, in ihrem eigenen Land zu bleiben, und wir waren bereit, das zuzulassen, da es so auf der langen Reise weniger Münder zu stopfen gab. Wir wussten, dass wir im Land der Kalkar genug finden würden, die ihre Plätze einnehmen würden, da wir die Sklaven der besiegten Kalkar übernehmen würden.

Nach fünf Stunden waren wir in einer Kolonne von zehn Meilen Länge aufgereiht, und unsere Reiter auf beiden Flanken waren oft eine halbe Meile voneinander entfernt; aber wir hatten keine Angriffe von menschlichen Feinden zu fürchten, denn die Wüste war unsere beste Verteidigung. Nur wir, die Bewohner der Wüste kannten die Wüstenpfade und die Wasserlöcher, nur wir sind an die erbarmungslose Härte ihrer Kargheit, ihrer Hitze und ihrer Grausamkeit gewöhnt.

Aber wir haben noch andere Feinde, und auf diesem langen Marsch hängten sie sich hartnäckig an unsere Flanken und umzingelten die großen Herden fast mit einer Kette aus leuchtenden Augen und blitzenden Reißzähnen – die Kojoten, die Wölfe und die Höllenhunde. Wehe den Nachzüglern unter den Schafen oder Kühen, die vom Rest getrennt wurden und nicht unter dem Schutz der Reiter standen. Ein wildes Geheul; ein schneller Angriff, und die arme Kreatur wurde buchstäblich in Stücke gerissen. Eine Frau oder ein Kind mit einem Reittier würde ein ähnliches Schicksal erleiden, und selbst ein Einzelkämpfer könnte in großer Gefahr sein. Wenn die Bestien wüssten, wie stark sie sind, könnten sie uns, glaube ich, ausrotten, denn ihre Zahl ist erschreckend; es müssen bis zu tausend gewesen sein, die uns auf diesem langen Marsch manchmal folgten.

Diese Bestien haben jedoch große Angst vor uns, weil wir seit Hunderten von Jahren unerbittliche Kriege gegen sie geführt haben, und die Angst vor uns ihnen angeboren ist. Nur wenn sie in großer Zahl sind und vom Hunger getrieben werden, greifen sie einen ausgewachsenen Krieger an. Sie hielten uns alle während der langen Nächte dieses anstrengenden Marsches in Atem, und auch unsere zotteligen Hunde. Die Kojoten und Wölfe sind eine leichte Beute für die Hunde, aber die Höllenhunde sind ihnen ebenbürtig, und vor diesen fürchten wir uns am meisten. Unsere Hunde, und bei den fünfzig Clans müssen es ganze zweitausend sein, arbeiten mit unermüdlicher Effizienz und einem Minimum an Anstrengung, wenn sie auf dem Marsch sind.

Im Lager kämpfen sie ständig untereinander, aber auf dem Marsch niemals. Vom Heimatlager aus erlauben sie sich das Vergnügen der Hasenjagd, aber auf dem Marsch verbrauchen sie ihre Energie nie sinnlos. Die Hunde eines jeden Clans haben ihren Rudelführer, in der Regel ein erfahrener Hund, der dem Hundeführer des Clans gehört. Geier ist unser Hundeführer, und sein Hund, der alte Lonay, ist Rudelführer. Er macht seine Arbeit und führt sein Rudel an, wobei kaum ein Wort von Geier nötig ist. Er hat etwa fünfzig Hunde in seinem Rudel, von denen er fünfundzwanzig in Abständen um die Herde herum postiert, und mit den anderen fünfundzwanzig bildet der alte Lonay das Schlusslicht.

Ein hohes Aufjaulen einer seiner Wachen ist ein Angriffssignal und ruft Lonay und seine Kampfhunde zur Rettung. Manchmal gibt es einen Angriff von Kojoten, Wölfen und Höllenhunden gleichzeitig von zwei oder drei Punkten aus, und dann verdienen die Disziplin und Intelligenz des alten Lonay und seines Rudels wirklich die Zuneigung und Achtung, mit der wir diese großen, zotteligen Biester behandeln.

Lonay wirbelt zwei- oder dreimal schnell herum, bellt und gibt eine Reihe von tiefkehligen Knurrlauten und von sich, und augenblicklich teilt sich das Rudel in zwei oder drei oder mehr Gruppen, von denen jede zu einem anderen Ort rast. Wenn sie zu irgendeinem Zeitpunkt in der Unterzahl sind und die Sicherheit der Herde gefährdet ist, stoßen sie ein lautes Geheul aus, das Signal, dass sie die Hilfe von Kriegern brauchen, ein Signal, das nie ungehört bleibt. In solchen Fällen oder bei der Jagd kommen die Hunde anderer Rudel zu Hilfe, und alle arbeiten harmonisch zusammen, doch wenn einer dieser Hunde eine halbe Stunde später durch das Lager der anderen streifen würde, dann würde er in Stücke gerissen werden.

Aber genug davon und von dem langen, ermüdenden Marsch. Schließlich war er vorbei. Die jahrelangen Überlegungen, die ich angestellt hatte, die zwei Monate der Vorbereitung, die unmittelbar vorausgegangen waren, der hervorragende Zustand unseres gesamten Viehbestands, die Ausbildung und das Temperament meines Volkes trugen gewinnbringende Früchte, und wir kamen ohne den Verlust eines Mannes, einer Frau oder eines Kindes und mit dem Verlust von weniger als zwei von hundert unserer Herden durch. Die Bergüberquerung auf diesem denkwürdigen fünften Marsch forderte den schwersten Tribut, vor allem Lämmer und Kälber stürzten ab.

Nach zwei Ruhetagen erreichten wir am Ende des zehnten Marsches und am zwölften Tag den See namens Bär und ein Bergland, das reich an Futter und Wild war. Hier wimmelte es von Hirschen und wilden Ziegen und Schafen, von Kaninchen, Wachteln, Wildhühnern und den schönen wilden Rindern, die, wie die Legenden unserer Sklaven erzählen, von den Rindern der Alten abstammen.

Es war nicht mein Plan, hier länger zu bleiben, als es notwendig war, damit das Vieh wieder zu Kräften kommen konnte. Unsere Pferde waren nicht erschöpft, denn wir hatten genügend Pferde, um oft zu wechseln. Tatsächlich waren wir Krieger auf der Reise nicht einmal auf unseren Kriegspferden geritten. Roter Blitz war wohlgenährt und glänzend in das letzte Lager getrottet.

Lange hier zu bleiben, hieße, den Feind von unseren Plänen in Kenntnis zu setzen, denn die Kalkar und ihre Sklaven jagen in diesen Bergen, die an ihr Land angrenzen, und sollte ein einziger Jäger diese riesige Ansammlung von Julians sehen, so wäre unsere Ankunft in den Tälern an einem einzigen Tag bekannt geworden, und alle hätten unsere Absicht erraten.

Also schickte ich nach einem Ruhetag Wolf und tausend Krieger westwärts zum Hauptpass der Alten, mit dem Befehl, den Anschein zu erwecken, als wollten wir in das dortige Tal gewaltsam eindringen. Drei Tage lang hielt er an diesem falschen Vormarsch fest, und in dieser Zeit glaubte ich, alle Kalkar-Kämpfer aus dem Tal südwestlich des Bärensees vertreiben zu können. Meine Wachen waren auf jeder Anhöhe postiert, die einen Blick auf die Täler und Wege zwischen dem Hauptpass der Alten und dem ermöglichte, durch den wir vom Bärensee aus die Felder und Haine der Kalkar angreifen wollten.

Der dritte Tag diente der Vorbereitung. Die letzten Pfeile wurden fertiggestellt und verteilt. Wir überprüften unsere Sättel und unser Zaumzeug. Wir schärften unsere Schwerter und Messer noch einmal und versahen unsere Lanzen mit schärferen Spitzen. Unsere Frauen mischten die Farben für die Kriegsbemalung und packten unsere Habseligkeiten wieder für einen weiteren Marsch ein. Die Herden wurden versammelt und eng zusammengehalten.

Reiter berichteten mir regelmäßig von den verschiedenen Aussichtspunkten und von der Strecke, die zu den Farmen der Kalkar führte. Kein Feind hatte uns entdeckt, aber dass sie Wolf und seine Krieger gesehen hatten, wussten wir sicher, da unsere Außenposten berichteten, dass jeder Weg im Süden und Westen von Kalkar Kriegern überschwemmt war und dass sie zum Pass der Alten strömten.

Am dritten Tag bewegten wir uns gemächlich die Bergpfade hinunter, und als die Nacht hereinbrach, drang unsere Vorhut von tausend Kriegern in die Haine der Kalkar ein. Ich ließ viertausend meist jugendliche Krieger zurück, um die Frauen, Kinder, Herden zu bewachen, und machte mich an der Spitze von zwanzigtausend Kriegern auf den Weg in nordwestlicher Richtung zum Pass der Alten.

Unsere Kriegspferde hatten wir den ganzen Tag die Berge hinunter geführt und andere Tiere geritten, und erst als wir bereit waren, den fünfundzwanzig Meilen langen Marsch zum Pass der Alten zu beginnen, sattelten und bestiegen wir die flotten Tiere, von denen das Schicksal der Julians in dieser Nacht abhängen könnte. Durch die zweiwöchige Ruhepause waren unsere Pferde frisch. Ein leichter Galopp von drei Stunden sollte uns an die Flanken des Feindes bringen.

Ich hatte Fels, einen tapferen und erfahrenen Krieger, zurückgelassen, um die Frauen, Kinder und das Vieh zu beschützen. Klapperschlange mit fünftausend Kriegern rückte auf einem westlicheren Pfad vor und würde nach fünfzehn Meilen dem Feind in den Rücken fallen, während ich ihn von der anderen Seite überfiel; so würde er ihre Hauptstreitmacht, die am Fuß des Passes lag, von der Quelle ihrer Vorräte und ihrem Nachschub trennen.

Mit Wolf, den Bergen und der Wüste auf der einen Seite und Klapperschlange und mir, die sie im Süden und Südosten blockierten, erschien mir die Lage der Kalkar hoffnungslos.

Gegen Mitternacht befahl ich anzuhalten, um den Bericht der Späher abzuwarten, die uns vorausgeritten waren, und es dauerte nicht lange, bis sie kamen. Von ihnen erfuhr ich, dass die Lagerfeuer der Kalkar von einer Anhöhe, die weniger als eine Meile vor uns lag, sichtbar waren. Ich gab das Signal zum Vorrücken.

Langsam bewegte sich die große Masse der Krieger vorwärts. Der Pfad führte in ein kleines Tal hinab und schlängelte sich dann hinauf zum Kamm eines niedrigen Grats, wo ich wenige Minuten später Roter Blitz zügelte.

Vor mir erstreckte sich ein breites Tal, das in das sanfte Licht von Mond und Sternen getaucht war. Dunkle Umrisse im Vordergrund erkannte ich als Orangenhaine, auch ohne das süße Aroma der Blüten zu riechen, das schwer durch die ruhige Nachtluft zog. Jenseits davon, im Nordwesten, lag ein großes Gebiet, übersät mit erlöschenden Lagerfeuern.

Ich füllte meine Lungen mit der kühlen, süßen Luft; ich fühlte, wie meine Nerven kribbelten; eine Welle der Vorfreude durchströmte mich; Roter Blitz zitterte unter mir. Nach fast vierhundert Jahren stand ein Julian endlich an der Schwelle zur endgültigen Rache!

III. Armageddon

Ganz leise schlichen wir uns durch die Orangenhaine an den schlafenden Feind heran. Irgendwo westlich von uns, unter dem silbernen Mond, schlich Klapperschlange heimlich vorwärts, um zuzuschlagen. Bald würde die Stille der Nacht durch das Dröhnen seiner Kriegstrommeln und dem heiseren Kriegsgeschrei seiner wilden Horde durchbrochen werden. Es war das Signal für Wolf, um von den Bergen hoch über ihnen und für Roter Falke, um von den Orangenhainen unter ihnen anzugreifen, und Zähne und Krallen im Fleisch der verhassten Kalkar zu versenken, während Klapperschlange ihnen in die Fersen beißen würde.

Schweigend warteten wir auf das Signal von Klapperschlange. Eintausend Bogenschützen machten ihre Bogen und Pfeile bereit; die Schwerter griffbereit, das Heft in der Hand; die Männer spuckten in ihre rechte Handfläche, um die Lanze sicher im Griff zu haben. Die Nacht ging in die Morgendämmerung über.

Der Erfolg meines Plans hing von einem Überraschungsangriff ab, während der Feind schlief. Ich wusste, dass Klapperschlange mich nicht im Stich lassen würde, aber irgendetwas musste ihn aufgehalten haben. Ich gab das Signal, schweigend vorzurücken. Wir bewegten uns wie Schatten durch die Orangenhaine und formierten uns entlang einer zwei Meilen langen Front, tausend Bogenschützen an der Spitze und dahinter Reihen von Lanzenreitern und Schwertkämpfern.

Langsam bewegten wir uns auf das Lager zu. Wie konnten diese dummen, faulen Kalkar keine Wachen postieren! Zweifellos waren viele von ihnen an der Front, an der Wolf angegriffen hatte. Wenn sie einen Feind sehen, können sie sich auf ihn vorbereiten, aber sie haben nicht genug Fantasie, um irgendetwas vorauszusehen.

Nur die Wüste und ihre große Anzahl haben sie in den letzten hundert Jahren vor der Ausrottung bewahrt.

Kaum eine Meile entfernt konnten wir nun gelegentlich die erlöschende Glut der näheren Feuer sehen, und dann rollte von Osten her das dumpfe Dröhnen ferner Kriegstrommeln über das Tal. Es folgte eine kurze Stille, und dann, ganz schwach, drangen die Kriegsschreie unserer Leute in unsere Ohren. Auf mein Signal hin durchbrachen unsere eigenen Trommeln die Stille, die uns umgab.

Das war das Signal für den Angriff. Aus zwanzigtausend wilden Kehlen erhoben sich die furchtbaren Schlachtrufe, zwanzigtausend Paar Zügel wurden gelockert, und achtzigtausend eisenbeschlagene Hufe ließen die Erde erzittern, als sie auf den erschrockenen Feind einstürmten, und aus den Höhen drang das Dröhnen von Wolfs Trommeln und das unheimliche Heulen seiner bemalten Horde.

Es dämmerte, als wir das Lager überfielen. Unsere Bogenschützen, die ihre Reittiere mit Schenkeldruck und Körperdrehung lenkten, galoppierten zwischen den verwirrten Kalkar umher und schleuderten ihre Pfeile auf den fluchenden, schreienden Mob, der vor ihnen floh, nur um dann von unseren Pferden niedergetrampelt zu werden.

Hinter den Bogenschützen kamen die Lanzenreiter und die Schwertkämpfer und stachen und schlugen auf die Überlebenden ein. Von links kam der Lärm des Angriffs von Klapperschlange, von vorne und oben signalisierte Kampfgetöse, dass Wolf den Feind überfallen hatte.

Vor mir konnte ich die Zelte der Anführer der Kalkar sehen, und dahin trieb ich Roter Blitz. Hier mussten sich die Vertreter des Hauses Or-tis befinden und hier musste der Mittelpunkt der Schlacht sein.

Vor uns bildeten die Kalkar eine Art Formation, um uns aufzuhalten und abzuwehren. Sie sind riesige Männer und wilde Kämpfer, aber ich konnte sehen, dass unser Überraschungsangriff sie verunsichert hatte. Sie gaben nach, bevor ihre Häuptlinge sie zum Widerstand organisieren konnten, auch wenn sie sich immer wieder neu formierten und sich uns entgegenstellten.

Wir kamen jetzt langsamer voran, die Schlacht war weitgehend zu einer Angelegenheit von Nahkämpfen geworden; sie behinderten uns, aber sie hielten uns nicht auf. Ihre Zahl war so groß, dass es sogar schwierig gewesen wäre, unsere Pferde durch ihre dichten Reihen zu zwingen, wenn sie unbewaffnet gewesen wären.

Hinter ihrer Frontlinie sattelten und bestiegen sie ihre Pferde, was diejenigen, die die Wucht unseres ersten Ansturms erlebt hatten, nicht geschafft hatten. Wir hatten die Seile durchtrennt, mit denen ihre Tiere angebunden waren, und trieben die Pferde, die in panischer Angst waren, vor uns her, um die Verwirrung des Feindes noch zu vergrößern. Überall liefen reiterlose Pferde durcheinender, die der

Kalkar und viele unserer eigenen, deren Reiter im Kampf gefallen waren.

Der Tumult war entsetzlich, denn zu den Schreien der Verwundeten und dem Stöhnen der Sterbenden gesellte sich das Wiehern der verwundeten Pferde und die wilden Kriegsschreie der rasenden Männer, und im Hintergrund dröhnten die Kriegstrommeln. Über uns wehte die Fahne, nicht die Fahne von Argonne, sondern ein Duplikat, umgeben von Trommeln und einer Garde ausgewählter Männer.

Die Flagge und die Trommeln bewegten sich mit uns vorwärts. Und in meiner Nähe war die Flagge des Clans meiner Familie mit dem Roten Falken darauf, umgeben von Trommeln. Insgesamt befanden sich an diesem Tag hundert Flaggen von Clans auf dem Feld, und die jeweiligen Trommeln grollten unaufhörlich, um dem Feind zu beeindrucken.

Ihre Reiter hatten sich bereit formiert, und die Männer ohne Pferde sammelten sich hinter ihnen, und dann stand mir ein Häuptling der Kalkar auf einem großen Pferd gegenüber. Meine Klinge war bereits rot von ihrem Blut. Ich hatte meine Lanze schon lange weggeworfen, denn wir kämpften auf zu engem Raum, um sie effektiv einsetzen zu können, aber der Kalkar hatte seinen Speer, und zwischen uns war ein kleiner offener Raum, und in diesem Moment, duckte er sich, gab seinem Pferd die Sporen und stürmte auf mich los.

Er war ein großer Mann, wie die meisten Kalkar, denn sie wurden fünfhundert Jahre lang mit diesem Ziel gezüchtet, so dass viele von ihnen über zwei Meter groß sind. Er sah sehr grimmig aus, dieser Bursche mit seinem schwarzen Schnurrbart und seinen kleinen blutunterlaufenen Augen.

Er trug eine eiserne Kriegshaube, um seinen Kopf vor Schwerthieben zu schützen, und eine eiserne Weste, um ihn davor zu bewahren, erstochen oder von einem Pfeil getroffen zu werden. Wir Julians oder Amerikaner verschmähen einen solchen Schutz, da wir uns auf unser Geschick und unsere Beweglichkeit verlassen und uns und unsere Pferde nicht durch das Gewicht all dieses Metalls behindern wollen.

Ich trug meinen leichten Schild an meinem linken Unterarm, und in meiner rechten Hand hielt ich mein zweischneidiges Schwert.

Ein Druck meiner Knie, eine Neigung meines Körpers, ein Wort in sein spitzes Ohr genügten, um Roter Blitz dazu zu bringen, mir jeden Wunsch zu erfüllen, auch wenn die Zügel locker hingen.

Der Kerl stürmte mit einem lauten Schrei los, und Roter Blitz galoppierte auf ihn zu. Die Lanzenspitze des Kalkar war direkt auf meine Brust gerichtet, und ich hatte nur ein Schwert, um sie abzulenken, und ich glaube, das wäre auch möglich gewesen, wenn ich es versucht hätte, obwohl der Kalkar eine schwere Lanze trug und diese von einem schweren Mann und einem schweren Pferd unterstützt wurde.

Diese Dinge machen einen Unterschied, das kann ich aus umfassender Erfahrung sagen. Das Gewicht hinter einer Lanze hat viel mit dem Erfolg oder Misserfolg eines Kampfes zu tun. Eine schwere Lanze kann durch ein leichtes Schwert abgelenkt werden, aber nicht so schnell wie eine leichte Lanze, und die Spitze einer Lanze ist in der Regel drei Fuß entfernt, bevor deine Klinge den Stoß parieren kann – drei Fuß von dir entfernt und so schnell, wie ein laufendes Pferd sie antreiben kann.

Der Schlag muss also schnell und heftig sein, um die Lanzenspitze im Bruchteil einer Sekunde, bevor sie in dein Fleisch eindringt, auch nur um einige Zentimeter abzuwenden.

Normalerweise mache ich das mit einem schweren, nach unten und außen gerichteten Hieb, aber bei diesem Hieb besteht immer die Gefahr, den Kopf deines Pferdes zu treffen, es sei denn, du erhebst dich in den Steigbügeln und lehnst dich weit vor, bevor du zuschlägst, sodass der Hieb tatsächlich weit an der Schnauze deines Pferdes vorbei geht.

Das ist das Beste, um einen Lanzenstoß auf die Leiste oder den Bauch zu parieren, aber dieser Bursche zielte auf meine Brust, und ich hätte seine Lanze in der mir zur Verfügung stehenden Zeit zu weit ablenken müssen, um den Erfolg meiner Verteidigung zu sichern. Und so änderte ich meine Taktik.

Mit der linken Hand ergriff ich die Mähne von Roter Blitz, und in dem Augenblick, als der Kalkar glaubte, mit seiner Lanze meine Brust zu durchbohren, schwang ich mich vom Sattel und hängte mich flach an die Seite von Roter Blitz, während der Kalkar und seine Lanze gefahrlos an einem leeren Sattel vorbeifegten. Leer allerdings nur für einen Augenblick.

Ich schwang mich zurück in den Sattel und wendete gleichzeitig Roter Blitz, und so war ich hinter dem Kalkar, während ihn die kämpfenden Massen vor ihm zwangen, anzuhalten. Er wendete, um wieder auf mich loszugehen, aber genau, als er mir gegenüberstand, krachte mein Schwert auf seine eiserne Haube und trieb Teile davon durch seinen Schädel und in sein Gehirn. Ein Kerl zu Fuß traf mich in dem Augenblick, als ich mich von dem Schlag erholte, den ich dem berittenen Kalkar versetzt hatte, sodass ich nur teilweise mit meinem Schild parieren konnte. Das Ergebnis war, dass seine Spitze meinen rechten Arm an der Schulter verwundete – eine Fleischwunde, die aber stark blutete, aber nicht die Wucht meines Gegenschlags minderte, der durch sein Schlüsselbein fuhr und seine Brust bis zu seinem Herzen öffnete.

Wieder trieb ich mein Pferd in Richtung der Zelte der Or-tis, über denen die roten Banner der Kalkar flatterten und um die sich die Elite der Streitkräfte der Kalkar scharte; vielleicht zu dicht gedrängt für eine effektive Verteidigung, da wir sie von drei Seiten her zusammentrieben, so eng wie Eier im Bauch eines Lachses.

Aber nun stürmten sie vorwärts und trieben uns durch ihre große Anzahl zurück, aber sofort stürzen wir uns erneut auf sie, bis sie ihrerseits gezwungen waren, den Boden aufzugeben, den sie gewonnen hatten. Manchmal trieb die Wucht unseres Angriffs sie zur einen Seite, während an einer anderen Stelle ihre Krieger in die Reihen der zusammengepferchten Clans hineindrängten, so dass unsere Manöver hier und da eine Abteilung der feindlichen Streitkräfte abtrennten; oder ein Teil unserer eigenen Männer wurde von einer Horde Kalkar verschluckt, bis das große Feld im Laufe des Tages zu einem Wirrwarr zersplitterter Truppen von Julian und Kalkar Krieger wurde, die über ein blutiges Durcheinander hin- und wogten, wobei die beschlagenen Hufe ihrer stinkenden Reittiere die Leichen von Freund und Feind gleichermaßen in den blutigen Morast trampelten.

Manchmal kam es zu Unterbrechungen der Kämpfe, wenn sich beide Seiten wie in gegenseitigem Einvernehmen für einige Augenblicke zurückzogen, um sich auszuruhen, denn wir hatten bis an die Grenze der Belastbarkeit gekämpft. Dann saßen wir, oft Steigbügel an

Steigbügel mit einem Feind, schwer atmend von den Strapazen, die Reittiere mit gesenkten Köpfen, schnaubend und zitternd.

Niemals zuvor hatte ich erlebt, wie ausdauernd ein Mann sein kann, bevor er zusammenbricht, und an diesem Tag sah ich viele zusammenbrechen, vor allem aber Kalkar, denn wir hielten uns immer fit. Es waren nur die ganz Jungen und die ganz Alten unter uns, die der Erschöpfung erlagen, und davon nur ein verschwindend geringer Bruchteil, aber die Kalkar fielen zu Hunderten in der Hitze des Tages. An diesem Tag stand ich oft einem Feind gegenüber und sah, wie sein Schwert aus kraftlosen Fingern fiel und sein Körper vom Sattel und unter die trampelnden Hufe der Pferde fiel, bevor ich ihm einen einzigen Schlag versetzt hatte.

Einmal, am späten Nachmittag, während einer Kampfpause, saß ich da und schaute mir das Chaos auf dem Schlachtfeld an. Rot von unserem eigenen Blut aus einer Vielzahl von Wunden und von dem Blut von Freund und Feind standen Roter Blitz und ich keuchend inmitten der Menschenmenge. Die Zelte der Or-tis lagen südlich von uns – wir hatten uns bis zur Hälfte durchgekämpft – aber wir waren kaum hundert Yards vorangekommen in all den bitten Stunden des Kampfes.

Einige der Krieger von Wolf waren in meiner Nähe, was zeigte, wie weit sich dieser alte, graue Häuptling seit der Morgendämmerung durchgekämpft hatte, und gleich darauf sah ich hinter einer Maske aus Blut die blitzenden Augen von Wolf selbst, nur knapp zwanzig Fuß entfernt.

»Wolf!« schrie ich; und er schaute auf und lächelte anerkennend.

»Roter Falke ist in der Tat rot«, scherzte er, »aber seine Flügel sind noch nicht gestutzt.«

»Und die Reißzähne des Wolfes sind noch nicht gezogen«, antwortete ich.

Ein großer Kalkar, der wie ein erschöpfter Hund keuchte, saß auf seinem müden Pferd zwischen uns. Bei unseren Worten hob er den Kopf.

»Du bist Roter Falke?«, fragte er.

»Ich bin Roter Falke«, antwortete ich.

»Ich habe zwei Stunden lang nach dir gesucht«, sagte er.

»Ich bin nicht weit weg gewesen, Kalkar«, sagte ich ihm. »Was willst du von Roter Falke?«

»Ich überbringe eine Botschaft von Or-tis, dem Jemadar.«

»Welche Botschaft hat ein Or-tis für einen Julian?« fragte ich.

»Der Jemadar will euch Frieden anbieten«, erklärte er.

Ich lachte. »Es gibt nur einen Frieden, den wir gemeinsam haben könnten«, sagte ich, »und das ist der Frieden des Todes – diesen Frieden werde ich ihm gewähren, und er wird hierher kommen und ihn hier finden. Es gibt nichts, was ein Or-tis einem Julian gewähren könnte.«

»Er würde die Kämpfe einstellen, während du und er über die Friedensbedingungen diskutieren«, beharrte der Kalkar. Er würde diese blutigen Auseinandersetzungen beenden, die schließlich sowohl die Kalkar als auch die Yankees vernichten werden.«

Er benutzte die antike Bezeichnung, mit der uns die Kalkar seit Ewigkeiten mit Verachtung bezeichnen, die wir aber als Ehrung zu betrachten gelernt haben, obwohl seine eigentliche Bedeutung uns unbekannt ist und sein Ursprung mit der Zeit verloren gegangen ist.

»Geh zurück zu deinem Jemadar«, sagte ich, »und sag ihm, dass die Welt nicht groß genug ist, um sowohl Kalkar als auch Yankees, Or-tis und Julian zu ertragen; sag ihm, dass die Kalkar uns bis auf den letzten Mann erschlagen oder selbst getötet werden müssen.«

Er wendete sein Pferd und ritt zum Zelt der Or-tis, und Wolf gebot seinen Kriegern, ihn passieren zu lassen. Bald wurde er von den dicht gedrängten Reihen seiner eigenen Leute geschluckt, und dann schlug ein Kalkar von hinten auf einen von uns ein, und die Schlacht tobte erneut.

Wie viele Männer gefallen waren, kann man nicht einmal erraten, aber die Leichen der Krieger und Pferde lagen so hoch, dass die lebenden Reittiere nur darüber klettern und stolpern konnten, und manchmal lagen fast mannshohe Barrieren zwischen mir und dem nächsten Feind, so dass ich gezwungen war, Roter Blitz über das blutige Hindernis springen zu lassen, um neues Fleisch für meine Klinge zu finden. Und dann brach langsam die Nacht herein, bis man nicht mehr zwischen Freund und Feind unterscheiden konnte, aber ich rief meinen Stammesangehörigen zu, dass wir uns in dieser Nacht nicht von der Stelle bewegen und bis zum Sonnenaufgang bleiben würden, der uns ermöglichen würde zwischen Kalkar und Yankee zu unterscheiden.

Wieder einmal standen die Zelte der Or-tis nördlich von mir. Ich hatte während des langen Tages einmal um sie herum gekämpft und insgesamt vielleicht zweihundert Yards gewonnen; aber ich wusste, dass sie mehr geschwächt waren als wir, und dass sie nicht noch einmal ein paar Stunden von dem aushalten konnten, was sie an diesem Tag durchgemacht hatten. Wir waren müde, aber nicht erschöpft, und unsere Kriegspferde würden nach einer Nachtruhe auch ohne Nahrung noch einen weiteren Tag überstehen.

Als die Dunkelheit uns allen einen Waffenstillstand aufzwang, begann ich, meine zerstreuten Clans neu zu formieren und einen soliden Ring um die Position der Kalkar zu bilden. Manchmal fanden wir einen einsamen Kalkar unter uns, abgeschnitten von seinen Kameraden; mit diesen machten wir kurzen Prozess und ließen sie dort liegen, wo sie gefallen waren. Wir hatten uns ein kurzes Stück, kaum mehr als zwanzig Yards, von den Kalkar zurückgezogen, und dort stiegen wir in kleinen Einheiten ab und nahmen für einige Minuten die Sättel ab, um uns auszuruhen und den Rücken unserer Pferde zu kühlen und um die Verwundeten abzutransportieren und um denen, die sonst bald qualvoll gestorben wären, barmherzigen Frieden zu gewähren.

Diesen Gefallen taten wir sowohl dem Feind als auch dem Freund. Die ganze Nacht hindurch hörten wir eine deutliche Bewegung von Männern und Pferden bei den Kalkar, und wir schlussfolgerten, dass sie sich für den Angriff in der Morgendämmerung neu formierten, und dann, ganz plötzlich, und ohne jegliche Vorwarnung sahen wir eine schwarze Masse über uns herfallen. Es waren die Kalkar – alle – und sie ritten direkt auf uns zu, nicht schnell, denn der mit Leichen übersäte, rutschige Boden verhinderte dies, aber stetig, wie ein großer, langsam fließender Fluss von Männern und Pferden.

Sie strömten in uns hinein und über uns hinweg, oder trugen uns mit sich fort. Ihre erste Linie brach in einer blutigen Welle über uns herein und fiel, und die Nachfolgenden überquerten die Leichen der

Gefallenen. Wir schlugen so lange, bis unsere müden Arme die Klingen kaum noch bis zur Schulter heben konnten. Die Kalkar starben qualvoll schreiend; aber sie konnten nicht aufhören, sie konnten nicht zurückweichen, denn die große, sich ständig bewegende Masse hinter ihnen drängte sie vorwärts; und sie konnten sich auch nicht nach rechts oder links drehen, weil wir sie an beiden Flanken einschlossen; auch nach vorne konnten sie nicht fliehen, denn auch dort waren wir.

Ich wurde von dieser unaufhaltsamen Flut mitgerissen. Sie umgab mich. Sie fesselte meine Arme. Sie drückte auf meine Beine. Sie riss mir sogar das Schwert aus der Hand. Manchmal, wenn die Kraft der Flut vorne für einen Moment anhielt und die Kraft von hinten weiter vorandrängte, wurden die Pferde in der Mitte vom Boden gehoben, und dann versuchten die Hinteren, über den Rücken der Vorderen zu klettern, bis letztere zur Erde gedrückt wurden und die anderen über ihre sterbenden Körper trampelten, oder das Hindernis vor ihnen gab nach, und die Flut glättete sich und floss wieder zwischen die blitzenden Klingen der Julians, die unaufhaltsam auf den Strom der Kalkar einschlugen.

Nie habe ich einen solchen Anblick gesehen, wie ihn der Mond in jener Nacht offenbarte – niemals in der Erinnerung oder in der Überlieferung der Menschen hat es einen solchen Holocaust gegeben.

Tausende und Abertausende von Kalkar müssen am Rand dieser Flut gefallen sein, als sie ihren langsamen Weg zwischen den Klingen meiner bemalten Krieger nahm, die auf die lebende Masse einschlugen, bis ihre Arme vor völliger Erschöpfung herabhingen, und den Platz freimachten für die eifrigen Tausend, die von hinten drängten.

Und immer weiter wurde ich getragen, unfähig, um mich aus der düsteren, unaufhaltsamen Flut zu befreien, die mich südwärts durch das sich verbreiternde Tal trug.

Die Kalkar um mich herum schienen nicht zu begreifen, dass ich ein Feind war, oder bemerkten mich auch nur, so sehr waren sie darauf versessen zu fliehen. Bald ließen wir das Feld der heftigsten Kämpfe von gestern hinter uns, der Boden war nicht mehr mit Leichen übersät, und die Geschwindigkeit der Menge nahm zu, und dabei verteilten sich die Krieger nach rechts und links, um größere Bewegungsfreiheit zu haben, wenn auch nicht genug, um mich aus dieser menschlichen Flut zu befreien.

Aber meine Versuche lenkten die Aufmerksamkeit auf mich, und auch auf die einzelne rote Falkenfeder und meine Kleidung, die sich so sehr von der der Kalkar unterschied.

»Ein Yankee!«, rief einer in meiner Nähe, ein anderer zog sein Schwert und schlug nach mir; aber ich wehrte den Schlag mit meinem Schild ab, während ich mein Messer zog, eine erbärmliche Waffe um einem Schwertkämpfer entgegenzutreten.

»Halt!«, rief eine autoritäre Stimme in der Nähe. »Er ist es, den sie den Roten Falken nennen, ihr Oberhaupt. Bringt ihn lebendig zum Jemadar.«

Ich versuchte, ihre Linien zu durchbrechen, aber sie umzingelten mich, und obwohl ich bei mehreren von ihnen mein Messer mit Erfolg einsetzte, überwältigten sie mich durch ihre Zahl, und dann muss mir einer von ihnen mit der flachen Seite seines Schwertes auf den Kopf geschlagen haben, denn plötzlich wurde alles schwarz und ich erinnere mich nur noch daran, wie ich in meinem Sattel zusammensackte.

IV. Das Kapitol

Als ich zu mir kam, war es wieder Nacht. Ich lag auf dem Boden, draußen unter den Sternen. Einen Augenblick lang fühlte ich mich gut, aber als meine müden Nerven erwachten, übermittelten sie mir Schmerzen und Steifheit von vielen Wunden, und mein Kopf klopfte vor Schmerz. Ich versuchte, die Hand zu heben, und da entdeckte ich, dass meine Handgelenke gefesselt waren. Ich spürte, dass mein Haar steif und verklebt war, und wusste, dass es mit getrocknetem Blut bedeckt war, zweifellos von dem Schlag, der mich betäubt hatte.

Bei dem Versuch, mich zu bewegen, um meine verkrampften Muskeln zu lockern, stellte ich fest, dass meine Knöchel ebenso wie meine Handgelenke zusammengebunden waren, aber es gelang mir, mich umzudrehen, und indem ich den Kopf ein wenig vom Boden hob, konnte ich mich umsehen und bemerkte, dass ich von schlafenden Kalkar umgeben war und dass wir in einer von Hügeln umgebenen kargen Mulde lagen. Es gab keine Feuer, und aus dieser Tatsache und der Kargheit und Abgeschiedenheit des Lagers ahnte ich, dass wir eine kurze Rast einlegten, um uns vor einem verfolgenden Feind zu verstecken.

Ich versuchte zu schlafen, aber es war ein unruhiger Schlaf, und bald hörte ich, wie sich Männer bewegten, und dann kamen sie und weckten die Krieger, die in meiner Nähe schliefen. Kurz darauf wurden mir die Riemen von den Knöcheln entfernt, und Roter Blitz wurde gebracht, und man half mir in den Sattel. Unmittelbar danach nahmen wir den Marsch wieder auf. Ein Blick zu den Sternen zeigte mir, dass wir uns nach Westen bewegten. Unser Weg führte durch Hügel und war oft uneben, was beweist, dass wir keinem Trampelpfad folgten, sondern dass die Kalkar versuchten, auf einem Umweg zu entkommen.

Ich konnte ihre Zahl nur erahnen, aber es war offensichtlich, dass es nicht die große Horde war, die vom Schlachtfeld unter dem Pass der Alten aufgebrochen war. Ob sie sich in kleinere Gruppen aufgeteilt hatten oder ob der Rest erschlagen worden war, konnte ich nicht einmal vermuten; aber dass ihre Verluste enorm gewesen sein mussten, da war ich mir sicher.

Wir reisten den ganzen Tag und hielten nur gelegentlich an, wenn es Wasser für die Pferde und die Männer gab. Ich bekam weder Nahrung noch Wasser und habe auch nicht darum gebeten. Ich würde eher sterben, als einen Or-tis um den Gefallen zu bitten. Tatsächlich habe ich an diesem Tag nicht gesprochen und kein Kalkar hat mich angesprochen.

Ich hatte in den letzten zwei Tagen mehr Kalkar gesehen als in meinem ganzen Leben zuvor und war nun mit deren Aussehen ziemlich vertraut. Sie sind zwischen sechs und acht Fuß hoch, wobei die meisten von ihnen in der Mitte zwischen diesen Extremen liegen. Viele von ihnen sind bärtig, aber einige rasieren sich die Haare im Gesicht ganz oder teilweise. Sehr viele tragen Bärte nur auf den Oberlippen.

Unter ihnen gab es eine große physiognomische Vielfalt, denn es handelte sich um eine Mischlingsrasse, die das Ergebnis einer jahrhundertelangen Kreuzung zwischen den ursprünglichen Männern des Mondes und den Frauen der Erde war, die sie als Sklaven gefangen genommen hatten, als sie eingefallen waren und die Welt erobert hatten. Unter ihnen gibt es gelegentlich eine Person, die überall als Yankee durchgehen könnte, was das äußere Erscheinungsbild betrifft; aber die groben, brutalen Züge der Kalkar überwiegen.

Sie tragen ein weißes Hemd und Hosen aus Baumwolle, die von ihren Sklaven gewebt werden, und lange Wollmäntel, die von den gleichen fleißigen Händen gefertigt werden. Ihre Frauen helfen sowohl bei dieser Arbeit als auch bei der Feldarbeit, denn die Frauen der Kalkar sind bei ihnen nicht mehr wert als Sklavinnen, mit Ausnahme derjenigen, die zu den Familien des Jemadar und seiner Adeligen gehören. Ihre Mäntel sind rot, mit verschiedenfarbigen Kragen oder mit Borten oder anderen Mustern zur Kennzeichnung des Ranges.

Ihre Waffen sind ähnlich wie unsere, nur schwerer. Sie sind nur mittelmäßige Reiter. Das liegt, glaube ich, daran, dass sie nur aus der Notwendigkeit heraus reiten und nicht wie wir, aus Liebe zum Reiten.

In dieser Nacht, nach Einbruch der Dunkelheit, kamen wir zu einem großen Lager der Kalkar. Es war eines der Lager der Alten, das erste, das ich in meinem Leben sah.

Es muss sich damals über eine große Fläche erstreckt haben und einige der riesigen Steinzelte standen noch immer. Darin lebten die Kalkar oder in dreckigen Hütten, die daran angelehnt waren. An einigen Stellen sah ich, dass die Kalkar aus den Baumaterialien, die sie aus den Ruinen des alten Lagers geborgen hatten, kleinere Zelte gebaut hatten, aber in der Regel begnügen sie sich mit dreckigen Schuppen oder den halb eingestürzten und nie reparierten Bauten der Alten.

Dieses Lager liegt etwa fünfundvierzig oder fünfzig Meilen westlich des Schlachtfelds, inmitten schöner Hügel und reicher Haine, am Ufer eines einstmals wohl mächtigen Flusses, der sich seinen Weg in vergangenen Zeiten tief in die Erde gebahnt hat.

Ich wurde in eine Hütte geschoben, wo mir eine Sklavin Nahrung und Wasser gab. Draußen gab es eine Menge Lärm und Aufregung, und durch die offene Tür konnte ich Gesprächsfetzen hören, als Kalkar hin und her gingen. Aus dem, was ich hörte, schloss ich, dass die Niederlage der Kalkar endgültig war und dass sie auf die Küste und ihr Hauptlager namens Kapitol zusteuerten, das, wie mir die Sklavin erzählte, einige Meilen südwestlich lag. Dies, so erzählte sie, sei ein wunderbares Lager, mit Zelten, die so hoch in den Himmel reichten, dass der Mond auf seinem Weg durch den Himmel oft ihre Spitzen streifte.

Sie hatten meine Hände frei gelassen, aber meine Füße waren immer noch gefesselt, und zwei Kalkar hockten direkt vor der Tür der

Hütte, um sicherzustellen, dass ich nicht entkommen konnte. Ich bat die Sklavin um etwas warmes Wasser, um meine Wunden zu waschen, und sie bereitete es für mich zu. Und nicht nur das, die freundliche Seele kümmerte sich selbst um meine Wunden, und nachdem sie gereinigt waren, trug sie eine heilende beruhigende Lotion auf, und verband sie, so gut sie konnte.

Ich fühlte mich dadurch sehr erfrischt, und mit dem Essen und Trinken in mir war ich recht glücklich, denn ich hatte das erreicht, was mein Volk seit hundert Jahren anstrebte, nämlich an der Westküste Fuß zu fassen. Dieser erste Sieg war größer, als ich zu hoffen gewagt hatte, und wenn ich entkommen und wieder zu meinem Volk zurückkehren könnte, glaubte ich, dass ich es zum Ozean führen könnte, während die Kalkar noch unter der Demoralisierung der Niederlage litten.

Während ich darüber nachdachte, betrat ein Häuptling der Kalkar die Hütte. Hinter der Tür warteten die Krieger, die ihn begleitet hatten.

»Komm!«, befahl der Kalkar und forderte mich auf, mich zu erheben.

Ich zeigte auf meine gefesselten Knöchel.

»Schneide seine Fesseln durch«, wies er die Sklavin an.

Als ich frei war, erhob ich mich und folgte dem Kalkar. Die Wache umringte mich und wir marschierten zwischen Alleen mit prächtigen Bäumen, wie ich sie noch nie zuvor gesehen hatte, zu einem Zelt der Antike, einem teilweise zerstörten Bauwerk von imposanter Höhe, das sich über eine große Fläche des Geländes erstreckte. Das Innere wurde von vielen Fackeln erleuchtet, und es gab Wachen am Eingang und Sklaven, die weitere Fackeln hielten.

Sie führten mich in eine große Kammer, die fast noch so sein musste, wie die Alten sie verließen, obwohl ich von außen gesehen hatte, dass an anderen Stellen das Dach des Zeltes eingestürzt war und seine Wände bröckelten. An diesem Ort gab es viele hochrangige Kalkar, und am hinteren Ende des Raumes, auf einem Podest, saß einer allein auf einer riesigen, geschnitzten Bank – einer Bank mit hoher Rückenlehne und Armlehnen. Sie war sehr groß für einen einzigen Mann. Es ist das, was wir eine kleine Bank nennen.

Die Kalkar nennen sie Sessel; aber diese, so sollte ich lernen, nennen sie Thron, weil es die kleine Bank ist, auf der ihr Herrscher sitzt. Damals wusste ich das noch nicht.

Ich wurde vor diesem Mann geführt. Er hatte ein dünnes Gesicht und eine lange, schmale Nase, grausame Lippen und listige Augen. Seine Gesichtszüge waren in Ordnung. Er hätte in jeder Kompanie als Vollblut-Yankee durchgehen können. Meine Wache hielt vor ihm an.

»Das ist er, Jemadar«, sagte der Anführer, der mich gebracht hatte.

»Wer bist du?«, forderte der Jemadar und wandte sich an mich.

Sein Ton gefiel mir nicht. Er war unangenehm und diktatorisch. Ich bin das nicht gewöhnt, auch nicht von Gleichgestellten, und ein Julian hat keine Vorgesetzten. Ich betrachtete ihn als Abschaum. Deshalb antwortete ich nicht.

Er wiederholte seine Frage verärgert. Ich wandte mich an den Anführer der Kalkar, der neben mir stand. »Sag diesem Mann, dass er mit einem Julian spricht«, sagte ich, »und dass mir seine Art nicht gefällt. Er soll in einem zivilisierteren Ton darum bitten, wenn er Informationen wünscht.«

Die Augen des Jemadar verengten sich wütend. Er erhob sich halb von seiner kleinen Bank. »Ein Julian!«, rief er aus. »Ihr seid alle Julians – aber du bist der Julian. Du bist der Große Häuptling der Julians. Sag mir«, sein Ton wurde plötzlich höflich, fast schon einschmeichelnd, »ist es nicht wahr, dass du der Julian bist. Der Rote Falke, der die Wüstenhorden auf uns gehetzt hat?«

»Ich bin Julian XX., der Rote Falke«, antwortete ich; »und du?«

»Ich bin Or-tis, der Jemadar«, antwortete er.

»Es ist lange her, dass sich ein Or-tis und ein Julian getroffen haben«, sagte ich.

»Bislang sind sie sich immer als Feinde begegnet«, antwortete er. »Ich habe nach dir gesandt, um euch Frieden und Freundschaft anzubieten. Fünfhundert Jahre lang haben wir unnötig und sinnlos gekämpft, weil zwei unserer Vorfahren einander gehasst haben. Du bist der zwanzigste Julian. Ich bin der sechzehnte Or-tis. Niemals zuvor haben wir uns gesehen, und doch müssen wir Feinde sein. Wie dumm!«

»Es kann keine Freundschaft zwischen einem Julian und einem Or-tis geben«, antwortete ich kühl.

»Es kann Frieden geben«, sagte er, »und Freundschaft wird später kommen, vielleicht lange nachdem du und ich tot sind. In diesem großen, reichen Land gibt es Platz für uns alle. Geh zurück zu deinen Leuten. Ich werde dir eine Eskorte und reiche Geschenke mitschicken. Sag ihnen, dass die Kalkar ihr Land mit den Yankees teilen werden. Du wirst über eine Hälfte herrschen und ich werde über die andere Hälfte herrschen. Wenn die Macht des einen bedroht ist, wird der andere ihm mit Männern und Pferden zu Hilfe kommen. Wir können in Frieden leben und unser Volk wird gedeihen. Was sagst du dazu?«

»Ich habe dir gestern meine Antwort geschickt«, sagte ich ihm. »So ist es auch heute – der einzige Frieden, den du und ich teilen können, ist der Frieden des Todes. Es kann nur einen Herrscher für dieses ganze Land geben, und er wird ein Julian sein – wenn nicht ich, dann der nächste in der Reihe. Es gibt auf der Welt nicht Platz für beide – für Kalkar und Yankees. Seit dreihundert Jahren treiben wir euch zum Meer. Gestern haben wir mit dem letzten Vorstoß begonnen, der nicht enden wird, bis der Letzte von euch aus der Welt, die ihr ruiniert habt, vertrieben worden ist. Das ist meine Antwort, Kalkar.«

Er wurde rot und dann blass. »Du kennst unsere Stärke nicht«, sagte er nach einem Moment der Stille. »Gestern habt ihr uns überrascht, aber trotzdem habt ihr uns nicht besiegt. Du weißt nicht, wie die Schlacht ausgegangen ist. Du weißt nicht, dass unsere Streitkräfte nach deiner Gefangennahme deine geschwächten Krieger wieder angegriffen und sie zurück in die Berge getrieben haben. Du weißt nicht, dass sie schon jetzt um Frieden bitten. Wenn du ihr Leben und auch deines retten willst, solltest du mein Angebot annehmen.«

»Nein, ich weiß davon nichts und du auch nicht«, antwortete ich spöttisch, »aber ich weiß, dass du lügst. Das war schon immer das Clan-Zeichen der Or-tis.«

»Bringt ihn weg!«, rief der Jemadar. »Sendet diese Botschaft an sein Volk: Ich biete ihnen Frieden zu diesen Bedingungen – sie können das ganze Land östlich einer geraden Linie haben, die vom Pass der Alten nach Süden bis zum Meer verläuft; wir werden das Land westlich dieser Linie besetzen. Wenn sie akzeptieren, werde ich ihren großen

Häuptling zurückschicken. Wenn sie sich weigern, wird er zum Schlachter gehen und sie daran erinnern, dass er nicht der erste Julian sein wird, den ein Or-tis zum Schlachter schickt. Wenn sie akzeptieren, wird es keine Kriege mehr zwischen unseren Völkern geben.«

Sie brachten mich dann in die Hütte der alten Sklavin zurück, und dort schlief ich bis zum frühen Morgen, als ich von einem großen Aufruhr geweckt wurde. Die Männer riefen Befehle, fluchten und liefen eilig hin und her. Man hörte das Trampeln der Pferde, das Klirren und Klappern der Kriegsausrüstung. Schwach, wie aus großer Entfernung, hörte ich ein vertrautes Geräusch, und das ließ mein Herz höher schlagen. Es war der Kriegsschrei meines Volkes, und dazwischen erklang das dumpfe Dröhnen ihrer Trommeln.

»Sie kommen!« Ich muss laut gesprochen haben, denn die alte Sklavin, die mit irgendeiner Hausarbeit beschäftigt war, wandte sich mir zu.

»Lass sie kommen«, sagte sie. »Sie können nicht schlimmer sein als diese hier, und es ist an der Zeit, dass wir die Herren wechseln. Es ist schon lange her, seit der Herrschaft der Alten, die, wie man sagt, nicht unfreundlich zu uns waren. Vor ihnen gab es andere Alte und vor ihnen noch andere. Immer kamen sie von weit her, beherrschten uns und gingen wieder ihres Weges, vertrieben von anderen. Nur wir blieben.

Wie der Kojote, der Hirsch und die Berge waren wir immer hier. Wir gehören zum Land, wir sind das Land – wenn der letzte unserer Herrscher gestorben ist, werden wir noch hier sein, wie wir es von Anfang an waren – unverändert. Sie kommen und mischen ihr Blut mit unserem, aber in wenigen Generationen sind die letzten Spuren davon verschwunden, verschluckt von der langsamen, unveränderlichen Flut unseres Blutes. Ihr werdet kommen und gehen, ohne Spuren zu hinterlassen; aber wenn ihr schon vergessen seid, werden wir immer noch hier sein.«

Ich hörte ihr überrascht zu, denn ich hatte noch nie eine Sklavin so sprechen hören wie diese, und ich hätte sie gerne weiter befragt. Ihre seltsame Prophezeiung interessierte mich. Doch nun betraten die Kalkar die Hütte. Sie kamen hastig und ebenso hastig gingen sie und nahmen mich mit. Meine Handgelenke waren wieder gefesselt, und ich wurde fast auf den Rücken von Roter Blitz geworfen. Einen Augenblick später wurden wir von einem Strom von Reitern verschluckt, der nach Südwesten strömte.

Weniger als zwei Stunden später betraten wir das größte Lager, das ein Mensch je gesehen hat. Meilenweit ritten wir hindurch, unsere Gruppe war nun auf die Zahl der Krieger reduziert, die mich bewachten. Die anderen waren am Rand des Lagers geblieben, um sich meinem Volk entgegenzustellen, und während wir durch die seltsamen Pfade des Lagers ritten, kamen wir an Tausenden und Abertausenden von Kalkar vorbei, die zur Verteidigung des Kapitols eilten.

Wir passierten riesige Gebiete, die in Quadraten angelegt waren, wie es der Brauch der Alten war, mit einem Pfad auf jeder Seite und in der Mitte grasbewachsene Hügel, die die eingestürzten Ruinen ihrer Zelte bedeckte. Hin und wieder überragte eine bröckelnde Mauer die Verwüstung und es gab einige stabilere Konstruktionen, die bis auf das Dach und einige Wände fast intakt waren. Als wir vorrückten, stießen wir immer öfter auf letztere, die aus jener seltsamen, felsartigen Substanz bestanden, deren Geheimnis mit der Antike verschwunden ist.

Nun wurden die mächtigen Zelte dieses mächtigen Volkes noch größer. Ganze Viertel waren erhalten geblieben, und es gab einige, die ihre wettergegerbten Köpfe weit in den Himmel erhoben. Es war leicht zu glauben, dass der Mond nachts daran kratzen könnte. Viele waren sehr schön, mit großartigen Bildhauereien darauf, und je weiter wir kamen, desto mehr gab es, bei denen Dächer und Wände intakt waren. Dies waren die Behausungen der Kalkar. Sie erhoben sich zu beiden Seiten der Pfade wie die Ränder von steilen Bergschluchten, deren Fronten von tausend Öffnungen durchbrochen waren.

Der Weg zwischen den Zelten war mit Staub und Schmutz bedeckt. An einigen Orten hatten die Regenfälle den festen Steinboden der Vorzeit sauber gewaschen, anderswo bedeckten die im Laufe der Zeit angesammelten Trümmerschichten fast alles, erhoben vielerorts über die untersten Zeltöffnungen und breiteten sich im Inneren der Bauwerke aus.

Büsche, Reben und wilder Hafer wuchsen an den Mauern und in jeder Nische, die vor den trampelnden Füßen der Bewohner geschützt war. Abfälle aller Art verunreinigten die Wege so sehr, dass meine an die Wüste gewöhnte Nase unter dem Gestank litt. Grobe Kalkar Frauen mit ihren schmutzigen Bälgern lehnten sich aus den Öffnungen über den Wegen, und als sie mich erblickten, schrien sie abscheuliche Beleidigungen.

Als ich diese spektakulären Zelte betrachtete, die sich über Meilen und Meilen in alle Richtungen erstreckten, versuchte ich, mir die unglaublichen Anstrengungen, die Zeit und die Ressourcen vorzustellen, die die Alten in ihren Bau investiert hatten; und dann fiel mein Blick auf diese zerlumpte Horde, deren abscheuliche Zwecke sie nun ungewollt dienten und ich war niedergeschlagen von der Erkenntnis der völligen Sinnlosigkeit menschlicher Anstrengung. Wie lange und um welchen Preis hatten die Alten nach dem Höhepunkt ihrer mächtigen Zivilisation gestrebt! Und wofür?

Wie lange und um welchen Preis haben wir gekämpft, um diese Trümmer den Händen ihrer Plünderer zu entreißen! Und wozu? Es gab keine Antwort – ich wusste nur, dass wir immer weiter und weiter gehen mussten, und dass Generationen nach uns weiter nach dem streben würden, was gerade außerhalb unserer Reichweite lag – wir waren Opfer eines uralten Fluchs, mit dem vielleicht unsere frühesten Vorfahren belegt wurden.

Und ich dachte an die Sklavin und ihre Prophezeiung. Ihr Volk würde standhaft bleiben, wie die Hügel, nach nichts streben, nichts erreichen wollen, außer vielleicht das, wonach wir uns alle gemeinsam sehnen – Zufriedenheit. Und wenn das Ende kommt, wie auch immer dieses Ende aussehen mag, wird es der Welt zweifellos ohne sie genauso gut ergehen, wie ohne uns, denn am Ende wird nichts mehr übrig sein.

Meine Wache bog ab in den hohen gewölbten Eingang eines mächtigen Bauwerks. Beeindruckende Säulen aus poliertem und reich marmoriertem Stein erhoben sich aus dem Schmutz des Bodens. Die Enden der Säulen waren gemeißelt und mit Farben und Gold verziert. Der Platz war mit Pferden gefüllt, die an lange Leinen gebunden waren, die sich fast über die gesamte Länge des Raumes, von Säule zu Säule, erstreckten. An einem Ende führte eine breite Steintreppe nach oben.

Nachdem wir abgestiegen waren, wurde ich diese Stufen hinaufgeführt. Es gab viele Kalkar, die kamen und gingen. Wir gingen an ihnen vorbei, als ich durch einen schmalen Gang aus poliertem weißen Stein geführt wurde, an dessen beide Seiten sich Öffnungen in den Wänden befanden, die zu anderen Kammern führten.

Durch eine dieser Öffnungen traten wir in eine große Kammer und dort sah ich wieder den Or-tis, den ich am Abend zuvor gesehen hatte. Er stand vor einer der Öffnungen mit Blick auf den Weg darunter und unterhielt sich mit mehreren seiner Adeligen. Einer blickte auf und sah mich, als ich eintrat, und lenkte die Aufmerksamkeit des Jemadar auf mich.

Or-tis sah mich an. Er sprach mit einem Mann in seiner Nähe, der dann zu einer anderen Öffnung trat und jemandem außerhalb ein Zeichen gab. Sofort kam eine Wache der Kalkar mit einem Jugendlichen aus einem meiner Wüstenclans. Bei meinem Anblick hob der junge Krieger die Hand zum Gruß an seine Stirn.

»Ich gebe dir eine weitere Gelegenheit, mein Angebot von gestern Abend zu überdenken«, sagte Or-tis an mich gewandt. »Hier ist einer deiner eigenen Männer, der deine Botschaft an dein Volk überbringen kann, wenn du immer noch entschlossen bist, es zu einem nutzlosen und blutigen Kampf zu verurteilen, und gleichzeitig wird er eine Botschaft von mir überbringen – dass du am Morgen zum Schlachter gehst, wenn deine Krieger sich nicht zurückziehen und deine Häuptlinge sich nicht verpflichten, den Frieden von nun an zu wahren. Wenn du meinen Bedingungen zustimmst, wirst du zu deinem Volk zurückkehren. Wenn du mir dieses Versprechen gibst, kannst du deine Botschaft selbst zu den Stämmen der Julian bringen.«

»Meine Antwort«, entgegnete ich, »ist die gleiche wie gestern Abend und so wird sie auch morgen sein.«

Dann wandte ich mich an den Yankee-Krieger. »Wenn du gehen darfst, reite sofort zu Geier und sag ihm, dass mein letzter Befehl lautet, dass er die Flagge weiter bis zum Meer tragen soll. Das ist alles.«

Der Or-tis zitterte vor Enttäuschung und Wut. Er legte eine Hand auf den Griff seines Schwertes und machte einen Schritt auf mich zu; aber was immer er beabsichtigte, er dachte noch mal darüber nach und blieb stehen.

»Bringt ihn nach oben«, befahl er meiner Wache, »und am Morgen zum Schlachter.«

»Ich werde dabei sein«, sagte er zu mir, »um zu sehen, wie dein Kopf in den Staub rollt und dein Kadaver an die Schweine verfüttert wird.«

Dann brachten sie mich aus der Kammer und führten mich eine endlose Treppe hinauf, oder zumindest schien sie endlos zu sein, bis wir schließlich das höchste Stockwerk des großen Zeltes erreichten. Dort stießen sie mich in eine Kammer, deren Eingang von zwei riesigen Kriegern bewacht wurde.

Auf dem Boden der Kammer hockte ein Kalkar, mit dem Rücken an die Wand gelehnt. Er blickte zu mir auf, als ich hereinkam, sagte aber nichts. Ich schaute mir die kahle Kammer an, deren Boden mit dem Staub und den Trümmern alter Zeiten übersät war, deren Wände bis zur Höhe eines Mannes vom Schmutz und Fett der Körper, die sich an sie gelehnt hatten, befleckt waren.

Ich näherte mich einer der Öffnungen an der Stirnwand. Weit unter mir, wie ein schmales Band aus Leder, lag der Weg, gefüllt mit winzigen Menschen und Pferden, nicht größer als Kaninchen. Ich konnte die Schweine im Dreck wühlen sehen – sie und die Hunde sind die Aasfresser des Lagers.

Lange Zeit stand ich da und beobachtete die für mich fremde Landschaft. Das Zelt, in dem ich eingesperrt war, gehörte zu den höchsten der Bauten der Antike in meiner Sichtweite, und von seinem oberen Stockwerk aus konnte ich eine riesige Fläche von Zeltdächern sehen, von denen einige Bauten offenbar in einem ausgezeichneten Erhaltungszustand waren, während hier und da grasbewachsene Hügel den Ort markierten, an dem andere eingestürzt waren.

Es gab zahlreiche Spuren von Feuer und Rauch, und es war offensichtlich, dass alles, was die Alten aus anderen Materialien als ihrem beständigen Stein gebaut hatten, längst verschwunden war, denn viele der verbliebenen Gebäude waren den Flammen zum Opfer gefallen und bestanden nur noch aus Hüllen, was Hunderte von rauchgeschwärzten Öffnungen in meiner Sichtweite bezeugten.

Als ich über die fernen Hügel jenseits der Grenzen des Lagers hinausblickte, bemerkte ich jemanden neben mir. Als ich mich umdrehte, sah ich, dass es der Kalkar war, den ich an der Wand sitzend gesehen hatte, als ich den Raum betrat.

»Sieh gut hin, Yankee«, sagte er mit nicht unangenehmer Stimme, »denn du hast nicht mehr lange Gelegenheit zu schauen.«

Er lächelte grimmig. »Von hier aus haben wir eine wunderbare Aussicht«, fuhr er fort, »an einem klaren Tag kann man den Ozean und die Insel sehen.«

»Ich würde gerne das Meer sehen«, sagte ich.

Er schüttelte den Kopf. »Du bist ihm sehr nahe«, sagte er, »aber du wirst es nie sehen. Ich würde es gerne selbst wiedersehen, aber das wird nicht geschehen.«

»Warum?« fragte ich.

»Ich gehe morgen Früh mit dir zum Schlachter«, antwortete er einfach.

»Du?«

»Ja, ich!«

»Und warum?«

»Weil ich ein wahrer Or-tis bin«, antwortete er.

»Warum sollten sie einen Or-tis zum Schlachter schicken?« fragte ich. »Es ist nicht merkwürdig, dass ein Or-tis mich, einen Julian, zu ihm schickt; aber warum sollte ein Or-tis einen Or-tis schicken?«

»Es ist kein wahrer Or-tis, der mich schickt«, antwortete der Mann, und dann lachte er.

»Warum lachst du?«

»Ist es nicht ein seltsamer Scherz des Schicksals«, rief er, »dass ein Julian und ein Or-tis gemeinsam zum Schlachter gehen? Beim Blut meiner Väter! Ich glaube, unsere Fehde ist zu Ende, Julian, zumindest was dich und mich betrifft.«

»Sie kann niemals vorbei sein, Kalkar«, antwortete ich.

Er schüttelte den Kopf. »Wenn mein Vater noch leben würde und seine Pläne verwirklicht hätte, wäre sie wohl zu Ende gewesen«, bestand er.

»Solange ein Or-tis und ein Julian leben? Niemals!«

»Du bist jung, und der Hass, den ihr seit Ewigkeiten mit der Muttermilch aufsaugt, fließt heiß in euren Adern; aber mein Vater war alt, und er sah Dinge, die nur wenige von meiner Art je gesehen haben.

Er war ein freundlicher Mann und sehr gelehrt, und er begann, die Kalkar und das schreckliche Unrecht zu hassen, das der erste Or-tis der Welt und unserem Volk angetan hat, als er sie vom Mond hierher brachte, so wie du und dein Volk sie schon immer gehasst haben. Er wusste, dass es falsch war, und wollte es korrigieren.

Er hatte bereits geplant, mit den Julians in Kontakt zu treten und gemeinsam mit ihnen das Verbrechen, das unser Vorfahre an der Welt begangen hatte, rückgängig zu machen. Er war Jemadar, aber er hätte auf seinen Thron verzichtet, um wieder unter seinesgleichen zu sein. Unsere Blutlinie ist so rein wie deine – wir sind Amerikaner. In unseren Adern fließt kein Kalkar- oder Halbblut. Es gibt vielleicht noch tausend andere unter uns, deren Stammbaum unbefleckt ist. Diese hätte er mitgenommen, denn sie hatten alle genug von den Kalkar Bestien.

Aber einige der Kalkar Adligen erfuhren von dem Plan, und unter ihnen war auch der, der sich Or-tis und Jemadar nennt. Er ist der Sohn einer Kalkar Frau und einem abtrünnigen Onkel von mir. In seinen Adern fließt Or-tis-Blut, aber ein Tropfen Kalkar-Blut macht einen zum Kalkar, deshalb ist er kein Or-tis.

Er ermordete meinen Vater und machte sich dann daran, jeden reinblütigen Or-tis und all die anderen unverseuchten Amerikaner auszurotten, die ihm nicht die Treue schwören wollten. Einige haben dies getan, um ihre Haut zu retten, aber viele sind zum Schlachter gegangen. Soweit mir bekannt ist, bin ich der letzte der Or-tis Linie. Es gab zwei Brüder und eine Schwester, alle jünger als ich. Wir wurden getrennt, und ich habe seitdem nichts mehr von ihnen gehört, aber ich bin sicher, dass sie tot sind. Der Usurpator wird es mir nicht sagen – er hat mir nur ins Gesicht gelacht, als ich ihn fragte.

Ja, wenn mein Vater noch lebte, wäre die Fehde vielleicht beendet worden; aber morgen wird der Schlachter sie beenden. Der andere Weg wäre jedoch besser gewesen. Was meinst du, Julian?«

Ich stand lange Zeit schweigend da und dachte nach. Ich fragte mich, ob der Weg des toten Jemadar nicht tatsächlich besser gewesen wäre.

V. Das Meer

Es erschien mir in der Tat seltsam, dass ich mich so freundschaftlich mit einem Or-tis unterhielt. Ich hätte ihm an die Gurgel gehen sollen, aber da war etwas an ihm, das mich entwaffnete, und nach seinen Worten empfand ich, ich schäme mich fast, es zu sagen, so etwas wie Freundschaft für ihn.

Aber schließlich war er Amerikaner und hasste unseren gemeinsamen Feind. War er für die Wahnsinnstat eines Vorfahren verantwortlich, der seit fast vierhundert Jahren tot ist? Aber der Hass, der fast ein Teil meines Wesens war, wollte sich nicht ganz legen – er war immer noch ein Or-tis. Das sagte ich ihm auch.

»Ich weiß nicht, ob ich dir das verübeln kann«, sagte er, »aber was spielt das für eine Rolle?, morgen werden wir beide tot sein. Lass uns wenigstens bis dahin Waffenstillstand schließen.«

Er war ein sympathischer junger Bursche, vielleicht zwei oder drei Jahre älter als ich, mit einer gewinnenden entwaffnenden Art. Es wäre sehr schwer, diesen Or-tis zu hassen.

»Einverstanden!« sagte ich und streckte meine Hand aus. Er nahm sie und dann lachte er.

»Vierunddreißig Vorfahren würden sich in ihren Gräbern umdrehen, wenn sie das sehen könnten«, rief er.

Wir unterhielten uns lange dort an der Öffnung, während sich auf dem Weg unter uns ständig Ströme von Kalkar zum Schlachtfeld bewegten. Schwach, aus großer Entfernung, erklang das Dröhnen der Trommeln.

»Ihr habt sie gestern hart geschlagen«, sagte er. »Sie sind mit Schrecken erfüllt.«

»Wir werden sie heute und morgen und übermorgen wieder schlagen, bis wir sie ins Meer getrieben haben«, sagte ich.

»Wie viele Krieger hast du?«, fragte er.

»Es waren volle fünfundzwanzigtausend, als wir aus der Wüste ritten«, antwortete ich stolz.

Er schüttelte den Kopf. »Sie müssen zehn oder zwanzig Mal fünfundzwanzigtausend haben«, sagte er zu mir.

»Auch wenn sie vierzig Mal fünfundzwanzigtausend haben, werden wir siegen«, beharrte ich.

»Vielleicht werdet ihr das, denn ihr seid bessere Kämpfer; aber sie haben so viele Jugendliche, die jeden Tag in die Kriegerklasse hineinwachsen. Es wird Jahre dauern, sie zu vertreiben. Sie vermehren sich wie Kaninchen. Ihre Frauen sind in der Regel verheiratet, bevor sie fünfzehn Jahre alt sind. Wenn sie mit zwanzig Jahren kein Kind haben, werden sie verachtet, und wenn sie mit dreißig noch kinderlos sind, werden sie getötet, und wenn sie nicht sehr gute Arbeiterinnen sind, werden sie sowieso mit fünfzig getötet – ihr Nutzen für den Staat ist vorbei.«

Es wurde Nacht. Die Kalkar brachten uns weder Essen noch Wasser. Es wurde sehr dunkel. Auf dem Weg unten und in einigen der umliegenden Zelte gaben Fackeln ein seltsames, flackerndes Licht ab. Der Himmel war mit leichten Wolken bedeckt. Die Kalkar in dem Gang vor unserer Tür dösten. Ich berührte den Or-tis an der Schulter, wo er neben mir auf dem harten Boden ausgestreckt lag.

»Was ist los?«, flüsterte er.

»Ich gehe«, sagte ich. »Möchtest du mitkommen?«

Er setzte sich auf. »Wie willst du das machen?«, fragte er, immer noch leise flüsternd.

»Ich weiß es nicht und auch nicht, wie weit ich kommen werde; aber ich gehe, wenn auch nur weit genug, um dem Schlachter zu entkommen.«

Er lachte. »Gut! Ich werde mit dir gehen.«

Es hatte lange gedauert, bis ich das Vorurteil der Vererbung überwunden hatte, und ich hatte lange überlegt, bevor ich mich dazu durchringen konnte, einen Or-tis zu bitten, diesen Fluchtversuch mit mir zu wagen; aber jetzt war es geschafft. Ich hoffte, ich würde es nicht bereuen.

Ich erhob mich und bewegte mich vorsichtig auf die Tür zu. Ein Docht, der in einem mit Öl gefüllten Tongefäß brannte, verbreitete ein schwaches Licht. Es schien auf zwei schwerfällige Kalkar, die auf dem Steinboden des Ganges saßen und an die Wand gelehnt schliefen.

Natürlich war mir mein Messer abgenommen worden und ich war unbewaffnet; aber hier war ein Schwert in meiner Reichweite und ein weiteres für Or-tis. Unter dem Mantel des näheren Kalkar ragte ein Schwertgriff hervor. Meine ausgestreckte Hand lag fast darauf, als er sich bewegte. Ich konnte nicht abwarten, um zu erfahren, ob er aufwachte oder sich nur im Schlaf bewegte. Ich stürzte mich auf das Schwert, ergriff es, und der Bursche war wach; im selben Moment stürzte Or-tis sich auf den anderen.

Derjenige, den ich angegriffen hatte, rappelte sich hoch, krallte sich an der Hand fest, die sein Schwert bereits halb aus der Scheide gezogen hatte, und stieß gleichzeitig ein furchtbares Geschrei aus. Ich schlug ihm mit der geballten Faust auf den Kiefer. Ich schlug so hart ich konnte, als er mit seinen ganzen acht Fuß über mir aufragte.

Or-tis hatte ein Problem mit seinem Gegner, der ihn an der Kehle gepackt hatte und versuchte, ein Messer zu ziehen, um ihn zu erledigen. Das Messer muss für einen Moment in seiner Scheide stecken geblieben sein, oder sein langer, roter Mantel war im Weg. Ich weiß es nicht. Ich sah es nur aus dem Augenwinkel, als mein Gegner erstarrte und dann zu Boden sank.

Dann wandte ich mich dem anderen zu, eine blanke Klinge in der Hand. Er stieß Or-tis zur Seite, als er mich sah, und holte sein eigenes Schwert heraus, aber er war zu langsam. Als ich meine Spitze in sein Herz stieß, hörte ich das Geräusch von rennenden Schritten auf der Treppe und die Schreie von Männern. Ich reichte das Schwert, das ich trug, Or-tis und entriss das andere dem Burschen, den ich gerade erledigt hatte.

Dann trat ich die kümmerliche Fackel so weit weg, wie ich konnte, und rief Or-tis zu, mir zu folgen. Das Licht ging aus, und gemeinsam liefen wir den dunklen Gang entlang in Richtung der Treppe, auf der wir die Krieger hören konnten, die auf die Schreie unserer getötete Gegner reagierten.

Wir erreichten die Treppe, aber nur einen Moment, bevor die Kalkar auftauchten. Sie waren zu dritt und einer von ihnen trug eine schwache, rauchende Fackel, die wenig tat, außer große, grotesk tanzende Schatten auf Wand und Treppe zu werfen, die uns aber unsere Ziele enthüllte, ohne uns ihnen zu offenbaren.

»Nimm den Letzten«, flüsterte ich Or-tis zu.

Wir lehnten uns über das Geländer, er zerschmetterte dem Letzten der drei den Kopf und ich tötete den Zweiten. Der Erste, der die Fackel trug, drehte sich um und sah sich zwei Schwertern gegenüber. Er stieß einen Schrei aus und rannte den Gang entlang.

Das konnten wir nicht erlauben. Hätte er stillgehalten, hätten wir ihn vielleicht am Leben gelassen, denn wir waren in Eile; aber er hielt nicht still, und so verfolgten wir ihn. Er erinnerte mich an einen Kometen, als er mit seinem Lichtschweif durch die Dunkelheit floh, nur war es ein sehr kleiner Schweif. Es war jedoch ein schneller Komet, und wir konnten ihn nicht einholen, bis das Ende des Ganges in stoppte und er beim Wenden ausrutschte und fiel.

Ich war im selben Augenblick bei ihm, aber irgendetwas hielt mich davon ab, ich ihn zu durchbohren. Stattdessen ergriff ich ihn, bevor er sich erholen konnte, und hob ihn vom Boden auf und schleuderte ihn durch die Öffnung am Ende des Ganges.

Er klammerte sich immer noch an seine Fackel, und als ich mich hinauslehnte, erschien er tatsächlich wie ein Komet, obwohl er schnell erlosch, als er weit unten im Hof auf das Pflaster schlug.

Or-tis lächelte neben mir. »Der blöde Trottel!«, rief er. »Er klammerte sich bis zum Tod an diese Fackel, obwohl er, wenn er sie weggeworfen hätte und in eine dieser vielen Kammern ausgewichen wäre, hätte entkommen und noch leben können.«

»Vielleicht brauchte er sie, um seinen Weg zur Hölle zu erleuchten«, schlug ich vor.

»Sie brauchen keine Hilfe diesbezüglich«, versicherte mir Or-tis, »denn sie werden alle dorthin gelangen, wenn es einen solchen Ort gibt.«

Wir gingen zur Treppe zurück, aber wieder hörten wir Männer heraufkommen. Or-tis zupfte mich am Ärmel. »Komm«, flüsterte er, »es ist zwecklos, in diese Richtung zu fliehen, jetzt, da die Wache aufgerüttelt ist. Ich bin mit diesem Ort vertraut. Ich war schon viele Male hier. Wenn wir die Nerven haben, können wir noch entkommen. Wirst du mir folgen?«

»Sicherlich«, antwortete ich.

Am oberen Ende der Treppe, wo wir standen, lagen die Leichen von zwei unserer jüngsten Widersacher zu unseren Füßen. Or-tis bückte sich und ergriff ihre Mäntel und Kopfbedeckungen. »Wir werden sie brauchen, wenn wir lebendig unten ankommen«, sagte er. »Bleib direkt hinter mir.«

Er drehte sich um, ging den Korridor entlang und betrat eine Kammer auf der linken Seite.

Hinter uns hörten wir die Kalkar die Treppe hinaufsteigen. Sie riefen ihre Kollegen oben, von denen sie niemals eine Antwort erhalten würden; aber sie kamen offensichtlich langsam, wofür wir beide dankbar waren.

Or-tis durchquerte die Kammer bis zu einer Öffnung in der Wand. »Unten ist der Innenhof«, sagte er. »Es ist ein langer Weg nach unten. Diese Mauern sind uneben gebaut. Ein wendiger Mann könnte sich den Weg nach unten bahnen, ohne zu stürzen. Sollen wir es versuchen? Wir können in der Nähe dieser Öffnungen hinunterklettern und uns so oft ausruhen, wenn wir wollen.«

»Du gehst auf einer Seite und ich auf der anderen«, sagte ich.

Er rollte die beiden Mäntel und die Kappen zu einem Bündel zusammen und ließ sie in die dunkle Leere darunter fallen, dann glitten wir über den Rand der Öffnung. Ich hielt mich mit den Händen fest und fand einen Halt für die Füße und dann einen weiteren unter dem Ersten.

Die Simse waren etwa halb so breit wie meine Hand. Einige von ihnen waren durch Zeit und Wetter abgerundet. Diese boten keinen sehr guten Halt. Ich erreichte jedoch die Öffnung unten ohne Missgeschick, und dort, gestehen ich, war ich froh, einen Moment innehalten zu können, denn ich hechelte, als wäre ich eine Meile gelaufen.

Or-tis kam auch sicher unten an. »Der Schlachter scheint weniger schrecklich zu sein«, sagte er.

Ich lachte. »Er wäre schneller gewesen«, antwortete ich.

In der nächsten Etappe stiegen wir zwei Stockwerke hinunter, bevor wir anhielten. Ich wäre beinahe zweimal ausgerutscht und gestürzt. Ich war schweißgebadet, als ich mich neben meinen Begleiter Platz setzte.

Ich erinnere mich nur ungern an dieses Abenteuer. Es lässt mich immer erschauern, auch jetzt noch; aber schließlich war es vorbei – wir erreichten gemeinsam den Boden und zogen die Mäntel und Kappen der Kalkar an. Die Schwerter, für die wir keine Scheiden hatten, steckten wir in unsere eigenen Gürtel, die Mäntel verbargen die Tatsache, dass sie ohne Schwertscheide waren.

Der Geruch von Pferden stieg in unsere Nasenlöcher, als wir auf einen Eingang zuschlichen. Im Inneren herrschte Dunkelheit, als wir nach vorne tasteten und feststellten, dass wir uns in einer kleinen Kammer mit einer Tür auf der gegenüberliegenden Seite befanden. Fast alle Türen der Antike waren zerstört worden, entweder durch die Brände, die die Innenräume der meisten Gebäude zerstört hatten, durch Verfall oder durch die Kalkar, die sie als Brennstoff benutzten; aber es sind noch einige übrig geblieben – das waren die Metalltüren, und dies war eine.

Ich schob sie weit genug auf, um zu sehen, ob es ein Licht dahinter gab. Es gab Licht. Es war in der großen Kammer im ersten Stock, in der die Pferde angebunden waren. Es war kein helles Licht, sondern ein schwaches, flackerndes Licht. Sogar die Lichter der Kalkar waren schmutzig und rußig. Es verbreitete nur wenig Helligkeit, ansonsten waren dunkle Schatten zu sehen. Wenn sich die Pferde bewegten, warfen sie riesige Schatten an die Wände, den Boden und auf die großen polierten Steinsäulen.

Eine Wache lungerte vor der Tür, die zum Weg vor dem Zelt führte. Sie bestand aus fünf oder sechs Männern. Ich nahm an, es waren noch Weitere in einer nahe gelegenen Kammer. Die Tür, durch die wir schauten, lag im Schatten.

Ich drückte sie weit genug auf, um unsere Körper durchzulassen, und wir schlüpften durch. Einen Augenblick später waren wir zwischen den Pferden und dem Blick der Wache entzogen. Einige Pferde bewegten sich unruhig, als wir uns näherten. Wenn ich nur Roter Blitz finden könnte!

Ich hatte entlang einer Reihe fast die gesamte Länge des Raumes abgesucht und ging eine zweite Reihe entlang, als ich in der Nähe ein leises Wiehern hörte. Er war es! Bei der Liebe zur Flagge! Es war, als hätte ich meinen eigenen Bruder gefunden.

In der schlampigen Manier der Kalkar lagen die Sättel und Zäume im Dreck in der Gasse hinter den Pferden. Zum Glück fand ich mein eigenes, was einfach war, denn es war anders als das der Kalkar, und während ich Roter Blitz still und leise sattelte, nahm sich Or-tis ein zufälliges Reittier und sattelte es.

Nach einer geflüsterten Beratung führten wir unsere Pferde in den hinteren Teil des Raumes und stiegen im Schatten auf, unbeobachtet von der Wache.

Dann ritten wir hinter den Reihen der Pferde hervor und bewegten uns langsam auf den Eingang zu, sprachen und lachten, in der Hoffnung, es möge unbekümmert wirken, wobei Or-tis auf der Seite ritt, die der Wache näher lag und ein wenig vorausritt, sodass Roter Blitz vor ihnen versteckt war, denn wir dachten, sie würden ihn schneller erkennen als uns.

Als sie uns kommen sahen, hörten sie auf zu plappern und sahen auf, aber wir schenkten ihnen keine Aufmerksamkeit und ritten geradewegs auf die Öffnung zu, die zu dem Pfad außerhalb des Gebäudes führte. Ich denke, wir wären problemlos an ihnen vorbeigekommen, wenn da nicht plötzlich aus der Tür des Raums, in dem, wie ich glaube, die Wache war, eine aufgeregte Gestalt laut schrie, damit alle es hörten:

»Lasst niemanden gehen! Der Julian und der Or-tis sind entkommen!«, schrie er.

Die Wachen warfen sich vor den Eingang, und im selben Augenblick gab ich Roter Blitz die Sporen, zog mein Schwert und schlug auf sie ein und Or-tis folgte meinem Beispiel. Ich erwischte einen an meiner linken Seite und Roter Blitz trampelte einen weiteren mit seinen eisernen Hufen nieder.

Wir erreichten den Pfad und Or-tis war neben uns. Wir bogen nach links ab und ritten ein paar Meilen nach Süden, bevor wir eine weitere Straße Richtung Westen nahmen, während die Schreie und Flüche der Kalkar in unseren Ohren hallten.

Wir ließen unseren Pferden freien Lauf, um schneller voranzukommen, als die Dunkelheit und der verschmutzte Weg es eigentlich erlaubten, und erst nachdem wir eine Meile hinter uns gebracht hatten, fielen wir in eine langsamere Gangart. Or-tis trieb sein Pferd an meine Seite.

»Ich hätte nicht gedacht, dass es machbar ist, Julian«, sagte er, »aber hier reiten wir so frei wie jeder andere Mann im ganzen Land.«

»Aber immer noch im Schatten des Schlachters«, antwortete ich. »Hör! Sie sind uns auf den Fersen.« Das Hufgetrappel unserer Verfolger wurde hinter uns immer lauter, während wir lauschten. Wieder spornten wir unsere Pferde an, kamen aber bald an eine Stelle, an der eine zerstörte Mauer auf den Weg gefallen war.

»Möge der Schlachter mich holen!«, rief Or-tis! »dass ich tatsächlich vergessen habe, dass dieser Weg blockiert ist. Wir hätten an der letzten Kreuzung nach Norden oder Süden abbiegen sollen. Komm, wir müssen zurückreiten, und zwar schnell, wenn wir sie vor ihnen erreichen wollen.«

Wir drehten um und ritten zurück entlang des Weges, über den wir gerade erst gekommen waren. Es war nur eine kurze Strecke bis zur Kreuzung, und doch sah es schlecht für uns aus, denn selbst im Dunkeln konnte man die Kalkar jetzt sehen, so nah waren sie. Es war die Frage, wer zuerst die Kreuzung erreichen würde.

»Du reitest nach Süden«, rief ich Or-tis zu, »und ich nach Norden. Auf diese Weise kann einer von uns entkommen.«

»Gut!« stimmte er zu. »Es sind zu viele von ihnen, um zu kämpfen.«

Er hatte recht – der Weg war voll von ihnen, und wir konnten andere dahinter kommen hören. Es war wie eine kleine Armee. Ich schwenkte zur linken Seite des Weges und Or-tis zur rechten. Wir erreichten die Kreuzung keine Sekunde vor den ersten Verfolgern.

Ich stürzte mich in die Schwärze des neuen Weges, und hinter mir kamen die Kalkar. Ich spornte Roter Blitz an, und er reagierte, wie ich es erwartete. Es war Wahnsinn mit solcher Geschwindigkeit auf einem unbekannten Weg durch die schwarze Nacht zu reiten, und doch war es meine einzige Hoffnung.

Schnell entfernte sich mein leichtfüßiger Hengst von den schwerfälligen, schlecht gezüchteten Pferden meiner Verfolger. An der ersten Kreuzung wandte ich mich wieder nach Westen, und obwohl ich hier auf einen steilen und kurvenreichen Hügel traf, war es glücklicherweise nur ein kurzer Ritt zum Gipfel, und danach ging es auf einem hügeligen Pfad weiter, aber meistens bergab.

Die Bauwerke der Alten, die stehen geblieben waren, wurden im Laufe der Zeit immer weniger, und innerhalb einer Stunde waren sie völlig verschwunden. Der Weg war jedoch recht gut erkennbar, und nach einem kurzen Schwenk nach Süden führte er fast geradlinig über hügeliges Land nach Westen.

Ich hatte meine Geschwindigkeit reduziert, um die Kräfte von Roter Blitz zu schonen, und da es keine Anzeichen von Verfolgung gab, ließ ich mein Pferd traben, eine Gangart, die Roter Blitz stundenlang ohne Ermüdung durchhalten konnte. Ich hatte keine Ahnung, wohin der Weg mich führen würde, und zu diesem Zeitpunkt wusste ich nicht einmal, dass er nach Westen führte, denn der Himmel war noch immer bedeckt, obwohl ich der Meinung war, dass es so sein müsste.

Mein erster Gedanke war, so viel Abstand wie möglich zwischen mich und dem Lager der Kalkar zu legen und bei der ersten Morgendämmerung in die Berge zu gehen und mich dann nach Norden und Osten zu wenden, um mich wieder meinem Volk anzuschließen.

Und so zog ich für fast drei Stunden weiter, durch ein Land, das manchmal eben und manchmal hügelig war. Eine kühle Brise kam auf und wehte mir ins Gesicht.

Sie brachte eine feuchte Frische und einen seltsamen Geruch, der mir völlig unbekannt war. Ich war müde von meinen langen Strapazen, von meinem Mangel an Schlaf, Nahrung und Wasser, doch diese seltsame Brise belebte mich wieder und erfüllte mich mit neuer Kraft und neuem Leben.

Es war sehr dunkel, obwohl ich wusste, dass die Morgendämmerung nahen musste. Ich fragte mich, wie Roter Blitz seinen Weg durch die völlige Schwärze finden konnte. Genau diesen Gedanken hatte ich im Kopf, als er plötzlich anhielt.

Ich konnte nichts sehen, und doch wusste ich, dass Roter Blitz einen guten Grund für sein Handeln hatte. Ich lauschte, und da kam mir ein seltsames Getöse zu Ohren – ein tiefes Dröhnen, das ich noch nie zuvor gehört hatte. Was konnte das sein?

Ich stieg ab, um mein geliebtes Reittier ausruhen zu lassen, während ich zuhörte und nach einer Erklärung für dieses Geräusch, das sich monoton wiederholte, suchte. Schließlich beschloss ich, den Sonnenaufgang abzuwarten. Mit den Zügeln um mein Handgelenk legte ich mich hin, wissend, dass mich Roter Blitz warnen würde, wenn Gefahr drohte. Nach einer Minute war ich eingeschlafen.

Wie lange ich geschlafen habe, weiß ich nicht – eine Stunde vielleicht – aber als ich aufwachte, war es heller Tag, und das Erste, was meine Sinne wahrnahmen, war das dumpfe, eintönige Dröhnen, dieses Dröhnen, das mich so schnell in den Schlaf gewiegt hatte.

Niemals werde ich die Szene vergessen, die meine erstaunten Augen nun erblickten, als ich mich aufrichtete. Vor mir lag eine steile Klippe, die direkt vor meinen Füßen abfiel und an deren Rand Roter Blitz in der Nacht zuvor angehalten hatte; und dahinter, so weit das Auge reichte, war Wasser – eine riesige Wasserfläche, die sich immer weiter ausdehnte – das Meer! Endlich hatte ein Julian das Meer gesehen.

Es rollte auf den Sand unter mir, rauschte, wogte, dröhnte. Es zog sich wieder zurück, unermüdlich, unaufhörlich und gleichzeitig erschreckend und beruhigend – erschreckend in seiner Unermesslichkeit und seiner Rätselhaftigkeit, beruhigend in seiner unermüdlichen rhythmischen Majestät.

Ich betrachtete es – das Ziel von vierhundert Jahren Kampf – und es gab mir neue Kraft und Entschlossenheit, mein Volk dorthin zu führen. Dort lag es, wie es immer gelegen hatte, unverändert, unveränderlich.

Entlang seiner Uferlinie, die auf beiden Seiten zu weit entfernten, vom Dunst verschleierten Landzungen führte, war eine schwache Linie am Fuß der kühnen Klippen zu sehen, die möglicherweise von Menschenhand geschaffen war – eine Spur der Alten, aber von den Menschen oder ihren Werken gibt es kein weiteres Zeichen. In völliger Einsamkeit brachen sich die Wellen am Strand und kein Ohr hörte es.

Zu meiner Rechten führte ein alter Pfad hinunter in eine tiefe Schlucht, die zum Strand führte. Ich bestieg Roter Blitz und folgte den Windungen entlang der verwischten Spur der Alten, zwischen riesigen Eichen und Platanen hindurch und die Schlucht entlang bis zum Strand. Ich wollte das kühle Nass spüren und meinen Durst stillen.

Roter Blitz muss auch Durst gehabt haben, aber die großen Wellen, die hereinrollten, erschreckten ihn so sehr, dass ich ihn nur mit

Mühe an den Rand des Wassers drängte; aber Training und Vererbung sind stärker als Furcht, und schließlich ging er auf dem Sand bis zum Wasser, das sich an seinen Fesseln brach. Dann stürzte ich mich in voller Länge hinunter auf den Strand, und als die nächste Welle hereinrollte, vergrub ich mein Gesicht darin und nahm einen tiefen Schluck.

Einer war genug. Ich spuckte, würgte und sprang auf. Was für eine vergiftete Flüssigkeit wälzte sich in diesem höllischen Kessel? Ich wurde sehr krank. Noch nie in meinem Leben hatte ich mich so krank gefühlt.

Ich dachte, ich würde sterben, und in meinen Qualen sah ich, wie Roter Blitz seine samtene Schnauze in die tückische Flüssigkeit tauchte.

Roter Blitz nahm einen Schluck, wie ich es getan hatte, und dann sprang er schnaubend von diesem riesigen Sündenpfuhl zurück. Einen Moment lang stand er mit großen Augen da, starrte auf das Wasser, mit Überraschung in den Augen.

Dann begann er zu zittern, und schwankte auf weit gespreizten Füßen hin und her. Er würde sterben – gemeinsam würden wir am Fuße des Ziels sterben, das wir nach vierhundert Jahren Kampf und Leid erreicht hatten.

Ich betete, dass ich am Leben bleiben möge, auch wenn es nur lange genug wäre, um mein Volk zu erreichen und es vor diesem schrecklichen Monster zu warnen. Besser, sie würden zurück in ihre Wüste fliehen, als sich dieser unbekannten Welt anzuvertrauen, in der selbst das schönste aller Gewässer den Tod brachte.

Aber ich bin nicht gestorben. Roter Blitz ist auch nicht gestorben. Ich war eine Stunde lang sehr krank, aber danach erholte ich mich rasch. Es dauerte lange, bis ich die Wahrheit über das Meerwasser erfuhr.

VI. Saku der Japaner

Hungrig und durstig machten Roter Blitz und ich uns auf den Weg und nahmen den Canyon, der vom Meer wegführte; dann betraten wir die erste Seitenschlucht, die in nördlicher Richtung verlief, denn ich wollte diese Berge überqueren, in der Hoffnung, auf ein ostwestlich verlaufendes Tal zu treffen, dem ich folgen konnte, um mein Volk zu finden.

Wir waren der Seitenschlucht nur ein kurzes Stück gefolgt, als ich eine Quelle mit reinem Wasser und um sie herum üppiges Weideland entdeckte. Ich probierte die Flüssigkeit mit einem gewissen Gefühl der Beklemmung; aber der erste Schluck beruhigte mich, und einen Augenblick später tranken Roter Blitz und ich gierig aus demselben Becken.

Dann nahm ich ihm Sattel und Zaumzeug ab und ließ ihn frei, um auf den saftigen Wiesen zu grasen, während ich meine Kleidung ablegte und meinen Körper badete, der es inzwischen bitter nötig hatte.

Ich fühlte mich sehr erfrischt, und wenn ich bald Nahrung finden würde, wäre ich bald wieder ich selbst; aber ohne Pfeil und Bogen schienen meine Chancen gering, es sei denn, ich würde mir die Zeit nehmen, eine Schlinge zu bauen und auf Beute zu warten.

Dazu hatte ich jedoch keine Lust, da ich glaubte, dass ich früher oder später auf menschliche Behausungen stoßen müsse, wo ich Nahrung finden würde, wenn ich nicht auf eine Überzahl an bewaffneten Männern treffen würde.

Eine Stunde lang erlaubte ich Roter Blitz, seinen Bauch mit nahrhaften Gräsern zu füllen, dann rief ich ihn zu mir, sattelte ihn wieder und machte mich auf den Weg den bewaldeten, gewundenen Canyon hinauf, einem gut markierten Pfad folgend, auf dem ständig die Spur von Kojoten, Wölfen, Höllenhunden, Hirschen und Löwen zu sehen waren, ebenso wie die von Haustieren und die von Sandalen tragenden Füßen von Sklaven, aber ich sah keine Anzeichen von beschlagenen Pferden, die auf die Anwesenheit der Kalkar hindeuteten. Die Abdrücke der Sandalen könnten den Weg einheimischer Jäger kennzeichnen, oder sie könnten zu einem versteckten Lager führen. Ich hoffte auf Letzteres.

Im ganzen Wüsten- und Bergland sind die Lager der Sklaven zu finden, denn sie stehen nicht alle im Dienst der Weißen und es gibt viele, die umherziehen, dem Wild und der Weide folgen und sich dem weißen Mann immer wieder entziehen. Es waren die Kalkar, die ihnen zuerst den Namen Sklaven gaben, sagen sie, aber davor waren sie den Alten unter dem Namen In-juns bekannt.

Unter sich verwenden sie nur ihre verschiedenen Stammesnamen, wie Hopi, Navaho, Mojave, um die bekannteren Stämme zu erwähnen, mit denen wir in der Wüste und in den Bergen und Wäldern im Osten in Kontakt gekommen waren. Mit Ausnahme der Apachen und der weit entfernten Yaqui, von denen wir außer ihrem Ruf wenig wussten, waren sie ein friedliches Volk und gastfreundlich gegenüber freundlichen Fremden. Es war daher meine Hoffnung, ein Lager dieser Eingeborenen zu entdecken, in dem ich sicherlich friedlich empfangen und mit Nahrung versorgt werden würde.

Ich hatte mich vielleicht drei Meilen nach oben gewunden, als ich plötzlich auf eine kleine, offene Wiese und der Erfüllung meines Wunsches stieß, denn dort standen drei der spitzen Zelte der Sklaven, die aus einer Anzahl von nach innen gelehnten und oben zusammengebundenen Stangen bestanden, das Ganze bedeckt von einem seltsamen Flickenteppich aus zusammengenähten Tierhäuten. Diese Zelte waren jedoch insofern merkwürdig, als sie sehr klein waren.

Als ich in Sichtweite des Lagers kam, wurde ich von einer Horde magerer Köter entdeckt, die kläffend auf mich zustürmten und ihre Herren über die Anwesenheit eines Fremden informierten. Ein Kopf erschien in der Öffnung eines der Zelte und wurde ebenso schnell wieder zurückgezogen.

Ich rief laut, dass ich mit ihrem Häuptling sprechen wolle, und dann wartete ich eine ganze Minute lang schweigend. Da ich keine Antwort erhielt, rief ich noch einmal, noch entschiedener, denn ich bin es nicht gewohnt, lange gehorsam zu warten.

Dieses Mal erhielt ich eine Antwort. »Geh weg, Kalkar«, schrie eine Männerstimme. »Dies ist unser Land. Verschwinde oder wir werden dich töten.«

Offensichtlich wagten es diese Leute, ihre Feindseligkeit gegen die Kalkar zum Ausdruck zu bringen, und da ich den Ruf der Kalkar kannte, wusste ich, dass dies sehr ungewöhnlich war, in einem Land, das sie beherrschten. Dass sie die Kalkar hassten, überraschte mich nicht– alle Menschen hassten sie.

Es war dieser gemeinsame Hass, auf den sich meine Erwartung stützte, freundliche Unterstützung von jedem Sklaven zu erhalten, mit dem ich im Land der Kalkar in Kontakt kommen würde.

»Ich bin kein Kalkar«, antwortete ich deshalb der Stimme, deren Besitzer noch immer hinter den Fellen seines winzigen Zeltes versteckt blieb und auf dessen Boden er sitzen musste, da kein Mensch darin aufrecht stehen konnte.

»Was bist du?«, fragte die Stimme.

»Ich bin ein Wüsten-Yankee«, antwortete ich und vermutete, dass er mit diesem Wort vertrauter sei als mit „Amerikaner" oder „Julian".

»Du bist ein Kalkar«, bestand er. »Ich sehe deine Haut, auch wenn dein Umhang und deine Kappe nicht schon Beweis genug wären, dass du ein Kalkar bist.«

»Aber ich bin kein Kalkar. Ich bin ihnen nur knapp entkommen, und ich bin schon lange ohne Nahrung. Ich brauche Nahrung und dann werde ich weiterziehen, denn ich bin auf der Suche nach meinem eigenen Volk, das am Rande eines großen Lagers im Osten gegen die Kalkar kämpft.«

Da streckte er seinen Kopf durch die Öffnung und sah mich genau an. Sein Gesicht war klein und stark zerknittert, und er hatte ein großes Büschel steifer, schwarzer Haare, das in alle Richtungen abstand und nicht durch ein Band gebändigt wurde. Ich dachte immer noch, dass er sitzen oder auf dem Boden hocken müsse, so tief war sein Kopf, aber einen Moment später, als er, nachdem er sich offensichtlich entschlossen hatte, meine Behauptungen genauer zu überprüfen, die Klappe teilte und aus dem Zelt trat, sah ich mit Erstaunen einen etwas mehr als drei Fuß großen Mann vor mir stehen.

Er war splitternackt und hielt einen Bogen in der einen und mehrere Pfeile in der anderen Hand. Zuerst dachte ich, er könne ein Kind sein, aber sein altes und faltiges Gesicht sowie die gut entwickelten Muskeln, die sich unter seiner braunen Haut bewegten, widerlegten das.

Hinter ihm kamen zwei weitere Männer von etwa gleicher Größe, und gleichzeitig erschienen aus den beiden anderen Zelten sechs oder acht weitere dieser winzigen Krieger. Sie bildeten einen Halbkreis um mich, ihre Waffen in Bereitschaft.

»Aus welchem Land kommst du?«, forderte der kleine Häuptling.

Ich zeigte nach Osten. »Aus der Wüste jenseits deiner fernsten Berge«, antwortete ich.

Er schüttelte den Kopf. »Wir sind nie über unsere eigenen Berge hinausgekommen«, sagte er.

Es war sehr schwierig, ihn zu verstehen, obwohl ich mit den Dialekten einer ganzen Reihe von Stämmen und der Mischlingssprache vertraut bin, die sowohl von den Kalkar als auch von uns selbst zur Verständigung mit den Eingeborenen verwendet wird, und doch schafften wir es, uns zu verständigen.

Ich stieg ab und näherte mich ihnen, hielt ihnen die Hand entgegen, wie es bei meinem Volk Sitte ist, Freunde zu begrüßen, denen wir nach längerer Abwesenheit immer die Hand schütteln, oder freundlichen Fremden, denen wir zum ersten Mal begegnen. Sie schienen meine Absichten nicht zu verstehen und zogen sich zurück und spannten ihre Bögen.

Ich wusste nicht, was ich tun sollte. Sie waren so klein, dass ein Angriff mir wie ein Angriff auf Kinder erschienen wäre, und auch wollte ich gerne ihre Freundschaft erlangen, denn ich glaubte, sie könnten sich für mich als unschätzbar wertvoll erweisen, um den kürzesten Weg zurück zu meinem Volk zu finden, der auch gleichzeitig frei von Kalkar-Lagern war.

Ich ließ meine Hand sinken und lächelte, ratlos, wie ich sie am besten beruhigen könnte. Das Lächeln muss es gewesen haben, denn sofort erschien auf dem Gesicht des alten Mannes ein Grinsen.

»Du bist kein Kalkar«, sagte er, »sie lächeln uns nie an.« Er senkte seine Waffe und die anderen folgten seinem Beispiel. »Binde dein Pferd an einen Baum. Wir werden dir Nahrung geben.« Er drehte sich zu den Zelten um und rief die Frauen auf, herauszukommen und Essen vorzubereiten.

Ich ließ meine Zügel zu Boden fallen, denn das war alles, was bei Roter Blitz notwendig war und ging auf die kleinen Männer zu, und als ich meinen Kalkar Mantel und meine Kappe abgelegt hatte, drängten sie sich mit Fragen und Kommentaren um mich herum.

»Nein, er ist kein Kalkar«, sagte einer. »Sein Umhang und seine Kappe sind von den Kalkar, aber nicht seine anderen Kleidungsstücke.«

»Ich wurde von den Kalkar gefangen genommen«, erklärte ich, »und um zu entkommen, verkleidete ich mich mit diesem Umhang, den ich einem Kalkar abgenommen habe, den ich getötet habe.«

Eine regelrechte Flut von Frauen und Kindern kam aus den Zelten, deren Kapazität bei Weitem überschritten sein musste. Die Kinder waren wie Spielzeug, so zierlich waren sie, und wie ihre Väter und Mütter waren sie ganz nackt und es gab unter ihnen allen kein Zeichen eines Schmucks oder einer Dekoration irgendwelcher Art.

Sie drängten sich um mich herum, erfüllt von gutmütiger Neugier, und ich konnte sehen, dass sie ein fröhliches, freundliches kleines Volk waren; aber selbst, als ich so dastand, von ihnen umgeben, konnte ich mich kaum dazu durchringen, an ihre Existenz zu glauben, sondern dachte eher, ich sei das Opfer eines eigenartigen Traums, denn nie hatte ich eine solche Rasse winziger Menschen gesehen oder von ihnen gehört.

Als ich die Gelegenheit hatte, sie näher und besser zu studieren, sah ich, dass sie nicht der gleichen Rasse angehörten wie die Sklaven oder In-juns, sondern dass sie von einem helleren Braunton waren, mit anders geformten Köpfen und schrägen Augen.

Sie waren ein hübsches kleines Volk, und an den Kindern war etwas, was lustig und anziehend zugleich war, sodass man nicht anders konnte, als sie zu lieben und mit ihnen zu lachen.

Die Frauen waren damit beschäftigt, Feuer zu machen und Fleisch zu bringen – eine Hirschkeule, Mehl für Brot und frische Früchte wie Aprikosen, Erdbeeren und Orangen. Sie klatschten und lachten die ganze Zeit, warfen mir schnelle Blicke zu und kicherten dann hinter ihren Händen.

Die Kinder und die Hunde waren immer zwischen unseren Füßen, aber niemand schien sich um sie zu kümmern, und niemand sprach ein Schimpfwort, und oft sah ich, wie die Männer sich ein Kind schnappten und es liebkosten. Sie schienen ein sehr glückliches Volk zu sein – ganz im Gegensatz zu allen anderen Menschen, die lange in einem Land der Kalkar gelebt haben.

Ich erwähnte diese Tatsache gegenüber dem Häuptling und fragte ihn, wie sie unter der grausamen Herrschaft der Kalkar so glücklich sein konnten.

»Wir leben nicht unter ihrer Herrschaft«, antwortete er. »Wir sind ein freies Volk. Als sie versuchten, uns zu schikanieren, führten wir Krieg gegen sie.«

»Ihr habt Krieg gegen die Kalkar geführt?« fragte ich ungläubig.

»Gegen die, die in unsere Berge kamen«, antwortete er. »Wir verlassen die Berge nie. Wir kennen jeden Stein und jeden Baum und jeden Pfad und jede Höhle, und da wir ein sehr kleines Volk sind und daran gewöhnt sind, immer in den Bergen zu leben, können wir uns schnell von Ort zu Ort bewegen.

Vor langer Zeit schickten die Kalkar Krieger, um uns zu töten, aber sie konnten uns nie finden, obwohl viele zuerst von einer Seite und dann von einer anderen von unseren Pfeilen getötet wurden. Wir waren alle um sie herum, aber sie konnten uns nicht sehen. Jetzt lassen sie uns in Ruhe. Die Berge gehören uns, vom großen Lager der Kalkar bis zum Meer und von dort viele Märsche nach Norden. Die Berge versorgen uns mit allem, was wir brauchen, und wir sind glücklich.«

»Wie nennt ihr euch selbst?« fragte ich. »Woher kommt ihr?«

»Wir sind Nipons«, antwortete er. »Ich bin Saku, Häuptling dieses Gebietes. Wir sind immer hier in diesen Bergen gewesen. Der erste Nipon, unser Vorfahre, war ein höchst ehrenwerter Riese, der auf einer Insel weit, weit draußen mitten im Meer lebte. Sein Name war Mik-do. Er lebt jetzt dort. Wenn wir sterben, gehen wir dorthin, um mit ihm zu leben. Das ist alles.«

»Die Kalkar stören euch nicht mehr?« fragte ich.

»Seit der Zeit des Vaters meines Vaters sind sie nicht mehr gekommen, um mit uns zu kämpfen«, antwortete Saku. »Wir haben keine Feinde außer Raban, dem Riesen, der auf der anderen Seite der Berge lebt. Er kommt manchmal, um uns mit seinen Hunden und seinen Sklaven zu jagen. Diejenigen, die er tötet oder fängt, frisst er.

Raban ist eine sehr schreckliche Kreatur. Er reitet ein großes Pferd und bedeckt sich mit Eisen, damit unsere Pfeile und Speere ihm nichts anhaben können. Er ist dreimal so groß wie wir.«

Ich nahm an, dass er sich nach der Art der Unwissenden auf eine imaginäre Verkörperung einer gefürchteten Manifestation von Naturgewalten – Sturm, Feuer oder Erdbeben vielleicht – bezog, wahrscheinlich Feuer, da sein Hinweis auf die Verschlingung seines Volkes durch diesen Riesen Feuer suggerierte. Und so habe ich das Thema zusammen mit Mik-do und der fabelhaften Insel im Meer aus meinen Gedanken verbannte.

Wie viele grundlose Überzeugungen und wie viel Aberglauben gibt es im Verstand der unwissenden Eingeborenen. Das erinnerte mich an unsere eigenen Sklaven, die von den eisernen Pferden erzählten, die Zelte aus Eisen ziehen, und von Männern, die durch die Luft fliegen.

Während ich aß, befragte ich Saku über die Wege, die zurück in Richtung meines Volkes führen. Er erzählte mir, dass der Weg, an dem er lagerte, zum Gipfel der Berge führte und sich mit einem anderen verband, der geradewegs hinunter in ein großes Tal führte, von dem er dachte, er würde mich zu meinem Ziel führen, aber dessen war er sich nicht sicher, da er nur so viel über die Ausdehnung des Tals wusste, wie man vom Gipfel seiner erhabensten Berge aus sehen konnte.

Vor diesem Weg warnte er mich jedoch ausdrücklich und sagte, dass ich ihn in relativer Sicherheit nur bis zum Gipfel benutzen könne, denn auf der anderen Seite führe er geradewegs hinunter, vorbei am großen, steinernen Zelt des Riesen Raban.

»Der sicherere Weg«, sagte er, »ist, dem Pfad zu folgen, der sich am Gipfel der Berge entlang zurück zum Lager der Kalkar schlängelt – ein großer Weg, der in der Zeit Mik-dos gebaut wurde – und von dem aus man auf einem der vielen Pfade ins Tal hinunter reiten kann. Du wirst immer in Gefahr sein, von Raban entdeckt zu werden, solange du nicht einen Tagesmarsch von seinem Zelt entfernt bist, denn er reitet weit auf der Suche nach Beute; aber zumindest wirst du in geringerer Gefahr sein, als wenn du in die Schlucht hinunterreitest, in der er lebt.«

Aber Raban, der imaginäre Riese, beunruhigte mich nicht sehr, und obwohl ich Saku für seine Warnungen dankte und ihn glauben ließ, dass ich seinem Rat folgen würde, war ich insgeheim entschlossen, den kürzesten Weg zum Tal jenseits der Berge zu nehmen.

Nach dem Essen dankte ich meinen Gastgebern und bereitete mich auf die Abreise vor, als ich sah, wie die Frauen und Kinder unter viel Gelächter und Geschrei die Zelte abbrachen, während einige der Männer den Canyon hinaufstiegen und seltsame Schreie ausstießen. Ich schaute Saku fragend an.

»Wir ziehen die Schlucht hinauf, um Hirsche zu fangen«, erklärte er, »und werden dich auf einem Teil des Weges zum Gipfel begleiten. Es gibt viele umgefallene Bäume auf dem Weg, die dich behindern würden, und diese werden wir entfernen oder dir einen Umweg zeigen.«

»Müsst ihr die ganze Lagerausrüstung tragen?«, fragte ich ihn und sah, wie die Frauen mit den vergleichsweise schweren Fellzelten kämpften, die sie zusammenrollten und zu Bündeln verschnürten, während andere die Zeltstangen sammelten und zusammenbanden.

»Wir werden sie auf unsere Pferde laden«, erklärte er und deutete die Schlucht hinauf.

Ich blickte in die von ihm angegebene Richtung, um die seltsamsten Kreaturen zu sehen, die ich je erblickt hatte – eine Reihe winziger, wolliger Pferde, die von den Männern, die vorher die Schlucht hinaufgegangen waren, zum Lager getrieben wurden. Die kleinen Tiere waren knapp halb so groß wie Roter Blitz, und sie bewegten sich so langsam, dass sie sich kaum noch zu bewegen schienen. Sie hatten enorme Bäuche und riesigen Ohren auf großen, groben Köpfen. Vom Aussehen her schienen sie teils Schafe, teils Pferde, gemischt mit einem großen Teil der langohrigen Kaninchen der Wüste.

Sie waren äußerst fügsame Geschöpfe, und während ihnen die Lasten aufgeschnallt wurden, spielten die Kinder zwischen ihren Füßen herum oder wurden auf ihren Rücken geworfen, wo sie herumtollten, während die trübsinnigen Kreaturen mit traurigen Augen, hängenden Köpfen und wackelnden Ohren dastanden. Als wir den Marsch begannen, saßen alle Kinder auf diesen kleinen Pferden, manchmal oben auf der Ladung oder drei oder vier auf einem Tier.

Es dauerte nicht lange, bis ich entdeckte, dass Roter Blitz und ich keinen Platz in dieser Kavalkade hatten, denn wenn wir hinterher ritten, trampelten wir den langsam gehenden Pferdchen ständig auf den Fersen herum, und wenn wir voran ritten, verloren wir sie nach wenigen Yards. Und so erklärte ich Saku, dass meine Eile es notwendig mache, weiterzuziehen, dass ich aber, wenn ich auf irgendein Hindernis stoßen würde, das ich nicht allein überwinden könne, dort warten würde, bis sie mich einholten.

Ich dankte ihm nochmals für seine Freundlichkeit und wir tauschten Freundschaftsgelübde aus, die, wie ich glaube, von seiner

Seite ebenso aufrichtig waren wie von meiner. Sie waren ein glückliches, liebenswertes kleines Volk, und es tat mir leid, sie zu verlassen.

Ich bewegte mich schnell vorwärts und stieß auf keine unüberwindbaren Hindernisse, und nach ein paar Stunden kam ich auf einen breiten Pfad auf dem Gipfel der Berge und sah vor mir ein wunderschönes Tal, das sich weit nach Osten und Westen erstreckte. Zu meinen Füßen lag der Weg, der am Zelt des imaginären Raban vorbei nach unten führte, und dahin lenkte ich Roter Blitz.

Ich hatte die Spur der Alten noch nicht gekreuzt, als ich das Geräusch von galoppierenden Pferden hörte, die sich von Westen her näherten. Hier schlängelt sich der Weg aufwärts und führte um einen Berghang herum, und ich sah ein rennendes Pferd in Sichtweite und direkt hinter ihm ein anderes in wilder Verfolgungsjagd. Der Reiter des zweiten Pferdes war offensichtlich ein Kalkar-Krieger, denn hinter ihm flatterte ein rotes Gewand im Wind, und die Gestalt auf dem Leittier konnte ich zunächst nicht identifizieren, aber als sie schnell näherkamen, deutete das wehende Haar darauf hin, dass es sich um eine Frau handeln musste.

Die Kalkar mit ihren Gemeinheiten, dachte ich, als ich ihnen zuschaute. Der Mann war so versessen auf seine Beute, dass er mich erst bemerkte, nachdem er den Zügel seines Opfers ergriffen und beide Tiere zum Stillstand gebracht hatte – nur einen Fuß von mir entfernt, dann schaute er überrascht auf. Auch sein Opfer sah mich an.

Sie war ein Mädchen mit großen, ängstlichen Augen – schönen Augen, deren flehender Blick von Verzweiflung getrübt war, denn welche Hilfe konnte sie von einem Kalkar gegen einen anderen erwarten, und natürlich musste sie in mir einen Kalkar gesehen haben.

Sie war eine Kalkar Frau, aber trotzdem war sie eine Frau, und so war ich verpflichtet, ihr zu helfen. Selbst wenn ich mich nicht wegen ihres Geschlechts verpflichtet gefühlt hätte, hätte ich ihren Begleiter auf jeden Fall töten müssen, denn war er nicht nur ein Kalkar, sondern auch ein Fremder. Ich ließ meinen Kalkar Umhang zu Boden fallen und warf meine Kalkar Kappe hinterher.

»Ich bin Roter Falke!« rief ich, als ich das Schwert aus meinem Gürtel zog und Roter Blitz mit meinen Sporen berührte. »Kämpfe, Kalkar!«

Der Kalkar versuchte, seinen Speer ins Spiel zu bringen, aber er hatte ihn auf dem Rücken befestigt, und konnte ihn nicht rechtzeitig werfen; also zog auch er ein Schwert, und um Zeit zu gewinnen, trieb er sein Pferd hinter das des Mädchens. Aber jetzt war sie Herrin ihres eigenen Reittieres, und mit einer Bewegung der Zügel trieb sie ihr Pferd vorwärts, sodass der Kalkar ungeschützt blieb und mir gegenüberstand, von Angesicht zu Angesicht.

Er überragte mich und hatte den Schutz seiner eisernen Weste und seiner eisernen Kappe, während ich nicht einmal den Schutz eines Schildes hatte; aber welchen Vorteil diese Dinge ihm auch verschafft haben mögen, sie wurden durch die Leichtigkeit und Beweglichkeit von Roter Blitz und die Freiheit meiner eigenen Muskeln, unbelastet von schwerem Metall, aufgewogen.

Sein großes, schwerfälliges Pferd war schlecht erzogen, und obendrein war die Schwertkunst des Kalkar so schlecht, dass es einem tapferen Krieger unpassend erschien, ihm sein fast wehrloses Leben zu nehmen; aber er war ein Kalkar, und es gab keine Alternative. Hätte ich ihn nackt und unbewaffnet im Bett und bewusstlos mit Fieber vorgefunden, wäre es trotzdem meine Pflicht gewesen, ihn zu töten, auch wenn das nicht ruhmreich gewesen wäre.

Ich konnte mich jedoch nicht dazu durchringen, ihn abzuschlachten, ohne ihm wenigstens scheinbar eine Chance zu geben, und so spielte ich mit ihm, parierte seine Schläge und Stöße und klopfte ihm hin und wieder auf seine Metallkappe und -weste.

Das muss ihm Hoffnung gegeben haben, denn er öffnete plötzlich seine Deckung und stürzte sich, sein Schwert hoch über dem Kopf schwingend, auf mich. Was für eine Chance bot er mir, als er sich mit entblößter Brust, entblößtem Bauch und entblößter Leiste auf mich stürzte, denn sein eisernes Hemd konnte niemals den Hieb eines Julian aufhalten.

Seine Angriffsmethode war so erstaunlich unbeholfen, dass ich abwartete, um die Art seiner seltsamen Technik zu sehen, bevor ich ihn erledigte. Ich stand links vor ihm, und als er fast bei mir war, schlug er nach links unten, aber er konnte nicht an zwei Dinge gleichzeitig denken – sein Pferd und seinen Gegner – und da er nicht weit genug nach links schlug, spaltete seine Klinge den Schädel seines Reittiers zwischen die Ohren, und das arme Pferd, das vorwärts stürmte, fiel direkt auf sein Gesicht und begrub seinen Reiter unter seinem Leichnam.

Ich stieg ab, um den Mann von seinem Elend zu befreien, denn ich war mir sicher, dass er schwer verletzt sein musste, aber ich stellte fest, dass er mausetot war. Ich nahm mir sein Messer und seinen Speer, ebenso wie seinen schweren Bogen und seine Pfeile, obwohl ich meinem Geschick mit der letzteren Waffe misstraute, da die Bögen, an den ich gewöhnt bin, sehr viel leichter und kürzer sind.

Ich hatte mich nicht um das Mädchen gekümmert und dachte natürlich, dass sie während des Duells die Gelegenheit zur Flucht nutzen würde; aber als ich von der Leiche des Kalkar aufblickte, war sie immer noch da, saß auf ihrem Pferd ein paar Meter entfernt und beobachtete mich aufmerksam.

VII. Bethelda

»Warum bist du nicht geflohen?« rief ich.

»Und wohin?«, fragte sie.

»Zurück zu deinen Kalkar Freunden«, antwortete ich.

»Ich nicht geflohen, weil du kein Kalkar bist«, sagte sie.

»Woher weißt du, dass ich kein Kalkar bin«, fragte ich, »und warum, wenn ich es nicht bin, solltest du nicht vor mir fliehen, da ich ja ein Feind deines Volkes bin?«

»Du nanntest ihn *Kalkar*, als du ihn angegriffen hast«, erklärte sie, »und ein Kalkar nennt einen anderen nie Kalkar. Ich bin auch keine Kalkar.«

In diesem Moment erinnerte ich mich daran, was mir Or-tis über die tausend Amerikaner erzählt hatte, die beschlossen hatten, die Kalkars zu verlassen und sich uns anzuschließen. Dieses Mädchen musste also zu ihnen gehören.

»Wer bist du?« fragte ich.

»Mein Name ist Bethelda«, antwortete sie. »Und wer bist du?«

Sie schaute mir direkt in die Augen mit einer furchtlosen Offenheit, die alles andere als üblich war bei den Kalkar. Es war das erste Mal, dass ich sie genauer betrachtete, und bei der Flagge, ihr Anblick war nicht unangenehm! Sie hatte große, grau-grüne Augen, lange Wimpern und ein fröhliches Gesicht, das selbst in diesem Moment fast zu lächeln schien. Sie hatte fast etwas Jungenhaftes an sich, und doch war sie ganz und gar ein Mädchen. Ich stand lange da und sah sie so lange an, ohne zu sprechen, dass sie vor Ungeduld die Stirn runzelte.

»Ich habe gefragt, wer du bist«, erinnerte sie mich.

»Ich bin der Julian XX., der Rote Falke«, antwortete ich und dachte einen Augenblick lang, dass ihre Augen etwas größer geworden seien und dass sie verängstigt aussah; aber ich muss mich geirrt haben, denn ich sollte später erfahren, dass es mehr als nur einen Namen braucht, um Bethelda zu erschrecken.

»Sag mir, wohin du gehst«, sagte ich, »und ich werde mit dir reiten, damit du nicht wieder angegriffen wirst.«

»Ich weiß nicht, wohin ich gehen soll«, antwortete sie, »denn wo immer ich hingehe, treffe ich auf Feinde.«

»Wo sind deine Leute?« fragte ich.

»Ich fürchte, dass sie alle erschlagen sind«, sagte sie mit einem Zittern in der Stimme.

»Aber wo wolltest du hin? Du musst doch irgendwohin unterwegs gewesen sein.«

»Ich suchte einen Platz zum Verstecken«, sagte sie. »Die Nipons würden mich aufnehmen, wenn ich sie finden könnte. Meine Leute waren immer freundlich zu ihnen. Sie wären freundlich zu mir.«

»Dein Volk gehörte zu den Kalkar, auch wenn du sagst, du bist keine Kalkar, und die Nipons hassen sie. Sie würden dich nicht aufnehmen.«

»Mein Volk waren Amerikaner. Sie lebten unter den Kalkar, aber sie waren keine Kalkar. Wir lebten fast hundert Jahre lang am Fuße dieser Hügel, und wir trafen oft auf die Nipons. Sie haben uns nicht gehasst, obwohl sie die Kalkar um uns herum gehasst haben.«

»Kennst du Saku?« fragte ich.

»Ich kenne Saku, den Häuptling, seit ich ein kleines Kind war«, antwortete sie.

»Dann komm«, sagte ich, »ich werde dich zu Saku bringen.«

»Kennst du ihn? Ist er in der Nähe?«

»Ja. Komm!«

Sie folgte mir den Weg zurück, den ich erst vor so kurzer Zeit gekommen war, und obwohl ich diese Verzögerung bedauerte, war ich froh, dass ich sie so leicht und so schnell loswerden konnte; denn ich konnte sie weder allein und ungeschützt zurücklassen, noch konnte ich sie auf meine lange Reise mitnehmen, obwohl ich mein Volk sicherlich überreden könnte, sie aufzunehmen. In weniger als einer Stunde kamen wir zu Sakus neuem Lager, und die kleinen Leute waren wirklich überrascht, mich zu sehen, und überglücklich, als sie Bethelda entdeckten, und machten mir durch ihr Benehmen mehr als klar, dass das Mädchen weit untertrieben hatte, als sie mir von der Wertschätzung erzählte, die ihr die Nipons entgegenbrachten.

Als ich wenden wollte, um wegzureiten, bestanden sie darauf, dass ich bis zum Morgen bleibe solle, und wiesen mich darauf hin, dass der Tag schon weit fortgeschritten sei und dass ich mich, da ich mit den Wegen nicht vertraut sei, leicht verirren und dadurch mehr Zeit verlieren als gewinnen würde.

Das Mädchen stand da und lauschte unserem Gespräch, und als ich schließlich darauf bestand, dass ich gehen müsse, weil ich sowieso keine Ahnung von den Pfaden hätte und dass ich nachts genauso gut zurechtkommen würde wie tagsüber, bot sie mir an, mich zu führen.

»Ich kenne das Tal von Anfang bis Ende«, sagte sie. »Sag mir, wohin du gehen willst und ich werde dich dorthin führen, sowohl bei Nacht als auch bei Tag.«

»Aber wie willst du zurückkehren?« fragte ich.

»Wenn du zu deinem Volk gehst, würden sie mich vielleicht bleiben lassen, denn bin ich nicht auch Amerikanerin?«

Ich schüttelte den Kopf. »Ich habe Angst, dass sie es nicht tun würden«, sagte ich. »Wir sind sehr feindselig gegenüber allen Amerikanern, die sich den Kalkar angeschlossen haben – noch feindseliger als wir gegenüber den Kalkar selbst sind.

»Ich habe mich den Kalkar nicht angeschlossen«, sagte sie stolz. »Ich habe sie immer gehasst – seit ich alt genug war, zu hassen. Wenn sich mein Volk vor vierhundert Jahren entschieden hat, etwas Schlechtes zu tun, ist es dann meine Schuld? Ich bin genauso Amerikaner wie du, und ich hasse die Kalkar mehr, weil ich sie besser kenne.«

»Meine Leute würden nicht so argumentieren«, sagte ich. »Die Frauen würden die Hunde auf dich hetzen, und du würdest in Stücke gerissen werden.«

Sie zitterte. »Ihr seid genauso schrecklich wie die Kalkar«, sagte sie bitter.

»Du vergisst die Generationen voller Erniedrigung und Leid, die wir wegen der abtrünnigen Amerikaner, die den Fluch der Kalkar über uns gebracht haben, erlitten haben«, erinnerte ich sie.

»Wir haben auch gelitten«, sagte sie, »und wir sind genauso unschuldig wie ihr«, und dann schaute sie mir plötzlich direkt in die Augen. »Was denkst du darüber? Hasst du mich auch mehr, als du einen Kalkar hassen würdest? Vielleicht hast du mir heute das Leben gerettet. Könntest du das für jemanden tun, den du hasst?«

»Du bist ein Mädchen«, erinnerte ich sie, »und ich bin ein amerikanischer Julian«, fügte ich hinzu.

»Du hast mich nur gerettet, weil ich ein Mädchen bin?«, beharrte sie.

Ich nickte.

»Ihr seid ein seltsames Volk«, sagte sie, »dass ihr so mutig und großzügig zu jemandem sein könnt, den ihr hasst, und doch die einfache Güte der Vergebung ablehnt – die Vergebung einer Sünde, die wir nicht begangen haben.«

Ich erinnerte mich an den Or-tis, der sich ähnlich geäußert hatte, und ich fragte mich, ob sie nicht vielleicht doch recht haben könnte; aber wir sind ein stolzes Volk, und Generationen vor meiner Zeit wurde unser Stolz von siegreichen Kalkar mit Füßen getreten.

Und diese Wunde war noch nicht verheilt. Wir sind ein stures Volk – stur in unserer Liebe und unserem Hass.

Ich hatte bereits meine Freundlichkeit dem Or-tis gegenüber bedauert, und nun hatte ich einen freundschaftlichen Umgang mit einem anderen Kalkar – es fiel mir schwer, sie mir als etwas anderes als einen Kalkar vorzustellen. Ich sollte sie hassen – ich hätte den

Or-tis hassen sollen – aber aus irgendeinem Grund fand ich es nicht so leicht, sie zu hassen.

Saku hatte unserem Gespräch zugehört, von dem er zumindest einen Teil verstanden haben musste.

»Warte bis zum Morgen«, sagte er, »und dann kann sie wenigstens bis zum Gipfel der Berge mit dir gehen und dir den Weg zeigen; aber es wäre klug von dir, sie mitzunehmen. Sie kennt jeden Weg, und es wird besser für sie sein, mit dir zu deinen eigenen Leuten zu gehen. Sie ist keine Kalkar, und wenn diese sie erwischen, werden sie sie töten.

Wäre sie eine Kalkar, würden wir sie hassen und wegjagen; aber obwohl sie bei uns willkommen ist, wäre es schwer für sie, hier zu bleiben. Wir wechseln unsere Lager oft, und oft führen unsere Wege dorthin, wo eine so große Frau wie sie nur schwer folgen könnte, und sie hätte auch keinen Mann, der für sie jagen könnte, und es gibt Zeiten, in denen wir ohne Nahrung auskommen müssen, weil wir selbst für unsere eigenen kleinen Leute nicht genug finden können.«

»Ich werde bis zum Morgen warten«, sagte ich, »aber ich kann sie nicht mitnehmen; meine Leute würden sie töten.«

Ich hatte zwei Gründe, über Nacht zu bleiben. Einer war, dass ich früh am Morgen aufbrechen und für die kleinen Nipons als Bezahlung für ihre Gastfreundschaft Wild erlegen wollte, und der andere war, dass ich mir die Kenntnisse des Mädchens über die Wege zunutze machen wollte. Ich hatte nur eine ungefähre Vorstellung von der Richtung, in der ich nach meinen Leuten suchen sollte, und da ich vom Gipfel aus gesehen hatte, dass das Tal dahinter vollständig von Bergen umgeben war, wurde mir klar, dass ich Zeit gewinnen könnte, wenn ich bis zum Morgen wartete, und das Mädchen mir den richtigen Pass zu meinem Ziel zeigen würde.

Nach dem Abendessen hielt ich ein Feuer für das Mädchen aufrecht, da die Luft kühl war und sie nicht warm gekleidet war. Die kleinen Leute hatten nur ihre Zelte und ein paar Felle zu ihrem eigenen Schutz, und in den Zelten gab es keinen Platz für das Mädchen, da sie bereits überfüllt waren. Die Nipons zogen sich fast unmittelbar nach dem Essen in ihre einfachen Unterkünfte zurück und ließen das Mädchen und mich allein. Sie kauerte in der Nähe des Feuers und sah sehr einsam und verlassen aus.

»Deine Leute sind alle weg?« fragte ich.

»Meine eigenen Leute – mein Vater, meine Mutter, meine drei Brüder – sind, glaube ich, alle tot«, antwortete sie. »Meine Mutter und mein Vater sind tot, dass weiß ich. Sie starb, als ich ein kleines Mädchen war. Mein Vater wurde vor sechs Monaten von den Kalkar getötet. Meine drei Brüder und ich haben uns getrennt, als wir hörten, dass sie auch uns töten wollten.

Ich habe gehört, dass sie meine Brüder gefangen genommen haben, aber ich bin mir nicht sicher. Sie haben in letzter Zeit viele im Tal getötet, denn hier wohnen fast alle reinen Nachkommen der Amerikaner, und diejenigen von uns, von denen man annahm, dass sie den wahren Or-tis unterstützen, wurden von den falschen Or-tis zum Schlachter geschickt.

Ich hatte mich im Haus eines Freundes meines Vaters versteckt, aber ich wusste, dass, wenn ich dort gefunden würde, dies den Tod für ihn und seine Familie bedeuten würde, und so ging ich weg, in der Hoffnung, einen Ort zu finden, an dem ich vor ihnen sicher sein könnte; aber ich schätze, es gibt keinen Platz für mich – sogar meine Freunde, die Nipons, geben zu, dass es eine Belastung wäre, für mich zu sorgen, obwohl sie mich bei sich wohnen lassen würden.

»Was wirst du tun?« fragte ich. Irgendwie tat sie mir sehr leid.

»Ich werde einen schwer erreichbaren Platz in den Bergen suchen und mir einen Unterschlupf bauen«, antwortete sie.

»Aber du kannst nicht allein hier in den Bergen leben«, mahnte ich.

Sie zuckte die Schultern. »Wo soll ich dann wohnen?«

»Vielleicht für eine kleine Weile«, schlug ich vor, »bis die Kalkar ins Meer getrieben werden.«

»Wer wird sie ins Meer treiben?« fragte sie.

»Wir«, antwortete ich stolz.

»Und wenn ihr das tut, wird es mir dann besser gehen? Dein Volk wird seine Hunde auf mich hetzen – das hast du selbst gesagt. Aber ihr werdet die Kalkar nicht ins Meer treiben. Du hast keine Vorstellung von ihrer Zahl. Die ganze Küste rauf und runter, Tagesreisen nach Norden und Süden, überall dort, wo es ein fruchtbares Tal gibt, haben sie sich wie die Fliegen vermehrt. Seit Tagen kommen sie aus allen Richtungen und marschieren auf das Kapitol zu. Ich weiß nicht, warum sie sich jetzt versammeln und warum nur die Krieger kommen. Glaubst du, dass sie sich bedroht fühlen?« Ein plötzlicher Gedanke schien sie zu ergreifen. »Es kann nicht sein«, rief sie aus, »dass die Yankees sie angegriffen haben! Ist dein Volk wieder aus der Wüste zurückgekehrt?«

»Ja«, antwortete ich. »Gestern haben wir ihr großes Lager angegriffen; heute müssen meine Krieger ihr Abendessen in den Steinzelten der Kalkar gegessen haben.«

»Du meinst das Kapitol?«

»Ja.«

»Deine Streitkräfte haben das Kapitol erreicht? Das ist unglaublich! Noch nie zuvor seid ihr so weit gekommen. Habt ihr eine große Armee?«

»Fünfundzwanzigtausend Krieger marschierten unter der Flagge aus der Wüste herab«, sagte ich, »und wir trieben die Kalkar vom Pass der Alten zurück bis zum Kapitol, wie du ihr großes Lager nennst.«

»Hast du viele Krieger verloren?«

»Viele sind gefallen«, antwortete ich, »Tausende.«

»Dann seid ihr jetzt nicht mehr fünfundzwanzigtausend, und die Kalkar sind wie Ameisen. Töte sie, und es werden mehr kommen. Sie werden euch zermürben, bis eure wenigen Überlebenden froh sein werden, wenn sie wieder in ihre Wüste fliehen können.«

»Du kennst uns nicht«, sagte ich. »Wir haben unsere Frauen, unsere Kinder, unsere Herden in die Orangenhaine der Kalkar gebracht, und dort werden wir bleiben. Wenn wir die Kalkar nicht heute ins Meer treiben können, müssen wir bis morgen warten. Wir haben dreihundert Jahre gebraucht, um sie so weit zu treiben, aber in all dieser Zeit sind wir nie einen Schritt zurückgegangen, den wir einmal gemacht haben; wir haben uns nie von einer Stellung zurückgezogen, zu der wir unsere Familien und unser Vieh gebracht haben.«

»Hast du eine große Familie?«, fragte sie.

»Ich habe keine Frau«, antwortete ich, als ich aufstand, um das Feuer anzufachen.

Als ich mit einer Handvoll Holz zurückkam, sah ich, dass sie näher an die Glut heranrückte und vor Kälte zitterte. Ich zog mein Kalkar Gewand aus und warf es ihr über die Schultern.

»Nein«, rief sie und erhob sich. »Das kann ich nicht nehmen. Dir wird kalt sein.«

»Nimm es«, sagte ich. »Die Nacht wird kalt sein, und du kannst nicht bis zum Morgen durchhalten ohne Bedeckung.«

Sie schüttelte den Kopf.

»Nein«, wiederholte sie. »Ich kann keine Gefälligkeiten von einem Feind akzeptieren, der mich hasst.«

Sie stand da, mit erhobenem Kinn und hochmütigem Ausdruck und hielt mir das rote Gewand entgegen.

Ich trat vor und nahm das Gewand, und als sie ihre Hand sinken ließ, legte ich ihr das wollene Gewand wieder um und hielt es dort auf ihrer schlanken Gestalt fest. Sie versuchte, sich zu entziehen, aber mein Arm lag um sie herum und hielt das Gewand an seinem Platz, und als ich ihre Absicht erriet, wickelte ich das Kleidungsstück enger um sie herum, was sie näher zu mir zog, bis wir uns gegenüberstanden, ihr Körper an meinen gepresst. Als ich in ihr Gesicht blickte, trafen sich unsere Augen, und für einen Moment standen wir da, als wären wir zu Stein geworden.

Ich weiß nicht, was passiert ist. Ihre Augen, groß und halb verängstigt, blickten in meine, ihre Lippen waren geöffnet, und sie atmete tief, fast schluchzend, ein. Nur für einen Augenblick standen wir so, und dann senkte sie den Blick, beugte ihren Kopf und drehte ihn halb weg, während sich gleichzeitig ihre Muskeln entspannten und sie in meinen Armen fast schlaff wurde.

Sehr behutsam ließ ich sie auf ihren Sitz neben dem Feuer herab und richtete das Gewand um sie herum. Irgendetwas war mit mir geschehen. Ich wusste nicht, was es war, aber plötzlich schien auf der ganzen Welt nichts so wichtig zu sein wie die Bequemlichkeit und die Sicherheit von Bethelda.

Schweigend setzte ich mich ihr gegenüber und schaute sie an, als hätte ich sie noch nie zuvor gesehen, und es könnte gut sein, dass ich sie noch nie gesehen hatte; denn, bei der Fahne, ich hatte sie noch nie gesehen, oder aber, sie hatte die Macht, ihre Erscheinung zu verändern, wie einige der winzigen Eidechsen der Wüste ihre Farben verändern, denn dies war nicht dasselbe Mädchen, mit dem ich einen Augenblick zuvor gesprochen hatte; dies war ein neues und wunderbares Geschöpf von einer Lieblichkeit, die ihresgleichen suchte.

Nein, ich wusste nicht, was passiert war, und es war mir auch egal. Ich saß nur da und verschlang sie mit meinen Augen. Und dann blickte sie auf und sprach vier Worte, die mir das Herz gefrieren ließ.

Sie blickte auf und ihre Augen waren glanzlos und voller Schmerz. Etwas war auch mit ihr geschehen – ich konnte es sehen.

»Ich bin eine Or-tis«, sagte sie und ließ den Kopf wieder sinken.

Ich konnte nicht sprechen. Ich saß nur da und starrte auf die schlanke kleine Gestalt meines Erzfeindes, die niedergeschlagen im Feuerschein saß. Nach langer Zeit legte sie sich neben das Feuer und schlief, und ich nehme an, dass auch ich geschlafen haben muss, denn als ich die Augen öffnete, war das Feuer aus, ich war fast erfroren, und das Licht eines neuen Tages kam über die zerklüfteten Bergkuppen im Osten. Ich erhob mich und entfachte das Feuer erneut. Danach wollte ich Roter Blitz holen und davon reiten, bevor sie erwachte; aber als ich ihn gefunden hatte, nicht weit vom Lager entfernt grasend, stieg ich nicht auf und ritt davon, sondern ging wieder ins Lager zurück. Warum, weiß ich nicht. Ich wollte sie nie wieder sehen, und doch zog mich etwas zu ihr hin.

Als ich sie sah, war sie wach und schaute sich um, den Canyon hinauf und hinunter, und ich war mir sicher, dass ein Ausdruck der Erleichterung in ihren Augen war, als sie mich entdeckte.

Sie lächelte wehmütig, und ich konnte nicht unbarmherzig sein, so wie ich es bei einem Todfeind hätte sein sollen.

Ich dachte daran, dass ich mit ihrem Bruder befreundet war – warum sollte ich nicht auch mit ihr befreundet sein? Natürlich würde ich weggehen und sie nicht wiedersehen; aber zumindest könnte ich freundlich zu ihr sein, solange ich da war. So argumentierte ich, und so handelte ich.

»Guten Morgen«, sagte ich, als ich mich näherte. »Wie geht es dir?«

»Ausgezeichnet«, antwortete sie. »Und wie geht es dir?«

Ihre Stimme war voll und weich, und ihre Augen berauschend wie alter Wein. Oh, warum war sie eine Feindin?

Die Nipons kamen aus ihren kleinen Zelten. Die nackten Kinder liefen herum und spielten mit den Hunden, um sich zu aufzuwärmen.

Die Frauen errichteten die Feuer, um die sich die Männer drängten, während ihre Gefährtinnen die Morgenmahlzeit zubereiteten.

Nachdem wir gegessen hatten, nahm ich Roter Blitz und ritt die Schlucht hinunter, um zu jagen, und obwohl ich mir nicht sicher war, welche Ergebnisse ich mit dem schweren Kalkar-Bogen erzielen würde, gelang es mir besser, als ich erwartet hatte, denn ich erlegte zwei Böcke, obwohl die Jagd mich viel weiter vom Lager weggetragen hatte, als ich beabsichtigt hatte.

Der Vormittag war halb vorbei, als Roter Blitz mit dem Gewicht der beiden Beutetiere und meiner Person den Weg zum Lager zurück trottete. Ich bemerkte, dass er nervös schien, als wir uns näherten. Er spitzte die Ohren und schnaubte gelegentlich, aber ich hatte keine Ahnung, was die Ursache seiner Unruhe war und war selbst umso aufmerksamer, wie ich es immer bin, wenn ich durch das Benehmen von Roter Blitz gewarnt werde, dass etwas nicht in Ordnung sein könnte.

Und als ich zum Lager kam, wunderte ich mich nicht, dass er erregt war, denn seine feine Nase hatte die Tragödie gewittert, lange bevor meine stumpfen Sinne sie wahrnehmen konnten. Das glückliche, friedliche Lager gab es nicht mehr. Die kleinen Zelte lagen flach auf dem Boden, und neben ihnen lagen die Leichen von zwei meiner kleinen Freunde – zwei kleine nackte Krieger. Das war alles. Stille und Trostlosigkeit herrschten dort, wo wenige Stunden zuvor noch Leben und Glück gewesen waren. Nur die Toten blieben zurück.

Bethelda! Was war aus ihr geworden? Was war geschehen? Wer hatte diese Grausamkeit begangen? Es gab nur eine einzige Antwort – die Kalkar mussten dieses kleine Lager entdeckt und überfallen haben. Die Nipons, die nicht getötet worden waren, waren zweifellos entkommen, und die Kalkar hatten Bethelda als Gefangene verschleppt.

Plötzlich sah ich rot. Ich warf die Körper der Böcke zu Boden, gab Roter Blitz die Sporen und verfolgte die Spur, die durch die frischen Abdrücke der Pferdehufe die Richtung zeigten, die die Mörder genommen hatten. Es gab Spuren von mehreren Pferden auf dem Weg, darunter ein riesiger Abdruck, der doppelt so groß war wie der zierliche Abdruck von den Hufeisen von Roter Blitz. Obwohl die Hufe aller Kalkar Pferde groß sind, waren dies die größten Abdrücke, die ich je gesehen hatte.

Anhand der Spuren urteilte ich, dass nicht weniger als zwanzig Pferde in der Gruppe waren, und während ich anfangs unüberlegt losgestürmt war, warnte mich mein Urteilsvermögen nun, dass ich Bethelda am besten durch Strategie dienen könnte, wenn überhaupt, da es offensichtlich war, dass ein Mann allein nicht eine Reihe von Kriegern überwältigen könnte.

Ich ging nun also vorsichtiger vor, obwohl ich, wenn es nach meinen Wünschen gegangen wäre, meine Geschwindigkeit nicht wesentlich verringern hätte, denn es gab eine Kraft, die mich vorwärtstrieb, und wenn ich meinen Gedanken erlaubt hätte, lange über die Gefahren, denen Bethelda ausgesetzt war, nachzudenken, hätte ich jegliche Strategie und List außer Acht gelassen und nur auf rohe Gewalt und Blut gesetzt.

Rache! Das ist mein Markenzeichen, das mir eingeimpft worden war von Generationen, die ihrem Emblem, der Flagge, auf ihrem blutigen Weg nach Westen bis zum Meer gefolgt sind. Rache, Flagge und Julian – sind eins. Und hier war ich, Herr der Rache, Großer Häuptling der Julian, Beschützer der Flagge, auf dem direkten Weg, um eine Tochter der Or-tis zu retten oder zu rächen! Ich hätte vor Scham erröten sollen, aber ich tat es nicht. Noch nie war mein Blut so heiß durch meine Adern geflossen, nicht einmal beim Ruf der Flagge. Könnte es also sein, dass es etwas Größeres als die Flagge gab? Nein, das konnte ich nicht zulassen; aber ich hatte etwas gefunden, das der Flagge eine größere Bedeutung für mich verlieh.

VIII. Raban

Ich erreichte den Gipfel, ohne sie einzuholen, aber ich konnte an der Spur erkennen, dass sie nicht weit weg waren. Der Weg durch die Schlucht ist sehr kurvenreich, und es gibt viel Gestrüpp, sodass man einen Reiter, der sich einige Yards vor einem befindet, oft nicht sehen kann und der Lärm des eigenen Reittiers übertönt den der anderen. Aus diesem Grund wusste ich, solange ich in der Schlucht war, nicht, wie nahe ich ihnen war, aber als ich den Gipfel erreichte, war es anders. Dann konnte ich in alle Richtungen sehen.

Die Mörder waren auf der großen Landstraße der Alten nicht zu sehen, und ich ritt schnell dorthin, wo der Weg an der Nordseite der Berge zu dem großen Tal hinunterführt, das ich am Tag zuvor gesehen hatte. Auf dieser Seite gibt es weniger Bäume und niedrigeres Gestrüpp, und ich konnte unter mir den Pfad in Abständen sehen, wie er sich nach unten wand. Ich sah die ersten einer Gruppe von Reitern, die um den Hang eines Berges herum in Sichtweite kamen, als sie in die Schlucht hinabritten.

Zu meiner Rechten befand sich ein Grat, der vom Gipfel nach unten führte, entlang der Seite der Schlucht, in die die Reiter hinabstiegen. Ein einziger Blick genügte, um zu wissen, dass ich nur ein paar Minuten eines gewagten Rittes brauchen würde, um die Schlucht vor den Reitern und für sie unsichtbar zu erreichen, es sei denn, das Gestrüpp wäre dichter, als es aussah, oder eine unpassierbare Schlucht käme mir in die Quere.

Zumindest war das Unterfangen einen Versuch wert, und so dachte ich nicht lang nach, sondern wendete und ritt entlang auf dem Grat, von dem ich hoffte, dass er zu einer Position führen würde, von der aus ich die Art Kriegsführung anwenden könnte, für die wir zu Recht berühmt sind und in der wir sehr bewandert sind.

Ich fand entlang des Bergkamms eine schwache Wildfährte, der ich mit waghalsiger Geschwindigkeit folgte, wobei ich Roter Blitz in einer Weise die steilen Abhänge hinunter lenkte, dass er mich wohl für verrückt hielt; normalerweise bin ich sehr vorsichtig mit seinen Beinen, aber heute nahm ich so wenig Rücksicht auf sie, wie auf mein eigenes Leben.

An einer Stelle geschah das, was ich am meisten gefürchtet hatte – eine tiefe Schlucht, die direkt durch den Grat führte, wobei die mir nähere Seite fast bis auf den Grund abfiel. Es gab nur wenig Halt, aber Roter Blitz zögerte nicht, als ich ihn über den Rand lotste. Auf den Hinterbeinen hockend, die Vorderbeine steif vor sich, rutschte und stolperte er nach unten, wobei er an Schwung gewann, bis wir etwa zwanzig Fuß vom Boden entfernt gemeinsam über eine senkrechte Klippe stürzten und etwas durchgeschüttelt, aber unverletzt im weichen Sand unten landeten.

Es gab nicht einmal Zeit für eine Atempause. Vor uns lag die steile Steigung der gegenüberliegenden Seite, und wie eine Katze kletterte und krabbelte Roter Blitz nach oben, er stand manchmal für einen Augenblick bewegungslos da, seine Hufe gruben sich tief in die nachgebende Erde, während ich den Atem anhielt und das Schicksal entschied, ob er sich halten oder in die Schlucht zurückrutschen würde; aber endlich schafften wir es und waren wieder auf dem Gipfel des Grates.

Nun musste ich vorsichtiger vorgehen, denn meine Spur und die Spur des Feindes liefen zusammen, und die Gefahr wurde immer größer. Ich ritt nun etwas unterhalb des Grates, verborgen vor denjenigen, die auf der gegenüberliegenden Seite den Weg entlangreiten könnten. Ich sah nun die Mündung der Schlucht zu meiner Rechten und unter mir und gegenüber den Weg, auf dem die Kalkar passieren müssten – ich war zuversichtlich, dass sie das noch nicht getan hatten, denn ich war schnell und fast in einer geraden Linie geritten, während sie langsam waren und der Weg, dem sie folgten, sich in leichtem Gefälle den Canyon hinunter und hinauf schlängelte.

Dort, wo der Grat endete und ein steiler Abhang zum Grund der Schlucht führte, zog ich die Zügel an, stieg ab, ließ Roter Blitz im Gebüsch versteckt und machte mich auf den Weg zum Gipfel, wo unter mir der Weg auf eine Entfernung von hundert Yards schluchtaufwärts und eine halbe Meile schluchtabwärts gut zu sehen war. In meiner linken Hand trug ich den schweren Kalkar-Bogen und in der rechten ein Bündel Pfeile, während aus meinem rechten Stiefel noch viele weitere herausragten. Ich spannte meinen Bogen und wartete.

Ich musste auch nicht lange warten. Ich hörte das Klirren der Ausrüstung, das Donnern der Pferdehufe, die Stimmen der Männer, und einen Augenblick später erschien die Spitze der kleinen Truppe am Hang eines Hügels.

Ich hatte heute Morgen meinen Kalkar-Bogen an den Böcken ausprobiert und fühlte mich jetzt sicherer damit. Es war ein guter

Bogen, aber der größte Nachteil war, dass er für einen berittenen Krieger zu schwerfällig war. Er war jedoch sehr leistungsstark und schoss seine schweren Pfeile präzise über eine große Entfernung. Ich wusste jetzt, was ich damit tun konnte.

Ich wartete, bis ein halbes Dutzend Reiter in Sichtweite gekommen war, nahm die Stelle ins Visier, an der sie erschienen, und als der nächste Reiter auftauchte, ließ ich den Pfeil los. Ich erwischte den Burschen in der Leistengegend, und da der Pfeil von oben kam, drang er durch ihn hindurch und in sein Pferd. Das getroffene Tier bäumte sich auf und warf sich rückwärts auf seinen Reiter; aber das sah ich nur aus dem Augenwinkel, denn ich schoss einen weiteren Pfeil auf den Mann vor ihm. Er fiel mit einem Pfeil durch seinen Hals.

Inzwischen hatte sich alles in ein Pandämonium verwandelt. Schreiend und fluchend kam der Rest der Truppe in Sichtweite, und unter ihnen sah ich einen Mann, wie ihn ein sterbliches Auge vielleicht noch nie zuvor gesehen hattte und, lasst uns beten, nie wieder sehen wird. Er saß auf einem riesigen Pferd, das ich sofort als das Tier erkannte, das auf dem Weg, dem ich bis zum Gipfel gefolgt war, die großen Abdrücke hinterlassen hatte, und er selbst war ein Geschöpf von so gewaltiger Größe, dass er die großen Kalkar um ihn herum zwergenhaft erscheinen ließ.

Sofort erkannte ich in ihm den Riesen Raban, den ich für ein Hirngespinst von Sakus Einbildung oder Aberglauben gehalten hatte. Auf einem Pferd an seiner Seite ritt Bethelda. Für einen Augenblick war ich so erstaunt über die Größe von Raban, dass ich meinen Plan fast vergaß, aber nur für einen Augenblick. Aus Furcht, Bethelda zu verletzen, konnte ich nicht auf diesen Riesen zielen, aber ich brachte den Mann direkt vor ihm und einen hinter ihm in schneller Folge zu Fall.

Nun ritten die Kalkar im Kreis herum, suchten nach dem Feind, und gaben wunderbare Ziele ab, wie ich es erwartet hatte. Beim Blut meiner Väter! Es gibt keinen besseren Sport als diese Form der Kriegsführung. Da die Kalkar immer in der Überzahl waren, waren wir gezwungen, Taktiken anzuwenden, die darauf abzielten, den Feind zu terrorisieren und ihn nach und nach zu zermürben. Indem wir ihn ständig an den Flanken attackierten, indem wir ihm keine Ruhe gönnten, indem wir kleine Gruppen von der Hauptstreitmacht abtrennten und sie vernichteten, indem wir unerwartet auf seine isolierten Siedlungen herabstießen, indem wir das Land um ihn herum durchstreiften und jeden Einzelnen, dem wir auf den Wegen begegneten töteten, trieben wir ihn zweitausend Meilen quer durch die Welt bis zu diesem letzten Gefecht am Meer.

Während die Kalkar am Grund des Canyons herumliefen, schoss ich Pfeil um Pfeil mitten in sie hinein, aber ich konnte nie eine freie Schusslinie auf den Riesen Raban bekommen, denn er hielt Bethelda immer zwischen uns, nachdem er mich entdeckt hatte, und vermutlich dachte er, dass ich seine Männer nur wegen ihr angegriffen hatte. Er brüllte wie ein Stier, als er versuchte, seine Männer auf den Berg zu drängen, um mich anzugreifen, und einige unternahmen einen halbherzigen Versuch, zweifellos aus Furcht vor ihrem Herrn – eine Furcht, die größer gewesen sein muss als die Furcht vor dem unbekannten Feind über ihnen; aber diejenigen, die mich angreifen wollten, kamen nicht weit, denn sie entdeckten bald, dass ich mit meinem schweren Bogen Pfeile durch ihre eisernen Westen treiben konnte, als wären sie aus Wolle.

Als Raban sah, dass die Schlacht nicht gut für ihn lief, gab er seinem großen Reittier plötzlich die Sporen und ritt in die Schlucht hinunter, wobei er Betheldas Pferd hinter sich herzog, während die verbliebenen Männer seinen Rückzug deckten.

Das gefiel mir überhaupt nicht. Ich interessierte mich nicht besonders für die Kalkar, die er zurückließ, sondern für ihn und seine Gefangene, und so rannte ich zu Roter Blitz und stieg auf. Als ich auf dem Bergrücken in die Schlucht hinunter ritt, sah ich dass die Kalkar Raban folgten. Es waren nur noch sechs von ihnen übrig, und sie waren entlang des Weges verteilt.

Während sie ritten, schauten sie zurück in meine Richtung, als ob sie erwarteten, dass eine große Streitmacht von Kriegern sie verfolgen würde. Als sie mich sahen, kehrten sie nicht um, um mich anzugreifen, sondern folgten Raban.

Ich hatte meinen Bogen unter meinem rechten Steigbügel befestigt und die wenigen Pfeile in meinen Köcher gesteckt, als Roter Blitz die Seite des Kammes herunterstieg, und nun holte ich meine Lanze hervor. Als ich auf dem ebenen Weg auf dem Grund des Canyons angekommen war, flüsterte ich ein Wort in das spitze Ohr vor mir. Ich hielt meine Lanze bereit und duckte mich im Sattel, als sich das prächtige Tier in raschem Galopp streckte.

Der letzte Kalkar der fliehenden Truppe wendete sein Pferd, packte seinen Speer und erwartete mich in der Mitte des Weges, anstatt mir seinen ungeschützten Rücken zu präsentieren. Das war sein Verderben.

Es gibt keinen Krieger, der in der Lage ist, mit den raffinierten Tricks eines Lanzenreiters auf dem Rücken eines stehenden Pferdes fertig zu werden, denn er kann nicht mit der notwendigen Geschwindigkeit zur einen oder anderen Seite ausweichen, um der Lanzenspitze seines Gegners zu entgehen oder einen ungeschützten Bereich seines Gegners ausnutzen, und genau das ist diesem Kalkar auf seinem ungeschickten und unbeholfenen Pferd passiert.

Sowohl der Reiter als auch das Reittier waren so ungeschickt, dass sie kaum in der Lage gewesen wären, allein zurechtzukommen, geschweige denn gegen mich, sodass ich ihn treffen konnte, wo ich wollte, nämlich in die Brust. Meine schwere Lanze ging durch ihn hindurch, riss ihn aus dem Sattel und zersplitterte, als er zu Boden fiel. Ich warf den nutzlosen Rest beiseite, als ich Roter Blitz zügelte und wendete.

Ich sah, wie der nächste Kalkar auf dem Weg stehen blieb, um den Ausgang der Schlacht zu beobachten, und jetzt, da er sah, wie sein Begleiter starb und ich ohne Lanze war, griff er mich an. Ich nehme an, er dachte, er hätte mich in die Flucht geschlagen, da Roter Blitz in der Tat von ihm weglief, zurück zum gefallenen Feind, aber mit einem Ziel vor Augen, dass jemand, der sich in der Kriegskunst auskennt, erraten hätte. Als ich an dem toten Kalkar vorbeikam, lehnte ich mich tief aus meinem Sattel und ergriff seine Lanze, die neben ihm im Staub lag, und dann, ohne unsere Geschwindigkeit zu verringern, kehrte ich um, um dem Unüberlegten zu begegnen, der seinem Verhängnis entgegen ritt.

Wir galoppierten in rasender Geschwindigkeit aufeinander zu, und als wir uns näherten, begriff ich die Taktik, die dieser neue Gegner zu meiner Vernichtung anwenden wollte, und ich muss sagen, dass er ein Denkvermögen an den Tag legte, das weit über die vermutete Fähigkeit seiner niedrigen Stirn hinausging, denn er hielt mit dem Kopf seines Pferdes immer gerade auf den Kopf von Roter Blitz zu, mit der Absicht, mich niederzureiten und mein Reittier zu stürzen, was er angesichts der unterschiedlichen Gewichte sicherlich erreicht hätte, wenn wir frontal aufeinandergetroffen wären, aber das taten wir nicht.

Meine Zügel lagen auf dem Widerrist von Roter Blitz. Mit einer Berührung meines linken Knies lenkte ich den roten Hengst nach rechts und wechselte meinen Speer in meine linke Hand, alles in einem Bruchteil der Zeit, die man braucht, um es zu erzählen, und als wir uns trafen, war der Kalkar hilflos, denn er erwartete mich nicht an seiner linken Seite; sein schweres Pferd konnte nicht mit der Wendigkeit von Roter Blitz mithalten, und so musste ich nur mein Ziel auswählen und den Burschen aus seinem Elend befreien – denn es muss ein Elend sein, ein niederes Geschöpf wie ein Kalkar zu sein.

Meine Lanze erwischte ihn an der Kehle, denn ich hatte keine Lust, eine weitere Lanze zu zerbrechen, da ich zwei weitere Feinde auf mich zukommen sah. Da die Waffe aus hartem Holz war, zerriss sie sein Fleisch, als der Bursche rückwärts in den Staub des Weges stürzte.

Zwischen mir und dem Riesen, der Bethelda irgendwo unten in der Schlucht und jetzt außer Sichtweite zu einem unbekannten Ziel brachte, waren noch vier Kalkar übrig. Die vier waren in Abständen entlang des Weges aufgereiht und schienen unentschlossen zu sein, ob sie Raban folgen oder abwarten und die Dinge mit mir ausfechten sollten. Vielleicht hofften sie, dass ich erkennen würde, wie sinnlos es ist, mich gegen ihre Überzahl zu stellen, aber als ich meine Lanze senkte und den Ersten angriff, muss ihnen klar geworden sein, dass es für mich kein Zurück gab und sie mich besiegen und überwältigen müssten.

Zu meinem Glück waren sie beträchtlich voneinander entfernt, und ich musste sie nicht alle auf einmal abwehren. Der, der mir am nächsten war, ermutigt durch den Lärm seiner Gefährten, galoppierte mir auf halben Weg entgegen und senkte seinen Speer; aber ich denke, sein Enthusiasmus muss verflogen sein, als ihm klar wurde, was das Schicksal für die beiden anderen bereitgehalten hatte, als sie sich mit ihren ungeschickten Fähigkeiten gegen mich gestellt hatten, denn seinem Angriff mangelte es sowohl an Inspiration als auch an Leidenschaft, und er glich eher einem hirnlosen Felsen, der den Berg hinunterrollte, als einer Kreatur, die mit Nerven und Verstand ausgestattet war und von erhabenen Gefühlen des Patriotismus und der Ehre angetrieben wurde.

Armer Trottel! Einen Augenblick später war die Welt ein besserer Ort, da sie um mindestens einen Kalkar ärmer war; aber er kostete mich eine weitere Lanze und eine Fleischwunde am Oberarm und drei seiner Kameraden waren noch übrig und nun so nahe, dass keine Zeit blieb, die Lanze, die ihm aus den kraftlosen Fingern gefallen war, zu holen.

Ich musste nun auf das Schwert zurückgreifen, und so stellte ich mich dem Nächsten mit einer Klinge gegen seinen langen Speer; ich wich seiner Lanze aus, wir trafen aufeinander, und während er sein Schwert zu ziehen versuchte, schlitzte ich ihn von der Schulter bis zur Mitte seiner Brust auf.

Es dauerte nur einen Augenblick, doch dieser Augenblick wurde mir zum Verhängnis, denn die beiden anderen stürzten sich bereits auf mich. Ich drehte mich rechtzeitig um, um der Lanzenspitze des Vordermanns auszuweichen, aber sie streifte mich am Kopf, und das ist der letzte, an das ich mich erinnere.

Als ich das nächste Mal die Augen öffnete, hing ich, an einem Sattel festgezurrt, mit dem Bauch nach unten auf einem Pferd. Innerhalb meiner eingeschränkten Sicht lagen nur ein Stück des staubigen Weges und vier haarige, graue Beine, die sich monoton bewegten. Wenigstens wusste ich, dass ich nicht auf Roter Blitz war.

Kaum hatte ich das Bewusstsein wiedererlangt, als das Pferd angehalten wurde und die beiden begleitenden Kalkar abstiegen und auf mich zukamen. Sie entfernten die Fesseln, die mich am Sattel hielten und zerrten sie mich kurzerhand zu Boden, und als ich aufrecht stand, waren sie überrascht zu sehen, dass ich bei Bewusstsein war.

»Schmutziger Yankee!« rief einer und schlug mir mit der offenen Handfläche ins Gesicht.

Sein Begleiter legte eine Hand auf seinen Arm. »Halt, Tav«, protestierte er, »er hat tapfer gekämpft.«

Der Redner war ein Mann von ungefähr meiner Größe und hätte als Vollblut-Yankee durchgehen können, obwohl er, wie ich damals dachte, zweifellos ein Mischling war. Der andere machte eine Geste der Verachtung. »Ein schmutziger Yankee«, wiederholte er. »Behalte ihn hier, Okonnor, während ich Raban suche und frage, was wir mit ihm machen sollen.« Er drehte sich um und verließ uns.

Wir hatten am Fuß eines niedrigen Hügels angehalten, auf dem riesige alte Bäume in solcher Vielfalt wuchsen, dass ich staunte. Es gab Kiefern, Zypressen, Tannen, Platanen und Akazien, die ich erkannte, und viele andere, die ich noch nie zuvor gesehen hatte, und zwischen den Bäumen wuchsen blühende Sträucher. Der Boden dazwischen war mit einem Blumenteppich in den unterschiedlichsten Farben bedeckt und es gab kleine Tümpel mit Lilien und unzählige Vögel und Schmetterlinge. Noch nie hatte ich einen Ort von solch wundersamer Schönheit gesehen.

Durch die Bäume konnte ich die Umrisse der Ruinen eines der Steinzelte der Alten sehen, die auf dem Gipfel des niedrigen Hügels standen. Er, der Tav genannt wurde, verließ uns in Richtung dieser zerstörten Zelte.

»Was ist das für ein Ort?« fragte ich den Kerl, der mich bewachte, wobei meine Neugierde meine natürliche Abneigung gegen Gespräche mit seinesgleichen überwog.

»Es ist das Zelt von Raban«, antwortete er: »Bis vor Kurzem war es der Sitz von Or-tis dem Jemadar – dem wahren Or-tis. Der falsche Or-tis wohnt in den großen Zelten des Kapitols. Er würde in diesem Tal nicht lange überleben.«

»Was ist dieser Raban?« fragte ich.

»Er ist ein großer Räuber. Er macht Jagd auf alle und hat alle, die je von ihm gehört haben, so sehr in Schrecken versetzt, dass er als Tribut fordern kann, was er will. Sie sagen, dass er Menschenfleisch isst, aber das weiß ich nicht – ich bin erst seit Kurzem bei ihm. Nach der Ermordung des wahren Or-tis habe ich mich ihm angeschlossen, weil er Jagd auf die Kalkar macht.

Er lebte lange Zeit am östlichen Ende des Tals, wo er am Rande des Kapitols Beute machen konnte. Damals raubte oder ermordete er die Menschen des Tals nicht, aber nach dem Tod von Or-tis kam er und nahm diesen Ort ein, und jetzt macht er Jagd auf mein Volk und auch auf die Kalkar, aber ich bleibe bei ihm, da ich entweder ihm oder den Kalkar dienen muss.«

»Du bist kein Kalkar?« fragte ich, und ich konnte es glauben wegen seines guten alten amerikanischen Namens, Okonnor.

»Ich bin ein Yankee, und du?«

»Ich bin Julian XX., der Rote Falke«, antwortete ich.

Er hob die Brauen. »Ich habe in den letzten Tagen von dir gehört«, sagte er. »Dein Volk kämpft unerbittlich am Rande des Kapitols, aber es wird zurückgedrängt werden – die Kalkar sind zu viele. Raban wird sich über dich freuen, wenn die Geschichten, die man über ihn erzählt, wahr sind. Eine besagt, dass er die Herzen tapferer Krieger isst, die unglücklicherweise in seine Hände fallen.«

Ich lächelte. »Was ist das für eine Kreatur?«, fragte ich erneut. »Woher kommt eine solches Wesen?«

»Er ist nur ein Kalkar«, antwortete Okonnor, »aber eine noch größere Ungeheuerlichkeit als seine Gefährten. Er wurde im Kapitol von gewöhnlichen Kalkar Eltern geboren, sagt man, und entwickelte schon früh eine Blutlust, die mit den Jahren immer größer wurde. Er prahlt noch mit seinem ersten Mord – er tötete seine Mutter, als er zehn Jahre alt war.«

Ich schauderte. »Und in seine Hände ist eine Tochter der Or-tis gefallen«, sagte ich, »und du, ein Amerikaner, hast bei ihrer Gefangennahme geholfen.«

Er schaute mich überrascht an. »Die Tochter eines Or-tis?«, rief er.

»Des Or-tis«, wiederholte ich.

»Das wusste ich nicht«, sagte er. »Ich war nie in ihrer Nähe und dachte, sie sei nur eine Kalkar Frau. Einige von ihnen sind klein – die Mischlinge, weiß du.«

»Was wirst du tun? Kannst du sie retten?« fragte ich.

Sein Gesicht schien zu erglühen. Er zog sein Messer und zerschnitt die Schnüre, die meine Arme hinter mir fesselten.

»Versteck dich hier zwischen den Bäumen«, sagte er, »und halte nach Raban Ausschau, bis ich zurückkehre. Es wird nach Einbruch der Dunkelheit sein, aber ich werde Hilfe bringen. Dieses Tal wird fast ausschließlich von Menschen bevölkert, die sich geweigert haben, sich mit den Kalkar zu vermählen, und die ihren Stamm seit alten Zeiten unbefleckt erhalten haben. Es gibt fast tausend kämpfende Männer mit reinem Yankee-Blut innerhalb seiner Grenzen. Ich sollte in der Lage sein, genug zu sammeln, um Raban für alle Zeit ein Ende zu setzen, und wenn eine Tochter des Or-tis in Gefahr nicht in der Lage ist, sie in Bewegung zu setzen und sie aus ihrer Scham und Feigheit herauszuholen, dann gibt es keine Hoffnung für sie.«

Er stieg auf sein Pferd. »Schnell!«, rief er. »Versteck dich zwischen den Bäumen.«

»Wo ist mein Pferd?«, rief ich, als er losritt. »Es wurde doch nicht getötet?«

»Nein«, rief er zurück, »es lief weg, als du heruntergefallen bist. Wir haben nicht versucht, es einzufangen.« Einen Augenblick später verschwand er am westlichen Ende des Hügels, und ich betrat den Miniaturwald, der ihn bedeckte. Durch die Düsternis meiner Trauer brach ein Strahl des Glücks – Roter Blitz lebte.

Um mich herum wuchsen uralte Bäume von enormer Größe mit Stämmen von fünf bis sechs Fuß Durchmesser, und die Baumkronen wogten hundert und mehr Fuß über meinem Kopf. Ihre Äste verdeckten die Sonne, wo sie am dicksten wuchsen, und zwischen ihnen kämpften Baumsprösslinge im schwachen Licht um ihr Dasein, oder graue Ungeheuer, die vor langer Zeit gefallen waren, lagen eingebettet in vermodertem Laub und markierten die Stelle, an der aus einem längst gestorbenem Baum ein winziger Keimling spross, der seine Art überdauern sollte.

Es war ein wunderbarer Ort um sich zu verstecken, obwohl das Verstecken eine Fähigkeit ist, in der wir Julians wenig Übung und wenig Geduld haben. Aber in diesem Fall war es die Sache wert – ein Julian, der sich vor einem Kalkar versteckt, in der Hoffnung, einer Or-tis zu helfen! Bei den Geistern von neunzehn Julians! Was hatte ich, Julian XX., mit meinem stolzen Namen getan?

Und doch konnte ich mich nicht schämen. Da war etwas, das hartnäckig Krieg gegen all meine ererbten Skrupel führte, und ich wusste, dass es gewinnen würde – es hatte bereits gewonnen. Für diese Tochter meines Feindes hätte ich meine Seele verkauft.

Ich machte mich auf den Weg den Hügel hinauf in Richtung des zerstörten Zeltes, aber auf dem Gipfel war das Gebüsch so dicht, dass ich nichts sehen konnte. Fünf Meter hohe Rosenbüsche, die so dick wie eine Mauer zusammenwuchsen, verbargen alles vor meinen Augen. Ich konnte sie nicht durchdringen.

In meiner Nähe stand ein mächtiger Baum mit einem seltsamen, gefiederten Laubwerk. Es war ein Baum, wie ich ihn noch nie zuvor gesehen hatte, aber diese Tatsache interessierte mich nicht so sehr wie die Entdeckung, dass man ihn bis zu einem Punkt erklimmen könnte, der es mir erlauben würde, über die Wipfel der Rosenbüsche zu sehen.

Was ich sah, waren zwei Steinzelte, die nicht so sehr verfallen waren, wie die meisten, denen man begegnet, und dazwischen ein Wasserbecken – ein künstliches Becken mit geraden Linien. Einige umgestürzte Steinsäulen lagen darum herum, und die Reben und Kletterpflanzen fielen über die Kante ins Wasser und verdeckten fast den Steinrand.

Während ich beobachtete, kam eine Gruppe von Männern aus der Ruine nach Osten durch einen großen Torbogen, der halb zerfallen war. Sie alle waren Kalkar, und unter ihnen war auch Raban. Ich hatte zum ersten Mal Gelegenheit, ihn aus der Nähe zu betrachten.

Er war eine höchst abstoßende Kreatur. Seine Größe hätte leicht die kühnsten Herzen mit Furcht erfüllen können, denn er war ganze neun Fuß hoch und Schultern, Brust und Gliedmaßen waren riesig. Seine Stirn war so niedrig, dass man wahrhaftig sagen könnte, er hätte keine und seine dicke Mähne mit steifem, abstehendem Haar traf fast auf seine zotteligen Augenbrauen.

Seine Augen waren klein und standen dicht an einer groben Nase, und sein ganzes Antlitz war bestialisch. Ich hätte mir nicht träumen lassen, dass das Gesicht eines Mannes so abstoßend sein könnte. Seine Schnurrbarthaare schienen in alle Richtungen zu wachsen und verkündeten, dass sie noch einen Kamm gesehen hatten.

Er sprach mit demjenigen meiner Entführer, der mich am Fuße des Hügels zurückgelassen hatte, um Raban von meiner Entführung zu benachrichtigen – mit dem Mann, der mich ins Gesicht geschlagen hatte, während meine Hände gefesselt waren, und der Tav hieß. Der Riese sprach mit einer brüllenden, stierähnlichen Stimme, von der ich damals dachte, sie sei wie sein stolzer Gang und seine Prahlerei, nur eine Pose, um die Menschen in seiner Umgebung in Angst und Schrecken zu versetzen.

Ich konnte die Kreatur nicht ansehen und glauben, dass wahrer Mut in einem so abscheulichen Leib steckt. Ich habe viele furchtlose

Männer gekannt – Geier, Wolf, Fels und Hunderte wie sie – und in jedem von ihnen spiegelte sich die Tapferkeit in einem äußeren physischen Ausdruck von Würde und Majestät wider.

»Hol ihn!«, brüllte er Tav an. »Hol ihn!.« Ich will sein Herz für mein Abendessen haben«, und nachdem Tav gegangen war, um mich zu holen, stand der Riese mit seinen anderen Anhängern brüllend und grölend da, und es ging immer um ihn selbst und darum, was er getan hatte und was er tun würde. Er schien eine Übertreibung von einer Art zu sein, wie ich sie schon einmal gesehen hatte, bei der Gesten Taten vortäuschen, Lärm den Mut simuliert und List den Verstand ersetzt.

Das einzig Beeindruckende an ihm war seine ungeheure Größe, und doch beeindruckte mich selbst das nicht sonderlich – ich habe kleinere Männer gekannt, die ich respektierte, die mich mit weit größerer Ehrfurcht erfüllten. Ich hatte keine Angst vor ihm.

Ich denke, nur die Ungebildeten hätten ihn überhaupt fürchten können, und ich glaubte nicht, dass er Menschenfleisch essen würde. Ich bin der Meinung, dass ein Mann, der wirklich die Absicht hat, das Herz eines anderen zu essen, nicht darüber sprechen würde.

Da kam Tav wieder den Hügel hinaufgerannt. Er war sehr aufgeregt, wie ich es erwartet hatte.

»Er ist weg!«, rief er Raban zu. »Sie sind beide fort – Okonnor und der Yankee. Schau!«, er zeigte die Fesseln, mit denen meine Handgelenke gebunden waren. »Sie wurden durchgeschnitten. Wie konnte er sie mit nach hinten gefesselten Händen durchschneiden? Das ist es, was ich wissen möchte. Wie konnte er das tun? Er konnte es nicht, es sei denn …«

»Es müssen noch andere bei ihm gewesen sein«, brüllte Raban. »Sie sind ihm gefolgt, haben ihn befreit und Okonnor gefangen genommen.«

»Es gab keine anderen«, beharrte Tav.

»Vielleicht hat Okonnor ihn befreit«, schlug ein anderer vor.

Eine so offensichtliche Erklärung hätte nicht im Erbsenhirn von Raban entstehen können, aber er sagte: »Ich wusste es von Anfang an – es war Okonnor. Mit meinen eigenen Händen werde ich seine Leber herausreißen und sie zum Frühstück essen.«

Bestimmte Insekten, Kröten und Menschen machen viel unnötigen Lärm, aber die überwiegende Mehrheit der anderen Tiere geht in würdevoller Stille durchs Leben. Es ist unser Respekt für diese anderen Tiere, der uns veranlasst, ihre Namen anzunehmen. Wer hat schon einmal von einem Roten Falken gehört, der seine Absichten in die Welt kreischt? Lautlos schwebt er über den Baumwipfeln und ebenso lautlos stürzt er hinunter und schlägt zu.

IX. Wiedervereinigung

Aus dem Gespräch, das ich zwischen Raban und seinen Untergebenen belauschte, erfuhr ich, dass Bethelda in der westlichen Ruine gefangen gehalten wurde. Aber da Raban am Nachmittag nicht dorthin ging, wartete ich in der Hoffnung, dass mir das Schicksal nach Einbruch der Dunkelheit eine bessere Gelegenheit bieten würde, sie zu befreien, ohne Gefahr zu laufen, unterbrochen oder entdeckt zu werden, als tagsüber, wenn sowohl Männer als auch Frauen ständig im westlichen Zelt ein- und ausgingen. Es bestand auch die Möglichkeit, dass Okonnor mit Hilfe zurückkehren würde, und ich wollte, solange ich diese Hoffnung hatte, nichts tun, was die Fluchtchance von Bethelda gefährden würde.

Es wurde Nacht, und doch gab es keine Spur von Okonnor. Aus der Hauptruine kamen Geräusche derben Gelächters, und ich stellte mir vor, dass Raban und seine Anhänger das Essen mit dem feurigen Likör der Kalkar herunterspülten. Es war niemand in Sicht, und so beschloss ich, aus meinem Versteck herauszukommen und das Gebäude in Augenschein zu nehmen, in dem Bethelda meiner Meinung nach gefangen gehalten wurde. Wenn ich sie befreien könnte, um so besser; wenn nicht, müsste ich auf die Rückkehr von Okonnor warten.

Als ich gerade vom Baum herabsteigen wollte, kam mit dem Wind aus südlicher Richtung ein vertrautes Geräusch aus der Schlucht – das Wiehern meines roten Hengstes. Das war Musik in meinen Ohren. Ich musste darauf antworten, auch wenn ich den Verdacht der Kalkar wecken würde.

Nur einmal erhob sich mein antwortender Pfiff scharf und deutlich über die Geräusche der Nacht. Ich glaubte nicht, dass die Kalkar ihn gehört hatten – sie machten selbst zu viel Lärm hinter ihren Türen – aber das eifrige Wiehern, das der Nachtwind zu mir trug, sagte mir, dass zwei feine, schlanke Ohren den vertrauten Ruf gehört hatten.

Anstatt sofort zu der westlichen Ruine zu gehen, machte ich mich auf den Weg den Hügel hinunter, um Roter Blitz zu treffen, denn ich wusste, dass er am Ende Erfolg oder Misserfolg für mich bedeuten könnte – Freiheit oder Tod für Bethelda. Schon als ich den Fuß des Abhangs erreichte, hörte ich schwach das Trampeln seiner Hufe, und das geliebte Geräusch kam, immer lauter werdend, schnell aus der Dunkelheit auf mich zu. Die Hufschläge der galoppierenden Pferde, das Dröhnen der Kriegstrommeln! Welche süßere Musik gibt es auf der ganzen Welt?

Er sah mich natürlich, bevor ich ihn sah, aber er blieb in einer Staubwolke ein paar Meter vor mir stehen und schnupperte. Ich flüsterte seinen Namen und rief ihn zu mir. Zögerlich kam er, hielt oft inne, streckte seinen langen Hals nach vorne, immer bereit, sofort zu fliehen.

Ein Pferd verlässt sich sehr auf seine Augen, Ohren und seine Nase, aber es ist nur vollkommen zufrieden, wenn seine weiche, neugierige Schnauze das Objekt des Misstrauens berührt hat. Er schnaubte jetzt, und dann berührte er mit seinen samtenen Lippen meine Wange, seufzte tief und rieb zufrieden seinen Kopf an mir. Ich versteckte ihn zwischen den Bäumen am Fuße des Hügels und befahl ihm, dort schweigend zu warten.

Ich nahm den Bogen und einige Pfeile vom Sattel und folgte dem Weg, den Tav zur Spitze des Hügels genommen hatte. Ich vermied die Rosenhecke und kam kurz vor dem südlichen Torbogen der Ruine an. Dahinter befand sich ein kleiner zentraler Hof mit Fenstern und Türen, die sich zu ihm öffneten. Das Licht von Fackeln, die in einigen der Räume brannten, erhellte den Hof teilweise, aber der größte Teil davon lag im Schatten.

Ich ging durch den Bogen und zum hinteren Ende der Anlage, wo ich zu meiner Rechten ein Fenster und eine Tür sah, die in zwei Räume führten, in denen eine Reihe von Kalkar an zwei langen Tischen aßen und tranken. Ich konnte sie nicht alle sehen. Wenn Raban dort war, war er nicht in meinem Sichtfeld. Es ist immer gut, sich gründlich zu informieren, bevor man einen Plan ausführt, und mit diesem Gedanken im

Hinterkopf verließ ich den Hof auf dem Weg, den ich betreten hatte, und machte mich auf den Weg zum östlichen Ende des Bauwerks, mit der Absicht, es vollständig zu umrunden und an der Nordseite entlang zur westlichen Ruine zu gehen, wo ich hoffte, Bethelda zu finden und einen Plan zu entwerfen, um sie zu retten.

An der südöstlichen Ecke der Ruine stehen drei riesige Zypressen so eng zusammen, dass sie fast wie ein einziger großer Baum aussahen, und als ich einen Augenblick hinter ihnen innehielt, um zu sehen, was vor mir lag, sah ich einen einzelnen Kalkar Krieger aus dem Gebäude kommen und in das üppige Gras hinausgehen, das auf einem ebenen Platz vor dem Bauwerk kniehoch wuchs.

Ich legte einen Pfeil in meinem Bogen. Der Bursche hatte das, was ich wollte – ein Schwert. Könnte ich ihn geräuschlos töten? Wenn er sich umdrehen würde, war ich mir dessen sicher, und er drehte sich um, als ob er durch meinen beharrlichen Wunsch dazu gezwungen wäre. Sein Rücken war mir nun zugewandt.

Ich spannte den Bogen. Als ich ihn losließ, schwirrte die Sehne, aber es gab kein anderes Geräusch, außer dem dumpfen Aufschlag, als der Pfeil an der Schädelbasis in die Wirbelsäule des Opfers eindrang. Er starb lautlos. Es war niemand in der Nähe. Ich lief los und nahm seinen Schwertgürtel, an dem sowohl Schwert als auch Messer befestigt waren.

Als ich mich erhob und die Waffen umschnallte, warf ich einen Blick in den erleuchteten Raum, aus dem er gerade gekommen war. Es war dasselbe, den ich vom Hof auf der anderen Seite gesehen hatte, und direkt daneben lag der andere Raum, den ich gesehen hatte. Jetzt konnte ich alle sehen, die ich vorher nicht gesehen hatte.

Raban war nicht da. Wo war er? Plötzlich überlief mich ein kalter Schrecken. Könnte es sein, dass er in der kurzen Zeit, die verstrichen war, als ich hinuntergegangen war, um Roter Blitz zu treffen, das Fest verlassen hatte und in die westliche Ruine gegangen war? Ich schauderte, als ich schnell an der Vorderseite des Hauses und der Nordseite entlang in Richtung des anderen Gebäudes lief.

Ich blieb davor stehen und lauschte. Ich hörte den Klang von Stimmen! Woher kamen sie? Es handelte sich um ein eigentümliches Bauwerk, das auf einem abwärts geneigten Hügel erbaut worden war, mit einem Stockwerk auf der Höhe der Hügelspitze, einem weiteren Stockwerk darüber und einem dritten Stockwerk unterhalb und hinter den anderen. Wo die verschiedenen Eingänge waren und wie man den richtigen finden könnte, wusste ich nicht.

Von meinem Versteck im Baum aus hatte ich gesehen, dass die vordere Kammer auf Höhe des Hügels ein einziger Raum mit einem höhlenartigen Eingang war, der sich über die gesamte Breite der Ruine erstreckte und dass sich auf der Südseite und auf der Rückseite dieses Raums zwei Türen befanden, aber wohin sie führten, konnte ich nicht erraten.

Ich hielt es jedoch für das Beste, zuerst diese Türen auszuprobieren, also rannte ich sofort dorthin, und als ich ankam, wurde der Klang der Stimmen deutlicher, und ich erkannte Rabans Gebrüll.

Ich versuchte es mit der näheren Tür. Sie schwang auf, und vor mir führte eine Treppe hinunter, und gleichzeitig drangen die Stimmen lauter an meine Ohren – ich hatte die richtige Tür geöffnet. Unten flackerte ein schwaches Licht, als käme es aus einer Kammer am Fuß der Treppe.

Dies waren nur flüchtige Eindrücke, denen ich damals keine bewusste Aufmerksamkeit schenkte, denn fast im selben Augenblick, in dem ich die Stimmen hörte, war ich am Fuße der Treppe und blickte in eine große, hohe Kammer, in der eine einzige Fackel brannte, die die Düsternis jedoch so weit erhellte, dass ich die Gestalt von Raban sah, die sich über der von Bethelda erhob, die er an den Haaren zur Tür schleifte.

»Eine Or-tis!« brüllte er. »Eine Or-tis! Wer hätte gedacht, dass Raban jemals die Tochter eines Jemadar zur Frau nehmen würde? Ah, die Idee gefällt dir nicht, was? Du würdest vielleicht anders wählen, wenn du die Wahl hättest, aber du hast keine, denn wer würde nein zu Raban dem Riesen sagen?«

»Der Rote Falke!« sagte ich, als ich in die Kammer trat.

Der Bursche drehte sich um, und im flackernden Licht der schwachen Fackel sah ich, wie sein rotes Gesicht violett wurde und von violett zu weiß oder eher zu einem dreckigen Gelb. Beim Blut meiner Väter! Wie er über mir aufragte, ein vollkommener Berg aus Fleisch und Blut. Ich bin sechs Fuß groß, und Raban muss noch einmal halb so groß gewesen sein, gut neun Fuß; aber ich schwöre, er erschien mir wie zwanzig Fuß hoch und breit!

Für einen Moment stand er schweigend da und starrte mich an, als ob er überrascht wäre, dann schob er Bethelda beiseite und zog sein brüllend Schwert, mit dem Ziel, so nehme ich an, mich zu erschrecken, und um die Aufmerksamkeit und die Hilfe seiner Gefährten zu bekommen, wie ich nicht umhin konnte zu denken.

Ich trat ihm entgegen, und er erschien mir wie ein Berg, so hoch ragte er vor mir auf; aber bei all seiner Größe empfand ich nicht die Sorge, die ich habe, wenn ich Männer meiner eigenen Statur gegenüberstehe, deren Ehre und Mut meinen Respekt verdienen. Es war gut, dass ich diese Haltung hatte, die mich in dem bevorstehenden Duell bestärkte, denn bei der Flagge, ich brauchte so viel Ermutigung, wie ich nur finden konnte.

Die Größe und das Gewicht des Burschen hätten ausgereicht um einen mächtigen Krieger zu bezwingen, selbst wenn Raban ein ungeschickter Kämpfer gewesen wäre, was er keineswegs war. Er schwang sein großes Schwert mit der Hand eines Meisters, und wegen der Feigheit, die ich ihm zuschrieb, kämpfte er mit einer von Furcht getriebenen Raserei, wie ein in die Enge getriebenes Tier.

Ich brauchte mein ganzes Können, und ich bezweifle, dass mir das allein genügt hätte, wäre es nicht durch die Liebe und die Notwendigkeit, das Ziel meiner Liebe zu schützen, gestärkt und vervielfacht worden wäre. Die Anwesenheit von Bethelda, einer Or-tis, war ein Ansporn und eine Inspiration. Alle Hiebe, die ich ausführte, waren für sie, wenn ich parierte, war es, um ihre weiche Haut zu schützen.

Als wir näherkamen, schlug er so heftig nach mir, dass der Schlag mich zweigeteilt hätte, aber ich parierte und duckte mich.

Ich sah seine großen Beine unbeschützt vor mir und rammte mein Schwert durch seinen Oberschenkel. Mit Schmerzgeheul sprang Raban zurück, aber ich folgte ihm mit einem Hieb meines Schwertes, der ihn knapp unter dem Rand seiner eisernen Weste erwischte und seinen Bauch durchbohrte.

Da stieß er einen furchtbaren Schrei aus, und obwohl er schwer verwundet war, begann er seine Klinge mit einer Fertigkeit zu schwingen, die ich mir nicht hätte träumen lassen. Mit größter Mühe parierte ich sein schweres Schwert, und ich rettete mich ebenso oft durch die Schnelligkeit meiner Füße wie durch die Leichtigkeit meiner Klinge.

Und viel verdankte ich auch der Klugheit von Bethelda, die zum großen Kamin gelaufen, nachdem wir begonnen hatten, die Schwerter kreuzten, und die Fackel ergriff hatte, die dort auf einem Steinregal deponiert war, und dafür sorgte, dass sie immer hinter meiner Schulter war, sodass jeder Lichtvorteil, der sich daraus ergab, bei mir lag. Ihre Position war gefährlich, und ich flehte sie an, sich in sichere Entfernung zu begeben, aber sie wollte nicht, und sie nutzte die Gelegenheit auch nicht zur Flucht, obwohl ich sie dazu drängte.

Jederzeit erwartete ich, Rabans Männer in den Raum stürmen zu sehen, denn ich konnte nicht verstehen, dass seine Schreie nicht jedes Ohr im Umkreis von einer Meile oder mehr erreicht hatten, und so kämpfte ich umso verzweifelter darum, ihn loszuwerden, damit wir uns auf den Weg machen könnten, bevor sie kamen. Raban, der jetzt nach Luft schnappte, hatte keine mehr, um zu schreien, und ich konnte sehen, dass er durch Anstrengung, Angst und Blutverlust schwächer wurde.

Jetzt hörte ich die lauten Stimmen der Männer von draußen und das Trampeln laufender Füße. Sie kamen! Ich verdoppelte meine Anstrengungen und Raban seine – ich, um ihn zu töten, er, um dem Tod zu entgehen, bis Hilfe kam. Er blutete aus einer Reihe von Wunden und ich war mir sicher, dass allein der Stich in seinen Unterleib sich als tödlich erweisen musste; aber dennoch klammerte er sich hartnäckig an das Leben und kämpfte mit blutigem Schaum auf den Lippen, verursacht von einer Wunde an der Kehle.

Er stolperte und ging auf die Knie, und als er torkelnd versuchte wieder aufzustehen, dachte ich, ich hätte ihn, aber dann hörten wir Männer die Treppe heruntereilen. Sofort schleuderte Bethelda die Fackel zu Boden und es herrschtevöllige Dunkelheit.

»Komm!«, flüsterte sie und legte eine Hand auf meinen Arm. »Jetzt werden es zu viele sein – wir müssen fliehen, wenn sie hereinkommen, sonst sind wir beide verloren.«

Die Krieger fluchten jetzt an der Tür und riefen nach Licht.

»Wer versteckt sich hier?«, rief einer. »Ergib dich, du bist unsere Gefangener! Wir sind hundert Schwerter.«

Bethelda und ich näherten uns dem Eingang, in der Hoffnung, unbemerkt zwischen ihnen durchzukommen, bevor Licht gemacht wurde. Aus der Mitte des Raumes kam ein tiefes Stöhnen von dort, wo ich Raban zurückgelassen hatte, gefolgt von einem schlurfenden Geräusch auf dem Boden und einem seltsamen Gurgeln. Ich erreichte die Tür und führte Bethelda an der Hand. Sie war unpassierbar, versperrt von Männern.

»Beiseite!« sagte ich. »Ich werde Licht holen.«

Eine Schwertspitze wurde gegen meinen Bauch gedrückt. »Zurück!«, warnte eine Stimme hinter dem Schwert. »Wir werden einen Blick auf dich werfen, bevor du vorbeigehst – ein anderer bringt ein Licht.«

Ich trat zurück und kreuzte mein Schwert mit seinem. Vielleicht könnte ich mir in den Wirren der Dunkelheit mit Bethelda den Weg in die Freiheit bahnen. Es schien unsere einzige Hoffnung zu sein, denn jetzt von Rabans Lakaien erwischt zu werden, nachdem ich ihn verletzt hatte, würde für mich den sicheren Tod und für Bethelda Schlimmeres bedeuten.

Nur nach Gefühl fochten wir im Dunkeln, aber ich erwischte ihn nicht und er mich auch nicht, obwohl ich merkte, dass er ein Meister im Umgang mit dem Schwert war. Ich glaubte im Vorteil zu sein, als ich das Flackern von Licht sah, das aus der Türöffnung am oberen Ende der Treppe kam. Jemand kam mit einer Fackel. Ich verdoppelte meine Bemühungen, aber ohne Erfolg.

Dann kam das Licht näher, und als es auf die Krieger in der Türöffnung fiel, trat ich verblüfft zurück und ließ mein Schwert fallen. Das Licht, das sie beleuchtete, erhellte auch mein eigenes Gesicht und bei diesem Anblick stieß mein Gegner einen Freudenschrei aus.

»Roter Falke«, rief er und packte mich an der Schulter. Es war Geier, mein Bruder, und bei ihm waren Klapperschlange und hundert Krieger unserer eigenen geliebten Clans. Weitere Fackeln wurden gebracht, und ich sah Okonnor und eine Schar fremder Krieger in Kalkar Gewändern, die zusammen mit meinen eigenen Leuten die Treppe herunterkamen, und keiner erhob das Schwert gegen den anderen.

Okonnor zeigte zur Mitte der Kammer, und wir schauten, und da lag Raban der Riese, tot.

»Der Rote Falke, Julian XX.«, sagte er und wandte sich an diejenigen, die sich in die Kammer hinter ihm drängten: »Der große Häuptling des Stammes der Julian – unser Häuptling!«

»Und Jemadar von ganz Amerika!«, rief eine andere Stimme, und die Krieger drängten sich in den Saal, hoben ihre Schwerter und ihre heiseren Stimmen, um ihren Beifall zu bekunden. Und derjenige, der mich so genannt hatte, drängte an ihnen vorbei und trat mir entgegen, und ich sah, wer er war – kein anderer als der wahre Or-tis, mit dem ich im Kapitol gefangen und mit dem ich geflohen war. Er sah Bethelda, eilte zu ihr und nahm sie in seine Arme, und für einen Moment war ich eifersüchtig und vergaß, dass er ihr Bruder war.

»Und wie ist das alles passiert«, fragte ich, »dass die Or-tis und die Julians hier in Frieden zusammenkommen?«

»Hör zu«, sagte mein Bruder, »bevor du ein Urteil über uns fällst. Die Fehde zwischen Julian und Or-tis wegen des Verbrechens eines Mannes, der nun schon seit Hunderten von Jahren tot ist, dauert schon zu lange an. Zu wenig sind die Amerikaner reinen Blutes, als dass sie durch Hass getrennt werden sollten, wenn sie in Freundschaft zusammenkommen wollen.

Or-tis kam zu uns, nachdem er den Kalkar entkommen war, und erzählte uns von eurer Flucht und dem Wunsch seines Vaters, Frieden mit uns zu schließen, und er bot an, uns gegen die Kalkar zu führen, auf Wegen, die wir nicht kannten. Wolf beriet sich mit mir, und da waren auch Fels, Klapperschlange und Kojote, und alle anderen Häuptlinge, die an der Front waren, und in deiner Abwesenheit beendete ich die Fehde, die zwischen uns herrschte, und die Häuptlinge unterstützten meine Entscheidung.

Dann stürmten wir, geführt von Or-tis, das Kapitol und trieben die Kalkar vor uns her. Ihre Zahl war groß, aber sie haben die Flagge nicht hinter sich, und schließlich mussten sie fallen.

Danach«, fuhr er fort, »kam die Nachricht, die von den kleinen Nipons der Hügel gebracht wurde, dass du in den Bergen in der Nähe des Zeltes von Raban dem Riesen bist, und wir kamen, um dich zu suchen. Auf dem Weg trafen wir auf Okonner mit vielen Kriegern, und wir taten uns mit ihnen zusammen, da sie ebenfalls gegen Raban ritten, um die Schwester des Or-tis zu retten. Und hier sind wir und warten auf das Wort des Großen Häuptlings. Wenn es Frieden zwischen den Julians und den Or-tis bedeutet, sind wir froh; wenn es Krieg bedeutet, sind unsere Schwerter bereit.«

»Es soll Frieden sein für immer«, antwortete ich, und Or-tis kam und kniete zu meinen Füßen nieder und nahm meine Hand in seine.

»Vor meinem Volk«, sagte er ganz einfach, »schwöre ich Julian XX., dem Roten Falken, Jemadar von Amerika, meine Treue.«

X. Frieden

Es gab noch viele Kämpfe zu bestehen, denn obwohl wir die Kalkar aus dem Kapitol vertrieben hatten, hielten sie das Land im Süden und Westen, und wir würden erst zufrieden sein, wenn wir sie ins Meer getrieben hatten, und so bereiteten wir uns darauf vor, noch am selben Abend wieder an die Front zu reiten. Aber bevor wir aufbrachen, wollte ich noch ein Wort mit Bethelda reden, die mit einem ordentlichen Gefolge und einer ausreichenden Wache im Haus ihres Volkes hier bleiben sollte.

Mit Roter Blitz suchte ich das Gelände um die Ruinen herum ab und fand sie schließlich bei einer großen Eiche, die an der nordwestlichen Ecke des Bauwerks wuchs und deren mächtige Äste über die Ruine hinausragten. Sie war allein, und ich kam und stellte mich neben sie.

»Ich gehe jetzt«, sagte ich, »um deine und meine Feinde ins Meer zu treiben. Ich bin gekommen, um Lebewohl zu sagen.«

»Auf Wiedersehen, Julian.« Sie streckte mir ihre Hand entgegen.

Ich war voller mutiger Worte und sehr entschlossen gekommen, aber als ich diese schlanke und zarte Hand in meine nahm, konnte ich nur stumm und bebend dastehen. Ich, Julian XX., Roter Falke, erlebte zum ersten Mal in meinem Leben Angst. Ein Julian eingeschüchtert von einer Or-tis!

Eine ganze Minute lang stand ich da und versuchte zu sprechen, konnte es aber nicht, und dann fiel ich zu Füßen meiner Feindin auf die Knie und murmelte mit den Lippen an ihrer schönen Hand, was ich zu feige gewesen war, ihr ins Gesicht zu sagen: »Ich liebe dich!«

Sie zog mich auf die Füße und hob ihre Lippen zu meinen, und ich nahm sie in meine Arme und bedeckte ihren Mund mit Küssen; und so endete die alte Fehde zwischen Julian und Or-tis, die vierhundert Jahre gedauert und eine Welt zerstört hatte.

* * *

Zwei Jahre später hatten wir die Kalkar ins Meer getrieben; die Überlebenden flohen in großen Kanus, die sie gebaut und in einer wunderschönen Bucht hundert Meilen oder mehr südlich des Kapitols zu Wasser gelassen hatten, in Richtung Westen.

Regenwolke sagte, dass sie, wenn sie nicht von Stürmen und Wellen vernichtet werden würden, immer weiter um die Welt segeln und wieder an die Ostküste Amerikas kommen würden, aber der Rest von uns wusste, dass sie bis an den Rand der Erde segeln und herunterstürzen würden und dass dies ihr Ende sein würde.

Wir leben jetzt so friedlich, dass es schwierig ist, einen Feind zu finden, an dem man seine Lanze ausprobieren kann, aber es macht mir nicht viel aus, da ich meine Zeit mit meinen Herden verbringe, den Geschäften meines Volkes und der Ausbildung von Julian XXI., dem Sohn eines Julian und einer Or-tis, der eines Tages der Jemadar von ganz Amerika sein wird, über dem wieder nur eine einzige Flagge wehend wird – die Flagge.

Ende